L'atelier+

CAHIER D'ACTIVITÉS

B2

Marie-Noëlle Cocton
Coordination pédagogique

Besma Ayadi

Lucile Chapiro

Camille Dereeper

Julien Kohlmann

Émilie Pichard

Delphine Ripaud

Magali Risueno

1. Dans votre navigateur, saisissez
didierfle.app

2. Flashez la page avec l'application et accédez aux ressources audios.

Couverture : Primo & Primo
Maquette : Primo & Primo
Adaptation maquette : Ariane Aubert
Mise en page : www.creatorsstudio.net
Coordination éditoriale : Fabienne Boulogne, Claire Dupuis
Édition : Clothilde Mabille
Iconographie : Aurélia Galicher
Illustrations : Emmanuel Romeuf (couverture), Aurélia Visuels (p. 6-7)
Documents iconographiques : www.creatorsstudio.net
Enregistrements audio, montage et mixage : Studio Quali'sons, Jean-Paul Palmyre

« Le photocopillage, c'est l'usage abusif et collectif de la photocopie sans autorisation des auteurs et des éditeurs. Largement répandu dans les établissements d'enseignement, le photocopillage menace l'avenir du livre, car il met en danger son équilibre économique. Il prive les auteurs d'une juste rémunération. En dehors de l'usage privé du copiste, toute reproduction totale ou partielle de cet ouvrage est interdite. »
« La loi du 11 mars 1957 n'autorisant, aux termes des alinéas 2 et 3 de l'article 41, d'une part, que les copies ou reproductions strictement réservées à l'usage privé du copiste et non destinées à une utilisation collective » et, d'autre part, que les analyses et courtes citations dans un but d'exemple et d'illustrations, « toute représentation ou reproduction intégrale, ou partielle, faite sans le consentement de l'auteur ou de ses ayants droit ou ayants cause, est illicite. » (alinéa 1er de l'article 40) – « Cette représentation ou reproduction par quelque procédé que ce soit, constituerait donc une contrefaçon sanctionnée par les articles 425 et suivants du Code pénal. »

© Les Éditions Didier, une marque des éditions Hatier, 2022

ISBN 978-2-278-10832-9 / 978-2-278-10833-6
Dépôt légal : 10832/03 - 10833/04

Achevé d'imprimer en Italie en février 2026 par L.E.G.O. (Lavis).

didier s'engage pour l'environnement en réduisant l'empreinte carbone de ses livres. Celle de cet exemplaire est de :
1.6 kg éq. CO₂
Rendez-vous sur
www.editionsdidier-durable.fr

SOMMAIRE

UNITÉ 1
Bienveillant(e)
- SITUATIONS 1 | 2 | 3 .... p. 8
- SITUATION 4 .... p. 12
- LE GRAND ORAL .... p. 16
- BILAN LINGUISTIQUE .... p. 18
- PRÉPARATION AU DELF .... p. 20

UNITÉ 2
Inattendu(e)
- SITUATIONS 1 | 2 | 3 .... p. 22
- SITUATION 4 .... p. 26
- L'OPINION .... p. 30
- BILAN LINGUISTIQUE .... p. 32
- PRÉPARATION AU DELF .... p. 34

UNITÉ 3
Ambitieux(euse)
- SITUATIONS 1 | 2 | 3 .... p. 36
- SITUATION 4 .... p. 40
- LE GRAND ORAL .... p. 44
- BILAN LINGUISTIQUE .... p. 46
- PRÉPARATION AU DELF .... p. 48

UNITÉ 4
Astucieux(euse)
- SITUATIONS 1 | 2 | 3 .... p. 50
- SITUATION 4 .... p. 54
- L'OPINION .... p. 58
- BILAN LINGUISTIQUE .... p. 60
- PRÉPARATION AU DELF .... p. 62

UNITÉ 5
Passionnant(e)
- SITUATIONS 1 | 2 | 3 .... p. 64
- SITUATION 4 .... p. 68
- LE GRAND ORAL .... p. 72
- BILAN LINGUISTIQUE .... p. 74
- PRÉPARATION AU DELF .... p. 76

UNITÉ 6
Physique
- SITUATIONS 1 | 2 | 3 .... p. 78
- SITUATION 4 .... p. 82
- L'OPINION .... p. 86
- BILAN LINGUISTIQUE .... p. 88
- PRÉPARATION AU DELF .... p. 90

UNITÉ 7
Accessible
- SITUATIONS 1 | 2 | 3 .... p. 92
- SITUATION 4 .... p. 96
- LE GRAND ORAL .... p. 100
- BILAN LINGUISTIQUE .... p. 102
- PRÉPARATION AU DELF .... p. 104

UNITÉ 8
Engagé(e)
- SITUATIONS 1 | 2 | 3 .... p. 106
- SITUATION 4 .... p. 110
- L'OPINION .... p. 114
- BILAN LINGUISTIQUE .... p. 116
- PRÉPARATION AU DELF .... p. 118

UNITÉ 9
Flexible
- SITUATIONS 1 | 2 | 3 .... p. 120
- SITUATION 4 .... p. 124
- LE GRAND ORAL .... p. 128
- BILAN LINGUISTIQUE .... p. 130
- PRÉPARATION AU DELF .... p. 132

UNITÉ 10
Appétissant(e)
- SITUATIONS 1 | 2 | 3 .... p. 134
- SITUATION 4 .... p. 138
- L'OPINION .... p. 142
- BILAN LINGUISTIQUE .... p. 144
- PRÉPARATION AU DELF .... p. 146

UNITÉ 11
Rassurant(e)
- SITUATIONS 1 | 2 | 3 .... p. 148
- SITUATION 4 .... p. 152
- LE GRAND ORAL .... p. 156
- BILAN LINGUISTIQUE .... p. 158
- PRÉPARATION AU DELF .... p. 160

UNITÉ 12
Éclairant(e)
- SITUATIONS 1 | 2 | 3 .... p. 162
- SITUATION 4 .... p. 166
- L'OPINION .... p. 170
- BILAN LINGUISTIQUE .... p. 172
- PRÉPARATION AU DELF .... p. 174

Corrigés p. 176 | **Transcriptions** p. 206

trois

COMPRÉHENSIONS DE L'ÉCRIT

Lire un texte efficacement
1. Repérer les éléments d'un article p. 8
2. Sélectionner les informations p. 12
3. Repérer les paragraphes p. 22
4. Relever les idées-clés p. 26

Comprendre l'explicite d'un texte
1. Relier les informations entre elles p. 36
2. Hiérarchiser les informations p. 40
3. S'appuyer sur la syntaxe p. 50
4. S'appuyer sur le lexique p. 54

S'aider des questions posées
1. Lire les consignes p. 64
2. Repérer les mots-clés dans les questions p. 68
3. Reformuler les questions p. 78
4. Vérifier la cohérence des réponses avec les questions posées p. 82

Se construire une image mentale
1. Se représenter le contexte mentalement p. 92
2. Créer des parallèles p. 96
3. Faire une carte mentale p. 106
4. Vérifier sa carte mentale p. 110

Comprendre l'implicite d'un texte
1. Chercher des indices de subjectivité p. 120
2. Chercher les références culturelles p. 124
3. Chercher les non-dits p. 134
4. Se poser des questions p. 138

Lire un texte à voix haute
1. Visualiser le texte p. 148
2. S'appuyer sur la ponctuation p. 152
3. S'appuyer sur la syntaxe p. 162
4. Reformuler après avoir lu p. 166

COMPRÉHENSIONS DE L'ORAL

Écouter un document audio
1. Émettre des hypothèses avant l'écoute p. 9
2. Lire les consignes p. 23
3. Repérer le contexte p. 37
4. Prendre en note les éléments-clés p. 51
5. Émettre des hypothèses à partir des mots entendus p. 65
6. Transmettre des informations à quelqu'un p. 79
7. Accepter de ne pas tout comprendre p. 93
8. Faire appel aux connaissances antérieures p. 107
9. Repérer une figure de style p. 121
10. Repérer et prendre en note des indices grammaticaux p. 135
11. Établir des liens entre les mots nouveaux et les mots connus p. 149
12. Reformuler après avoir écouté p. 163

OBJECTIFS MÉTHODOLOGIQUES

LE GRAND ORAL

> **Proposer une visite guidée** p. 16-17
> **Transmettre des informations essentielles** p. 16-17

> **Mettre ses qualités en avant** p. 44-45
> **Se vendre en entretien d'embauche** p. 44-45

> **Présenter un contexte** p. 72-73
> **Comparer des données** p. 72-73

> **Suivre un ordre du jour en réunion** p. 100-101
> **Donner la parole en réunion** p. 100-101

> **Créer un pitch commercial** p. 128-129
> **Présenter une marque et ses valeurs** p. 128-129

> **Présenter un projet** p. 156-157
> **Définir un plan d'action** p. 156-157

L'OPINION

> **Comprendre le sujet** p. 30
- Extraire les mots-clés
- Reformuler le sujet
- Poser la problématique

> **Plan en deux parties** p. 31
> **Rédiger l'introduction** p. 31
- Présenter le sujet
- Formuler la question
- Annoncer les parties

> **Réfléchir à des idées** p. 58
- Faire une liste
- Classer les idées
- Trouver des idées à partir d'exemples

> **Plan en deux parties** p. 59
> **Rédiger des arguments** p. 59
- Défendre une idée
- Nuancer une idée
- Appuyer une idée par une information

> **Réfléchir à des exemples** p. 86
- Faire une liste d'idées
- Trouver des exemples à partir de son environnement
- Classer les exemples

> **Plan en deux parties thématiques** p. 87
> **Illustrer par des exemples** p. 87
- Faire un lien avec un argument
- Choisir un exemple concret (actualité, chiffre)
- Varier les exemples

> **Réfléchir à une articulation** p. 114
- Définir trois paragraphes
- Trouver des articulateurs entre les paragraphes
- Vérifier la cohérence

> **Plan en trois parties thématiques** p. 115
> **Organiser son brouillon** p. 115
- Faire un plan détaillé
- Articuler le plan détaillé
- Se préparer à rédiger

> **Comprendre le sujet** p. 142
- Répondre spontanément
- Compléter ses idées
- Prolonger la réflexion avec un nouveau sujet

> **Rédiger la conclusion** p. 143
- Résumer
- Affirmer une réponse
- Ouvrir la réflexion

> **Faire appel à ses connaissances antérieures** p. 170
- Structurer son plan détaillé
- Lister des structures argumentatives
- Trouver des synonymes aux mots-clés

> **Se relire** p. 171
- Distinguer les parties visuellement
- Vérifier la ponctuation
- Éviter les répétitions

PRODUCTIONS GUIDÉES

La lettre p. 15, 99
L'argumentaire p. 29, 113
Le résumé p. 43, 27
L'exposé p. 57, 141
Le commentaire de données p. 71, 155
Le compte-rendu p. 85, 169

Comment travailler seul(e) ?

1. Je crée un cadre qui m'aide à travailler, à faire mes devoirs.

2. Je me fixe des objectifs et un programme.

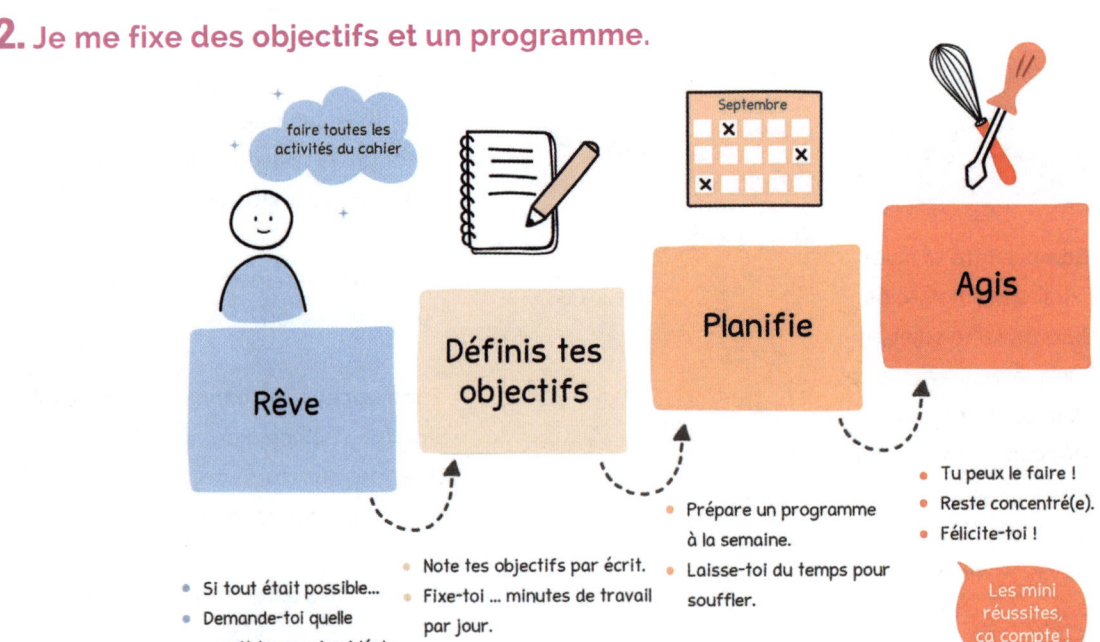

3. Après une semaine de travail, je fais le point et je me félicite !

UNITÉ 0

4. J'apprends à apprendre.

VOIR	DIRE / ENTENDRE	FAIRE / RESSENTIR
Surligner ou souligner	é.p.e.le.r. Dire à voix haute ou basse	Avoir quelque chose dans les mains
Faire des dessins	Inventer une chanson des rimes	Écrire
Paris radis souris — Entourer	S'enregistrer, puis se réécouter	Fabriquer, modéliser
Faire des schémas	Mais où est donc Ornicar ? (mais ou et donc or ni car) Jouer avec les mots	Expérimenter
Faire des tableaux	Inventer une petite histoire avec ses propres mots	Marcher

5. J'apprends de mes erreurs.

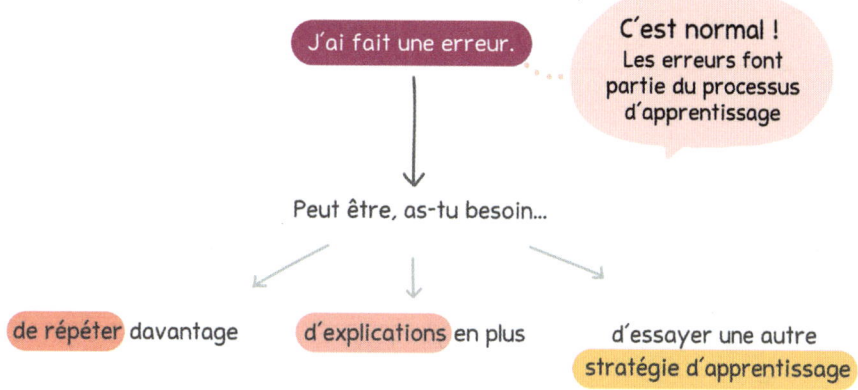

J'ai fait une erreur.

C'est normal ! Les erreurs font partie du processus d'apprentissage

Peut être, as-tu besoin…

- de répéter davantage
- d'explications en plus
- d'essayer une autre stratégie d'apprentissage

6. J'apprends à collaborer.

① Je demande à un(e) voisin(e) si je ne comprends pas.
② J'aide mon / ma voisin(e) à comprendre.
③ J'explique ce que j'ai compris à mon / ma voisin(e). → Ça m'aide aussi à mémoriser.
④ Je partage mon idée avec celle de mon / ma voisin(e). → 1 idée + 1 idée… = 3 idées !
⑤ J'encourage mon / ma voisin(e).

sept **7**

SITUATIONS 1 | 2 | 3 — Décrire un lieu

→ Livre élève p. 16

Lire un texte efficacement (1)

> Repérer les éléments d'un article

LE MONDE DE...
JACQUES BONNAFFÉ

Le comédien et metteur en scène Jacques Bonnaffé [...] se souvient d'un séjour au Bénin, il y a dix ans, à l'invitation du Centre culturel français [...]

Et dans la journée, à quoi ressemble Cotonou ?
C'est une ville de front de mer très animée et active, où je logeais dans un petit hôtel aux chambres spartiates et à la cour fleurie. Là, je fais durer le moment du petit déjeuner pour discuter avec les employés. Les rues alentour étaient joyeuses et, en m'y promenant, un jour, je suis arrivé sur l'immense marché. Au début, il était un peu effrayant car empreint de trop d'odeurs, de trop de mélanges : on passe sans transition des bouchers aux marchands de tissus ou aux poissonniers. On y cherche les racines du pays et, en effet, elles sont là, devant nous, littéralement, à travers les racines végétales vendues sur les étals [...] Je suis parti quelques jours à Possotomé, un village à quatre-vingts kilomètres à l'ouest de Cotonou, près du lac Ahémé, la deuxième plus grande étendue d'eau du pays.

Audrey Nait-Challal, « Jacques Bonnaffé: "La langue et la musique du Bénin m'ont envoûté" », geo.fr, 07/04/2020.

1. Je repère les éléments du texte.
   a. Le titre ➔ ....
   b. La photo ➔ ....
   c. La source ➔ ....
   d. La date ➔ ....
   e. La question en gras ➔ ....

2. Je lis le chapeau et repère les éléments-clés.
   a. Qui ? ➔ ....
   b. Quoi ? ➔ ....
   c. Où ? ➔ ....

3. Je lis le texte. Je repère les éléments pour décrire un lieu avec précision.

	Lieux	Adjectifs	Mots-clés	Adverbes et conjonctions de lieu
a.	la ville	animée, active	de front de mer	où
b.				
c.				alentour, y
d.				
e.				

Produire

4. ✎ Vous êtes interviewé(e) à propos d'une ville où vous êtes allé(e). Préparez votre entretien en répondant par écrit (180 mots) à la question « Et dans la journée, à quoi ressemble... ? », ajoutez la ville de votre choix et **décrivez les lieux**.

Stratégie
Lisez le corrigé et comparez. Avez-vous utilisé des adjectifs, des adverbes et des conjonctions de lieu ?

Faire un portrait à l'oral

UNITÉ 1

→ Livre élève p. 17

Écouter un document audio

> Émettre des hypothèses avant l'écoute

1. **Je regarde la photo et la légende.**

a. Qui est-ce ? ....

b. Cherchez quelques informations concernant la personne.

....
....
....

c. C'est un portrait, je peux anticiper l'écoute.
On va parler de ....

Leïla Slimani

Stratégie
Quand on ne connaît pas une personne célèbre, il est bon d'être curieux. Cherchez des informations sur Internet !

2. 🎬 2 | **Écoutez le portrait de Leïla Slimani.**

a Première écoute

J'écoute le document par curiosité, sans rien faire.

b Deuxième écoute

J'écoute le document pour noter des informations.

Surnoms : ....

Occupation préférée : ....
....

Goûts : ....
....
....

Traits de caractère : ....
....

Leïla Slimani

3. Écrivez les adjectifs correspondant à ces qualités morales.

a. la passion ➜ être ....

b. la pudeur ➜ être ....

c. la rigueur ➜ être ....

d. la discrétion ➜ être ....

e. la sincérité ➜ être ....

f. l'ambition ➜ être ....

g. la générosité ➜ être ....

h. l'humilité ➜ être ....

i. l'audace ➜ être ....

j. la loyauté ➜ être ....

c Troisième écoute

Je réécoute le document pour vérifier les informations.

4. Parmi ces qualités, lesquelles peut-on attribuer aux personnages ci-dessous ?

fidèle | courageux | minutieux | adroit | amusant | loyal | dynamique | endurant | méticuleux | combatif | passionné | constant | curieux

a. b. c. d. e.

....
....
....

Produire

Stratégie
Lisez le corrigé et comparez. Avez-vous illustré chaque trait de caractère ?

5. 🔊 **Vous recevez, à l'antenne, une personnalité de votre choix. Faites son portrait (2 min.) en lui attribuant des traits de caractère précis, illustrés à l'aide d'exemples.**

neuf **9**

LE PORTRAIT

→ Livre élève p. 17, 18

1. Transformez les phrases en utilisant un verbe de la liste ci-dessous.

paraître | posséder | ressembler à | avoir l'air de | porter

On le connaît poète et écrivain. Victor Hugo (1802-1885) est aussi un défenseur des droits de l'homme qui a toujours cherché à protéger l'humain.

a. Victor Hugo a une barbe. → ....
....
b. Cet homme est comme mon grand-père. → ....
....
c. Il donne l'impression d'être pensif. → ....
....
d. Il a beaucoup de qualités. → ....
e. Cet écrivain fait sérieux. → ....

2. Attribuez l'expression correspondant à chaque personnage.

le bouc | rasé de près | la barbiche | la moustache | la barbe | les favoris

a.	b.	c.	d.	e.	f.
....	....	....	....	....	....

3. Entourez le mot juste.
  a. Je sors de l'eau. J'ai la peau *ridée / plissée / froncée*.
  b. J'ai bonne mine. J'ai le teint *pâle / bronzé / terne*.
  c. Je suis grand et mince. Je suis *élancé / costaud / trapu*.
  d. Je suis en colère. J'ai les sourcils *froncés / bridés / vifs*.
  e. Je suis maigre. J'ai les joues *roses / creuses / rebondies*.

4. Complétez ces expressions à l'aide d'une partie du corps, puis indiquez ce qu'elles signifient.

tête | œil | nez | coudes | pieds | dos

a. casser les .... à quelqu'un = ...
b. avoir la grosse .... = ...
c. mener quelqu'un par le bout du .... = ...
d. se serrer les .... = ...
e. en avoir plein le .... = ...
f. avoir les .... plus gros que le ventre = ...
g. avoir un .... de lynx = ...
h. mettre les .... dans le plat = ...
i. avoir une idée derrière la .... = ...
j. fourrer son .... partout = ...

Produire

5. Rédigez le portrait physique de Victor Hugo (60-80 mots). Soyez le plus précis possible.

Stratégie
Lisez le corrigé et comparez.
Avez-vous pensé à vous relire ?

LE SUBJONCTIF PRÉSENT ET PASSÉ

UNITÉ 1

→ Livre élève p. 19

1. Lisez le texte et soulignez les verbes au subjonctif présent et passé.

Est-il nécessaire que nous fassions son portrait pour que vous deviniez de qui il s'agit ?
Je doute que vous en ayez besoin puisqu'il vit à vos côtés. Il est toutefois normal que vous vous posiez des questions car vous vivez seul(e). Si je vous dis : « Pressé et parfois lent, il ne fait pas de bruit mais laisse sur notre peau, une trace de son passage. »
Si vous avez deviné, cela ne vous étonnera pas qu'il ait pu se faire discret jusqu'à maintenant.

Pour vous aider, observez :
- **les terminaisons du subjonctif présent** : -e, -es, -e, -ions, -iez, -ent ;
- **la structure du subjonctif passé** : que + avoir ou être au subjonctif présent + participe passé ;
- **les verbes irréguliers** : faire → que je fasse ; pouvoir → que je puisse ; vouloir → que je veuille ;
- **les expressions ou verbes qui précèdent le subjonctif.**

2. Indiquez si le verbe souligné est à l'indicatif ou au subjonctif présent. Attention ! La forme du verbe est identique. Seule l'expression qui précède peut vous aider.

a. Il faudrait que tu analyses ce portrait. → ....
b. Le professeur veut que tu identifies le temps verbal. → ....
c. Ces deux portraits sont intéressants parce qu'ils se ressemblent. → ....
d. Pour rédiger un portrait, il est important que tu appliques les conseils vus en classe. → ....
e. J'espère que tu ne portes pas mon pull ! → ....

3. Soulignez les expressions suivies du subjonctif et conjuguez les verbes entre parenthèses au subjonctif présent.

a. Il est nécessaire qu'elle .... (faire) un régime pour rentrer dans sa robe.
b. Je regrette que vous ne .... (connaître) pas mieux Victor Hugo.
c. Je préfère que tu .... (choisir) une autre couleur.
d. Il est essentiel que tu .... (écrire) ton nom sur ta copie d'examen.
e. Il est indispensable que nous .... (arriver) à l'heure.

4. Lisez le texte, puis conjuguez les verbes.

Stratégie
Je comprends le contexte avant de me lancer tête baissée dans l'exercice !

Quel dommage que nous .... (ne pas vivre) à l'époque de Victor Hugo ! Mais, je doute que nous .... (survivre) car la révolution de 1848 fit beaucoup de victimes. Il est nécessaire que nous .... (se souvenir) de ces révolutions pour ne pas reproduire les mêmes erreurs. C'est bien que Victor Hugo .... (relater) cet événement dans le recueil *Choses vues*. Il faudrait que vous le .... (lire) ! Il y raconte la chute de Napoléon III qu'il surnommait « Napoléon le petit ». Je ne suis pas sûr que cela lui .... (plaire) !

MÉMO : LES EXPRESSIONS SUIVIES DU SUBJONCTIF

Pour exprimer…			
le	la nécessité	l'opinion	le doute
• afin que • pour que	• il est essentiel que •	• .... •	• .... • ....

onze 11

SITUATION 4 — Démontrer des faits

→ Livre élève p. 20, 21

Lire un texte efficacement (2)

> Sélectionner les informations

La Terre est-elle vraiment ronde ?

Contrairement aux idées reçues, l'Humanité sait depuis longtemps que la Terre est ronde. En 200 avant notre ère, le savant Ératosthène calcule sa circonférence avec une incroyable précision, et, même au Moyen Âge, ce savoir antique ne sera pas remis en cause.
La Terre est-elle cependant sphérique ?
Là encore, la question anima avec passion la communauté scientifique. Certains pensaient qu'elle était allongée aux pôles comme un citron. D'autres affirmaient qu'elle était plutôt « dodue » comme une orange. Afin de trancher entre ces deux camps, de nombreuses expéditions géodésiques furent lancées au XVIIIe siècle pour mesurer précisément différentes portions d'espaces terrestres.
Au final, grâce aux techniques modernes, on sait aujourd'hui que la Terre ressemble plutôt à une orange. Mais qu'elle est également faite ici et là de légers bourrelets, de creux et de bosses, telle une patate qui flotterait dans le ciel…

#Patatoïde #FormeDeLaTerre
#CitronVsOrange
#Cartododue
#FlyingPotatoes

Nicolas Lambert et Christine Zanin, *Mad Maps, L'atlas qui va changer votre vision du monde*, Éditions Armand Colin, 2019.

1. Avant de lire, je repère les éléments du texte.
   a. Le titre ➜ ....
   b. La photo ➜ ....
   c. La source ➜ ....
   d. La date ➜ ....
   e. Les éléments en gras ➜ ....

2. Grâce aux éléments en gras, je réponds à la question du titre.

☐ oui   ☐ non

3. Je lis le texte. Je repère les dates, les événements et la vision de la Terre. Je complète la frise.

- 200 .... aujourd'hui

Produire

4. 🔊 On vous pose la question : « La Terre est-elle vraiment ronde ? » **Démontrez** qu'elle est sphérique (2 min.). Utilisez des faits précis (dates, événements) vus dans ce texte et dans l'unité du livre élève, ainsi que les verbes suivants : prouver, montrer, démontrer, s'expliquer, constater, établir. Enregistrez votre réponse.

Stratégie
Lisez le corrigé et comparez. Avez-vous varié vos verbes pour démontrer vos faits ?

UNITÉ 1

LA GÉOGRAPHIE

→ Livre élève p. 16, 20, 21

1. Répondez à ces questions de culture générale.

La Terre est-elle ronde ? Aucun doute pour Paul Eluard qui publie en 1929 un recueil de poésies intitulé *L'amour la poésie*, dans lequel il écrit : « La Terre est bleue comme une orange. »

a. Pourquoi est-ce que la Terre est surnommée la « planète bleue » ?
....

b. Quels sont les noms des cinq océans sur la Terre ?
....

c. Quels sont les noms des six continents sur la Terre ?
....

d. Quel continent se situe au pôle Sud et est recouvert de glace ?
....

e. Comment s'appelle la représentation matérielle de la Terre sous forme d'une sphère tournant autour d'un axe, et sur laquelle figure l'emplacement des mers et des continents ?
....

2. Écrivez les adjectifs qui correspondent à ces noms.

- **a.** le continent ➔ ....
- **b.** la Terre ➔ ....
- **c.** la mer ➔ ....
- **d.** la montagne ➔ ....
- **e.** la forêt ➔ ....
- **f.** l'équateur ➔ ....
- **g.** le sable ➔ ....
- **h.** le territoire ➔ ....
- **i.** le volcan ➔ ....
- **j.** le tropique ➔ ....

3. Regardez l'image et placez les mots suivants.

une plage | une falaise | une baie | un estuaire | une pointe | une presqu'île | une île | un plateau

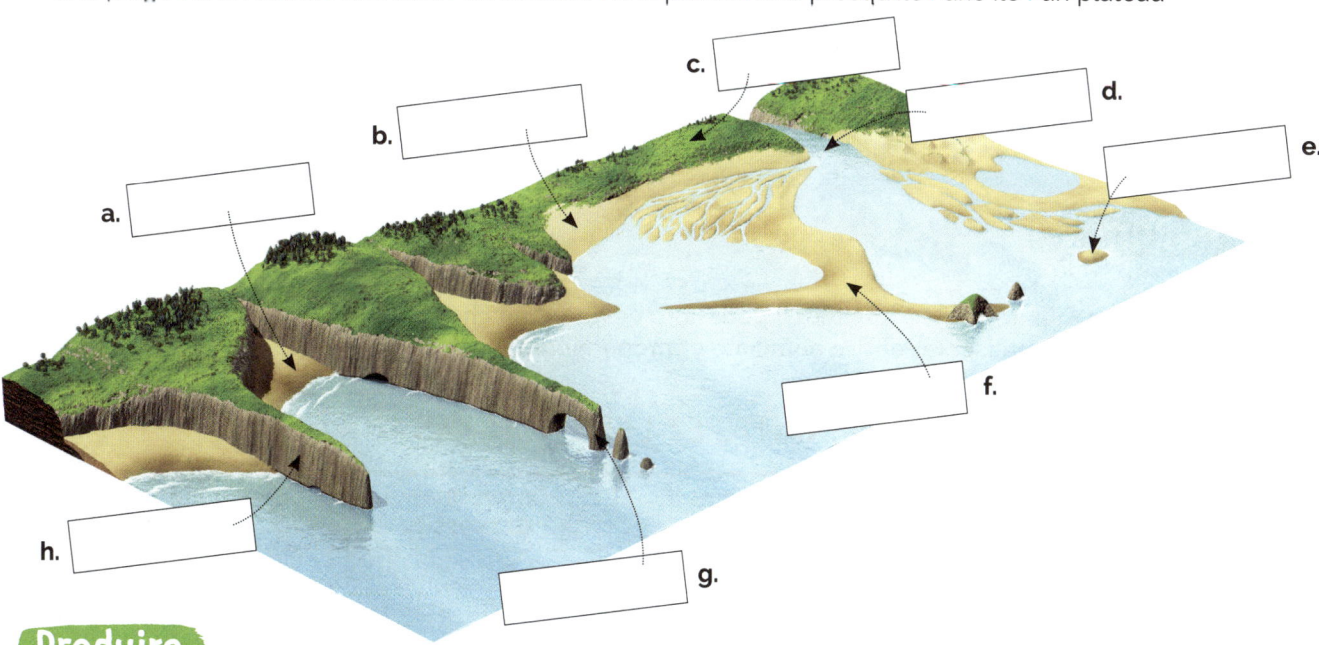

Produire

4. ✏️ Écrivez une lettre destinée à Paul Eluard pour exprimer vos doutes concernant la phrase « La Terre est bleue comme une orange ». Utilisez cinq mots du lexique de la géographie et deux ou trois expressions de doute.

Stratégie
Avez-vous respecté le format de la lettre ? Regardez le modèle p. 15.

LA REPRISE NOMINALE ET PRONOMINALE

→ Livre élève p. 22

1. a Lisez le texte et soulignez tous les mots qui remplacent ce dont on parle.

Es-tu fier d'attaquer une femme couchée ? Espèce de lâche ! Pourquoi est-ce que, la nuit, toi, insecte de malheur, tu ne dors pas comme tout le monde ? J'ai attendu une heure avant de t'écraser. J'ai allumé la lumière plusieurs fois : tu aurais dû comprendre et t'enfuir. Mais ton intelligence est minuscule et ton existence inutile, toi qui, parfois, te fais appeler Tigre…

Pour vous aider, observez :
- **les pronoms sujets :** *je, tu, il/elle/on, nous, vous, ils/elles* ;
- **les pronoms compléments :** *me, te, le, la, les…* ;
- **les pronoms relatifs :** *qui, que, où…* ;
- **les déterminants possessifs :** *mon, ton, son…* .

b De quoi parle-t-on ?

Pour vous aider, repérez les synonymes ou mots proches utilisés. → ....

2. Reformulez les phrases en employant la forme indiquée pour remplacer les mots soulignés.

a. La neige est blanche. [pronom sujet] → ....
b. Je vois la neige. [pronom complément] → ....
c. La neige est blanche. Je vois la neige. [pronom relatif] → ....
d. Il fait une boule de neige. Elle est jolie. [déterminant possessif] → ....
e. La neige est jolie. [synonyme] → ....
f. La boule de neige est jolie. [mot proche] → ....

3. La fiche de cette agence immobilière n'est pas très bien rédigée. Pour éviter les répétitions, réécrivez ce texte en remplaçant les mots soulignés.

Vous souhaitez une villa en bord de mer ? Nous avons la villa de bord de mer qu'il vous faut ! Il suffit de consulter notre site internet, de cliquer sur « Nos villas » puis sur « Villas en bord de mer ». Le bord de mer est accessible depuis le jardin de chaque villa. Le bord de mer se trouve à moins de 5 kilomètres du centre-ville.

....
....
....
....
....

Produire

4. Rédigez un texte (80 à 100 mots) pour faire deviner une chose qui vous agace. Pensez à ne pas la nommer et à utiliser la reprise nominale et pronominale.

MÉMO : LES DÉTERMINANTS ET LES PRONOMS

Pronoms sujets	Pronoms directs	Pronoms indirects	Déterminants possessifs			Pronoms démonstratifs
je	me	me	mon	ma	mes	le mien / la mienne
tu	……	te	ton	……	……	le ……
il / elle / on	le / la	…… y en	son	……	……	le ……
nous	nous	nous	notre	……		le nôtre
vous	……	vous	votre	……		le vôtre
ils / elles	les	……	leur	……		le / la ……

LA LETTRE FORMELLE

UNITÉ 1

→ Livre élève p. 21
→ Livre élève Fiche p. 197

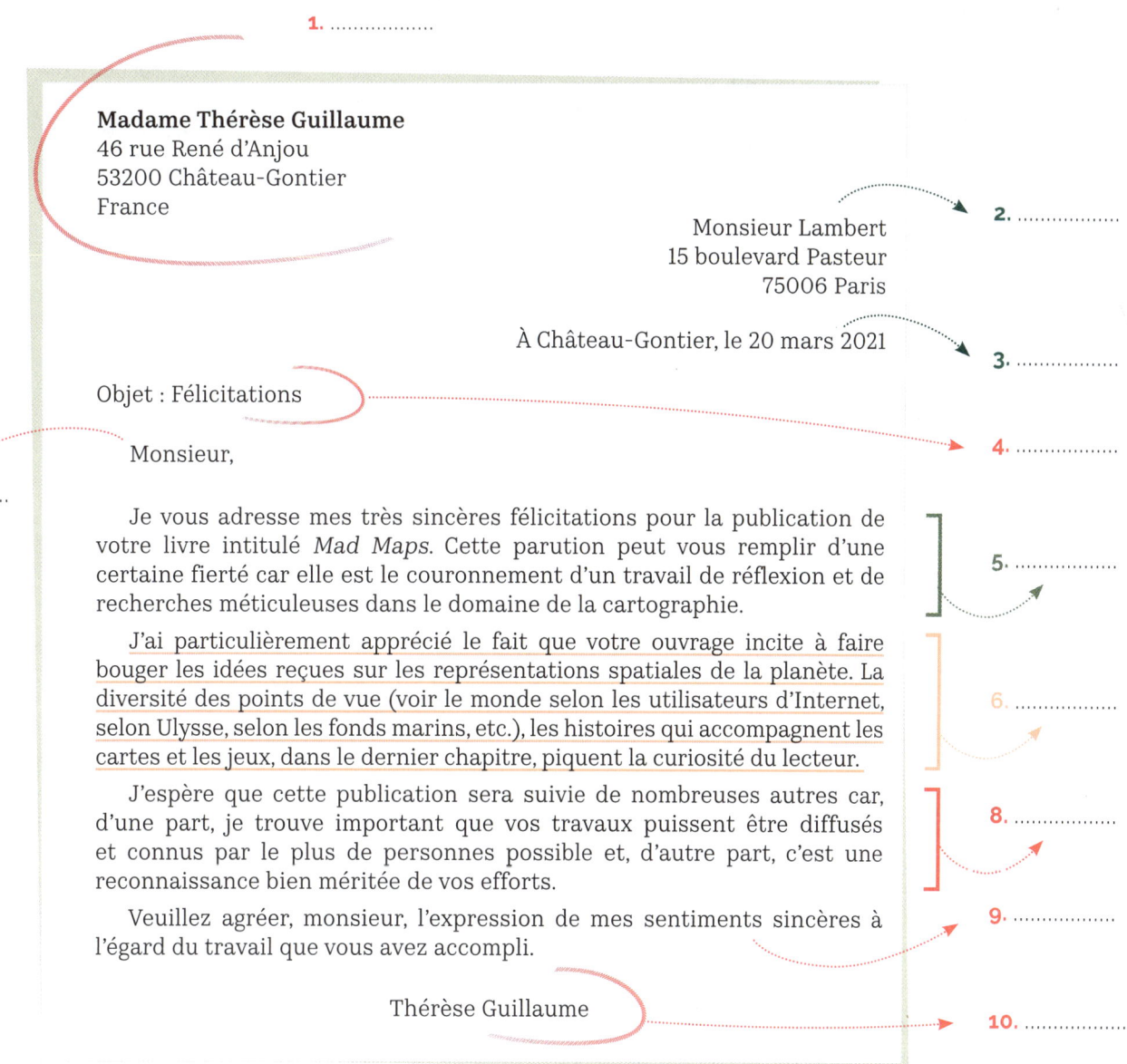

1. Écrivez, en face de chaque numéro, la lettre correspondante.

La forme		Le fond	
	a. la formule d'appel		h. la conclusion = ce qui est attendu du destinataire
	b. le destinataire		i. le message principal = l'objectif de ce courrier
	c. la formule de politesse		j. la justification de l'objectif
	d. la signature		
	e. le lieu et la date		
	f. l'expéditeur		
	g. l'objet de la lettre		

2. Surlignez les mots utilisés pour ne pas répéter le mot « livre ».

Produire

3. Écrivez une lettre à un(e) auteur(e) ou artiste de votre choix pour le / la féliciter pour son travail. Utilisez la reprise nominale et pronominale.

quinze **15**

Le grand oral

SUJET

Vous êtes un guide touristique enthousiaste. Vous allez faire visiter le château des Milandes. Vous transmettez les informations essentielles du site à un groupe de touristes francophones.

MÉTHODOLOGIE
▶ Proposer une visite guidée
▶ Transmettre des informations essentielles

1. PRÉPARATION

a S'inspirer d'un modèle.

a. ▶ 3 | J'écoute un exemple de visite guidée. Je repère la structure du document et je la complète.

▶ Situation géographique : « Nous sommes devant le château de Chambord. »
▶ Origine du château : ....
▶ Quelques dates et chiffres : ....
....
....
....
▶ Personnages en lien avec le site : ....
....
▶ L'anecdote avec Louis XV : ....
....
....

b. J'écoute la voix du guide.

▶ Il parle :	❏ très bas.	❏ assez fort.	❏ fort.	❏ très fort.
▶ Il parle à un rythme :	❏ lent.	❏ normal.	❏ rapide.	❏ très rapide.
▶ Il (n')articule :	❏ pas.	❏ peu.	❏ normalement.	❏ beaucoup.
▶ Il (ne) sourit :	❏ pas.	❏ peu.	❏ normalement.	❏ beaucoup.

c. J'entoure les mots accentués dans les phrases suivantes.
– « C'est François Ier, amoureux des arts et de la chasse, qui ordonne sa construction en 1519. »
– « Il faut attendre le règne de Louis XIV, le Roi-Soleil, pour que l'édifice soit achevé. »
– « C'est exactement cela ! »
– « Mais si… Chambord, c'est quand même 60 pièces à découvrir en libre visite, il y en a 426 au total. »

Stratégie
Pour parler en public, entraînez-vous en prenant en compte le volume sonore, le rythme, l'articulation et en accentuant certains mots.

b S'informer.

Je cherche des informations sur le château des Milandes.
▶ Je choisis Wikipédia pour lire l'encadré qui résume l'essentiel, à droite de la page internet.
https://fr.wikipedia.org/wiki/Ch%C3%A2teau_des_Milandes
▶ Je choisis le site officiel pour des informations plus détaillées.
https://www.milandes.com/

Stratégie
Pour sélectionner les informations essentielles, répondez aux questions essentielles : qui ? quand ? quoi ? où ? comment ? pourquoi ?

UNITÉ 1

C **Repérer les informations essentielles.**

Je complète la liste.

▶ Situation géographique : ....
....
....

▶ Histoire : ....
....
....
....
....

▶ Architecture, style : ....
....
....

Château des Milandes

▶ Personnage(s) en lien avec le site : ....
....
....

▶ Anecdote(s) : ....
....
....
....

2. PRÉSENTATION

Je me prépare à enregistrer ma présentation sur mon téléphone (3 minutes maximum).

→ J'utilise **deux voix** : celle du narrateur et celle du touriste qui pose des questions.
Ces questions structurent ma présentation.

▶ Phrase introductive : « Nous sommes devant le château des Milandes. »
▶ Question 1 : ....
▶ Question 2 : ....
▶ Question 3 : ....

→ Je suis **un guide touristique enthousiaste**.

Je souris. Je parle fort. J'articule. Je parle lentement.
J'accentue les mots importants.

▶ Les mots importants de la visite : ....
....
....

Stratégie
Pour sourire pendant toute la présentation, je commence avec le sourire et je pense au groupe de touristes face à moi.

3. AUTOÉVALUATION

Vérifier la qualité de l'enregistrement.

S'assurer de l'utilisation de tous les points de la liste.

Vérifier le dynamisme de la présentation.

dix-sept **17**

Bilan

LINGUISTIQUE

GRAMMAIRE

1 **Subjonctif présent ou passé ? Soulignez le verbe qui convient.**

a. Il est possible que les étudiants *finissent déjà / aient déjà fini* leur activité de géographie.

b. Il est indispensable que vous *lisiez / ayez lu* ce livre l'année prochaine.

c. Quel dommage qu'ils *visitent / aient visité* la Guadeloupe sans leurs enfants l'été dernier !

d. Il faut que nous *pensions / ayons pensé* à lui faire découvrir ce lieu quand il viendra.

e. Ce serait bien que tu *aides / aies aidé* Yannick à finir son projet.

2 **Reformulez ces phrases. Utilisez le subjonctif.**

Exemple : Il n'est jamais allé en Guadeloupe. Cela me surprend.
➜ *Cela me surprend qu'il ne soit jamais allé en Guadeloupe.*

a. Il ne comprend rien. C'est dommage ! ➜ ....

b. Elle ne sait pas qui est Victor Hugo. Cela m'étonne. ➜ ....

c. Vous connaissez votre géographie. C'est essentiel ! ➜ ....

d. Ils font son portrait à l'oral. Est-ce nécessaire ? ➜ ....

e. Nous n'avons pas eu le temps de finir son travail. Elle regrette. ➜ ....

3 **▶ 4 | Écoutez et notez cinq manières de parler de la ville de Québec à l'aide de reprises nominales et pronominales.**

a. ....
b. ....
c. ....
d. ....
e. ....

4 **À l'aide des indications proposées, reformulez les phrases pour éviter la répétition des mots soulignés.**

a. *On a marché sur la Lune* est une bande dessinée. <u>Cette bande dessinée</u> est célèbre.
[pronom relatif] ➜ ....

b. *Voyage au centre de la Terre* a été écrit par Jules Vernes. <u>Voyage au centre de la Terre</u> est un roman d'aventures.
[déterminant démonstratif + nom] ➜ ....

c. Orelsan a chanté *La Terre est ronde*. J'aime beaucoup écouter <u>La Terre est ronde</u>.
[pronom complément] ➜ ....

d. *Le voyage dans la Lune* est un film d'animation. <u>Le Voyage dans la Lune</u> est pour les enfants.
[déterminant démonstratif + nom] ➜ ....

e. *Au nom de la terre* est un film réalisé par Édouard Bergeon. <u>Le film d'Édouard Bergeon</u> est réussi.
[déterminant possessif + nom] ➜ ....

UNITÉ 1

LEXIQUE

1 Le portrait | Soulignez l'intrus et justifiez votre réponse.
   a. menton | sourcils | yeux | coude | moustache ➔ ....
   b. paraître | ressembler | avoir l'air | rassembler | être comme ➔ ....
   c. bouc | barbiche | moustache | grain de beauté ➔ ....
   d. fin | costaud | mince | maigre | élancé ➔ ....
   e. yeux | cils | sourcils | paupières | joues ➔ ....

2 Le portrait | Trouvez les deux adjectifs correspondant à chaque définition.
   enthousiaste | droit | méticuleux | discret | passionné | courageux | constant | combatif | minutieux | timide
   a. Qui surmonte les difficultés. = ... et ....
   b. Qui a le goût du détail. = ... et ....
   c. Qui n'ose pas se montrer. = ... et ....
   d. Qui ne change pas dans ses idées ou sentiments. = ... et ....
   e. Qui exprime un intérêt ou des sentiments forts. = ... et ....

3 La géographie | Attribuez un nom à chaque photo.

a. .... b. .... c. .... d. .... e. ....

4 La géographie | Complétez les phrases avec un adjectif. Accordez si nécessaire.
   forestier | territorial | tropical | maritime | terrestre
   a. Mon oncle travaille dans une compagnie .... chargée du transport de marchandises.
   b. Martin habite au Brésil, dans une région équatoriale, en pleine forêt ....
   c. Mon grand-père était autrefois un garde-.........................., chargé de veiller sur les arbres.
   d. Je préfère largement être sur le sol .... que sur le sol lunaire.
   e. L'indicateur des inégalités .... laisse apparaître des différences selon les régions.

5 Bienveillant(e) | Associez chaque adjectif à sa définition.
   a. compréhensif(ive)   •   • 1. Qui fait attention à ne pas trop en dire.
   b. indulgent(e)   •   • 2. Qui accepte que je rende mon travail en retard.
   c. tolérant(e)   •   • 3. Qui a pardonné la faute que j'avais commise.
   d. touchant(e)   •   • 4. Qui se rend compte que j'éprouve des difficultés.
   e. vigilant(e)   •   • 5. Qui me transmet ses émotions.

6 Trouvez des synonymes pour chaque verbe.
   a. prouver ➔ .... = ...
   b. veiller ➔ .... = ... = ...

PRÉPARATION au DELF

Compréhension de l'oral   15 points

Répondez aux questions en cochant ☑ la bonne réponse.

Exercice 1   9 points

▶ 5 | **Vous écoutez une émission à la radio. Lisez les questions, écoutez le document puis répondez.**

1. La Guyane véhicule une mauvaise image à cause, notamment, du fait qu'elle...   1 point
   - ❑ n'est pas à la mode.
   - ❑ abrite un centre spatial.
   - ❑ est très éloignée géographiquement.

2. Le Routard vient de publier un guide sur la Guyane, qui se trouve en...   1 point
   - ❑ Namibie.
   - ❑ Colombie.
   - ❑ Amazonie.

3. En Guyane, la nature est...   1 point
   - ❑ partout.
   - ❑ proche des morphos.
   - ❑ dans les marais de Kaw.

4. Le morpho est à la fois...   1 point
   - ❑ un papillon et le nom du marais.
   - ❑ un papillon et le nom d'une forêt.
   - ❑ un papillon et un moyen de transport.

5. Parmi ces espèces, lesquelles Martin a-t-il vues ?   3 points
   - ❑ Des boas.   ❑ Des vipères.
   - ❑ Des piranhas.   ❑ Des hérons cocoï.
   - ❑ Des crocodiles. ❑ Des hérons cendrés.

6. Qui a aidé à la construction de la ville de Cayenne ?   1 point
   - ❑ Des ethnies.
   - ❑ Des palmistes.
   - ❑ Des bagnards.

7. Combien de prisonniers Cayenne a-t-elle abrités ?   1 point
   - ❑ 17 000.
   - ❑ 60 000.
   - ❑ 70 000.

Exercice 2   6 points

▶ 6 | **Vous allez écouter une fois trois documents.**

DOCUMENT 1 | Lisez les questions. Écoutez le document puis répondez.

1. Qu'est-ce que la cité des sciences et de l'industrie cherche à développer ?   1 point
   - ❑ Le nombre d'expositions et de conférences pour un public large.
   - ❑ Les expositions sur la thématique de l'espace.
   - ❑ La simplicité du discours pour une meilleure compréhension par tous.

2. D'après Étienne, la manipulation d'outils aide à...   1 point
   - ❑ visualiser les phénomènes terrestres et spatiaux.
   - ❑ avoir envie de prendre soin de la Terre.
   - ❑ attirer un public large et varié.

UNITÉ 1

DOCUMENT 2 | Lisez les questions. Écoutez le document puis répondez.

3. Dans son introduction, la présentatrice cherche à... 1 point
- ❏ définir le terme « île » d'un point de vue étymologique uniquement.
- ❏ sensibiliser les auditeurs aux possibles définitions du terme « île ».
- ❏ démontrer le bien-fondé de la définition de Patrick Charmet.

4. D'après Patrick Charmet, les frontières de certains territoires maritimes... 1 point
- ❏ sont encore discutables.
- ❏ sont désormais irrévocables.
- ❏ seront prochainement redéfinissables.

DOCUMENT 3 | Lisez les questions. Écoutez le document puis répondez.

5. Quel est l'objectif de Yuzaku Maesawa ? 1 point
- ❏ Trouver une femme d'ici la fin du mois.
- ❏ Épouser une femme d'ici la fin du mois.
- ❏ Partir avec une femme sur la Lune en 2023.

6. Yuzaku Maesawa recherche une femme... 1 point
- ❏ âgée d'une quarantaine d'années, intelligente et qui aime profiter de la vie.
- ❏ intelligente, qui aime la paix dans le monde et qui est prête à postuler d'ici la fin du mois.
- ❏ âgée d'une vingtaine d'années, intelligente et joyeuse.

Production écrite

15 points

Vous venez d'apprendre que l'ancien joueur de football Lilian Thuram, champion du monde 1998 avec l'équipe de France, dirige aujourd'hui la fondation Éducation contre le racisme et pour l'égalité : la Fondation Lilian Thuram. Vous lui écrivez une lettre pour le féliciter de ce projet, en justifiant votre point de vue (200 mots minimum).

SITUATIONS 1 | 2 | 3 — Présenter une initiative écoresponsable

→ Livre élève p. 30, 32

Lire un texte efficacement (3)

▶ Repérer les paragraphes

L'ÉCOTOURISME À LA MONTAGNE : LES STATIONS DE SKI FRANÇAISES EN PLEINE MUTATION

Il y a une cinquantaine d'années, les premières stations de ski françaises faisaient leur apparition dans les Alpes. L'objectif était d'attirer le plus grand nombre et de développer l'activité touristique de ces régions. Néanmoins, l'arrivée massive de visiteurs eut un impact sur les domaines montagneux et plusieurs parcs nationaux […]

Pour contrer ce phénomène, les stations entament progressivement leur transition écologique et repensent le concept de tourisme pour l'adapter à une démarche durable […]

Un label qui favorise l'écotourisme
Dans cette logique, le label « Flocon vert » a été créé sur une initiative de l'association « Mountain Riders ». Pour la directrice de l'association, Camille Rey-Gorrez, l'enjeu est *« d'intégrer les stations dans un projet de durabilité du territoire »* […]

Un secteur privé et durable
Des entreprises s'engagent également en faveur de l'écologie en proposant un modèle économique innovant. C'est le cas de l'hôtel « La Croix de Savoie » située dans le village de Carroz d'Arâches en Haute-Savoie. Il se définit lui-même comme un « éco-hôtel » et premier hôtel bioclimatique de la région Rhône-Alpes […]

Les stations françaises semblent donc se diriger vers une transition écologique […] Mais il y a aussi une nécessité pour les domaines skiables de faire évoluer leurs offres tout en essayant de maintenir les activités traditionnelles puisque le réchauffement climatique ne leur garantit plus un enneigement de qualité chaque saison.

Arthur Meuriot, essentiel-media.fr, 02/02/2020.

1. Je lis le titre du document et je repère les mots-clés.
   a. Thème ➜ ....
   b. Paysage ➜ ....
   c. Pays ➜ ....

2. Je lis le texte et je repère des mots du texte à associer aux mots-clés suivants.
   a. écotourisme ➜ ....
   b. montagne ➜ ....
   c. mutation ➜ ....

3. Je repère les paragraphes.
   a. Combien de paragraphes y a-t-il ? ....
   b. Complétez le tableau en donnant un titre à chaque paragraphe.

Introduction générale, mise en contexte	....
Introduction du thème de l'article	....
Exemple 1	....
Exemple 2	....
Conclusion	....

Produire

4. ✎ Faites des recherches sur une région de votre pays qui a développé l'écotourisme. Sur le modèle de l'article, **présentez cette initiative** à l'écrit, en l'illustrant de deux exemples (180 mots environ).

Stratégie
Lisez le corrigé. Avez-vous organisé votre texte en paragraphes ?

UNITÉ 2

Raconter une expérience de voyage

→ Livre élève p. 31

Écouter un document audio

> Lire les consignes

1. Je regarde le visuel. Je pense à faire des hypothèses avant l'écoute.

   a. Pays → ....
   ....
   b. Thème → ....
   ....
   ....

ALEXANDRA EN ASIE | LES AVENTURIERS

2. Je lis attentivement les consignes de l'exercice 3.

   a. Je souligne les modalités de travail.
   b. J'entoure les mots interrogatifs.
   c. Je surligne les mots-clés.

Stratégie
Je repère les mots répétés ou accentués pour m'aider à comprendre vite.

3. ▶ 7 | Écoutez le document et répondez aux questions.

ⓐ Première écoute

a. Où Alexandra a-t-elle voyagé ? ....
....
b. Quelles sont les deux questions posées par l'homme ? ....
....
....
c. Quels mots sont répétés ou accentués ? .....
....

ⓑ Deuxième écoute

a. Je note les adjectifs pour décrire :
   – Saigon : ....
   – les Vietnamiens : ....
b. Je visualise la scène de rencontre en notant quelques verbes : ....
....

ⓒ Troisième écoute

Je vérifie et je complète mes réponses.

4. Choisissez des adjectifs pour décrire ces lieux.

   a. bouillonnant → Photo(s) n° ....
   b. hors du temps → Photo(s) n° ....
   c. au bout du monde → Photo(s) n° ....
   d. sauvage → Photo(s) n° ....
   e. paradisiaque → Photo(s) n° ....
   f. hyper-moderne → Photo(s) n° ....
   g. désaffecté → Photo(s) n° ....
   h. isolé → Photo(s) n° ....

Produire

5. 🔊 À l'oral, racontez une expérience de voyage en répondant à ces deux questions (2 min.). Quel pays vous a le plus plu ? Pouvez-vous raconter une rencontre marquante ?

Stratégie
Lisez le corrigé et comparez. Avez-vous varié les adjectifs pour décrire les lieux, ainsi que les verbes pour parler de votre rencontre ?

vingt-trois **23**

LE VOYAGE

→ Livre élève p. 30, 31, 32

1. **Complétez cette biographie de l'exploratrice Alexandra David-Néel avec les verbes suivants. N'oubliez pas de les conjuguer.**

se défaire | abandonner | renoncer | quitter | s'envoler

Alexandra David-Néel s'est passionnée très tôt pour les voyages et les cultures orientales. Parallèlement, elle a commencé une carrière de chanteuse lyrique qui l'a amenée à voyager. Cependant, en 1902, elle .... sa carrière de chanteuse pour se consacrer à ses travaux intellectuels. Elle s'est mariée en 1904 à Philippe Néel mais elle .... à l'idée d'avoir un enfant afin de satisfaire son envie de liberté. En effet, Alexandra David-Néel .... son mari pour entreprendre son premier grand voyage en Asie. En 1911, elle .... vers l'Inde. Alexandra David-Néel .... de ses principes occidentaux pour mieux comprendre la philosophie orientale.

2. **Associez chaque type de voyage à sa définition.**

un circuit • • Un parcours touristique organisé.
une escapade • • Le fait de rester dans un lieu pendant un certain temps.
une excursion • • Le fait de quitter momentanément sa routine pour vivre une aventure.
un trek • • Un long voyage comportant de nombreuses étapes.
un périple • • Une randonnée de plusieurs jours traversant des zones sauvages.
un séjour • • Un voyage d'un ou deux jours dans une région ou une ville.

3. **Soulignez le verbe correct dans ces préparatifs de voyage.**

1ʳᵉ étape : *faire appel / contacter / aller* à un tour-opérateur
2ᵉ étape : *acheter / rencontrer / accomplir* les formalités
3ᵉ étape : *chercher / visiter / faire* des bons plans
4ᵉ étape : *passer / faire / charger* sa valise
Et… *s'envoler / explorer / séjourner* vers sa destination

4. **Complétez le texte avec les verbes proposés.**

vous défaire | vous envoler | séjourner | vivre | aller | contempler | visiter | emprunter | découvrir | apprécier

/// CIRCUIT EXCLUSIF /// TIBET ÉTERNEL

Vous voulez .... de vos habitudes et .... une expérience unique ?
Nous vous proposons de .... vers le Tibet et d' .... la ligne ferroviaire la plus haute du monde, jusqu'à Lhassa. Lors de ce voyage inoubliable, vous pourrez .... les paysages extraordinaires des hauts plateaux, ... la culture tibétaine et .... de nombreux monastères. Vous aurez le privilège d' .... à la rencontre des populations locales et de .... chez une famille tibétaine dont vous pourrez .... l'hospitalité.

Produire

5. **Imaginez que vous êtes un(e) explorateur(trice). Quelle région souhaitez-vous explorer ? À quoi devez-vous renoncer ? Écrivez un texte pour raconter votre projet de voyage (180 mots).**

LE PARTICIPE PRÉSENT, LE GÉRONDIF ET L'ADJECTIF VERBAL

UNITÉ 2

→ Livre élève p. 33

1. Lisez cet extrait de récit de voyage, puis soulignez et identifiez les formes suivantes : le participe présent, le gérondif et l'adjectif verbal.

J'ai été tirée de mon sommeil vers 7 heures du matin. La femme voyageant avec moi était en train de rassembler ses affaires pour descendre à la gare d'Irkoutsk. Réalisant que je devais faire de même, je me suis levée avec difficulté de ma couchette. Après ce voyage fatigant de trois jours, mon corps était tout engourdi mais j'étais pleine d'enthousiasme à l'idée de découvrir les paysages magnifiques du lac Baïkal. Le train s'est arrêté sous une pluie battante. En descendant, j'ai aperçu des vendeurs ambulants sur le quai. J'allais pouvoir goûter leurs chaussons à la viande en attendant que la pluie cesse !

Pour vous aider, observez :
- **radical de l'imparfait + -ant** : peut être remplacé par *qui* → participe présent ;
- ***en* + radical de l'imparfait + -ant** : en lien avec le sujet de la phrase → gérondif ;
- **radical de l'imparfait + -ant** : caractérise un nom avec lequel il s'accorde → adjectif verbal.

2. Indiquez si le mot souligné est un adjectif verbal ou un participe présent. Accordez si nécessaire.

Exemple : Ces trajets de nuit sont des voyages vraiment fatigants. → adjectif verbal

a. Elle a raconté des histoires passionnant...... à propos de son voyage en Transsibérien. → ....
b. Nous avons réservé des billets permettant...... d'aller jusqu'à Moscou. → ....
c. Les paysages du lac Baïkal en hiver sont impressionnant...... → ....
d. Il reste des places vacant...... dans ce compartiment. → ....
e. Les voyageurs se sont installés, chacun vaquant...... à ses occupations. → ....

3. Soulignez la forme correcte.

a. C'est *en lisant / lisant* des récits de voyage que j'ai eu envie de faire le tour du monde.
b. Je recherche un compagnon de voyage *en sachant / sachant* parler un peu russe.
c. Ils ont appris quelques mots *en communiquant / communiquant* avec la population locale.
d. Il est tombé malade la semaine *précédant / précédente* son voyage.
e. Les scientifiques sont rentrés hier de Sibérie, après une expédition *épuisant / épuisante*.
f. La semaine *suivant / suivante*, nous avons repris le train pour Vladivostok.

4. ▶8 | **Écoutez et complétez la phrase par un participe présent ou un gérondif de sens équivalent.**

Exemple : J'ai perdu mon passeport en sortant mes affaires de mon sac.

a. Nous avons payé nos billets moins cher ....
b. Il a acheté un sac à dos ....
c. Vous aurez plus de chances de rencontrer des locaux ....
d. Le Transsibérien est un train ....
e. Je changerai de l'argent ....

MÉMO : LE PARTICIPE PRÉSENT, LE GÉRONDIF ET L'ADJECTIF VERBAL

Le participe présent	Le gérondif	L'adjectif verbal
• radical de l'imparfait + *-ant* → s'utilise à l' .... (à l'oral est remplacé par *qui*)	• *en* + participe présent → est en lien avec le .... de la phrase	• radical de l'imparfait + *-ant* → s'accorde en genre et en nombre avec le ....

SITUATION 4 — Décrire un lieu abandonné

→ Livre élève p. 34, 35

Lire un texte efficacement (4)

▸ Relever les idées-clés

Le Mausolée : un ancien supermarché investi par les street-artistes

Les Parisiens les plus réticents à l'idée de passer le périph' tomberont en admiration devant **cet ancien supermarché Casino désaffecté**, situé tout près de la **Porte de la Villette**. Ce sont près de **40 000 m²** d'espaces à l'abandon qui ont été investis de toute part par les street-artistes. Graffitis, jeux de perspective, lettrages en tous genres… Autant d'œuvres urbaines qui ont fait de cet endroit, un **véritable musée à ciel ouvert** ! Au milieu des bombes aérosols usagées, des carcasses de voitures et du mobilier en décrépitude, on déambule en **promeneur discret et marginal** [...]

Projet élaboré par Lek & Sowat

La Villa Bela Kiss : une maison de campagne parisienne figée dans le temps

Cette demeure paraît tout droit sortie d'un film de Tim Burton ! Protégée par une large grille qu'il faut escalader pour y accéder, la Villa Bela Kiss est **tout à fait pittoresque**. Avec son imposante toiture à pignons **digne d'un château de la Renaissance** et ses murs extérieurs en pierre de taille, elle apparaît comme un **vestige d'un autre temps**, littéralement perdu en rase campagne. À l'intérieur, on trouve encore quelques meubles et objets d'origine comme ce piano qui continue à prendre la poussière. À **visiter un soir d'orage** pour des frissons garantis ! [...]

© Urbex Session

pariszigzag.fr

1. Avant de lire, je repère les éléments du texte : source, photos, éléments en gras.

2. Lisez le texte. Cochez les éléments-clés qui sont indiqués dans la description de ces lieux abandonnés.

	Le Mausolée	La Villa Bela Kiss
a. La situation géographique	✓	☐
b. La surface	☐	☐
c. Les objets à voir à l'intérieur	☐	☐
d. L'environnement	☐	☐
e. La description du bâtiment	☐	☐

3. Relevez les adjectifs et expressions qui servent à qualifier le lieu. Choisissez ensuite le(s) sentiment(s) donné(s) par ces descriptions.

a. Le Mausolée : ....

b. La Villa Bela Kiss : ....

→ Sentiment : ☐ de désolation ☐ de tranquillité ☐ de peur ☐ d'admiration

→ Sentiment : ☐ de désolation ☐ de tranquillité ☐ de peur ☐ d'admiration

Produire

4. ✏️ Choisissez une de ces **descriptions de lieu abandonné** et résumez-la en 40 à 50 mots.

Stratégie
Lisez le corrigé. Avez-vous gardé les idées-clés de ces descriptions ?

L'ART URBAIN

UNITÉ 2

→ Livre élève p. 34, 35

1. Parmi ces mots, choisissez celui qui désigne chaque type d'œuvre.

un dessin à la craie | une murale | une mosaïque | un pochoir | un graffiti | un collage | une installation

a. .... b. .... c. .... d. ....

2. 🎧 9 | **Écoutez et relevez les adjectifs et expressions utilisés pour décrire des lieux et des œuvres. Indiquez ensuite s'ils expriment une opinion ou une description.**

	Adjectif ou expression	Opinion	Description
Exemple	*engagée*		x
a.			
b.			
c.			
d.			
e.			
f.			

3. Complétez cet article avec les mots proposés.

artistes | façades | fresque | pochoir | contemplation | balades | parcours | musée | immeubles

Le 13ᵉ, capitale du street art

Sous l'impulsion de la mairie du 13ᵉ arrondissement de Paris, les rues se sont transformées en .... à ciel ouvert. Une vingtaine d'........................ français et internationaux ont recouvert les .... des .... du boulevard Vincent Auriol d'œuvres monumentales, à l'image de la .... « Liberté, égalité, fraternité » réalisée par le célèbre Shepard Fairey, alias Obey. Des associations de promotion du street art proposent des .... commentées lors desquelles vous pourrez découvrir ces œuvres. Les ...., de 1 h à 3 h, permettent de se laisser aller à la .... de ces murales immenses situées sur les axes principaux ou bien de tomber par hasard sur des collages ou sur de petites peintures au .... dans le quartier préservé de la Butte-aux-Cailles.

Produire

4. 🗣️ **Êtes-vous déjà tombé(e) par hasard sur une œuvre d'art urbain ? Racontez cette expérience (2 min.). Décrivez l'œuvre et le lieu dans lequel elle se trouvait. Utilisez au minimum trois expressions de mise en relief.**

Stratégie
Lisez le corrigé. Avez-vous varié les adjectifs et expressions pour qualifier l'œuvre et le lieu ?

LA MISE EN RELIEF

→ Livre élève p. 36

1. Entourez la forme correcte.
   a. En arpentant une ville au mois d'août, *ce qui / ce que* j'apprécie, c'est le silence laissé par les habitants partis en vacances.
   b. *Ce qui / Ce que* passionne Timothy Hannem, c'est de photographier les lieux abandonnés.
   c. Quand j'étais petit, j'allais jouer dans ce manoir en ruine. La végétation avait tout envahi et l'ambiance était lugubre. Voilà *ce à quoi / ce dont* je me souviens.
   d. Nous sommes tombés par hasard sur une piscine abandonnée… Étrange… *Ce que / Ce à quoi* nous sommes habitués, ce sont plutôt les usines désaffectées et les friches industrielles.
   e. Pour un urbexer, *ce qui / ce dont* est important, c'est de ne pas dégrader les lieux qu'il découvre.

2. Complétez les commentaires de ces internautes qui ont fait une balade guidée sur le thème du street art. Utilisez *ce qui, ce que, ce dont* ou *ce à quoi*.

> **Laura** - J'ai adoré cette balade qui m'a fait voir mon quartier d'un autre œil ! ……………… j'ai le plus apprécié, c'est que notre guide connaissait la plupart des artistes et qu'il nous a vraiment donné les clés pour comprendre leur message. ……………… j'ai envie maintenant, c'est de visiter d'autres quartiers !
> **Fanfan75** - J'ai fait cette balade commentée samedi dernier et ce n'était pas vraiment ……………… je m'attendais. Les œuvres sont intéressantes, elles font réagir. Mais ……………… m'a déçue, c'est que notre guide ne nous a pas fait participer. Il a récité son texte sans tenir compte de son public.
> **Erwan** - Les street-artistes sont des artistes de l'ombre. C'est ……………… j'ai compris et ……………… m'a touché dans cette visite. Pour ces artistes, seul le message qu'ils font passer compte.

3. Transformez les phrases pour mettre en relief les éléments soulignés.
Exemple : Cette œuvre est monumentale, <u>c'est incroyable</u> !
➜ *Ce qui est incroyable, c'est que cette œuvre est monumentale !*

   a. <u>J'aime</u> que cette œuvre fasse référence à une figure du patrimoine belge : Tintin.
   ➜ ………
   b. Ce travail de trompe-l'œil, <u>ça m'impressionne</u> vraiment !
   ➜ ………
   c. <u>Il faut faire attention</u> aux détails, comme la petite tête de Milou qu'on aperçoit.
   ➜ ………
   d. <u>J'ai peur</u> que ces murales soient recouvertes et disparaissent.
   ➜ ………

© Hergé / Moulinsart - 2021

MÉMO : LA MISE EN RELIEF

ce qui	ce que	ce dont	ce à quoi
• Pour mettre en relief un ……………	• Pour mettre en relief un ……………	• Pour mettre en relief un complément indirect avec ……………	• Pour mettre en relief un …………… avec « à »

L'ARGUMENTAIRE

UNITÉ 2

→ Livre élève p. 31
→ Livre élève Fiche p. 198

Pourquoi le Maroc est-il la destination rêvée pour vos prochaines vacances ?

Vous voulez des vacances où vous pourrez à la fois vous reposer et découvrir les richesses d'un pays, vous rêvez d'un endroit où vous pourrez facilement aller au contact de la population... Le Maroc est l'endroit idéal !

Tout d'abord, la nature a doté le Maroc d'un climat particulièrement doux et ensoleillé tout au long de l'année, avec une moyenne de 21°C sur les côtes. Par ailleurs, du nord au sud, le Maroc regorge de paysages naturels grandioses, propices à la randonnée, parmi lesquels les dunes de Merzouga, les cascades d'Akchour ou les gorges de la Vallée du Todra sont des lieux d'escapades inoubliables.

Ensuite, le royaume du Maroc abrite un impressionnant patrimoine architectural à découvrir sur la route des villes impériales. Vous vous émerveillerez devant les splendeurs extraordinaires de cités telles que Rabat, la capitale, Marrakech, Fès et Meknès. En outre, vous pourrez découvrir les surprenantes médinas d'Essaouira ou de Tétouan.

Enfin, vous vivrez des expériences mémorables au contact de la population marocaine, largement francophone, réputée pour son sens de l'accueil et pour sa générosité. Vous n'hésiterez pas, par exemple, à pousser la porte d'une des innombrables boutiques des souks ou à accepter l'invitation d'habitants désirant partager avec vous un délicieux couscous.

1. Observez la structure du texte.
   a. Indiquez sur les pointillés les trois parties de l'argumentaire, l'introduction et le titre.
   b. Repérez le ou les mot(s)-clé(s) de chacune des parties de l'argumentaire.
   ▶ 1ʳᵉ partie : ....
   ▶ 2ᵉ partie : ....
   ▶ 3ᵉ partie : ....

2. Repérez les connecteurs.
Notez les articulateurs...
   ▶ qui annoncent chaque partie : ....
   ▶ qui introduisent une nouvelle idée : ....
   ▶ qui introduisent des exemples : ....

3. Soulignez les adjectifs destinés à mettre en valeur cette destination.

Produire

4. ✏ Écrivez un argumentaire (200 mots) pour présenter la destination de votre choix. Conservez la structure du texte en ne gardant que les éléments en bleu. Variez les adjectifs pour mettre en valeur les lieux.

L'opinion

 ## SUJET

Sur le forum du site lemonde.fr, vous décidez de vous exprimer sur le sujet suivant : « L'avion est polluant mais nécessaire. » Donnez votre avis.

MÉTHODOLOGIE
▶ **Comprendre le sujet**
• Extraire les mots-clés
• Reformuler le sujet
• Poser la problématique

1. PRÉPARATION

a Lire le sujet.
Je lis et relis le sujet. Je reformule le sujet en une question.
▶ ....

b Extraire les mots-clés du sujet.
a. Je note la / les thématique(s) : ....
b. Je note le mot-clé qui exprime un paradoxe : ....
c. Je souligne les deux adjectifs.

c Reformuler le sujet.
a. Je réfléchis aux adjectifs et je cherche des idées ou des faits.
▶ L'avion est nécessaire : ....
▶ L'avion est polluant : ....
b. Je lis des exemples.

> " Le transport aérien est responsable de 2,4 % des émissions mondiales de CO2 soit bien moins que les activités liées à Internet (environ 4 %) ou que le secteur du textile et de l'habillement (8 à 10 %). (2020) "

> " Des associations demandent entre autres la fermeture des lignes intérieures qui représentent moins de 5 heures de train, une réduction des déplacements professionnels et plus généralement une réflexion sur la fréquence des déplacements. "

c. Ces idées ou ces exemples m'amènent à me poser des questions.
Exemple : *Quand est-ce que l'on peut se passer de prendre l'avion ?*
Je rédige deux autres questions :
▶ ....
▶ ....

d Poser la problématique.
a. J'imagine mon sujet avec un début de question comme : *Comment..., Peut-on..., Dans quelles mesures...*
b. Je rédige ma question et vérifie que les mots-clés sont présents ou sous-entendus.
▶ ....

point culturel

• **Les politiques communautaires** : L'Union européenne s'est fixé l'objectif de réduire ses émissions de gaz à effet de serre de 40 % en 2030 par rapport à 1990.
• **Les politiques nationales** : La loi sur la transition énergétique vise à réduire la facture énergétique de la France tout en favorisant les énergies renouvelables.

UNITÉ 2

MÉTHODOLOGIE
➤ Plan en deux parties
➤ Rédiger l'introduction
• Présenter le sujet
• Formuler la question
• Annoncer les parties

2. RÉDACTION

a) Élaborer le plan détaillé.
Sur une feuille, exposez vos idées sous forme de notes.

Stratégie : Utilisez des couleurs pour différencier les exemples.

Réponse au sujet : **oui**

▶ ....
Exemple : ....
▶ ....
Exemple : ....
▶ ....
Exemple : ....

Réponse au sujet : **non**

▶ ....
Exemple : ....
▶ ....
Exemple : ....
▶ ....
Exemple : ....

b) Rédiger l'introduction.

→ Présenter **le sujet** à l'aide d'une idée ou d'un exemple.

Exemple : L'avion est le mode de transport le plus polluant et, à l'heure où l'on cherche à réduire les émissions de CO_2, un nouveau terme, suédois, est apparu dans les médias : le *flygskam*, ou la honte de prendre l'avion.

....
....

→ Formuler **la question** (directement ou indirectement).

Exemple : On peut alors se demander s'il faut renoncer à prendre l'avion pour sauver la planète.

....
....

→ Annoncer **les parties** à venir.

Exemple : Pour répondre à cette question, **nous verrons dans un premier temps** que l'on peut réduire considérablement les déplacements en avion. Mais, **nous verrons ensuite** que l'avion reste nécessaire dans certaines situations et sous certaines conditions.

....
....

c) Rédiger la conclusion.

....
....

3. RELECTURE

Vérifier l'utilisation des connecteurs (*mais, en revanche, toutefois…*)

Améliorer la qualité de la rédaction : éviter les répétitions et varier le lexique.

Compter le nombre de mots.

trente et un **31**

Bilan LINGUISTIQUE

GRAMMAIRE

1 Soulignez et nommez les éléments suivants : participe présent, gérondif ou adjectif verbal.

Exemple : En réservant mes billets, j'ai vu que les prix avaient augmenté. ➔ gérondif

a. Pour les longs trajets, le train est le moyen de transport le moins polluant. ➔ ....
b. Nous nous imprégnons davantage de l'atmosphère des lieux en pratiquant le *slow travel*. ➔ ....
c. *Flygskam* est un mot suédois signifiant « honte de prendre l'avion ». ➔ ....
d. C'est un voyageur aventurier ayant envie de vivre de nouvelles expériences. ➔ ....
e. En s'écartant des sentiers battus, on multiplie ses chances de rencontrer des locaux. ➔ ....

2 Transformez les verbes en participe présent, gérondif ou adjectif verbal.

a. J'ai découvert ces peintures au pochoir .... (traîner) dans des ruelles désertes.
b. Souvent, les dessins à la craie sur les trottoirs sont des œuvres en trompe-l'œil .... (donner) l'impression qu'il y a un trou dans le sol.
c. Si vous vous promenez dans ce quartier, vous pourrez admirer des fresques vraiment .... (surprendre).
d. Certains street-artistes, comme Banksy ou Shepard Fairey, sont très .... (influer).
e. Le français JR est un artiste .... (réaliser) des collages monumentaux dans de nombreuses villes du monde.

3 Entourez la forme correcte.

a. *Ce qui / Ce que / Ce dont* m'a plu dans ce voyage en Guadeloupe, c'est le fait d'avoir eu le temps de visiter à mon rythme.
b. *Ce que / Ce dont / Ce à quoi* j'avais peur, c'était d'être dévoré par les moustiques.
c. *Ce qui / Ce que / Ce dont* j'ai regretté, c'est de ne pas être monté au sommet du volcan de la Soufrière.
d. *Ce qui / Ce dont / Ce à quoi* m'a marqué, c'est la bonne humeur des Guadeloupéens.
e. J'ai tellement aimé ce voyage que *ce que / ce dont / ce à quoi* je réfléchis maintenant, c'est à ma prochaine escapade dans les Antilles.

4 Complétez avec *ce qui, ce que, ce dont* ou *ce à quoi*.

Il s'appelle Zig et il est street-artiste depuis 2016. Il ne se montre pas dans les médias et personne ne connaît son identité. Garder son anonymat, voilà .... il tient. .... le caractérise, ce sont ses personnages ronds et colorés. Mais derrière ce style enfantin se cache toujours un message. .... il dénonce principalement, c'est la société de consommation. Ses peintures à l'aérosol sont empreintes d'humour et de cynisme car .... il est sûr, c'est qu'il vaut mieux faire sourire que choquer. .... il veut, c'est nous faire réfléchir aux conséquences de notre mode de vie sur la planète.

UNITÉ 2

LEXIQUE

1. Le voyage | Complétez la grille et découvrez un moyen de transport.

   a. Habitant du pays.
   b. Trajet en avion.
   c. Voyage d'exploration.
   d. Entreprise qui conçoit des voyages.
   e. Logement temporaire.

2. Le voyage | Barrez l'intrus.

   a. *Contacter / Faire partie d' / Faire appel à* une agence de voyages.
   b. *Songer à / Renoncer à / Abandonner* un projet de voyage.
   c. *S'envoler vers / Quitter / Se rendre dans* son lieu de vacances.
   d. *Réduire / Compenser / Restreindre* les émissions de carbone.
   e. *Établir / Définir / Suivre* un itinéraire.

3. L'art urbain | Trouvez les mots qui correspondent aux définitions.

   a. Bombe de peinture. = _ _ _ _ _ _ _
   b. Signature ou dessin rapide réalisé sur un mur. = _ _ _ _ _ _ _ _
   c. Fait de garder son nom secret. = _ _ _ _ _ _ _
   d. Mur extérieur d'un bâtiment, où se trouve l'entrée principale. = _ _ _ _ _ _
   e. Grande peinture murale. = _ _ _ _ _ _ _

4. L'art urbain | Soulignez le verbe correct.

   a. *Arpenter / Marcher* un boulevard.
   b. *Parcourir / Se balader* dans un vieux quartier.
   c. *Tomber par hasard / Découvrir* sur une œuvre de street art.
   d. *Contempler / S'émerveiller* devant une fresque.
   e. *S'imprégner / Ressentir* d'une ambiance.

5. Inattendu(e) | Associez les synonymes.

- bizarre • • inhabituel(elle)
- marquant(e) • • inattendu(e)
- reculé(e) • • étrange
- imprévu(e) • • mémorable
- exceptionnel(elle) • • éloigné(e)

6. Associez les verbes aux définitions.

   a. flâner ➜ définition n° ....
   b. se balader ➜ définition n° ....
   c. avancer ➜ définition n° ....
   d. traîner ➜ définition n° ....
   e. arpenter ➜ définition n° ....

   1. Se promener, sans se dépêcher, en s'imprégnant de l'ambiance.
   2. Marcher vers l'avant.
   3. Marcher sans but, souvent de manière lente.
   4. Parcourir à grands pas.
   5. Se promener.

PRÉPARATION au DELF

Compréhension des écrits   15 points

Vous lisez cet article dans la presse. Pour répondre aux questions, cochez ☑ la bonne réponse.

Le tourisme de masse est notre propre ennemi

[…] Notre façon de « consommer du voyage » à n'importe quel prix a donné naissance à l'un des secteurs les plus polluants au monde : le tourisme de masse est responsable à lui seul de plus de 8 % des émissions de CO_2. Pour rappel : le tourisme est le premier secteur économique mondial. Ce qui signifie que, bien avant l'industrie de l'automobile et le commerce du pétrole, nos vacances sont au cœur d'un business qui représente des milliards d'euros. En Europe, c'est 12 % de l'emploi et plus de 27,5 millions de salarié(e)s. Premier problème : cet apparent dynamisme masque une réalité sociale souvent précaire. En effet, largement occupés par des jeunes et des femmes, une partie de ces emplois est fragilisée par sa dimension saisonnière souvent partiellement déclarée.

Maintenant, parlons de l'impact concret du tourisme de masse. En tant que première destination touristique au monde, l'Europe a depuis longtemps énuméré la liste de ses effets indésirables : augmentation des déchets, saccage de l'environnement, dégradation des sites protégés, flambée des prix de l'immobilier, saisonniérisation des emplois… Ce ne sont que quelques exemples des revers qui minent l'industrie et la vie des riverains. Depuis plusieurs années, des villes entières se vident de leurs habitants pour se métamorphoser en espace hybride entre le musée et le parc d'attraction. À Venise et Barcelone, on ne compte plus les manifestations des citoyens excédés par les flux incessants de touristes. Alors que plusieurs villes se prémunissent de seuils de limitation d'entrée, penser collectivement un plafond du nombre de visiteurs selon les destinations apparaît comme un levier indispensable à la régularisation des flux.

À quel moment la mécanique des congés payés s'est-elle retournée contre nous ? Élargissement d'une classe moyenne et mondialisée, développement du voyage « à la dernière minute », multiplication des applications en ligne et offres de plus en plus standardisées sont autant de leviers qui ont réduit le touriste à l'état de consommateur passif quand ce n'est pas au statut de simple pigeon banquable. Regardons ce qui se cache derrière les *stories* que nous postons sur nos réseaux, et chacun pourra constater à quel point ce système est incompatible avec notre besoin de dépaysement mais aussi avec notre aspiration à lutter contre les changements climatiques.
Le renouvellement de nos pratiques est donc une nécessité qui devra répondre à trois urgences : l'urgence environnementale, l'urgence sociale et la volonté des citoyens de voyager autrement […]

Mais plus qu'un secteur en particulier, ce sont nos modes de déplacement qu'il faut reconsidérer. Il va falloir s'habituer à redéfinir nos rythmes, devenir acteur de nos expériences. Le « all inclusive » à l'autre bout du monde en clin d'œil appartient au passé […] Ensemble, travaillons nos mobilités et redécouvrons nos régions en bateau, à pied ou à vélo.

Karima Delli, *Huffington Post*, 05/06/2020.

1. Le tourisme est un secteur économique…   2 points
- ❑ plus polluant
- ❑ plus important   … que l'industrie automobile et le commerce du pétrole.
- ❑ plus dynamique

2. Souvent, les emplois liés au tourisme sont des emplois…   2 points
- ❑ pénibles.
- ❑ précaires.
- ❑ à bas salaires.

3. En Europe, le tourisme de masse a entraîné…   2 points
- ❑ la baisse des revenus.
- ❑ la détérioration des logements.
- ❑ la dégradation de l'environnement.

UNITÉ 2

4. Depuis plusieurs années, … 2 points
- ❑ certaines villes européennes ont créé des emplois dans les musées.
- ❑ certaines villes ont construit des parcs d'attraction dans le centre-ville.
- ❑ les habitants de certaines villes européennes sont obligés de déménager.

5. Selon le texte, … 2 points
- ❑ certaines villes devraient être fermées aux touristes.
- ❑ il faudrait limiter le nombre de touristes dans plusieurs villes d'Europe.
- ❑ les citoyens européens pourraient s'organiser collectivement pour accueillir les touristes.

6. D'après le texte, le touriste est devenu… 2 points
- ❑ un consommateur de voyages.
- ❑ un utilisateur passif des réseaux sociaux.
- ❑ un voyageur soucieux de l'environnement.

7. Selon le texte, … 3 points
- ❑ il faut changer notre façon de voyager.
- ❑ il faut investir davantage dans l'écologie.
- ❑ il faut voyager vers de nouvelles destinations.

Production orale   15 points

Vous dégagerez le problème soulevé par le document que vous avez choisi puis vous présenterez votre opinion sur le sujet de manière claire et argumentée (5 à 7 minutes). Vous défendrez votre point de vue au cours du débat avec l'examinateur.

GRAFFITI : ART OU VANDALISME ?

Skateboard, hip-hop et graffiti coexistent depuis les années 1970-80, à tel point qu'il est difficile de les dissocier. Aujourd'hui, de nombreux skateparks sont des lieux saints où l'on peut s'exprimer librement avec des graffitis et où personne n'ira se plaindre de vandalisme.

Mais à une plus large échelle, cela n'est pas aussi évident. Les graffitis peuvent être perçus comme une dégradation de la communauté, une pollution visuelle ou une preuve de la rupture sociale […] La réalité se trouve certainement entre les deux. Ceux qui créent des graffitis se considèrent comme des artistes qui s'expriment sur une toile publique. Et la grammaire du graffiti - son support et ses techniques - est aujourd'hui la base du plus imaginatif, du plus beau et du plus poignant street art que nous connaissons […]

Vans.fr, 13/01/2020.

STAYCATION : PARTIR EN VACANCES À LA MAISON

Staycation est un néologisme créé par les Américains au moment de la crise des subprimes, en 2007. C'est la contraction en anglais du verbe *stay*, « rester », et du nom *vacation*, « vacances ». Il désigne le simple fait de partir en vacances, à la maison !
Car c'est bien là l'objectif : passer de vraies vacances (sorties, visites, randonnées, etc.) dans sa ville ou dans sa région. Le gros avantage est évident : les *staycations* permettent d'économiser sur les frais de transport et d'hébergement […] C'est aussi beaucoup moins stressant : pas de vacances à l'autre bout du monde à planifier, de problèmes de grève des transports à gérer, pas besoin de conduire des heures durant… Avec un bilan carbone neutre, les *staycations* séduisent aussi les éco-touristes soucieux de minimiser leur impact sur l'environnement.

Annabelle Kiéma, consoglobe.com, 27/05/2020.

SITUATIONS 1 | 2 | 3 — Raconter une reconversion professionnelle

→ Livre élève p. 44

Comprendre l'explicite d'un texte (1)

▶ Relier les informations entre elles

Témoignage : Fabien Brun, de l'armée au développement d'applications mobiles

Fabien Brun, 41 ans, deux enfants, est désormais coordinateur technique et développeur mobile chez Kinaxia. Plus précisément, il est en charge des applications mobiles de l'entreprise.
Dans l'armée depuis l'âge de 19 ans, Fabien occupait le poste de parachutiste commando. C'est poussé par sa passion pour le développement, l'informatique et le digital, qu'il décide de se reconvertir […] Afin de se tester […],
5 il développe donc des projets personnels en même temps que son activité de militaire. Il se découvre une véritable passion pour ce domaine […]
En quittant l'armée, il a conscience qu'une page se tourne […] Malgré son âge, le sentiment d'être junior réside. Selon lui, lorsque l'on est passionné, il n'y a aucune limite […] Grâce à Internet et à ses formations en ligne, il se forme […] Avec Pôle emploi, Fabien passe une […] formation de développeur mobile […] qui lui donnera une
10 grande crédibilité sur son CV. Au fil de l'eau, il comprend que les qualités qu'il avait pu acquérir dans son ancien métier telles que la rigueur, l'esprit d'équipe, l'investissement, la détermination lui permettent d'être efficace mais également de combler son bagage technique.

Pole-emploi.org, 13/08/2020.

1. Je lis le titre et j'imagine un lien entre travailler dans l'armée et dans le développement d'applications mobiles.

....
....
....

2. Je lis le texte et je note les compétences acquises à l'armée utiles à Fabien aujourd'hui.

....
....
....

3. Je relis le texte et j'indique la nature des liens entre les éléments en choisissant parmi : la conséquence, la concession, le but, la cause, la précision.

- **a.** « développeur mobile » et « en charge des applications » → ....
- **b.** « sa passion » et « la reconversion » → ....
- **c.** « des projets personnels » et « des tests » → ....
- **d.** « son âge » et « le sentiment d'être junior » → ....
- **e.** « ses formations en ligne » et « il se forme » → ....
- **f.** « la détermination » et « être efficace » → ....

4. Associez pour reconstituer les phrases.

- Fabien Brun a préparé sa reconversion professionnelle • • par • • son âge, 41 ans.
- Il opte pour une reconversion dans l'informatique • • comme • • passion pour ce domaine.
- Il a le sentiment de redevenir un junior • • en dépit de • • il savait qu'il quitterait l'armée un jour.

Produire

5. ✎ Vous avez un(e) ami(e) qui souhaite se reconvertir professionnellement pour devenir avocat(e). Par mail, donnez-lui plusieurs conseils pour réussir son projet (150 mots).

Stratégie
Avant la rédaction, élaborez une liste des conseils, puis regroupez-les par thème (les qualités, la formation, etc.)

Exposer sa motivation

UNITÉ 3

→ Livre élève p. 45

Écouter un document audio

> Repérer le contexte

1. Je regarde le visuel.

a. Sur quel média est diffusée cette émission ?
....

b. D'après le titre de l'émission, quel est le thème abordé ?
....
....

2. 🎬 10 | **J'écoute l'audio et je repère le contexte.**

a Première écoute

Je complète le tableau.

Qui parle ?	Sujet de l'émission	Public	Format de l'émission
....	....	....	....
....	....	....	....

b Deuxième écoute

a. Je note les mots que j'entends le plus. ....
....

b. Je suis le présentateur, je rédige une introduction à l'émission avec les éléments suivants :
le nom de l'émission, les intervenants, le sujet et les questions traitées.
....
....
....

c Troisième écoute

a. Quel mot est le plus récurrent dans la deuxième partie de l'audio ? ....
b. D'après l'intervenant, comment un(e) candidat(e) peut-il / elle montrer sa motivation ?
....
....

3. Je note les synonymes des mots liés au travail entendus dans l'audio.

a. valeur ajoutée : ....   e. un chef : ....
b. écrire sur un papier : ....   f. souligner : ....
c. un type de candidat : ....   g. embaucher : ....
d. la timidité : ....   h. être à son avantage : ....

Produire

4. 🔊 **Vous êtes à la place d'Augustin. Répondez aux questions de la journaliste : expliquez, selon vous, ce que doit faire un(e) candidat(e) pour se préparer à un entretien d'embauche et comment il / elle peut exposer sa motivation (2 min.).**

Stratégie

Lisez le corrigé, vérifiez que vous avez réutilisé le vocabulaire de l'audio et précisé vos idées.

trente-sept **37**

LE TRAVAIL

→ Livre élève p. 44, 45, 46

1. Complétez le texte avec les expressions ci-dessous, conjuguez au passé si nécessaire.

quitter | bosser | reprendre | se reconvertir | suivre | démissionner

Victime d'un burn-out, Anne, ancienne réceptionniste dans un grand hôtel parisien, nous raconte sa reconversion dans le commerce de produits artisanaux.

« J' .... des études de philosophie. Après ma licence, j' .... les bancs de la fac pour mon premier job qui n'avait rien à voir avec mon diplôme : j'étais réceptionniste dans un grand hôtel.
Je .... à un rythme effréné. Après 5 ans de boîte, j' .... pour .... des études de commerce et .... dans l'export d'objets artisanaux fabriqués en France. »

2. 🎧 11 | **Écoutez et associez les phrases entendues avec l'expression correspondante.**

a. Un poste à pourvoir. → phrase ....
b. Faire du télétravail. → phrase ....
c. Travailler dans des conditions déplorables. → phrase ....
d. Switcher. → phrase ....
e. Avoir un autre destin. → phrase ....

3. Trouvez trois mots de la même famille.

a. Artistique :
b. Artisanal :
c. Manuel :
d. Intellectuel :

4. Associez chaque métier à sa définition.

a. juge • • 1. Ouvrier qui conçoit et réalise l'ossature des bâtiments.
b. charpentier • • 2. Spécialiste en exécution et réparation des toitures.
c. couvreur • • 3. Personne qui dresse les plans d'un édifice et en dirige l'exécution.
d. sculpteur • • 4. Personne chargée de rendre la justice selon des lois.
e. architecte • • 5. Artiste qui taille des pierres pour produire des œuvres.

5. Soulignez les expressions dans chaque item, puis choisissez la définition qui convient à chacune d'elle.
réfléchir | être inactif | se faire réprimander | participer activement | travail énergique

a. Jean vient de décrocher un nouveau job en tant que manutentionnaire dans une entreprise de déménagement. Lui qui n'aime pas se fatiguer, il a dû mettre la main à la pâte. → ....
b. En effet, pour transporter les cartons, il faut une sacrée dose d'huile de coude. → ....
c. Les instructions sont simples, il n'a pas besoin de se creuser la tête. → ....
d. Néanmoins, il faut connaître les bons gestes pour éviter de se faire mal en soulevant les cartons et de se faire tirer les oreilles par le patron. → ....
e. Le moins que l'on puisse dire, c'est qu'avec ce nouveau travail, Jean ne pourra pas rester les bras croisés.
→ ....

Produire

6. 🔊 **Quelle a été votre pire journée au travail ou lors de votre formation ? Racontez cette expérience à l'oral (2 min.) en utilisant les temps du passé.**

UNITÉ 3
TEMPS DU PASSÉ ET ACCORDS DU PARTICIPE PASSÉ

→ Livre élève p. 47

1. Lisez le texte et conjuguez les verbes au passé composé ou à l'imparfait.

J' .... (obtenir) mon baccalauréat scientifique en 2010, ensuite, je .... (s'inscrire) à l'université pour passer une licence en sciences politiques. Au bout de deux ans, je .... (se réorienter) vers une licence en histoire. Un jour, j' .... (sentir) qu'il me .... (manquer) quelque chose : j' .... (avoir) besoin de contact. Mes amis .... (me conseiller) de passer les concours de l'enseignement, ce que j' .... (faire). Mes parents, qui .... (vouloir) me voir intégrer un ministère, ... (être) très déçus, surtout quand je leur .... (annoncer) que je .... (souhaiter) passer le concours de professeur des écoles. Finalement, entre mes désirs et les projections de mes parents, j' .... (choisir) mon bonheur.

2. Faites l'accord du participe passé si nécessaire.
   a. Les études que j'ai suivi...... portaient sur le droit fiscal.
   b. Paul et Chloé se sont reconverti...... dans le textile.
   c. Elle a vu...... la juge ce matin.
   d. Jeanne s'est formé...... au métier de comptable.
   e. L'avocate, ils l'ont rencontré...... ce matin.

3. ▶12 | **Écoutez et écrivez les verbes que vous entendez dans la colonne qui correspond.**

Imparfait	Passé composé	Passé simple
....	....	....
....	....	....
....	....	....

4. Écrivez les verbes dans le tableau en fonction de ce qu'ils décrivent.
   a. Comme ses parents travaillaient à temps plein, Jacques mangeait à la cantine quatre jours par semaine.
   b. Elle s'est inscrite en quatrième année de médecine comme elle le souhaitait.
   c. Quand il a intégré l'université, Paul a été étonné de ne pas entendre de sonnerie retentir en début et en fin de cours.
   d. Des manifestations contre la réforme des retraites ont eu lieu partout dans le pays.
   e. La stagiaire, qui était belge, occupait un poste dans le service RH. Tout le monde admirait son travail.

Habitude	....
Description	....
Action terminée	....

MÉMO : TEMPS DU PASSÉ

Imparfait	Passé composé
• Pour une description ou .... dans le passé.	• Pour une action .... et précise dans le passé.

SITUATION 4 — Décrire son parcours

→ Livre élève p. 48, 49

Comprendre l'explicite d'un texte (2)

➤ Hiérarchiser les informations

PORTRAIT Comment je suis devenue juge des enfants

À 25 ans, Pauline est juge des enfants à Évreux dans l'Eure. Un métier pour lequel la Nantaise a pris le temps de se former […]

De la licence à l'École nationale de la magistrature de Bordeaux

Après avoir décroché son baccalauréat littéraire en 2011 au lycée Notre-Dame-de-Toutes-Aides à Nantes (44), Pauline prend la direction de l'Institut catholique d'études supérieures pour y réaliser une licence en droit privé général […] Pauline s'oriente dans la foulée vers une première année de master en droit pénal et sciences criminelles […] Elle poursuit avec un M2 carrières judiciaires pour préparer le concours d'entrée à l'École nationale de la magistrature […]

Juge des enfants : « une fonction très rythmée »

Liée au tribunal de grande instance d'Évreux (27) depuis septembre dernier en tant que juge des enfants, Pauline ne regrette en aucun cas son choix. « C'est une fonction très rythmée. »

Un certain nombre de dossiers sensibles à gérer peuvent parfois bousculer le quotidien. Jusqu'ici, Pauline n'a pas encore connu de lourds soubresauts. « Certaines situations vont me toucher plus que d'autres. » […]

Encore au tout début de sa carrière, Pauline envisage pour l'heure d'engranger de l'expérience avant de se projeter.

Florian Dacheux, letudiant.fr, 19/03/2020.

1. Je repère le titre et les sous-titres de l'article, je note le sujet de chaque partie.

   a. Sujet de l'article : ....
   b. Sujet de la partie 1 : ....
   c. Sujet de la partie 2 : ....

2. Je repère dans le texte les mots qui décrivent...

   a. Pauline : ....
   b. ses études : ....
   c. son métier de juge des enfants : ....

3. Pour chaque énoncé, classez les phrases dans le tableau.

   a. Pauline est juge des enfants dans l'Eure. | Elle a 25 ans. | Elle est nantaise.
   b. Elle est timide et curieuse. | Elle a pratiqué la danse pendant 15 ans. | Elle a abordé la question de son orientation en toute sérénité.
   c. Sa mère travaillait dans le médico-social. | Son stage dans un cabinet d'avocat l'a confortée dans ses choix professionnels. | Elle a fait un stage quand elle était en 3ᵉ.

Stratégie
L'information principale est l'information mise en avant. L'information secondaire se rattache à celle principale. L'information non pertinente peut être supprimée, elle n'est pas nécessaire.

	Informations principales	Informations secondaires	Informations non pertinentes
a.			
b.			
c.			

Produire

4. ✎ À partir des éléments du texte, rédigez le CV de Pauline pour **décrire son parcours**.

UNITÉ 3

LA JUSTICE

→ Livre élève p. 45, 48, 49

1. Complétez le texte avec les verbes suivants, conjuguez si nécessaire.
reconnaître | prendre | condamner | juger | manier | clamer | accuser

Émile Zola (1840-1902), chef de file du courant littéraire naturaliste, est un écrivain et un journaliste engagé qui prend publiquement position dans l'affaire Dreyfus.

En 1898, dans un article au titre célèbre, « J'accuse », Zola écrit pour ………………… la défense du capitaine Dreyfus, officier de confession juive, alors ………………… à perpétuité. L'état-major français ………………… Dreyfus d'espionnage au profit de l'Allemagne. Bien que le capitaine ………………… son innocence, il est ………………… coupable. Dans « J'accuse », Zola, qui ………………… la rhétorique magistralement, attaque l'armée et l'État qu'il accuse d'antisémitisme. S'ensuit un nouveau procès en 1906 : Dreyfus est finalement ………………… innocent.

2. Lisez les phrases et associez les mots soulignés aux définitions correspondantes.
   a. Braquage d'une bijouterie à Marseille. → définition n°….
   b. La police a arrêté les auteurs du braquage de la bijouterie de l'avenue Paradis. Le montant du préjudice avait été estimé à un million d'euros. → définition n°….
   c. Après trois mois de cavale, les suspects, ont été placés en garde à vue au commissariat du 7ᵉ arrondissement. → définitions n°…. et ….
   d. Le juge d'instruction a ordonné la perquisition du domicile du trio de malfaiteurs dans le but de retrouver les bijoux volés. → définitions n°…. et ….

Définitions :
   1. Fouille policière de domicile ou de bureau.
   2. Tort causé aux droits, aux intérêts ou au bien-être d'une personne.
   3. Personne chargée d'enquêter sur les affaires pénales.
   4. Fait de retenir une personne dans les locaux de la police pour les besoins d'une enquête.
   5. Personne identifiée par la police comme auteur possible d'une infraction.
   6. Vol ou attaque à main armée.

3. ▶13 | **Écoutez les témoignages de ces étudiants ou diplômés de droit et associez-les à la spécialité qui correspond.**

Droit international	…………………………
Droit fiscal	…………………………
Droit administratif	…………………………
Droit criminel	…………………………

Produire

4. ✏ **Vous êtes avocat(e). Écrivez une courte plaidoirie en faveur de la semaine de travail de quatre jours (150 mots).**

LES PRONOMS *EN*, *Y* ET *LE* (PRONOM NEUTRE)

→ Livre élève p. 50

1. Lisez le texte, entourez les pronoms *en*, *y* et *le*, puis soulignez le nom ou groupe qu'ils remplacent.

L'année dernière Paul est parti à Nice, il y va chaque été avec ses enfants. Cette année il a décidé de changer de destination. Il veut partir en Guadeloupe, il en a parlé avec sa femme mais, comme Paul n'a pas les moyens financiers de payer ce voyage, elle ne le prend pas au sérieux. Il est difficile de se payer un tel voyage avec un job à mi-temps. Bien qu'il le sache, Paul s'en moque. Il est déterminé à réaliser son rêve. Il y pense depuis longtemps.

2. Remplacez le nom ou groupe souligné par le pronom qui convient.

a. Elle a aménagé un atelier au rez-de-chaussée pour …… peindre.
b. Ce n'est pas évident de suivre une formation en parallèle de son travail : Amélie …… sait bien.
c. Télétravailler en s'occupant de ses enfants a été un défi pour beaucoup de parents. Patrice et Malika …… ont fait l'expérience.
d. Les domaines de la robotique et du numérique vont fournir un vivier de nouveaux métiers, les experts en prospective …… assurent.
e. Monter sa société et ne plus avoir de patron, Sébastien …… pense depuis longtemps.
f. Les hologrammes et les robots vont provoquer la suppression de nombreux postes, Aymeric …… craint.

3. Associez les répliques des dialogues.

a. – C'est éreintant de rédiger une thèse !
b. – Peux-tu me remplacer pour animer le stage ?
c. – Tu as discuté de l'emploi du temps ?
d. – Dans ta boîte les ouvriers sont syndiqués ?
e. – Prends soin de mes affaires, s'il te plaît.
f. – Tu voyages souvent en Espagne ?

1. – Il me semble qu'ils le sont majoritairement.
2. – Oh ça, je peux l'imaginer.
3. – J'y ferai très attention, ne t'inquiète pas.
4. – Oui, j'y vais chaque année pour un salon.
5. – Je suis débordé mais je vais y réfléchir.
6. – Non, je prévois d'en parler demain.

4. À quoi fait référence le pronom souligné ? Cochez la bonne réponse.

a. Je l'ai tapé, il me reste à l'envoyer par courriel aux employés qui ont participé à la réunion.
❏ La lettre de motivation.   ❏ Le compte-rendu.

b. Il en faut pour ne pas baisser les bras après autant d'échecs.
❏ De la persévérance.   ❏ De la paresse.

c. Mince, j'ai oublié les copies dans l'imprimante, j'y retourne.
❏ À la photocopieuse.   ❏ Les photocopies.

d. J'y ai bien réfléchi, je pense que ce sera un plus dans mon CV.
❏ Apprendre une nouvelle langue.   ❏ Au bureau.

e. Le directeur ne le fait pas pour tous, uniquement pour ceux qui ont fourni un travail de qualité.
❏ Écrire une lettre de motivation.   ❏ Écrire une lettre de recommandation.

MÉMO : LES PRONOMS *EN*, *Y* ET *LE*

en	*y*	*le*
Pour éviter les répétitions, ils remplacent :		
• un complément introduit par « de »	• un complément introduit par ……	• des attributs (adjectif, groupe nominal)
• un complément qui exprime ……	• un complément qui exprime ……	• des phrases et des verbes à ……

LE RÉSUMÉ

UNITÉ 3

→ Livre élève p. 46
→ Livre élève Fiche p. 199

Jumia est entrée en bourse sept ans après sa création

Entrée à la bourse de New York en 2019, cette entreprise internet cofondée en 2012 par deux entrepreneurs français, Sacha Poignonnec et Jérémy Hodara, propose le premier site de commerce en ligne sur le continent africain.

Surnommée l'« Amazon africain », la société engloutit, en effet, le marché à une allure folle. Avec ses 81 000 partenaires, elle opère dans 14 pays africains, ce qui correspond à « 72% du PIB d'Afrique », explique la start-up dans son rapport d'entrée à la bourse. Avec plus de 14 millions de produits proposés dans des secteurs tels que la mode, la cosmétique ou la téléphonie, le leader africain du commerce en ligne envisage de satisfaire tous les besoins de ses utilisateurs. Pour faciliter les transactions, Jumia a même créé un moyen de paiement appelé « JumiaPay ».

En quelques années, l'« Alibaba africain » a ainsi réussi un tour de force qui fait beaucoup d'envieux.

---

1. Je lis le résumé.

ⓐ a. De quoi parle le texte ?

....
....

b. Où est installée cette entreprise ?
❏ À New York.   ❏ En France.   ❏ En Afrique.

c. À quelles entreprises est comparée Jumia ?

....

ⓑ a. Je compte le nombre de mots du résumé. D'après la Fiche Le résumé p. 199 du livre élève, quel est le nombre de mots du texte d'origine ?

....

b. Je souligne dans le texte :
▶ l'idée principale en rouge ;
▶ les idées secondaires en vert ;
▶ les exemples en bleu.

c. J'entoure les connecteurs logiques et je propose un synonyme pour chacun.

....
....

d. Je note les expressions qui font référence à l'entreprise Jumia.

....
....

e. Pourquoi écrit-on l'« Amazon africain » et l'« Alibaba africain » avec des guillemets ?

....

2. Je relis l'article « Quand mon collègue sera un hologramme » (p. 46 du livre élève) et je propose un résumé.

Stratégie
Avez-vous employé des synonymes et des connecteurs logiques appropriés ?

Le grand oral

SUJET

Vous avez décroché un entretien d'embauche pour un poste de juge aux affaires familiales. Vous devez vous vendre en mettant en avant vos qualités et motivations.

MÉTHODOLOGIE
➤ Mettre en avant ses qualités
➤ Se vendre en entretien d'embauche

1. PRÉPARATION

a S'inspirer d'un modèle.

a. ▶14 | J'écoute un exemple d'entretien d'embauche. Je repère la structure du document et je la complète.

▶ Je note les questions du recruteur.

Question 1 : ....

Question 2 : ....

▶ J'écoute les réponses de la candidate et je complète.

- Diplôme : ....
- Dernier emploi : ....
- Nombre d'années d'expérience : ....
- Atouts : ....
....

b. Je complète le tableau.

Motivations	Illustrations	Lien avec l'emploi
....	....	....
....	....	....
....	....	....

c. J'écoute la voix de la candidate.

▶ Elle parle d'un ton :   ❏ convaincant.   ❏ faible.   ❏ douteux.
▶ Son discours est :   ❏ décousu.   ❏ structuré.   ❏ improvisé.
▶ Elle articule :   ❏ très peu.   ❏ un peu.   ❏ beaucoup.

b S'informer.

▶ Je m'informe sur le métier de juge aux affaires familiales.
https://www.letudiant.fr/metiers/secteur/droit/juge-aux-affaires-familiales_2.html

UNITÉ 3

C Repérer les informations essentielles.

▶ Quel est le rôle du juge aux affaires familiales ?
....
....

▶ Quelles sont les qualités requises pour devenir juge aux affaires familiales ?
....

▶ Quels sont les diplômes requis ?
....
....

2. PRÉSENTATION

Je me prépare à enregistrer ma présentation sur mon téléphone, je peux me filmer.

→ Je joue **le rôle du candidat**.

▶ Je me présente : je donne mon prénom, mon nom, mon âge, je parle de mon parcours universitaire et professionnel.

▶ Je donne trois qualités essentielles pour un juge aux affaires familiales d'après la fiche métier.

Stratégie
Il faut sélectionner uniquement les qualités en lien avec le métier visé, d'où l'importance de prendre connaissance des fiches de poste.

....
....
....

→ Je démontre avec des arguments que j'ai **les qualités requises**.

▶ Je fais référence à des anecdotes professionnelles.

Exemple : Mon ancien manager appréciait mon sens de l'organisation, il m'avait chargé(e) de la planification des réunions et de la gestion des emplois du temps des équipes.

▶ Je cite mes anciens employeurs et collègues.

Exemple : J'ai un très bon relationnel. Mes anciens collègues disaient que je les mettais à l'aise facilement et que j'étais doué(e) pour créer des liens.

→ Je suis **un(e) candidat(e) enthousiaste**. Je souris, j'articule, je parle avec assurance, je prends le temps de formuler mes réponses.

▶ Les expressions pour montrer son intérêt lors d'un entretien d'embauche :

Stratégie
La qualité d'une présentation repose sur le contenu et la manière de s'exprimer et de se tenir (par exemple, ne croisez pas les bras : cela exprime une fermeture).

....
....
....

3. AUTOÉVALUATION

Vérifier que le plan de la présentation est clair.

S'assurer de connaître le sens des différents adjectifs pour décrire ses qualités.

Faire attention à son langage corporel.

Bilan

LINGUISTIQUE

GRAMMAIRE

1 **Conjuguez les verbes entre parenthèses au passé composé ou à l'imparfait.**

Je .... (arriver) au bureau à 8 h 45, j'.................. (commencer) par boire un café. Une odeur enivrante .... (flotter) dans tout le bureau. Finalement, je .... (s'apercevoir) qu'un énorme bouquet de roses .... (être) posé sur la table de réunion au milieu du bureau. C'était la Saint-Valentin !

2 **Complétez les phrases avec le participe passé. Attention à l'accord.**

a. La lettre de motivation que j'ai .... est intéressante. (recevoir)

b. Les enseignements qu'il a .... sont nombreux. (tirer)

c. Le plan de carrière que la DRH m'a .... est ambitieux. (proposer)

d. Les compétences professionnelles que tu as .... sont impressionnantes. (acquérir)

e. Les maquettes que l'architecte a .... sont plutôt pas mal. (concevoir)

3 **Complétez les phrases avec *en*, *y* ou *le* afin d'éviter les répétitions.**

a. La salle de réunion est au rez-de-chaussée, vous .... trouverez un projecteur.

b. Je mangerais bien des sushis ce soir, tu .... voudras ?

c. Catherine s'est inscrite au championnat de karaté. Elle .... participe pour la deuxième fois.

d. L'agriculture bio est un secteur très porteur, ... savais-tu ?

e. Ce voyage en Iran, il .... parle depuis des mois.

4 **Reformulez en utilisant des pronoms pour éviter la répétition des mots soulignés.**

a. Les dossiers datant de plus de cinq ans se trouvent dans les archives. Vous ne vous doutiez pas <u>que les dossiers datant de plus de cinq ans se trouvaient dans les archives</u> ?

➜ Vous ....

b. Le forum des métiers a lieu chaque année dans plusieurs villes de France. On trouve, <u>au forum des métiers</u>, des professionnels de tous les secteurs.

➜ On ....

c. Me reconvertir dans le domaine du tourisme me semble être un projet prometteur. Je pense <u>me reconvertir dans le tourisme</u> de plus en plus.

➜ J' ....

d. Le projet de loi du travail fait l'actualité. On critique beaucoup <u>ce projet de loi du travail</u>.

➜ On ....

e. Le patron a décidé de licencier 50 % des effectifs. As-tu parlé avec les syndicats <u>de cette décision</u> ?

➜ Tu ....

UNITÉ 3

LEXIQUE

1 Le travail | Complétez avec le nom du diplôme ou de la filière qui correspond. ☆☆☆☆☆
CAP | baccalauréat littéraire | doctorat | classe préparatoire | BTS

a. On a étudié plusieurs romans et nouvelles en terminale afin d'obtenir le ....

b. Grace à mon maître de stage très pédagogue, j'ai obtenu mon .... Boulanger.

c. Pour intégrer l'ENA, il m'a fallu passer par deux ans de ....

d. J'ai fait cinq ans de thèse qui m'ont valu une mention au ....

e. Maintenant que j'ai mon bac, je vais candidater pour un .... Tourisme.

2 Le travail | Trouvez un synonyme pour chaque mot souligné. ☆☆☆☆☆

a. Jean a des capacités cognitives / .... incroyables.

b. Je me lance dans le domaine / .... de la finance.

c. Les employés / .... ont signé leurs contrats d'embauche hier.

d. Parfois, bosser comme un fou / .... ne suffit pas.

e. Paul est un charpentier qui a changé de métier, il s'est ....

3 La justice | Trouvez les noms pour chaque définition. ☆☆☆☆☆

a. Il est spécialiste dans son domaine. = un _ _ _ _ _ _

b. C'est un avocat reconnu. = un _ _ _ _ _ du barreau

c. Ils travaillent dans le même cabinet. = des _ _ _ _ _ _ _ _

d. Bureau de l'avocat. = un _ _ _ _ _ _ _

e. Il parle très bien en public. = un _ _ _ _ _ _ _

4 La justice | Complétez avec les mots suivants. Conjuguez les verbes si nécessaire. ☆☆☆☆☆
injustice | défendre | des affaires | lutter contre | quitter la robe

a. Maître Halimi a .... les discriminations que les femmes subissent.

b. Cet avocat aime .... des jeunes de quartiers dont il se sent proche.

c. L'exploitation au travail est un exemple d' .... sociale.

d. Isabella s'est spécialisée en droit ....

e. J'ai .... à causes des conditions de travail déplorables.

5 Ambitieux(euse) | Associez les adjectifs à leur définition. ☆☆☆☆☆

a. déterminé(e) • • 1. Qui se sent bien dans sa vie.
b. épanoui(e) • • 2. Qui a un goût très vif pour quelque chose.
c. fort(e) • • 3. Qui a décidé de faire une chose précise.
d. passionné(e) • • 4. Qui est capable de supporter la concurrence.
e. ultra-compétitif(ive) • • 5. Qui est solide mentalement ou physiquement.

6 ▶15 | Écoutez puis associez chaque énoncé à la bonne définition de « rebondir ». ☆☆☆☆☆

	a.	b.	c.	d.	e.
1. Retrouver une situation favorable après une période de difficultés.	☐	☐	☐	☐	☐
2. Prendre un nouveau développement après un temps d'arrêt.	☐	☐	☐	☐	☐
3. Faire des bonds après avoir heurté un obstacle.	☐	☐	☐	☐	☐

PRÉPARATION au DELF

Compréhension de l'oral   15 points

Répondez aux questions en cochant ☑ la bonne réponse.

Exercice 1   9 points

▶16| Vous écoutez une émission à la radio. Lisez les questions, écoutez le document puis répondez.

1. Clara a débuté sa carrière en tant qu'expert-analyste, cette profession est...   1 point
   ❑ la suite logique de ses études universitaires.
   ❑ sans lien direct avec son cursus et son master.
   ❑ une voie qui sort de son domaine de compétence.

2. La profession d'ébéniste d'art requiert...   2 points
   ❑ l'habileté des mains.
   ❑ la rapidité des actions.
   ❑ un esprit méthodique.

3. Pourquoi Clara a-t-elle quitté son premier emploi dans une grande compagnie ?   1 point
   ❑ Elle était en conflit avec sa hiérarchie.
   ❑ Elle est plus à l'aise au sein d'effectifs faibles.
   ❑ Elle projetait de reprendre la direction de l'entreprise familiale.

4. Clara s'est découvert une passion pour le travail du bois...   1 point
   ❑ tardivement.
   ❑ dès son plus jeune âge.
   ❑ après ses échecs professionnels.

5. Selon Clara, l'ébénisterie d'art est associée à...   2 points
   ❑ un art de bourgeois.
   ❑ un savoir-faire prestigieux.
   ❑ une profession méprisable.

6. Le retour sur les bancs de l'école a été une étape obligatoire pour Clara car elle aspirait à...   1 point
   ❑ fonder son propre atelier.
   ❑ être reconnue en tant qu'artiste.
   ❑ candidater dans des entreprises renommées.

7. Quelle école d'art Clara aurait aimé intégrer ?   1 point
   ❑ L'école du Louvre.
   ❑ L'école des beaux-arts.
   ❑ L'école supérieure des arts.

Exercice 2   6 points

▶17| Vous allez écouter une fois trois documents.

DOCUMENT 1 | Lisez les questions. Écoutez le document puis répondez.

1. D'après le portrait qu'il fait de son invité, l'animateur semble...   1 point
   ❑ admiratif...
   ❑ dépréciatif...   ... du parcours et de la
   ❑ critique...   personnalité d'Abdel-Kader.

2. Abdel-Kader s'est orienté vers la restauration car il savait que...   1 point
   ❑ sa gourmandise lui servirait.
   ❑ son physique imposant le lui permettrait.
   ❑ son âge l'empêcherait de continuer la boxe.

UNITÉ 3

DOCUMENT 2 | Lisez les questions. Écoutez le document puis répondez.

3. Pour quelle raison Aminata a-t-elle quitté son emploi d'avocate dans la capitale ?
1 point
- ❏ Elle avait d'énormes responsabilités.
- ❏ Elle voulait s'éloigner de la capitale.
- ❏ Elle ne trouvait plus d'intérêt dans ce travail.

4. La communauté frugaliste prône...
1 point
- ❏ la société de consommation.
- ❏ des conditions de travail dures.
- ❏ un retour à un mode vie simple.

DOCUMENT 3 | Lisez les questions. Écoutez le document puis répondez.

5. Quel est le pourcentage de professions qui seront entièrement exécutées par des robots et des machines en 2030 ?
1 point
- ❏ 5%.
- ❏ 60%.
- ❏ 85%.

6. Les métiers en évolution sont des métiers qui...
1 point
- ❏ n'existeront plus.
- ❏ n'existent pas actuellement.
- ❏ existent mais qui changeront en partie.

Production écrite
15 points

Vous êtes avocat(e). Des employés souhaitent travailler de chez eux à temps plein, mais leur entreprise refuse. Vous acceptez de les défendre. Écrivez un courrier à leur responsable des ressources humaines en faveur du télétravail (250 mots).

SITUATIONS 1 | 2 | 3 — Se mettre au vert

→ Livre élève p. 58

Comprendre l'explicite d'un texte (3)
▸ S'appuyer sur la syntaxe

APPEL POUR UNE ÉCOLOGIE DE LA MUSIQUE VIVANTE

Des musiciens et producteurs engagés dans la transition écologique lancent un appel pour mettre en place des pratiques professionnelles plus respectueuses de l'environnement […]

À l'origine de cet appel, trois musiciens issus de la scène jazz : Leila Martial, Pierre Perchaud et Grégoire Letouvet […] « *Nous devons transformer les usages de nos métiers et cesser de considérer la planète comme une ressource inépuisable* », expliquent-ils dans leur appel relayé par la fédération des artistes engagés Grand Format.

Or, actuellement, **l'industrie musicale, telle qu'elle fonctionne, met les artistes et les producteurs face un dilemme de conscience**. « *Il devient difficile de multiplier les représentations, notamment à l'international, et en même temps de limiter les émissions de carbone et réduire la production de déchets* », souligne l'appel […]

Pour lier la prise de conscience aux gestes, l'appel propose de **renoncer à certaines pratiques au profit d'une vision à plus long terme**. L'appel est donc accompagné d'une liste de solutions, sous forme de texte évolutif et interactif, autour du transport, de la vie en tournée, des pratiques quotidiennes et des pratiques des autres professions de la musique (manager, attaché de presse, journaliste spécialisé, tourneur). Parmi les solutions proposées, on retrouve :
- **abandonner l'avion** pour les dates isolées ou encore **s'opposer à la clause d'exclusivité** qui interdit contractuellement aux artistes de se produire dans une région plusieurs mois avant et après leur événement,
- **refuser les repas préparés provenant de l'industrie agroalimentaire**,
- **réparer plutôt que racheter** du matériel neuf,
- **fournir aux artistes des contenants en verre réutilisable** (bouteille, assiette, verre) […]

Céline Husétowski, politis.fr, 17/06/2020.

---

1. a Je lis le titre et le chapeau.
Quel est le but de cet appel ?
☐ Informer. ☐ Défendre une cause. ☐ Critiquer.

b Je lis les éléments en gras pour confirmer mon hypothèse.

2. Je lis le texte. Je m'appuie sur la syntaxe du texte pour en comprendre la structure.
Je souligne dans le texte les expressions suivantes, puis je les associe à leur fonction.

- « Nous devons » • • énumération d'exemples
- « Or » • • conséquence
- « donc » • • obligation
- « Parmi les solutions proposées » • • opposition

3. Je relis les quatre solutions écologiques proposées à la fin du texte et je les associe à leur objectif.

a. Solution n°…..

b. Solution n°…..

c. Solution n°…..

d. Solution n°…..

Produire

4. ✏️ Vous lancez un appel pour **vous mettre au vert** dans votre profession ou dans un club dont vous faites partie (200 mots). Structurez votre appel à la manière des musiciens, en commençant par « Nous devons… ».

Stratégie
Avez-vous utilisé des articulateurs d'opposition, de conséquence et d'énumération ?

UNITÉ 4

Faire le vide

→ Livre élève p. 60

Écouter un document audio

> Prendre en note les éléments-clés

1. Je lis le titre, la source, je regarde l'illustration et je fais des hypothèses sur le contenu du document.

2. ⓐ ▶18 | J'écoute le document une première fois pour repérer les éléments-clés.

   a. Pays : ……………………………………………
   b. Objet : ……………………………………………
   c. Problème soulevé : ……………………………
   …………………………………………………………

ⓑ J'écoute le document une deuxième fois pour préciser les éléments-clés.

   a. Quelles sont les causes de ce problème ?
   …………………………………………………………
   …………………………………………………………
   …………………………………………………………

   b. Qui propose une solution ?
   …………………………………………………………
   …………………………………………………………

Le billet vert. Un appel au recyclage des smartphones.

France TV info

   c. Comment collectent-ils les smartphones ?
   …………………………………………………………
   …………………………………………………………

   d. Que deviennent les téléphones collectés ?
   …………………………………………………………
   …………………………………………………………

ⓒ J'écoute le document une troisième fois pour vérifier mes réponses.

3. Le responsable d'un organisme de recyclage explique ce que deviennent les téléphones portables. Complétez avec les mots proposés.

| collecter | créer | dépolluer | déposer | envoyer | ralentir |
| reconditionner | récupérer | recycler | réduire | retirer | revendre |

❝ Si vous avez un portable dont vous ne vous servez plus et qui dort dans un tiroir chez vous, vous pouvez le ……………………………… dans un bac de recyclage, généralement situé à l'entrée des supermarchés ou dans les déchetteries. Vous pouvez aussi l' ……………………………… gratuitement par la poste à un organisme chargé de ……………………………… ce type de déchets. Il ne faut pas oublier de ……………………………… la carte SIM, qui contient toutes vos données personnelles.

Dans l'immense majorité des cas, les smartphones intègrent une filière de recyclage. Un éco-organisme va ……………………………… les appareils, c'est-à-dire les débarrasser des éléments chimiques polluants, et ……………………………… les matières valorisables comme les métaux et le plastique pour les ……………………………… . Lorsque le portable n'est pas hors d'usage, il est envoyé à l'association Emmaüs qui va le ……………………………… pour ensuite le ……………………………… à prix solidaire.

Ainsi, lorsque vous vous séparez de vos anciens portables, vous contribuez à ……………………………… la pollution chimique, à ……………………………… l'épuisement des ressources naturelles et à ……………………………… des emplois. ❞

Produire

4. 🔊 Y a-t-il chez vous des objets qui dorment dans les tiroirs ou les placards ? À l'oral, présentez deux de ces objets (2 min.). Expliquez comment vous pourriez faire le vide et recycler ces objets.

Stratégie

Faites une liste des verbes avec le préfixe *re-* liés au recyclage. Avez-vous (bien) utilisé ces verbes ?

cinquante et un **51**

L'ÉCOLOGIE

→ Livre élève p. 58, 59

1. ▶19 | Écoutez les définitions et complétez les mots formés à partir du préfixe *éco-*.

a. écologie
b. éco............................
c. éco............................
d. éco............................
e. éco............................
f. éco............................
g. éco............................

2. Complétez l'illustration avec les expressions suivantes.

bilan carbone | consommation | sous serre chauffée | impact environnemental | gaz à effet de serre | énergivores | alimentation

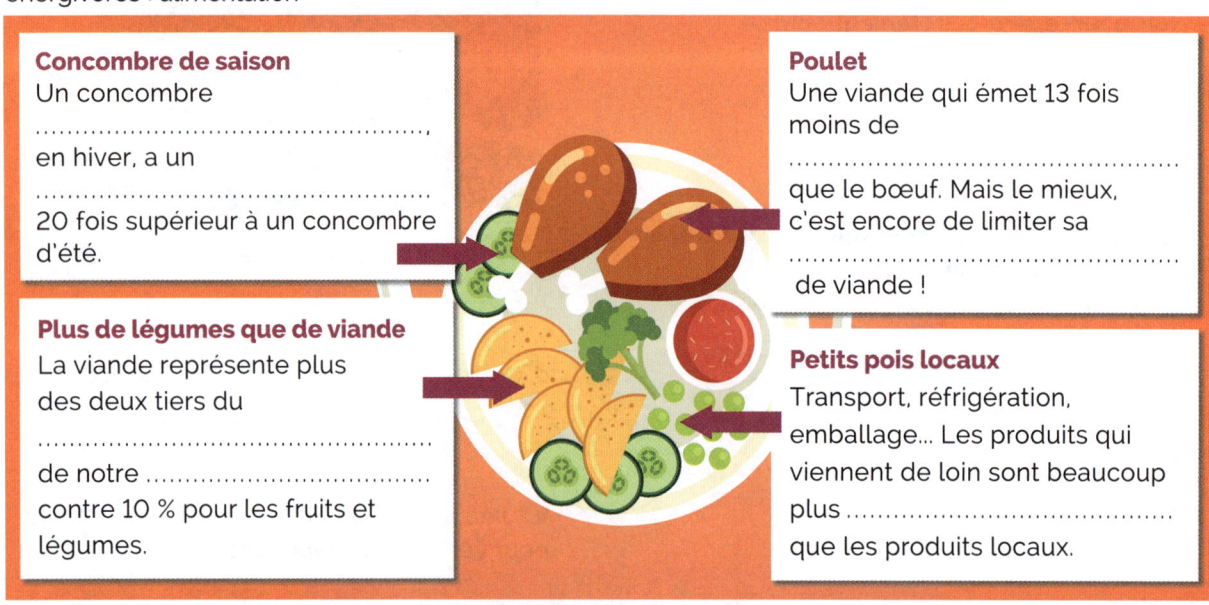

Concombre de saison
Un concombre ...., en hiver, a un .... 20 fois supérieur à un concombre d'été.

Poulet
Une viande qui émet 13 fois moins de .... que le bœuf. Mais le mieux, c'est encore de limiter sa .... de viande !

Plus de légumes que de viande
La viande représente plus des deux tiers du .... de notre .... contre 10 % pour les fruits et légumes.

Petits pois locaux
Transport, réfrigération, emballage... Les produits qui viennent de loin sont beaucoup plus .... que les produits locaux.

3. Retrouvez le contraire de ces actions.

Vers un comportement écoresponsable

~~Gaspiller~~ l'eau
....

~~Accroître~~ sa consommation d'électricité
....

~~Conserver~~ ses appareils électriques usagés
....

~~Remplir~~ ses placards
....

~~Laisser~~ son ordinateur ~~en veille~~
....

~~Jeter~~ ses objets encore utilisables
....

4. Associez ces problèmes à leur solution écologique.

a. Les stocks de poissons marins diminuent. •
b. Les algues vertes prolifèrent sur les côtes. •
c. Les océans se réchauffent. •
d. Les déchets plastiques s'accumulent dans les océans. •
e. Les eaux maritimes sont polluées par les hydrocarbures. •

• 1. Réduire nos émissions de CO2.
• 2. Réglementer le transport maritime.
• 3. Limiter la pêche industrielle.
• 4. Limiter l'utilisation d'engrais.
• 5. Recycler les déchets.

Produire

5. 🖉 Et vous, quels comportements adoptez-vous au quotidien pour limiter votre impact environnemental ? Écrivez un texte (80 mots environ) pour présenter vos solutions écologiques.

Stratégie
Lisez le corrigé.
Avez-vous bien varié
le lexique de l'écologie ?

LES TEMPS DU FUTUR

UNITÉ 4

→ Livre élève p. 61

1. Lisez le texte, placez les verbes au futur sur cet axe chronologique et indiquez à quel temps ils sont conjugués.

C'est décidé ! Je vais arrêter de prendre ma voiture pour aller travailler. C'est l'été, il fait beau alors je vais y aller à pied, même si je travaille à plusieurs kilomètres de chez moi. Et cet automne, je ferai réparer mon vélo. Une fois que j'aurai vérifié les pneus et les freins, je me sentirai plus en sécurité et pour les trajets courts, je n'utiliserai plus que mon vélo. C'est plus pratique, plus économique et plus écologique !

Je vais arrêter (futur proche) ....
et .... et ....

Pour vous aider, observez :
- **le futur proche** ➜ *aller* conjugué au présent + infinitif ;
- **le futur simple** ➜ infinitif du verbe + *-ai, -as, -a, -ons, -ez, -ont* ;
- **le futur antérieur** ➜ *être* ou *avoir* au futur simple + participe passé.

2. Conjuguez les verbes au futur simple ou au futur proche.
a. Quand on aura mis au point un matériau résistant, on .... (pouvoir) renoncer au plastique.
b. Je .... (participer) à une collecte de déchets électroniques. Tu viens avec moi ?
c. Si on continue, dans 100 ans, il .... (ne plus y avoir) de ressources pétrolières.
d. Une fois que tu auras fait le tri dans tes affaires, tu .... (se sentir) libéré.
e. La réunion d'information sur le gaspillage .... (commencer) dans cinq minutes.

3. ▶20 | Écoutez et relevez les verbes au futur. Écrivez-les dans la colonne correspondante.

	Futur proche	Futur simple	Futur antérieur
a.			
b.			
c.			
d.			
e.			

4. Écrivez une phrase avec les deux verbes, l'un conjugué au futur antérieur et l'autre au futur simple.
Exemple : tu – pouvoir aller jouer | tu – finir ➜ Une fois que tu auras fini, tu pourras aller jouer.
a. on – épuiser les ressources en eau douce | il – falloir dessaler l'eau de mer
➜ Quand ....
b. ils – en manger moins | ils – comprendre que la surconsommation de viande est une catastrophe
➜ Lorsque ....
c. je – faire un grand potager | je – acheter une maison avec un jardin
➜ Une fois que ....
d. on – arrêter d'importer des fruits et légumes | le bilan carbone de notre alimentation – être meilleur
➜ Quand ....

MÉMO : LES TEMPS DU FUTUR

Le futur	Le futur	Le futur ....
• Pour un fait, une action dans un futur immédiat.	• Pour un fait, une action dans un futur lointain, programmé.	• Pour un fait, une action antérieur(e) au futur simple et au futur proche.

SITUATION 4 — Présenter une innovation médicale

→ Livre élève p. 62, 63

Comprendre l'explicite d'un texte (4)

> S'appuyer sur le lexique

À PROPOS DE L'INITIATIVE

Chaque année en Inde, 500 000 enfants de moins de cinq ans meurent de maladies qui auraient pu être prévenues par la vaccination. Les mères peuvent perdre leur carte de vaccination, et nombre d'entre elles ne comprennent pas ou ne connaissent pas l'importance de la vaccination pour leurs enfants [...] Nous croyons fermement que les processus innovants qui tiennent
5 compte des besoins des communautés isolées peuvent amener les soins de santé à ceux qui en ont le plus besoin. Khushi Baby est un écosystème qui s'efforce de répondre aux défis de la vaccination et des soins de santé destinés aux mères et aux enfants [...] Ainsi, si la mère part vivre dans un autre village ou si l'agent de santé a une nouvelle tablette, il suffit de scanner le collier de la mère à l'aide de notre application pour consulter le dossier médical sur le lieu des
10 soins, sur le terrain. Aucune connexion et aucune sauvegarde locale n'est nécessaire [...] Le système est composé de : 1) un module pour les patients, qui stocke leurs dossiers médicaux ; 2) une application mobile pour les agents de santé, qui leur permet de consulter et d'actualiser les dossiers d'un simple clic, même sans connexion ; 3) un tableau de bord dans le cloud pour les administrateurs, qui leur permet de gérer les stocks et la logistique à l'aide de données
15 détaillées et en temps réel sur les patients.

Fondation Pierre Fabre, 2020.

1. Avant de lire, je regarde la forme du document : titre, photo et en-tête. Je fais des hypothèses sur le contenu du document (pays, thèmes).
....

2. Lisez le texte.
   a. À quel problème répond cette innovation médicale ? ....
   b. Quelles sont les trois parties de cette innovation ? Associez chaque partie à sa fonction et à la personne.

un collier •	• les médecins •	• conserver le dossier médical
une application mobile •	• les administrateurs •	• consulter le dossier médical
un tableau de bord sur Internet •	• les mères •	• gérer la logistique

3. Regardez le lexique. Relevez dans le texte les mots et expressions des domaines du numérique et de la santé.

Le numérique	La santé

Produire

4. ✎ Faites des recherches sur Internet. **Présentez une innovation médicale** (80-100 mots) pour une revue médicale grand public.

Stratégie
Lisez le corrigé.
Avez-vous utilisé des synonymes pour expliquer à quoi sert cette innovation ?

UNITÉ 4

LA SANTÉ

→ Livre élève p. 62, 63

1. Complétez ce document d'information avec les expressions proposées.

votre état de santé | votre groupe sanguin | une salle de réveil | le bloc opératoire | une intervention chirurgicale | un traitement | la consultation préopératoire | l'équipe soignante

CLINIQUE DE L'EUROPE

Une équipe à votre service

Avant
Vous allez subir ………………………………
Pendant ………………………………, vous allez rencontrer un médecin qui effectuera un examen clinique. Vos données de santé vous seront demandées (vos allergies, ………………………………, vos antécédents…). Le jour de l'opération, vous serez accueilli(e) par ……………………………… qui vous préparera pour l'opération et vous emmènera vers ……………………………… .

Après
Après l'intervention, vous serez placé(e) dans ……………………………… . Le personnel soignant vous ramènera dans votre chambre dès que ……………………………… le permettra. Afin de permettre un bon rétablissement, ……………………………… contre la douleur vous sera prescrit.

2. Associez chaque pictogramme (a) à un handicap et les (b) aux moyens de les pallier.

(a) le handicap moteur | la surdité | la cécité | le handicap psychique

a. ………………………… b. ………………………… c. ………………………… d. …………………………

(b) la rampe | la langue des signes | la prothèse | le braille

1. ………………………… 2. ………………………… 3. ………………………… 4. …………………………

3. Lisez ces deux textes qui présentent des innovations médicales. Dans la liste ci-dessous, choisissez un synonyme pour remplacer les mots soulignés. Attention, il y a des mots en trop !

améliorer | apaiser | opérations | faciliter | pallier | prolonger | blessures | traiter | banque | déficit | transplantation | réparer

Recherche cœur désespérément

Aujourd'hui de nombreux patients sont en attente d'une greffe (= ………………………………) cardiaque. Pour remédier à (= ………………………………) ce manque (= ………………………………) de greffons cardiaques disponibles, les chercheurs travaillent sur une machine permettant d'augmenter (= ………………………………) le temps de survie d'un cœur humain hors de l'organisme.

Des super-pansements

Les laboratoires travaillent pour perfectionner (= ………………………………) de nouveaux pansements en silicone, en bambou ou liquides. Ces pansements nouvelle génération vont aider à (= ………………………………) la cicatrisation des plaies (= ………………………………), prévenir l'infection et soulager (= ………………………………) la douleur.

Produire

4. Que pourrait-on faire, dans votre pays, pour améliorer la vie quotidienne des personnes en situation de handicap ? À l'oral, présentez une initiative pour le handicap, réelle ou imaginaire (2 min.). Utilisez des verbes au futur.

LA CAUSE ET LA CONSÉQUENCE

→ Livre élève p. 64

1. Soulignez les verbes et les articulateurs de cause et de conséquence. Cochez ce qu'ils expriment.

a. La Covid-19 provoque des symptômes plus ou moins graves selon les individus.
❑ cause ❑ conséquence

b. La fièvre, le mal de gorge et la toux sont dues à une infection des voies respiratoires.
❑ cause ❑ conséquence

c. À cause de la pandémie, de nombreux gouvernements ont pris des mesures restrictives pour la population.
❑ cause ❑ conséquence

d. Parmi ces mesures, le confinement a profondément impacté l'économie mondiale.
❑ cause ❑ conséquence

e. Par ailleurs, le confinement généralisé a entraîné une nette baisse de la pollution.
❑ cause ❑ conséquence

f. Du fait de la réduction de l'activité humaine, la nature a repris ses droits.
❑ cause ❑ conséquence

2. Soulignez le verbe ou l'articulateur de cause ou de conséquence qui convient.

a. De nombreux lieux publics ne sont pas accessibles aux personnes en fauteuil roulant. *C'est pourquoi, / À tel point qu' / Puisqu'* une Allemande construit des rampes en Lego.

b. Les dons du sang *facilitent / découlent de / permettent de* soigner plus d'un million de personnes chaque année en France.

c. Aujourd'hui, de plus en plus de maladies sont traitées *car les / grâce aux / à cause des* sangsues.

d. De nombreux patients sont en attente d'une greffe. Ce déficit *s'explique par / suscite / génère* une baisse des dons d'organes.

e. Certains objets connectés *déclenchent / sont dus à / facilitent* l'autonomie des personnes en situation de handicap.

3. Reliez les deux phrases avec le verbe ou l'articulateur de cause ou de conséquence proposé. Attention, il faut parfois transformer les phrases.

a. Le plastique est un matériau pratique. | C'est un matériau léger et résistant. | En effet
……

b. Le plastique a beaucoup de qualités. | Il a été très utilisé au XXᵉ siècle. | Grâce à
……

c. C'est un matériau difficile à recycler. | Les déchets plastiques se sont accumulés. | si bien que
……

d. Il y a une pollution au plastique. | Il y a une dégradation des milieux naturels. | provoquer
……

e. Il y a une prise de conscience écologique. | De nombreuses entreprises cherchent une alternative au plastique. | pousser
……

MÉMO : LA CAUSE ET LA CONSÉQUENCE

Les expressions de cause	Les expressions de conséquence
• des articulateurs (*en effet*, …………………)	• des articulateurs (*alors*, …………………)
• des verbes (*être dû à*, …………………)	• des verbes (*favoriser*, …………………)

UNITÉ 4

L'EXPOSÉ

→ Livre élève p. 59
→ Livre élève Fiche p. 200

1. ▶21 | **Écoutez. Repérez la structure de l'exposé.**

   a De quoi parle cet exposé ?

   ....

   b Nommez les parties et indiquez les contenus.
   ▶ L'........................... : Le présentateur .... le sujet.
   ▶ Le .... en .... parties :
   1. ....
   2. ....
   3. ....
   ▶ La .... : Le présentateur .... ce qu'il a présenté ; affirme ses opinions, ... le public et demande si ....

   c Quels sont les connecteurs qui annoncent ces différentes parties ?
   ▶ Dans l'introduction : ....
   ▶ Dans le développement : ....
   ....

2. Écoutez une deuxième fois. Relevez les verbes et les articulateurs...
   ▶ de cause : ....
   ▶ de conséquence : ....

3. Lisez la transcription p. 208. Observez les éléments soulignés.

Produire

4. **Faites un exposé oral** pour présenter le problème de la pollution de l'air ou celui de la pollution de l'eau. Conservez la structure de l'exposé en gardant les éléments soulignés dans la transcription. Illustrez votre exposé d'exemples et de données chiffrées.

L'opinion

SUJET

Sur le forum santepourtous.fr, vous décidez de vous exprimer sur le sujet suivant : « Doit-on complètement abandonner la médecine moderne et revenir aux médecines traditionnelles ? » Donnez votre avis.

> **MÉTHODOLOGIE**
> ▶ **Réfléchir à des idées**
> • Faire une liste
> • Classer les idées
> • Trouver des idées à partir d'exemples

1. PRÉPARATION

a Lire le sujet.

Je lis et relis le sujet. J'écris la question posée. J'entoure le mot qui invite à nuancer.

▶ ....

b Lister et classer les idées.

	Médecine moderne	Médecines traditionnelles
Définition	....	....
Synonyme(s)	médecine c _ _ _ _ _ _ _ _ _ _ _ _ _ _	médecines d _ _ _ _ _ = médecines n _ _ _ _ _ _ _ _ _
Utilisée quand ?	....	....
Limites	....	....

c Trouver des idées à partir d'exemples.

Je lis les exemples. Je note deux idées différentes.

> En Afrique, jusqu'à 80 % de la population a recours à la médecine traditionnelle pour les soins de santé primaires. En Chine, les préparations traditionnelles à base de plantes représentent entre 30 et 50 % de la consommation totale de médicaments. (cairn.info)

> La médecine moderne a permis d'éradiquer certaines maladies très anciennes comme la tuberculose, la peste ou la lèpre.

▶ ....   ▶ ....

point culturel

• **En France, 7 personnes sur 10 ont déjà testé les médecines douces** (ostéopathie, homéopathie, acupuncture…).

• **Les médecines traditionnelles**, ou médecines douces, **ne sont pas remboursées par l'Assurance maladie**, exceptée l'acupuncture lorsqu'elle est réalisée par un médecin conventionné.

UNITÉ 4

2. RÉDACTION

ⓐ Élaborer le plan détaillé.
Sur une feuille séparée, exposez vos idées sous forme de notes.

ⓑ Rédiger l'introduction. → Unité 2, p. 31

> **MÉTHODOLOGIE**
> ➤ Plan en deux parties
> ➤ Rédiger des arguments
> • Défendre une idée
> • Nuancer une idée
> • Appuyer une idée par une information

....

....

ⓒ Rédiger des arguments.
→ Introduire **le premier paragraphe**.
Exemple : Si les médecines douces rencontrent un tel succès, c'est qu'elles présentent de nombreux atouts.

→ Défendre **une première idée**.
Exemple : Tout d'abord, les médecines traditionnelles reposent sur des pratiques et des savoirs, parfois très anciens, qui ont fait leurs preuves à travers les siècles.

→ **Nuancer son idée**, si nécessaire.
Exemple : Si elles ne permettent pas de tout soigner, ces pratiques apportent toutefois un bien-être global.

→ **Appuyer son idée par une information**, si nécessaire.
Exemple : Il faut savoir qu'en France, 7 personnes sur 10 ont déjà testé une forme de médecine douce.

→ Défendre **une deuxième idée**.

Ensuite, ...

En effet, ...

→ Rédiger **le deuxième paragraphe**.
Exemple : Toutefois, il ne faut pas oublier les limites des médecines traditionnelles et les progrès apportés par la médecine moderne.

Premièrement, ...

....

Deuxièmement, ...

....

ⓓ Rédiger la conclusion.
→ Faire un bref résumé.

Pour conclure, on peut ....

→ Répondre personnellement au sujet.

Selon moi, ...

→ Proposer une réflexion plus générale.

À ce propos, ...

3. RELECTURE

Utiliser un connecteur pour chaque nouvelle idée (*Tout d'abord… / Puis… / Enfin…*)

Si nécessaire, utiliser des expressions pour nuancer.

Vérifier la cohérence des informations données avec le sujet.

Bilan LINGUISTIQUE

GRAMMAIRE

1 **Soulignez les verbes au futur et indiquez à quel temps du futur ils sont conjugués.**

a. Traiter les déchets ne suffit plus, il va rapidement falloir éviter leur apparition. ➜ ....

b. Lorsque vous aurez terminé, mettez les emballages dans le bac de recyclage. ➜ ....

c. L'entreprise Lego va bientôt commercialiser des briques en plastique végétal. ➜ ....

d. En France, les objets en plastique jetable seront interdits en 2040. ➜ ....

e. Nous apporterons ces appareils usagés à la déchetterie à la fin du mois. ➜ ....

2 **Conjuguez le verbe entre parenthèses au futur antérieur.**

a. J'espère que d'ici à l'an prochain, on .... (trouver) un traitement contre ma maladie.

b. Lorsque vous .... (arriver) au bloc opératoire, les médecins vous administreront un produit anesthésiant.

c. Les chirurgiens vont lui transplanter un rein que son frère .... (donner).

d. Tant que les politiques .... (ne pas voter) de loi pour l'accessibilité à tous, il restera des lieux publics où les personnes handicapées ne pourront pas aller.

e. Ils comprendront l'importance du problème une fois qu'ils .... (se déplacer) en fauteuil roulant.

3 **▶22 | Écoutez et cochez pour indiquer si ces phrases expriment la cause ou la conséquence.**

	a.	b.	c.	d.	e.
cause	☐	☐	☐	☐	☐
conséquence	☐	☐	☐	☐	☐

4 **Ces phrases contiennent une expression de cause. Transformez-les à l'aide de l'expression de conséquence proposée.**

a. Le réchauffement climatique est dû à l'augmentation des gaz à effet de serre. (être responsable de)
➜ ....

b. La hausse des gaz à effet de serre découle de plusieurs facteurs comme la déforestation ou les transports. (provoquer)
➜ ....

c. À cause de l'augmentation des températures, les glaciers polaires fondent à grande vitesse. (c'est pourquoi)
➜ ....

d. Certaines espèces animales disparaissent ou prolifèrent du fait du réchauffement climatique. (entraîner)
➜ ....

e. Comme les écosystèmes sont perturbés, de nombreuses maladies infectieuses se développent. (si bien que)
➜ ....

UNITÉ 4

LEXIQUE

1 **L'écologie** | Associez chaque expression à sa définition.

- matière première • • Objet en fin de vie et destiné à être éliminé.
- déchet • • Utilisation abusive ou non-rationnelle d'une ressource.
- gaspillage • • Matériau d'origine naturelle servant à la fabrication de produits manufacturés.
- biodiversité • • Quantité de gaz à effet de serre émis par un pays, une entreprise ou un individu.
- empreinte carbone • • Ensemble des espèces animales et végétales vivant dans un milieu.

2 **L'écologie** | Complétez avec = ou avec ≠.

a. Gaspiller les ressources naturelles. ...... Préserver les ressources naturelles.
b. Accroître sa production de déchets. ...... Réduire sa production de déchets.
c. Se débarrasser de ses vieux objets. ...... Jeter ses vieux objets.
d. Classer ses papiers. ...... Trier ses papiers.
e. Tordre le cou à ses habitudes. ...... Conserver ses habitudes.

3 **La santé** | Associez chaque verbe à son complément.

- faire don d' • • une brûlure
- cicatriser • • une intervention chirurgicale
- suivre • • un rein
- subir • • un traitement
- soulager • • une douleur

4 **La santé** | Entourez le mot correct.

a. une *transmission / transfusion* sanguine
b. une personne à *mobilité / accessibilité* réduite
c. un(e) *acte / action* chirurgical(e)
d. une plaie *infectée / impactée*
e. un *signe / soin* médical

5 **Astucieux(euse)** | Complétez avec les mots proposés.

astucieux | lumineuse | observer | s'inspirer de | susciter

Le biomimétisme, c'est le fait de .... la nature pour créer de nouveaux produits plus performants. Les pattes d'un petit lézard, appelé gecko, ont des propriétés adhésives hors du commun, ce qui n'a pas manqué de .... la curiosité de scientifiques qui ont eu l'idée .... de reproduire ce mécanisme pour créer un scotch très résistant.
Autre exemple : c'est en passant des heures à .... des graines de bardane que l'ingénieur suisse Georges de Mestral a mis au point l'..................... système de fixation Velcro.

6 Complétez avec le verbe qui convient.

transgresser | transformer | transmettre | transfuser | transplanter

a. .... un organe, un arbre
b. .... des déchets, un bâtiment
c. .... des maladies, des connaissances
d. .... du sang, du plasma
e. .... une loi, des règles

PRÉPARATION au DELF

Compréhension des écrits   15 points

Vous lisez l'opinion de ces trois personnes sur un forum dont le thème est : « Faut-il bannir la voiture dans les grandes villes ? »

Bruno

Les véhicules personnels motorisés assurent une large part des besoins en déplacement de la population. Avec l'éclatement géographique des villes, la voiture est devenue un mal nécessaire. Cessons de stigmatiser les automobilistes et accompagnons-les pour repenser leur mobilité. Encourageons le covoiturage qui réduit les dépenses, le trafic et les émissions polluantes. Formons également les automobilistes à une conduite fluide, écoresponsable et moins gourmande en carburant.

Anne

J'habite en centre-ville et je suis cycliste. Il me semble que le vélo a longtemps été oublié dans l'aménagement urbain. Aujourd'hui, avec l'apparition de la trottinette électrique, les villes doivent investir dans de vraies pistes sécurisées, interdites aux voitures et aux transports en commun. Cependant, lorsqu'on interdit certaines villes aux voitures, je trouve que ce sont toujours les mêmes qui paient, c'est-à-dire ceux qui n'ont pas les moyens d'habiter en centre-ville. Ces mesures restrictives sont votées par des élus citadins qui ne pensent qu'à leur bien-être.

Myriam

Chaque fois que j'entends qu'une ville a banni les voitures de son centre historique, j'ai l'impression que c'est une petite victoire. Je suis très heureuse également de constater un développement des mobilités douces ces dernières années. Mais il faut penser à tous (les très jeunes, les personnes âgées ou en situation de handicap) en développant et en diversifiant l'offre de transports en commun. Par ailleurs, les efforts pour réduire la pollution atmosphérique doivent venir des particuliers mais également passer par un contrôle des émissions de CO_2 des industries péri-urbaines.

À quelle personne associez-vous chaque point de vue ? Pour chaque affirmation, cochez la bonne réponse.

1. Il est égoïste d'interdire les centres-villes aux voitures.   3 points
- ❏ Bruno.
- ❏ Anne.
- ❏ Myriam.

2. Nous devons changer notre manière d'utiliser la voiture.   2 points
- ❏ Bruno.
- ❏ Anne.
- ❏ Myriam.

3. Les modes de déplacement doux doivent trouver leur place dans les centres-villes.   2 points
- ❏ Bruno.
- ❏ Anne.
- ❏ Myriam.

4. Les transports en commun doivent être accessibles à tous.   2 points
- ❏ Bruno.
- ❏ Anne.
- ❏ Myriam.

UNITÉ 4

5. Il faut responsabiliser les automobilistes. 2 points
- ❏ Bruno.
- ❏ Anne.
- ❏ Myriam.

6. L'utilisation de la voiture est vitale. 2 points
- ❏ Bruno.
- ❏ Anne.
- ❏ Myriam.

7. Les transports ne sont pas les seuls responsables de la pollution. 2 points
- ❏ Bruno.
- ❏ Anne.
- ❏ Myriam.

Production orale   15 points

Vous dégagerez le problème soulevé par le document que vous avez choisi puis vous présenterez votre opinion sur le sujet de manière claire et argumentée (5 à 7 minutes). Vous défendrez votre point de vue au cours du débat avec l'examinateur.

Pourquoi les terrasses chauffées vont être interdites en 2021

« On ne peut pas climatiser la rue en plein été lorsqu'il fait 30 degrés et on ne peut pas non plus chauffer à plein régime des terrasses en plein hiver pour le simple plaisir de boire son café en terrasse. » En une formule, la ministre de l'Écologie, Barbara Pompili, a enterré ce lundi le concept des terrasses chauffées […]

D'après un calcul effectué par l'association écologiste Negawatt, une terrasse de 75 m² équipée de cinq braseros au gaz émet autant de CO_2 à l'échelle d'un hiver qu'une voiture neuve qui roulerait 120 000 km ! […]

Selon une étude réalisée en décembre par l'institut Yougov, plus de deux Français sur trois s'accordent à dire que les terrasses chauffées représentent une importante déperdition d'énergie, mais seulement un sur trois est clairement « favorable » à cette interdiction.

Frédéric Mouchon, *Le Parisien*, 27/07/2020.

HANDICAP ET EMPLOI : LES INÉGALITÉS ONT LA VIE DURE

Malgré des politiques publiques volontaristes (obligation, depuis 2009, pour les entreprises de plus de 20 salariés de réaliser des actions en faveur de personnes handicapées par exemple), il reste toujours considérablement plus difficile pour une personne handicapée de trouver un emploi.

Dur, dur de trouver un emploi en étant handicapé… […] Ils sont 18 % à être au chômage, contre 9 % tout public. De plus, 34 % d'entre eux travaillent à temps partiel, contre 18 % de l'ensemble des personnes en emploi.
Les personnes handicapées restent fragilisées sur le marché du travail du fait notamment d'un âge élevé (51 % des bénéficiaires de l'obligation d'emploi ont plus de 50 ans, contre seulement 26 % dans l'ensemble de la population active). Les demandeurs d'emploi porteurs d'un handicap sont également plus nombreux à être demandeurs d'emploi de longue durée (plus d'un an).

Anton Kunin, economiematin.fr, 18/06/2020.

SITUATIONS 1 | 2 | 3 — Présenter un artiste

→ Livre élève p. 73-74

S'aider des questions posées (1)

> Lire les consignes

BEN : « Je me demande si je suis artiste-peintre ou artiste-questionneur »

BEN, artiste philosophe

S'il y a un bien une personnalité artistique qui s'est permise durant toute sa carrière d'interroger la place de l'artiste dans la société, et de se confronter à sa propre personnalité/ego c'est bien BEN. En 1976, dans la série intitulée *Introspection*, BEN conçoit une approche philosophique du questionnement ; ses réponses sont parfois naïves, mais elles révèlent un conflit intérieur qu'il a le courage d'affronter. Rien d'étrange donc à l'entendre pointer avec malice durant l'entretien cette interrogation : « *Suis-je artiste-peintre ou artiste-philosophe ?* ».

Alors justement, en quoi BEN est-il un précurseur ?

C'est un des premiers artistes dont les œuvres sont des mots écrits sur la toile et dont la valeur est contenue dans leur expression [...] BEN affirme qu'il a choisi d'adopter une écriture enfantine pour que « *n'importe qui puisse comprendre ses messages* », mais avoue dans le même temps que cela lui a immédiatement porté préjudice, puisqu'on l'a assimilé à ses débuts à un artiste qui dessine pour les enfants.

François Boutard, artdesigntendance.com, 23/07/2020.

---

1. Pour faire des hypothèses sur l'artiste, je lis la citation du titre et j'observe l'illustration.

	Vrai	Faux
a. Il s'agit d'une interview.	❑	❑
b. L'artiste parle de sa vie privée.	❑	❑
c. Il dessine pour les enfants.	❑	❑
d. Le journaliste lui pose des questions sur sa démarche artistique.	❑	❑

2. Surlignez le verbe de chaque consigne, puis faites l'activité.

  a. Entourez les verbes associés à Ben.
  b. Repérez les éléments biographiques sur Ben.
  c. Soulignez le terme indiquant le ton de l'artiste.

3. J'identifie si les questions portent sur l'ensemble du texte ou sur l'artiste et son œuvre, puis j'y réponds.

	L'ensemble du document	L'artiste et son œuvre
a. Quelle série date de 1976 ?	❑	❑
b. Quel est le ton de l'artiste ?	❑	❑
c. Est-ce qu'il s'agit d'une interview ?	❑	❑
d. Pourquoi a-t-il choisi d'écrire de manière enfantine ?	❑	❑

Produire

4. Faites des recherches sur un artiste de votre pays. **Présentez cet artiste** en illustrant sa carrière d'au moins deux citations (180 mots environ).

Stratégie
Lisez le corrigé.
Avez-vous présenté le contexte de sa démarche ?

Décrire une œuvre

UNITÉ 5

→ Livre élève p. 72-73

Écouter un document audio

> Émettre des hypothèses à partir des mots entendus

Podcast Bulle d'Art n°60

Les Anneaux, œuvre de Buren & Bouchain

1. Je regarde la photo, sa légende et je fais des hypothèses sur le thème de l'audio.

a. Quel support ? ....

b. Quoi ? ....

c. Où ? ....

2. ▶23 | **Écoutez le document.**

ⓐ Première écoute

a. Je relève la première question posée. ....

b. J'identifie les mots-clés concernant l'art. ....

ⓑ Deuxième écoute

a. Je résume les spécificités de cet événement. ....

b. Je relève les caractéristiques de l'œuvre décrite. ....

3. J'écoute une troisième fois l'audio et je valide ou invalide les hypothèses en justifiant ma réponse.

a. Les œuvres ne sont exposées qu'en extérieur.   Vrai ❑   Faux ❑
Expressions pour justifier : ....

b. Chaque année, les œuvres précédentes sont détruites.   Vrai ❑   Faux ❑
Expressions pour justifier : ....

c. L'œuvre de Stéphane Thidet impressionne tout le monde.   Vrai ❑   Faux ❑
Expressions pour justifier : ....

d. Il s'agit d'une œuvre minimaliste.   Vrai ❑   Faux ❑
Expressions pour justifier : ....

4. Attribuez à chaque œuvre les caractéristiques artistiques qui lui correspondent.

minimale I monumentale I installation I éphémère I architecturale I classique I contemporaine I en extérieur I naturelle

a.

b.

c.

Produire

5. 🔊 Vous venez de visiter un parcours artistique proposé par votre ville. **Décrivez une des œuvres** (2 min.) qui vous a le plus marqué(e), détaillez afin que vos auditeurs se la représentent au mieux.

Stratégie

Lisez le corrigé. Êtes-vous sûr(e) qu'en écoutant, votre auditeur pourrait dessiner ce que vous dites pour se faire une idée ?

L'ART

→ Livre élève p. 72, 73, 74

1. Associez ces phrases avec un synonyme du verbe souligné.

a. L'art n'est pas une copie du réel, il l'<u>invente</u> à nouveau. •   • exprimer
b. La musique permet de <u>concevoir</u> une œuvre avec des notes. •   • imiter
c. Un tableau n'est pas seulement <u>inspiré</u> d'un modèle. •   • composer
d. La danse permet de <u>représenter</u> sans parole des émotions. •   • créer

2. Complétez la description du musée du Louvre avec les mots suivants.

sculpture | performances | chefs-d'œuvre | collections | chorégraphe | salles d'exposition | peintures | l'art contemporain | l'architecture | gardiens

Le musée du Louvre est aujourd'hui le plus grand musée d'art et d'antiquité au monde. Fin 2016, ses ……………………… comprenaient plus de 550 000 œuvres. On y compte de nombreux ……………………… comme *La Joconde*, la ……………………… la *Vénus de Milo*, les ……………………… de Delacroix. Dans ce lieu populaire, travaillent plus de 400 ……………………… affectés à chacune des ……………………… . ……………………… n'est pas absent du lieu grâce aux commandes récentes effectuées par le musée. En 2010, l'artiste Cy Twombly a réalisé le plafond peint de la salle des Bronzes, intitulé *The Ceiling*. Son but était de répondre le plus parfaitement possible à ……………………… du lieu. De même, des ……………………… de spectacles vivants ont été organisés comme la *Danse de nuit* du ……………………… Boris Charmatz en 2016.

3. Associez chaque définition à la photo de l'art correspondant, puis écrivez son nom.

a. Art de façonner la matière.
b. Mise en mouvement du corps.
c. Expression par les sons.
d. Image en mouvement.
e. Art de concevoir des édifices.

4. 🔊 24 | **Écoutez et cochez le mot qui convient pour chaque item.**

	a.	b.	c.	d.	e.
provocant					
bouleversant					
controversé					
admirable					
séduisant					

Produire

5. ✎ **Rédigez une critique sur une exposition que vous venez de voir (200 mots). Précisez ce qui vous a plu ou déplu.**

LES VERBES D'OPINION

UNITÉ 5

→ Livre élève p. 75

1. a Lisez cet extrait de critique d'art et soulignez les verbes d'opinion.

L'art est parfois déjà vu, parfois nouveau. Je pense que lorsqu'une œuvre appartient à la première catégorie, elle est simplement ratée. Mais on ne peut pas toujours estimer que le nouveau suffise à en faire un chef-d'œuvre. Après avoir assisté au vernissage de la galerie Art Vox, mon sentiment reste mitigé. J'ai trouvé que l'organisation de l'exposition était impeccable, accessible, mais je ne suis pas persuadé que les œuvres rendent hommage à ce travail. Au vu des toiles exposées, il est difficile de croire que l'artiste est assez mûr et que son travail est réussi. J'avais pourtant apprécié sa première exposition collective, mais je n'ai pas impression qu'il soit prêt à exposer seul. Espérons que ce soit une simple erreur de parcours et qu'il connaîtra de meilleurs jours.

b Classez les verbes soulignés.

a. Verbes suivis de l'indicatif : ....
b. Verbes suivis du subjonctif : ....

2. Choisissez le bon mode.

a. Je ne suis pas convaincu qu'il *a / ait* le talent qu'on lui prête.
b. C'est à nous de croire qu'elle en *est / soit* capable.
c. Je ne suis pas sûre qu'ils *ont / aient* le génie nécessaire.
d. Je trouve que cette œuvre *est / soit* surcotée.
e. Crois-tu que *c'est / ce soit* aussi facile de réussir un tableau ?

3. Lisez toutes les propositions avant de relier les verbes d'opinions avec une proposition relative.

a. Pour danser, je ne pense pas •   • **1.** que l'architecture ne me touche pas.
b. Personnellement, je crois •   • **2.** qu'on doive absolument savoir chanter.
c. De ce que je vois sur Instagram je constate • • **3.** qu'elle devrait s'entraîner encore plus.
d. Pour atteindre son objectif, j'estime •   • **4.** qu'il faille simplement savoir sauter partout.
e. Pour transmettre une émotion en chantant • • **5.** que les réseaux sociaux aident la visibilité
je n'ai pas l'impression   des artistes.

4. Exprimez une opinion positive et une opinion négative à l'aide des éléments proposés.

a. croire | art contemporain → ....
....
b. être convaincu | l'importance de la musique → ....
....
c. trouver | trop d'expositions → ....
....
d. avoir l'impression | art trop élitiste → ....
....
e. estimer | devoir être intelligible → ....
....

MÉMO : LES VERBES D'OPINION

À la forme affirmative	À la forme négative	À la forme interrogative
• Verbe au présent + *que* + ...	• Verbe au présent + *que* + ...	• Avec inversion du sujet : verbe au présent + *que* + ...

soixante-sept **67**

SITUATION 4 — Analyser le résultat d'une enquête d'opinion

→ Livre élève p. 76, 77

S'aider des questions posées (2)

▸ Repérer les mots-clés dans les questions

LES FRANÇAIS SOUTIENNENT-ILS LE PROJET DE « RÉFÉRENDUM POUR LES ANIMAUX » ?

Le site d'information pour chiens Caniprof publie la première enquête permettant de mesurer le soutien des Français aux mesures de protection des animaux soumises au référendum. Réalisée par le pôle « Politique / Actualités » de l'Ifop auprès d'un échantillon national représentatif de 1 000 Français.

LES CHIFFRES-CLÉS

1. Les trois quarts des Français (73 %) soutiennent l'organisation d'un référendum sur le droit des animaux.
2. Sept électeurs sur dix (71 %) se déclarent aujourd'hui disposés à signer la pétition.
3. Ce « Référendum pour les animaux » pourrait attirer jusqu'à un électeur sur deux dans les urnes (49 %).
4. Près de neuf votants sur dix (89 %) seraient prêts à voter pour la loi imposant les six propositions du collectif « Référendum pour les animaux », contre à peine 11 % qui voteraient contre.
5. Il est vrai que les Français soutiennent massivement les mesures proposées par le comité « Référendum pour les animaux » que ce soit, en tête, l'obligation de garantir aux animaux la possibilité d'un accès quotidien au plein air (87 %), ou encore l'interdiction des spectacles avec animaux sauvages (près de six personnes interrogées sur dix).

Paul Cébille, ifop.com, 29/07/2020.

1. Avant de lire, je regarde la forme du texte : source, titre, illustration et paragraphes.

2. Lisez le texte et ces questions. Aidez-vous des termes soulignés pour trouver la réponse dans le texte.

- **a.** Est-ce le premier sondage publié au sujet de ce référendum ? ❏ Oui ❏ Non
- **b.** Cette initiative est-elle populaire auprès des Français ? ❏ Oui ❏ Non
- **c.** Est-ce que le référendum pourrait capter la moitié des voix ? ❏ Oui ❏ Non
- **d.** Les suggestions du collectif font-elles débat ? ❏ Oui ❏ Non
- **e.** L'interdiction des représentations est-elle soutenue par une minorité de Français ? ❏ Oui ❏ Non

3. Relevez dans le texte un ou plusieurs synonymes des expressions liées à la **politique** suivantes.

- **a.** sondage : ....
- **b.** consultation directe des électeurs : ....
- **c.** écrit signé par plusieurs personnes : ....
- **d.** disposition : ....
- **e.** membre du corps électoral : ....

Stratégie — Les mots-clés présents dans les questions sont souvent présentés sous forme de synonyme, de périphrase ou d'antonyme de mots du texte.

Produire

4. 🔊 Vous venez de lire une infographie sur les Français et leurs animaux. **Analysez le résultat de cette enquête d'opinion** en imaginant les réponses apportées par les personnes sondées. Utilisez des données précises et des exemples en lien avec ce texte. Enregistrez votre présentation (2 min.).

Stratégie — Lisez le corrigé. Avez-vous utilisé différents verbes pour introduire vos opinions ?

UNITÉ 5

LA POLITIQUE

→ Livre élève p. 76, 77

1. ▶25 | **Écoutez ces phrases et choisissez l'image qui correspond à leur contexte.**

a.
item n° : ....

b.
item n° : ....

c.
item n° : ....

d.
item n° : ....

e.
item n° : ....

2. Lisez ces phrases et associez-les à une situation.

a. Nous reprendrons le travail quand la direction écoutera nos demandes ! •   • un débat
b. Je déclare la séance ouverte, vous avez la parole, monsieur le député. •   • jouer collectif
c. Je crois que nous allons devoir arrêter cette discussion qui devient inaudible. •   • une élection
d. Nous devons aller tous dans la même direction pour garantir ce projet de loi. •   • le Parlement
e. Oui, dimanche c'est le second tour. Bien entendu, j'irai ! •   • faire grève

3. Retrouvez les noms qui correspondent à ces adjectifs.

a. clivant(e) ➔ ....
b. unanime ➔ ....
c. controversé(e) ➔ ....
d. incompatible ➔ ....
e. concerté(e) ➔ ....

4. Complétez cette biographie avec les mots suivants.
manifeste | Parlement | tribunes | militant | député | jouer collectif | élections

Maxime, tout d'abord .... dans les années 1990 pour un parti de gauche, a commencé à publier des .... dans un journal local. Avec un groupe d'amis, ils ont ensuite décidé de créer leur première liste électorale en vue des .... municipales. Maxime et son second sont alors élus pour siéger au conseil municipal. Aimant ...., il cède sa place à un autre membre de sa liste pour continuer à défendre ses convictions sur le terrain. Il rédige ensuite un .... dans les années 2000, qui deviendra très populaire et qui a mobilisé un grand nombre de personnes. Aux élections législatives de 2008, il est élu .... et continue depuis à défendre ses idées au ....

Produire

5. ✏️ **Vous êtes candidat(e) à l'élection municipale. Décrivez votre stratégie pour gagner cette élection (200 mots) !**

LES DIFFÉRENTES FORMES DE L'INTERROGATION

➔ Livre élève p. 78

1. 🎧 26 | Écoutez ce témoignage et relevez les éléments vous permettant d'identifier les questions.

Intonation montante	Inversion sujet-verbe	Avec « est-ce que » (+ mot interrogatif)	Au style indirect	Avec mot interrogatif
....	....	....	....	....
....	....	....	....	....
....	....	....	....	....

2. Entourez les mots interrogatifs et transformez ces questions au style direct.

a. Je me demande ce qu'il en pense.
➔ ....

b. Je ne sais pas s'il ira voter.
➔ ....

c. J'ignore ce que vous pensez de cette candidate.
➔ ....

d. Je cherche encore à savoir pourquoi ils l'ont élu.
➔ ....

e. Vous vous demandez sûrement quand le résultat sera connu.
➔ ....

3. Rédigez une question pour chaque réponse.

a. Oui, tout à fait, je pense sincèrement que la musique adoucit les mœurs.
➔ ....

b. Je n'en suis pas vraiment sûr, cela dépend des élus.
➔ ....

c. Exactement, l'art et la politique sont deux moteurs essentiels de l'action humaine.
➔ ....

d. Aucun doute sur son talent !
➔ ....

e. Je ne sais pas, peut-être l'année prochaine.
➔ ....

4. 🎧 27 | Écoutez les questions et reformulez-les à l'aide d'une autre forme interrogative.

a. ....
b. ....
c. ....
d. ....
e. ....

MÉMO : LES DIFFÉRENTES FORMES DE L'INTERROGATION

Avec un élément interrogatif	Sans élément interrogatif
• Au style	• .... du sujet
• .... au début ou à la fin de la question (avec ou sans « est-ce que »)	• Intonation ....

LE COMMENTAIRE DE DONNÉES

UNITÉ 5

→ Livre élève p. 77
→ Livre élève Fiche p. 201

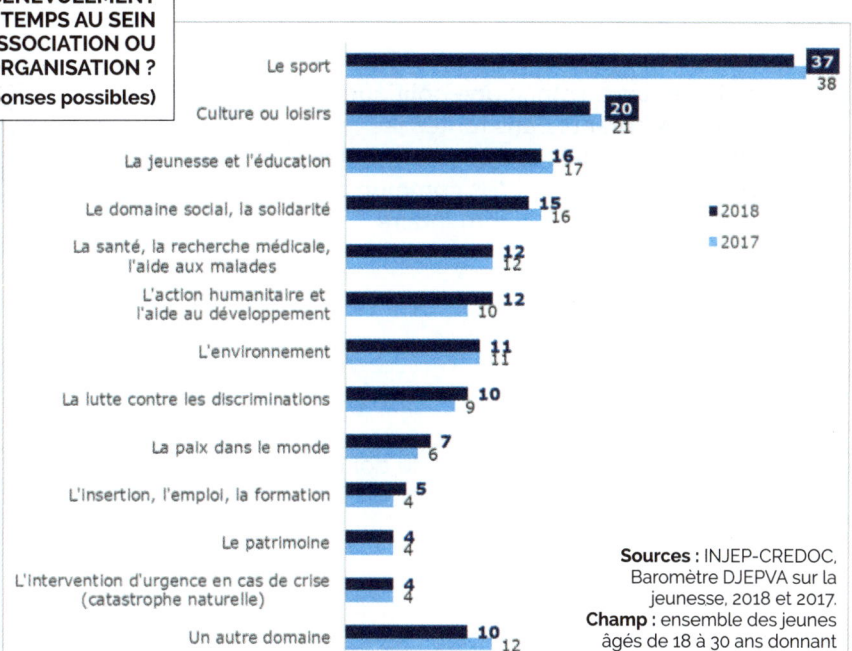

DANS QUELS DOMAINES DONNEZ-VOUS BÉNÉVOLEMENT DE VOTRE TEMPS AU SEIN D'UNE ASSOCIATION OU D'UNE AUTRE ORGANISATION ?
(en % - plusieurs réponses possibles)

Sources : INJEP-CREDOC, Baromètre DJEPVA sur la jeunesse, 2018 et 2017.
Champ : ensemble des jeunes âgés de 18 à 30 ans donnant de leur temps bénévolement.

Le sport, la culture et les loisirs toujours au cœur du bénévolat

Le baromètre DJEPVA est produit depuis 2016 pour suivre les indicateurs récurrents sur les conditions de vie, les modes de vie, aspirations et attentes des jeunes. D'après l'échantillon de jeunes âgés de 18 à 30 ans interrogés pour répondre à cette étude, on constate de faibles évolutions entre 2017 et 2018. En effet, en 2018, les domaines d'engagement privilégiés par les jeunes bénévoles restent très similaires à ceux de 2017. Même si les quatre premiers domaines d'engagement connaissent une certaine baisse, on remarque qu'à la question posée le sport (37 %), la culture ou les loisirs (20 %), la jeunesse et l'éducation (16 %) ou encore le domaine social, la solidarité (15 %) sont encore une fois en tête, tandis que la paix dans le monde, l'insertion, l'emploi, la formation, le patrimoine ou l'intervention d'urgence en cas de crise demeurent très peu cités (par moins de 10 % des bénévoles). La plupart de ces indicateurs stagnent. Seule différence notable, on note que lorsqu'on demande aux 18-30 ans dans quel domaine ils donnent du temps bénévolement, l'action humanitaire et l'aide au développement connaît une légère augmentation par rapport à 2017 (12 %, + 2 points par rapport à 2016) et gagne sa place de 6e domaine de bénévolat choisi par les jeunes au détriment de l'environnement, qui passe 7e.

1. Avant de lire le commentaire, repérez et expliquez les liens entre son titre et le graphique.

2. Relevez les informations générales du commentaire et situez-les sur le graphique.
   a. La question posée : ....
   b. La source : ....
   c. La tranche d'âge : ....
   d. Les années : ....

3. Soulignez, dans le commentaire, les éléments suivants.
   ▶ Les verbes de constatation en bleu ;
   ▶ Les indications temporelles en vert ;
   ▶ Les évolutions de données en noir ;
   ▶ Les reprises de la question du graphique en rouge.

Produire

4. À l'aide du document p. 68, rédigez un commentaire de données sur le référendum pour les animaux (200 mots minimum). Mettez en avant les questions posées lors du sondage et les données chiffrées. Rédigez tout d'abord une introduction présentant le sondage et son contexte puis développez votre commentaire en allant du général au particulier.

Le grand oral

SUJET

Vous êtes chargé(e) de mettre en place une politique destinée à amener l'art aux enfants dans toutes les écoles et vous venez de réaliser une enquête à ce sujet. Vos données sont brutes et vous devez les communiquer à votre responsable sous forme d'un commentaire reprenant les informations importantes.

MÉTHODOLOGIE
➤ Présenter un contexte
➤ Comparer des données

1. PRÉPARATION

a S'inspirer d'un modèle.

a. ▶28 | J'écoute un exemple de commentaire de données. Puis je relève…

▶ les informations présentant le contexte : ....
....

▶ les pourcentages et proportions : ....
....

▶ les propositions apportées par les personnes interrogées : ....
....

▶ les exemples donnés et leurs connecteurs : ....
....

b. Je repère les accentuations sur les manières d'introduire :

▶ les données chiffrées.   ▶ les exemples.   ▶ les propositions.

b Questionner.

a. Je choisis la question principale à laquelle je souhaite répondre.
....

b. Je définis les sous-questions nécessaires pour chaque information demandée.
....
....
....
....

Stratégie
Le choix des questions est très important dans un sondage. Les questions fermées ne laissent pas la place à l'expression. Les questions trop larges ne fournissent pas de données précises.

c. J'identifie l'échantillon présélectionné pour répondre aux questions.
....

d. J'interroge les personnes sélectionnées. Je note ou j'enregistre les réponses. J'observe leurs réactions.

UNITÉ 5

C Analyser.

a. Je choisis de noter sous forme de tableau ou de carte mentale mes résultats pour les analyser.

```
┌─────────────────────────────────────────────────┐
│                                                 │
│                                                 │
│                                                 │
│                                                 │
└─────────────────────────────────────────────────┘
```

b. Je note les différences notables d'opinion pour les comparer.

....
....
....
....

2. PRÉSENTATION

Pour structurer ma présentation, je suis le modèle suivant :

→ Je fais **un bref résumé du contexte** (échantillon, thème, intérêt).

....
....

→ Je présente **chaque élément important, appuyé par des données et des exemples.**

....
....
....
....
....
....

Stratégie
Attention, les données chiffrées peuvent faire décrocher vos auditeurs. Il ne faut pas en faire une liste trop longue.

→ Je conclus par **les solutions importantes à mettre en œuvre.**

▶ Solution 1 : ....
▶ Solution 2 : ....
▶ Solution 3 : ....

3. AUTOÉVALUATION

Vérifier la clarté de l'introduction.

S'assurer de la sélection pertinente des données.

Vérifier le rythme de la présentation pour capter l'attention de l'auditoire.

Bilan

LINGUISTIQUE

GRAMMAIRE

1 **Soulignez le verbe conjugué au bon mode.**

a. Je trouve que l'art contemporain *permet / permette* d'éveiller la curiosité.

b. Je suis persuadée que la musique *adoucisse / adoucit* les mœurs.

c. Je ne crois pas que la politique *est / soit* inutile.

d. Trouves-tu qu'un artiste *doit / doive* être talentueux pour réussir ?

e. Je ne considère pas qu'un député *peut / puisse* passer tout son temps loin de sa région.

2 **Conjuguez les verbes entre parenthèses à la forme correcte.**

a. Je crois que l'art .... (devoir) avant tout stimuler l'imaginaire.

b. Elle ne trouve pas que cette performance .... (être) vraiment novatrice.

c. Pensez-vous qu'il .... (falloir) avoir un don pour réussir en politique ?

d. La musique ? J'estime qu'elle nous .... (aider) à sortir de notre quotidien.

e. Je trouve incroyable qu'on .... (pouvoir) rester insensible devant ce tableau.

3 **Associez les questions aux réponses.**

a. Tu as pris ta carte d'électeur ?
b. Pourriez-vous aller voter pour moi ?
c. Est-ce qu'il t'a demandé pour qui tu voterais ?
d. Je ne sais pas si elle arrivera à les convaincre.
e. Tu as écrit cette tribune quand ?

1. Il a bien essayé mais, tu sais, c'est secret !
2. Rien n'est moins sûr en effet.
3. Ah mince, je l'ai oubliée dans le tiroir !
4. Oui, bien sûr, donnez-moi une procuration.
5. La semaine dernière.

4 **Remettez les éléments dans l'ordre pour former des questions.**

a. avis, / est-ce / ton / d'accord ? / qu' / seront / À / ils / tous

→ ....

b. m'indiquer / la / Pourriez- / de / mairie ? / le / vous / chemin

→ ....

c. aspirent / projet ? / ton / vraiment / crois / tous / Tu / citoyens / à / les / que

→ ....

d. soit / votre / que / Ne / clivant ? / pas / pensez- / argumentaire / vous / trop

→ ....

e. résultat. / toujours / ce / Je / va / se passer / il / me / après / le / demande / qu'

→ ....

UNITÉ 5

LEXIQUE

1 L'art | Soulignez le bon mot.

a. Cette *performance / gardienne* a eu lieu pendant un vernissage.

b. Je ne peux pas dire que j'ai trouvé cette *galerie / exposition* très réussie.

c. Ce *vidéaste / sculpteur* cherche vraiment à créer une atmosphère fascinante avec ses projections.

d. Je crois que la *chorégraphe / musicienne* aspire à rendre une image enchanteresse du corps.

e. Ce que je trouve passionnant dans les *chansons / toiles* d'Arthur H, c'est le caractère envoûtant de sa voix.

2 L'art | Complétez ces phrases avec le verbe qui convient. Conjuguez-le si nécessaire.

exposer | s'inspirer | sculpter | représenter | composer

a. Je suis certain que beaucoup continueront de .... de votre travail.

b. J'adore ce chanteur ! Et tu sais qu'il .... aussi ?

c. À travers cette chorégraphie, j'ai voulu .... la place de la femme dans la société.

d. C'est la troisième fois qu'il .... dans cette galerie.

e. Arriver à .... dans une matière aussi dure, quel génie !

3 La politique | Associez les mots correspondant à ces définitions.

a. Qui lutte pour des idées. • • 1. un parti politique

b. Association d'individus unis par les mêmes convictions. • • 2. une allocution

c. Bref discours d'une personnalité politique. • • 3. un(e) militant(e)

d. Vote permettant à tous les citoyens d'approuver ou non une mesure. • • 4. s'abstenir

e. Ne pas aller voter. • • 5. un référendum

4 La politique | Soulignez le bon verbe.

a. Les jeunes ont envie de *se mobiliser / s'abstenir* pour le climat.

b. Pour débattre, il est important de s'écouter et de *s'opposer / réformer* aux opinions exprimées.

c. Les citoyens *se déplacent / manifestent* au bureau de vote le jour des élections.

d. Les grévistes ont voulu *manifester / voter* hier dans les rues de la capitale.

e. Il n'y a pas que les jeunes qui *aspirent / s'abstiennent* aux changements.

5 Passionnant(e) | Complétez les phrases avec le bon mot.

plaisant | bouleversant | attirer | provocant | séduire

a. Que ce soit dans l'art ou la politique, il est important de .... son public.

b. Ce peintre a vraiment su .... le public grâce à son style.

c. Elle a vécu des choses fortes : son parcours est vraiment ....

d. J'ai écouté cette mélodie durant toutes mes vacances, je trouve l'air très ....

e. Sa dernière exposition a beaucoup choqué. Rien ne sert d'être aussi .... pour réussir.

6 Pour chaque verbe, trouvez un nom de la même famille.

a. Promouvoir ➜ ....
b. Aspirer à ➜ ....
c. Être sûr ➜ ....
d. Concéder ➜ ....
e. Promettre ➜ ....

PRÉPARATION au DELF

Compréhension de l'oral 15 points

Répondez aux questions en cochant ☑ la bonne réponse.

Exercice 1 7 points

▶ 29 | **Vous écoutez une émission à la radio. Lisez les questions, écoutez le document puis répondez.**

1. Quel est le titre du livre présenté ici ? 1 point
   - ❏ *La politique est-elle un art ?*
   - ❏ *Comment séduire les électeurs ?*
   - ❏ *Techniques artistiques pour être élu.*

2. Pourquoi l'auteure a-t-elle eu l'idée de ce livre ? 1 point
   - ❏ Elle trouve les politiques trop timides.
   - ❏ Elle admire la faculté de parler en public des politiques.
   - ❏ Elle pense que les artistes sont meilleurs que les politiques pour s'exprimer.

3. Selon l'étude citée, un homme politique doit... 1 point
   - ❏ être intègre.
   - ❏ être charismatique.
   - ❏ avoir un projet solide.

4. Le livre... 1 point
   - ❏ analyse ce phénomène à l'aide d'ouvrages philosophiques.
   - ❏ donne des conseils pour devenir une personnalité politique.
   - ❏ affirme que c'est une bonne chose d'être séduit par un politique.

5. Selon l'auteure, les électeurs... 1 point
   - ❏ ne s'intéressent pas aux élus.
   - ❏ détestent les homme politiques.
   - ❏ s'identifient aux personnes pour qui ils votent.

6. Selon l'étude citée, combien de personnes souhaitent élire une personne capable de représenter leur voix ? 1 point
   - ❏ 67%.
   - ❏ 77%.
   - ❏ 97%.

7. Que pensent les électeurs de l'importance de la rhétorique ? 1 point
   - ❏ Ils sont crédules et n'accordent aucune place aux idées.
   - ❏ Ils sont conscients qu'elle ne fait pas tout et s'intéressent aussi aux idées.
   - ❏ Ils votent avant tout pour des idées et peu pour la capacité à débattre des candidats.

Exercice 2 8 points

▶ 30 | **Vous allez écouter une fois trois documents.**

DOCUMENT 1 | Lisez les questions. Écoutez le document puis répondez.

1. Quel type d'œuvre la galerie a-t-elle choisi d'exposer ? 1 point
   - ❏ Des vidéos.
   - ❏ Des photos grandeur nature.
   - ❏ Des tableaux d'art contemporain.

2. Quelle critique est faite au sujet de l'exposition ? 1 point
   - ❏ L'artiste ne séduit pas le grand public.
   - ❏ Les écrans monumentaux n'étaient pas exposés.
   - ❏ Le lieu ne donne pas la possibilité d'apprécier au mieux les œuvres.

UNITÉ 5

DOCUMENT 2 | Lisez les questions. Écoutez le document puis répondez.

3. Quel constat est à l'origine de l'étude citée ?
1 point
- ❏ Le dernier taux d'abstention était proche de 70 %.
- ❏ En général, 70 % des électeurs se déplacent pour voter.
- ❏ Lors des dernières élections, 30 % des électeurs se sont abstenus.

4. Quelle solution est proposée par une majorité de personnes face au problème de la représentativité des candidats ?
1 point
- ❏ Les électeurs feraient mieux de ne pas voter.
- ❏ Les électeurs devraient recevoir les programmes sans le nom des candidats.
- ❏ Il faudrait rendre le vote obligatoire pour tous sous peine d'amende.

DOCUMENT 3 | Lisez les questions. Écoutez le document puis répondez.

5. Quelle est la nouvelle thématique pour les villes ?
1 point
- ❏ L'écologie.
- ❏ Les transports.
- ❏ L'art dans l'espace public.

6. Parmi ces raisons, lesquelles sont citées pour valoriser les territoires ?
3 points
- ❏ Rendre le métro plus dynamique.
- ❏ Sortir des parcours routiniers.
- ❏ Améliorer le prestige d'une ville.
- ❏ Rivaliser avec le musée du Louvre.
- ❏ Rendre une ville plus chaleureuse.
- ❏ Faire fuir les touristes.

Production écrite
15 points

Un magazine politique publie un numéro spécial sur les artistes qui ont choisi de se lancer en politique. Chanteurs, comiques, acteurs, ils sont de plus en plus nombreux à passer le cap, avec plus ou moins de succès. Le journal insiste sur l'intérêt de telles candidatures qui remettent en question la manière de faire de la politique. Vous écrivez au courrier des lecteurs pour nuancer le point de vue du magazine (250 mots).

SITUATIONS 1 | 2 | 3 — Décrire une force mentale

→ Livre élève p. 86

S'aider des questions posées (3)

> Reformuler les questions

COMMENT LE SPORT ME REND PLUS FORTE

Faire du sport augmenterait considérablement la fierté et le respect de soi. Une étude menée en Europe par Nike et TNS en 2008 sur plus de 10 000 femmes de 16 à 30 ans révélait l'impact extraordinaire qu'a pu avoir le sport sur la vie des femmes interrogées […]

La majorité des femmes fait d'abord du sport pour des raisons de santé et d'esthétique. Mais au-delà du bien-être physique, le sport apporte aussi une véritable force mentale.

73 % des femmes concernées affirment que la pratique d'un sport les rend émotionnellement plus fortes […] Le sport aide à se fixer des objectifs, à s'imposer une certaine rigueur et à se forger un mental d'acier grâce à la confiance en soi qu'on acquiert. Le sport est vécu comme une plus-value dans la vie de ces actives qui disent se relever plus facilement après un échec ou une épreuve douloureuse. L'activité sportive leur apprend à faire preuve de beaucoup

« Forte dans mon corps et dans ma tête »

plus de volonté et de détermination, si bien que, par exemple, elles appréhendent plus une reconversion professionnelle comme un défi que comme une épreuve.

Anne-Flore Gaspar-Lolliot, doctissimo.fr, 23/05/2019.

---

1. Je lis le titre. Je repère les mots-clés et je fais des hypothèses sur le sujet du texte.
  a. Mots-clés : ....
  b. Sujet abordé : ....

2. ⓐ Je lis le texte et les questions suivantes.
  a. Pour quelles raisons les femmes se mettent-elles à un sport ?
  b. Qu'est-ce que la pratique d'un sport a apporté psychologiquement à la majorité des femmes interrogées ?
  c. À quels moments la pratique d'un sport peut-elle apporter quelque chose en plus ?

  ⓑ Je souligne les mots importants des questions précédentes pour comprendre ce qui est demandé.

  ⓒ Je reformule les questions avec des mots simples pour m'assurer que je les ai bien comprises.
  Exemple : **a.** <u>Pourquoi</u> les femmes <u>commencent-elles</u> un sport ?
  b. ....
  c. ....

  ⓓ Je réponds aux questions posées.
  a. ....
  b. ....
  c. ....

3. Je repère le vocabulaire lié au mental dans le texte et l'associe à sa définition.
  a. Sentiment de satisfaction envers soi-même ou ses propres actions. = la _ _ _ _ _ _
  b. Capacité à prendre des décisions avec fermeté et à les conduire jusqu'au bout. = la _ _ _ _ _ _ _
  c. Capacité à se considérer soi-même avec estime. = le _ _ _ _ _ _ _   _ _   _ _ _
  d. Croire en ses propres capacités. = la _ _ _ _ _ _ _ _ _   _ _   _ _ _

Produire

4. ✎ Vous devez écrire un court article sur un sportif de haut niveau pour un magazine (150-200 mots). Vous évoquez brièvement sa carrière et vous décrivez la force mentale dont il a fait preuve pour réussir.

Stratégie
Lisez le corrigé. Avez-vous varié les expressions pour décrire la force mentale de ce sportif ?

UNITÉ 6

Présenter un esprit d'équipe

→ Livre élève p. 87

Écouter un document audio

> Transmettre des informations à quelqu'un

1. J'observe l'image. Je fais des hypothèses avant l'écoute.
   a. Que fait la femme ? ....
   b. Quel pourrait être le thème du document ?
   ....

France TV info

2. a ▶31 J'écoute le document une première fois.
Je ne prends pas de notes, je me concentre.

b J'écoute une deuxième fois. Je note les premiers éléments que je comprends.
   a. Qui ? ....
   b. Quoi ? ....
   ....
   c. Où ? ....

c J'écoute une troisième fois pour relever les informations principales sur le thème abordé.

Stratégie
Je me concentre avant tout sur les mots-clés et les expressions ou concepts répétés plusieurs fois. Je les note dans le tableau sans rédiger.

Problèmes du télétravail pour l'esprit d'équipe	Solutions à mettre en place	Éléments importants dans la notion d'esprit d'équipe
....	....	....
....	....	....
....	....	....
....	....	....

3. Associez chaque concept de l'esprit d'équipe au travail à sa définition.

- une cohésion • • Pratique d'entraide et de travail en groupe.
- une collaboration • • Travail commun sur un même projet.
- une communauté • • Groupe de personnes travaillant ensemble.
- un collectif • • Lien qui unit des personnes entre elles.
- une coopération • • Groupe de personnes avec des traits communs.

4. Je m'entraîne à reproduire mes notes à l'oral en organisant ma pensée pour transmettre les informations à quelqu'un. J'enregistre ma réponse.
Dans cette entrevue, on parle d'abord de… / Un autre point important est que… / La spécialiste conclut en disant que…

Produire

5. 🔊 À l'oral, racontez un souvenir (2 min.) de votre propre expérience ou de celle d'une autre personne (ami(e), sportif(ive) vu(e) à la télé…) dans lequel l'esprit d'équipe a eu beaucoup d'importance.

Stratégie
Lisez le corrigé. Avez-vous utilisé plusieurs expressions différentes pour exprimer l'entraide dans le groupe ?

LE SPORT

→ Livre élève p. 86, 87

1. Il existe plusieurs mots pour parler d'un groupe dans différents contextes. Retrouvez de quoi on parle avec chaque expression soulignée.

  a. La brocante de cette année a eu un énorme succès : il y avait <u>une foule</u> incroyable dans la rue !
  → ....

  b. <u>La troupe</u> du cirque du Soleil présentera son nouveau spectacle ce week-end.
  → ....

  c. Demain, je retrouve toute <u>la bande</u> du lycée pour un petit séjour dans les Alpes. On ne s'est pas vus depuis longtemps, ça va être génial !
  → ....

  d. Quand ils étaient en vacances en Thaïlande, mes parents sont allés en bateau jusqu'à <u>un archipel</u> près de la côte. Là-bas, il n'y avait personne sur les plages !
  → ....

2. Complétez le tableau avec des expressions synonymes pour chaque verbe.

lutter   s'acharner   affronter   se serrer les coudes   s'avouer vaincu   se soutenir   connaître une défaite   s'xévertuer

S'entraider	Se résigner	Se battre	Faire des efforts
....	....	....	....
....	....	....	....

3. Associez chaque mot à sa définition.

la résilience • • Capacité à résister à la fatigue ou à la souffrance.
la détermination • • Capacité à porter toute son attention sur une seule chose.
la concentration • • Action d'aller au-delà de ses possibilités.
l'endurance • • Qualité de quelqu'un qui est ferme, résolu.
le dépassement • • Aptitude à surmonter un choc traumatique.

4. 🔊 32 | Écoutez les dialogues, associez une image à chacun, puis nommez le sport.

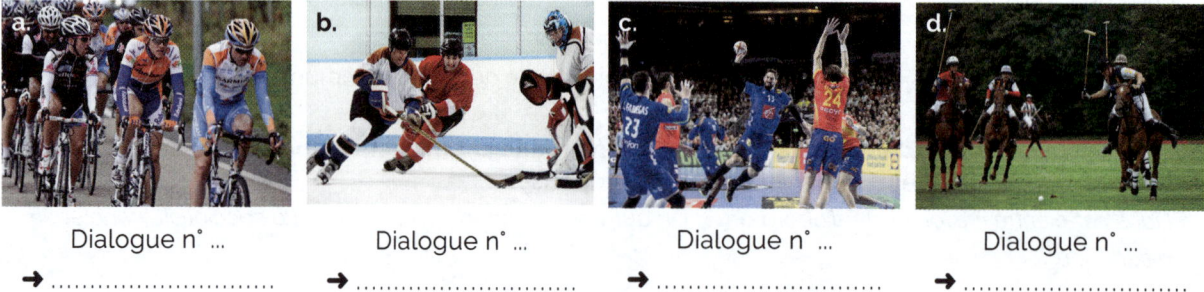

Dialogue n° ...   Dialogue n° ...   Dialogue n° ...   Dialogue n° ...
→ ....   → ....   → ....   → ....

Produire

5. 🎙 Vous êtes coach sportif et votre équipe est en difficulté pendant un match important. À la pause, vous essayez de redonner confiance aux joueurs et vous leur rappelez l'importance de l'esprit d'équipe. Vous enregistrez votre réponse (2 min.).

Stratégie
Lisez le corrigé. Avez-vous varié les noms et les verbes pour insister sur l'esprit d'équipe ?

UNITÉ 6
LA NÉGATION ET LA RESTRICTION

→ Livre élève p. 89

1. Lisez le texte et soulignez les formes utilisées pour exprimer la négation et la restriction.

Pour réussir à se dépasser dans un sport, il ne faut rien lâcher. Le succès ne s'obtient ni en procrastinant ni en abandonnant à la moindre difficulté. Aucun sportif de haut niveau ne gagne de championnat sans une grande détermination. Même s'il ne rencontre que des obstacles pendant une certaine période, il n'abandonne jamais. Ce qui fait sa force, c'est qu'il ne craint personne. Quand on sait où on va, tout est plus simple : il faut seulement y croire !

Pour vous aider, observez :
- **la structure de la négation** : *ne* + verbe + *rien / personne / …*
- **la structure de la restriction** : *ne* + verbe + *que… /* verbe + *seulement…*

2. Transformez ces phrases avec la négation ou la restriction qui convient pour exprimer le contraire.

Exemple : Hier, j'étais de très bonne humeur et j'avais envie de voir beaucoup de gens.
➜ *Mais aujourd'hui, je n'ai envie de voir personne.*

a. Ces derniers temps, j'avais l'impression qu'il me manquait quelque chose pour réussir au travail.
➜ Mais, à présent, ………………………………………………………………………………………………………

b. Je ne progressais pas assez en gymnastique et j'avais besoin de quelques conseils de mon coach.
➜ Maintenant, ……

c. Mes parents ont choisi leur destination de vacances : ils iront en Grèce pendant deux semaines.
➜ Moi, ………

d. Quand j'étais jeune, je faisais à la fois du tennis et du taekwondo toutes les semaines.
➜ Depuis que j'ai arrêté le taekwondo, …………………………………………………………………………………

e. J'ai déjà fait cette randonnée dans les Alpes il y a deux ans.
➜ Mon frère, lui, ………

3. Complétez le texte avec les négations ou restrictions qui conviennent.

Avant de commencer le karaté, Thomas ……………… avait ……………… confiance en lui, ……………… beaucoup de détermination. Il pensait que le sport, ce ……………… était ……………… pour les gens au tempérament fort et à la force physique développée. Et puis un jour, il a assisté au tournoi de karaté de l'un de ses amis. Il ……………… connaissait ……………… à ce sport. Il a été fasciné, et face à l'insistance de son ami, il ……………… a ……………… pu résister et s'est inscrit dans un club. Il a adoré ça et il ……………… a pensé ……………… à une seule chose pendant des mois : s'entraîner ! À son premier tournoi, même s'il était entouré de nombreux adversaires, il ……………… craignait ……………… . En finale, ……………… de ses rivaux ……………… s'attendait à ce qu'il gagne. Depuis, il enchaîne les victoires !

Stratégie
Je lis le texte une première fois pour essayer de déduire les réponses possibles. Je m'aide de la construction de la phrase pour écrire mes propositions.

MÉMO : LES EXPRESSIONS DE NÉGATION ET DE RESTRICTION

La négation	La restriction
• ne… pas… et … = ……………………………	• seulement
• ne… ………………………… ≠ quelque chose	• ne… …………………………
• ne… ………………………… ≠ quelqu'un	
• ………………………… … ne ≠ quelques + nom	
• ne… ………………………… ≠ toujours	
• ne… ………………………… ≠ déjà	

SITUATION 4 — Comparer des faits scientifiques

→ Livre élève p. 88, 90, 91

S'aider des questions posées (4)

> Vérifier la cohérence des réponses avec les questions posées

Peut-on comparer l'apprentissage en ligne à l'apprentissage en classe ?

Classe en ligne ou en personne. Laquelle est la plus efficace ?
Malgré des dizaines d'études […] sur l'efficacité de l'éducation en ligne, la question continue de se poser.
C'est qu'on peine bel et bien à obtenir une réponse claire sur l'efficacité d'un mode d'enseignement par rapport à un autre […] Dans les recherches, il est difficile de tenir compte de toutes les variables : la composition du groupe d'étudiants, le type de professeurs, le contenu du curriculum, l'aspect pédagogique…
L'enseignement en ligne, surtout bon pour les plus motivés et les plus autonomes ?
Quelques études ont conclu que l'enseignement en ligne demande que les étudiants soient motivés, autonomes et bien préparés pour être efficace, avec pour avantage une plus grande flexibilité de lieu et d'horaire […] La motivation joue donc un rôle important dans les cours en ligne, mais aussi en classe.

Efficacité : une mesure impossible à définir ?
Robert M. Bernard […] s'interroge sur la pertinence même de comparer les classes en personne et à distance. Il avait observé dès 2004 que les deux exigent des méthodes d'enseignement différentes, des qualifications différentes et des évaluations différentes. « D'un point de vue scientifique, ce genre de question est aussi inapproprié que dépassé », concluait-il 10 ans plus tard : l'éducation à distance fonctionne très bien parfois, et d'autres fois, pas du tout.

Catherine Couturier, sciencepresse.qc.ca, 31/07/2020.

---

1. ⓐ Je lis le titre. J'entoure les deux notions opposées.

   ⓑ Je lis le texte une première fois. Je réponds simplement à la question du titre.

....

2. ⓐ Je relis le texte et je réponds aux questions.

   a. Quels éléments expliquent que la comparaison entre les deux modes d'enseignement est compliquée ?
   ....
   b. Quelles qualités doit avoir un étudiant pour suivre un apprentissage en ligne ?
   ....
   c. Pourquoi comparer l'efficacité des deux systèmes ne semble pas pertinent à M. Bernard ?
   ....

   ⓑ Je vérifie que mes réponses sont cohérentes avec les questions posées. Associez une formulation de départ à une question.

   - **a.** Parce que…   •   •   question a
   - **b.** Les variables sont : … •   •   question b
   - **c.** Il doit être…   •   •   question c

3. Je relève les éléments du texte qui permettent de comparer.

Avec des adjectifs	Avec des verbes	Avec des expressions
………………………	………………………	………………………
………………………	………………………	………………………
………………………	………………………	………………………

Produire

4. ✎ Êtes-vous d'accord avec la conclusion du spécialiste sur l'efficacité des deux méthodes ? Donnez votre opinion en les **comparant** d'après votre expérience et d'éventuelles recherches (150-200 mots). Variez les expressions de comparaison.

LES SCIENCES

UNITÉ 6

→ Livre élève p. 88, 90, 91

1. Associez un mot à une image.

a. 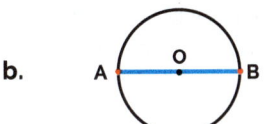 • • un diagramme

b. 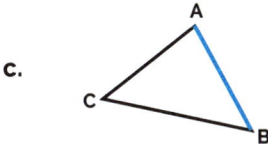 • • la longueur

c. • • additionner

d.  • • diviser

e. 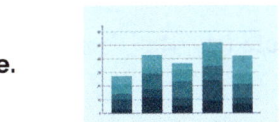 • • une dizaine

f.  • • le diamètre

2. Complétez le texte avec les mots proposés.

démontrer | décrire | détailler | hypothèses | variables | raisonnement

Le guide du scientifique parfait
Pour partager les résultats de votre recherche de manière idéale, vous devez d'abord .... votre expérience avec exactitude. Pour cela, il vous faut .... le modèle qui détermine les conditions de votre étude : donnez le plus d'informations possible ! Lorsque vous formulez vos ...., soyez rigoureux. En effet, vos propositions doivent être claires et faciles à comprendre. N'oubliez pas de mentionner les .... que vous avez mesurées dans votre échantillon. Expliquez également votre .... de manière précise. Vous cherchez avant tout à .... une vérité et à prouver une théorie. Si vous respectez toutes ces consignes, le compte-rendu de votre expérience sera irréprochable !

3. Soulignez le verbe qui convient parmi les propositions.

> **De l'eau sur Mars**
> Des scientifiques ont découvert plusieurs lacs gelés sur Mars. Les travaux des chercheurs *démontrent / enseignent / dénombrent* que ces étendues d'eau pourraient être une preuve de vie sur la planète rouge. Pour cette découverte, ils ont réussi à *assembler / collecter / cueillir* des données grâce à un système de radar spécifique. À l'avenir, leurs études *porteront / concerneront / traiteront* sur les autres facteurs impliqués dans la formation de la vie. Ils pourront ainsi *entraîner / occasionner / déterminer* si des formes de vie ont pu exister sur Mars et faire avancer les connaissances dans ce domaine. Les recherches pourraient même *se rapprocher / s'orienter / se diriger* sur la possibilité de la vie sur d'autres planètes du système solaire.

4. Pour chaque mot, écrivez les mots de la même famille que vous connaissez.

a. la science ➔ ....
b. la biologie ➔ ....
c. une expérience ➔ ....
d. un gaz ➔ ....
e. un nombre ➔ ....

Produire

5. ✎ Souvenez-vous d'une expérience scientifique que vous avez réalisée en classe ou chez vous. Racontez-la pour une revue scientifique pour enfants, en décrivant chaque étape et le résultat final (150-200 mots).

Stratégie
Avez-vous détaillé chaque étape de votre expérience à l'aide du lexique des sciences et en utilisant les temps du passé ?

LA COMPARAISON ET LE SUPERLATIF

→ Livre élève p. 92

1. Lisez le texte et soulignez les formes utilisées pour exprimer la comparaison et le superlatif.

Pour le prochain match, je suggère qu'on donne sa chance à William. C'est lui qui s'en sort le mieux parmi les nouvelles recrues. Il a une endurance supérieure aux autres et il tiendra plus longtemps sur le terrain. Je pense aussi à Benjamin, parce que je trouve qu'il se différencie un peu des autres en termes de mental : il est toujours concentré et il sait se dépasser. À ce niveau-là, il ressemble beaucoup à Cédric, et ça fera du bien à l'équipe d'avoir deux joueurs qui ne lâchent rien. Sinon, je pense qu'on peut garder la même composition d'équipe que la semaine dernière. Avec des performances similaires, on peut compter sur une belle victoire !

2. Complétez avec les expressions suivantes.

comme | semblables | se ressemblent | supérieures | différents | surpasse

a. Elle a les yeux bleus, ... son père.
b. Cet élève a des connaissances très .... à celles des autres en biologie.
c. Cet article explique qu'un groupe de chercheurs a réalisé deux études différentes sur le tabagisme avec quatre ans d'écart, mais que les résultats sont malgré tout très ....
d. Beaucoup de gens pensent que le rugby et le football américain .... mais en réalité ce sont deux sports très ....
e. Mon fils a des difficultés en sport, mais il .... largement les autres en mathématiques.

3. Complétez avec le comparatif ou le superlatif qui convient selon le symbole (+, -, =).

a. Celui qui a (+) .... chances de gagner est celui qui s'est (+) .... entraîné.
b. Teddy Riner est (+) .... judoka français : aucun autre champion n'a cumulé (=) .... victoires que lui.
c. Laura est déçue par cette compétition : son temps sur 100 mètres est son (-) .... score de la saison.
d. Même s'ils sont basés sur des molécules différentes, ces deux vaccins sont (=) .... efficaces l'un que l'autre.

Stratégie
Je repère les noms, adjectifs ou verbes, qui m'indiqueront quelle forme utiliser.

4. ▶33 | **Écoutez et retrouvez le comparatif ou le superlatif utilisé. Puis indiquez si l'opinion exprimée est positive ou négative.**

	Expression	Opinion positive	Opinion négative
Exemple	la plus chère		x
a.	....		
b.	....		
c.	....		
d.	....		
e.	....		

MÉMO : LA COMPARAISON ET LE SUPERLATIF

Avec des adjectifs	Avec des noms	Avec des verbes	Avec des expressions
• (le / la) plus ≠ (le / la) .... + adjectif + (que) • aussi + adjectif + ...	• (le / la) plus ≠ (le / la) moins + ... + nom • .... + de + nom	• verbe + le .... / moins + de + nom • verbe + ... + que	• comme, être .... à • être différent (de), inférieur (à), ... (à) • .... qqn

84 quatre-vingt-quatre

LE COMPTE-RENDU

UNITÉ 6

→ Livre élève p. 88
→ Livre élève Fiche p. 202

Association Les Petits Bouts

**Compte-rendu de réunion ❶
du 11 décembre 2021 ❷**

Présents : ❸
Anne Sémard (présidente), Marie-Line Hubert (trésorière), Sylvie Martin, Sarah Lepic, Aissata Diop, Lina Fernandez

Absents :
Béatrice Lagarde, Fatima El-Arabi

Sujets ❹

1. Bilan comptable mensuel : après les divers achats matériels et les événements (convivialité, ateliers...) organisés dans le dernier mois, le bilan est positif.

↪ Solde actuel : 238€. Le détail des recettes et dépenses est indiqué dans le dossier de comptabilité de l'association.

2. Achat matériel : 70€ ont été alloués à l'achat de 100 feutres, 200 gommettes et 10 paires de ciseaux depuis le début du mois. Il est également prévu d'acquérir 4 tabourets pour une valeur totale de 65€.

↪ Projet d'investissement dans des jeux extérieurs pour le printemps : l'achat devrait pouvoir avoir lieu en janvier 2022 après décision des membres de l'association.

3. Projet de visite d'une exposition d'art : la visite de janvier au musée des beaux-arts est confirmée. Elle aura lieu le 24 janvier à 10 h 30. Une discussion est en cours avec le musée pour savoir si un animateur peut se rendre disponible.

❺

La prochaine réunion aura lieu le 8 janvier 2022. ❻

1. Lisez ce compte-rendu et répondez aux questions.

   a. Qui ? ....
   b. Quoi ? ....
   c. Pourquoi ? ....

2. Attribuez le numéro correspondant à chaque partie du compte-rendu.

   a. Liste des participants ➜ n° ....
   b. Annonce de la prochaine réunion ➜ n° ....
   c. Sujets abordés ➜ n° ....
   d. Date de la rencontre ➜ n° ....
   e. Synthèse de la discussion ➜ n° ....
   f. Intitulé du compte-rendu ➜ n° ....

Produire

3. ✎ **Vous êtes responsable d'un club de sport et vous venez d'assister à une compétition avec votre équipe. Vous rédigez un compte-rendu résumant les événements passés et les projets à venir.**

Stratégie

Le compte-rendu est un exercice de description. Il permet de rapporter des faits, des dates de manière construite et organisée.

L'opinion

✏️ SUJET

Vous lisez un article qui s'intitule : « Le sport nous rend-t-il plus heureux ? »
Vous décidez de réagir à cette question en donnant votre avis.

> **MÉTHODOLOGIE**
> ▶ Réfléchir à des exemples
> • Faire une liste d'idées
> • Trouver des exemples à partir de son environnement
> • Classer les exemples

1. PRÉPARATION

ⓐ Lire le sujet.

Je lis et relis le sujet. J'écris les mots-clés.

▶ ....

J'entoure le mot qui indique une comparaison.
Je choisis ma réponse à la question posée : ❏ Oui. ❏ Non.

ⓑ Faire une liste d'idées en fonction de la réponse choisie.

....
....
....
....

ⓒ Trouver des exemples autour de soi sur la pratique du sport.

Ces exemples permettent d'illustrer mes idées.

....
....
....
....

ⓓ Classer les exemples trouvés selon leur nature.

Cas concrets	Données chiffrées	Expériences vécues	Références culturelles
....	....	....	....
....	....	....	....
....	....	....	....
....	....	....	....

point culturel

• **Le sport en France :** Les Français pratiquent une grande variété d'activités sportives et la France compte de nombreux clubs et associations faisant la promotion du sport auprès d'un large public. Le pays a même été classé 2e nation sportive de l'année 2018 par un sondage annuel ! Le Top 5 des sports pratiqués (selon le nombre de licenciés) dans l'Hexagone est, dans l'ordre : le football, le tennis, l'équitation, le judo et le basket-ball.

UNITÉ 6

MÉTHODOLOGIE

▸ Plan en deux parties thématiques
▸ Illustrer par des exemples
• Faire un lien avec un argument
• Choisir un exemple concret (actualité, chiffre)
• Varier les exemples

2. RÉDACTION

ⓐ Élaborer un plan thématique.

Sur une feuille de brouillon, j'associe un argument à chacun de mes exemples.

Première partie Le sport est collectif. Le collectif rend heureux.

Argument 1 : *Le sport anime les conversations.*

▶ Exemple 1 : *Les Français jouent au foot tous les week-ends.*
Je peux compléter l'exemple : *50 % des Français jouent au foot et 30 % viennent au stade.*

Argument 2 : ....

▶ Exemple 2 : ....

Deuxième partie Le sport est bénéfique pour la santé.

Argument 1 : *Le sport libère des endorphines.*

▶ Exemple 1 : ....

Argument 2 : ....

▶ Exemple 2 : ....

Stratégie
Veillez à utiliser des connecteurs logiques entre vos différentes idées mais également entre les deux parties pour faire la transition.

ⓑ Rédiger l'introduction. → unité 2, p. 31.

....
....
....

ⓒ Rédiger l'intégralité des deux parties selon ce que vous avez noté dans la partie ⓐ.

....
....
....
....
....
....
....
....
....
....
....

ⓓ Rédiger la conclusion.

....
....
....

3. RELECTURE

Vérifier que chaque idée est bien illustrée d'un exemple.

Veiller à ce que les exemples soient variés et ne traitent pas d'un seul sujet.

Soigner les transitions entre les différentes parties.

Bilan

LINGUISTIQUE

GRAMMAIRE

1 **Entourez le bon élément de négation ou de restriction.** ☆☆☆☆☆

a. – Tu comptes partir cet été ?

– Non, je ne vais *nullement / nulle part*.

b. – Il reste du dessert, si tu en veux encore.

– Non merci, je n'ai *jamais / plus* faim.

c. Je ne connais *rien / personne* qui veuille bien m'accompagner au yoga.

d. Je dois mieux réviser pour le prochain examen : je n'ai eu *jamais / que* des mauvaises notes au dernier test.

e. Pour ma mère, *aucun / rien* footballeur n'est capable de rivaliser avec Mohamed Salah.

2 ▶34 | **Écoutez les questions et répondez-y négativement.** ☆☆☆☆☆

a. Non, ...

b. Non, ...

c. Non, ...

d. Non, ...

e. Non, ...

3 **Complétez avec le contraire du comparatif ou du superlatif en gras.** ☆☆☆☆☆

a. – Je suis super content de ma saison. Je pense que c'est **la meilleure** de ma carrière !

– Tant mieux pour toi. Pour moi, au contraire, c'est .... saison cette année.

b. – Parmi les employés dans ce laboratoire, c'est lui qui participe **le moins** à des congrès.

– C'est vrai, mais c'est aussi celui qui écrit .... d'articles sur ses recherches.

c. – C'est incroyable comme ces deux frères **se ressemblent** ! On dirait des jumeaux !

– Oui, mais si tu regardes bien, Marc .... Quentin par sa taille.

d. – J'ai **de moins en moins** envie de travailler sur ce projet au bureau.

– Par contre, tu es .... motivée pour courir le marathon de la semaine prochaine !

e. – Il me semble que les résultats de cette étude sont **identiques** à ceux d'une enquête réalisée l'année dernière.

– Pas tout à fait, ils sont un peu .... ceux-là parce que le nombre de participants à l'étude est plus important.

4 ▶35 | **Écoutez les phrases et indiquez si la phrase exprime une similitude ou une différence.** ☆☆☆☆☆

	a.	b.	c.	d.	e.
=	☐	☐	☐	☐	☐
≠	☐	☐	☐	☐	☐

UNITÉ 6

LEXIQUE

1 Les sports | Complétez la grille avec les définitions et trouvez le mot en gris. ☆☆☆☆☆

   a. Sport collectif pratiqué dans une patinoire, très populaire au Canada.
   b. Sport pratiqué à cheval et en équipes.
   c. Capacité à résister à la fatigue ou à la souffrance.
   d. Groupe de personnes jouant à un sport collectif.
   e. Faculté à aller au-delà de ses limites habituelles.

2 Les sports | Soulignez le mot correct. ☆☆☆☆☆

   a. Notre coach sait *récupérer / rallier* les troupes quand il le faut.
   b. Le secret de cette équipe, c'est de savoir *assembler / partager* l'effort.
   c. Ces joueurs vont au-delà des difficultés : ils savent ce qu'est *le dépassement / la résilience*.
   d. Pour arriver jusqu'en finale, il va falloir jouer ensemble et se serrer les *poings / coudes*.
   e. Le moral n'est pas bon parmi les joueurs. Il est temps de *renforcer / surmonter* l'esprit d'équipe.

3 Les sciences | ▶36 | Écoutez les consignes des exercices de mathématiques et écrivez ce qu'il faut faire à l'aide d'un verbe. ☆☆☆☆☆

   a. .... **d.** ....
   b. .... **e.** ....
   c. ....

4 Les sciences | Barrez l'intrus. ☆☆☆☆☆

   a. Les chercheurs *décrivent / créent / expliquent* leur expérience dans cet article.
   b. En sciences, il est nécessaire de toujours chercher à *valider / vérifier / ajouter* des hypothèses.
   c. Pour expliquer la démarche, ce physicien a *critiqué / détaillé / précisé* son raisonnement.
   d. Dans un compte-rendu d'étude scientifique, il est important de *fractionner / détailler / décrire* le modèle adopté.
   e. Il y a eu un recensement pour *compter / retrancher / dénombrer* les habitants de l'agglomération.

5 Physique | Associez les mots correspondant aux définitions. ☆☆☆☆☆

   a. S'imposer quelque chose de pénible à soi-même. •   • **1.** déplacer des montagnes
   b. Qui est en rapport avec le corps. •   • **2.** s'évertuer à
   c. Faire de gros efforts pour faire quelque chose. •   • **3.** surmonter un obstacle
   d. Vaincre une difficulté. •   • **4.** s'infliger quelque chose
   e. Faire quelque chose qui semble impossible. •   • **5.** corporel

6 Retrouvez le nom correspondant au verbe. ☆☆☆☆☆

   a. Dépasser → .... **d.** Motiver → ....
   b. Se priver → .... **e.** Énumérer → ....
   c. Se sacrifier → ....

PRÉPARATION au DELF

Compréhension des écrits 15 points

Vous lisez cet article dans la presse. Pour répondre aux questions, cochez ☑ la bonne réponse.

L'importance de la nutrition pour les sportifs

Que vous soyez un sportif amateur ou de haut niveau, votre alimentation tient une place prépondérante dans votre progression. Considérée à juste titre comme le carburant de votre organisme, elle contribue à vous faire vous sentir bien dans votre peau et à améliorer vos performances. Ce qui est primordial pour l'atteinte de vos objectifs sportifs à court, moyen et long terme.

Une alimentation appropriée pour des performances optimales

Pratiquer régulièrement une activité sportive est recommandée pour votre santé et votre bien-être. Une nutrition en adéquation vous aide à booster vos performances. Avec une assiette équilibrée, vous avez la garantie de disposer de l'énergie nécessaire tout en évitant d'accroître vos réserves de graisse. Par la même occasion, vous augmentez votre endurance physique et prévenez les étourdissements à l'origine de pertes de connaissance. En tombant, vous risquez fortement de vous blesser.

[…] Enfin, il ne faut pas oublier de bien vous hydrater avant, pendant et après vos entraînements pour compenser la sudation. La déshydratation a des effets néfastes sur votre organisme.

Une nutrition adéquate pour une progression efficace et durable

Quelle que soit la raison qui vous motive à pratiquer une activité sportive, vous devez vous entraîner de manière assidue et régulière pour espérer progresser. Cependant, le résultat ne sera pas au rendez-vous si vous n'optez pas pour une alimentation en adéquation avec la pratique sportive. D'une part, elle doit être saine et équilibrée afin de ne pas nuire à votre santé. D'autre part, elle doit répondre aux exigences de la discipline choisie. Concrètement, les besoins nutritionnels varient en fonction du sport que vous pratiquez et des objectifs que vous vous êtes fixés […]

Une alimentation adaptée pour l'entraînement et la récupération

Des entraînements réguliers sont obligatoires pour des résultats répondant à vos attentes. Néanmoins, pour optimiser chaque séance, il est aussi impératif d'adopter une nutrition qui permette de couvrir tous les besoins nutritionnels de votre corps. Dans le cas contraire, vous risquez de vous fatiguer trop vite et de raccourcir la séance.

Par ailleurs, l'alimentation joue un rôle essentiel dans l'accélération de la récupération après des efforts intenses […] Une bonne récupération vous donne envie de continuer à vous entraîner.

Sachez aussi que certains aliments sont à éviter avant une séance sportive. Ils sont contre-productifs. Ainsi, pour être au top de votre performance, ne consommez pas de lait, de yaourts brassés, de plats épicés, de café et de chocolat avant d'aller au sport. Évitez aussi de boire de l'eau gazeuse. Mangez plutôt des glucides complexes pour faire le plein d'énergie : riz, pâtes, céréales, etc. Et après votre séance de sport, prenez des légumes, des fruits et des produits laitiers. Ces aliments favorisent la récupération.

Flo, dicodusport.fr, 01/09/2020.

1. La qualité de la nutrition est fondamentale pour… 2 points
- ❑ les sportifs amateurs.
- ❑ les sportifs professionnels.
- ❑ tous les profils de sportifs.

2. Une alimentation équilibrée permet… 2 points
- ❑ de gagner en énergie en accumulant de la graisse.
- ❑ de débarrasser le corps de toute sa graisse indésirable.
- ❑ de ne pas trop augmenter les réserves de graisse dans le corps.

3. Un sportif qui se nourrit correctement… 2 points
- ❑ évite les risques d'évanouissement.
- ❑ a moins de chances d'être déshydraté.
- ❑ n'a pas forcément l'énergie pour des performances optimales.

UNITÉ 6

4. D'après l'article, le sportif peut progresser… 2 points
- ❑ en s'entraînant quand il en a envie.
- ❑ même avec une activité sportive irrégulière.
- ❑ seulement s'il s'entraîne avec régularité et sérieux.

5. On peut voir des résultats dans l'activité sportive… 2 points
- ❑ si le sportif pratique des sports variés.
- ❑ si le sportif se nourrit de manière saine et régulière.
- ❑ si l'alimentation est adaptée aux spécificités de cette activité.

6. Selon le texte, … 3 points
- ❑ raccourcir les entraînements permet d'obtenir de meilleurs résultats.
- ❑ faire des efforts intenses pendant l'activité sportive renforce l'envie de s'entraîner.
- ❑ il faut s'alimenter selon l'effort demandé par la séance pour récupérer plus facilement.

7. Quel type d'aliment est-il conseillé de consommer avant une séance de sport ? 2 points
- ❑ Des produits laitiers, qui aident à la performance.
- ❑ Des légumes, qui permettent de récupérer plus vite.
- ❑ Des céréales, qui apportent de l'énergie progressivement.

Production orale
15 points

Vous dégagerez le problème soulevé par le document que vous avez choisi puis vous présenterez votre opinion sur le sujet de manière claire et argumentée (5 à 7 minutes). Vous défendrez votre point de vue au cours du débat avec l'examinateur.

Dopage : Nataliya Krol, la double championne d'Europe du 800 m, suspendue 20 mois

L'Ukrainienne Nataliya Krol, double championne d'Europe du 800 m devant Rénelle Lamote en 2016 et 2018, a été suspendue 20 mois par l'Unité d'intégrité de l'athlétisme (AIU), a-t-on appris ce jeudi. Contrôlée positive à l'hydrochlorothiazide, un diurétique prohibé, elle était suspendue provisoirement depuis le 25 février […]

« Ces tricheurs qui nous volent nos vies. C'est dégoûtant […] Une médaille avec des produits ne vaut rien », avait écrit sur Instagram la double vice-championne d'Europe [Rénelle Lamote] en février en apprenant la suspension provisoire de son adversaire […] « On ne peut pas prouver qu'elle prenait des produits pendant les Championnats d'Europe, donc ça ne changera rien à mon palmarès. Mais il y a forcément des doutes, c'est toujours aussi dégoûtant […] On ne lutte pas à armes égales. »

S.K., lequipe.fr, 06/08/2020.

LA VACCINATION, ENTRE MÉFIANCE ET DÉFIANCE

La confiance dans la vaccination reste basse en Europe, mais a quand même tendance à légèrement augmenter, y compris en France, estiment des chercheurs […]

« Avec des maladies émergentes comme la Covid-19, il est vital de surveiller régulièrement l'état de l'opinion publique pour identifier rapidement les pays et les groupes où la confiance s'érode », a commenté l'auteur principal de cette étude, la Pr Heidi Larson, de la London School of Hygiene & Tropical Medicine. Cela permettra de déterminer « où il faut agir pour rétablir la confiance, afin qu'un maximum de gens puisse bénéficier de nouveaux vaccins qui sauveront des vies », a-t-elle poursuivi […]

En France, où le sentiment de défiance envers les vaccins a été particulièrement fort ces dernières années, 30% des personnes interrogées dans une enquête de décembre 2019 estimaient que les vaccins étaient sûrs, contre 22% dans un sondage de novembre 2018 […]

charentelibre.fr, 11/09/2020.

SITUATIONS 1 | 2 | 3 — Rêver d'une autre vie

→ Livre élève p. 100, 101

Se construire une image mentale (1)

> Se représenter le contexte mentalement

les déviations — S'INSPIRER — COMPRENDRE — CHANGER — QUI SOMMES-NOUS ? — PRESSE — CONTACT

« Au moment de choisir mon métier fin des années 90, si j'avais dit que je voulais être savonnière, ça aurait semblé extraterrestre. Encore aujourd'hui, ça l'est un peu… »

On répète sans cesse aux enfants de bien travailler à l'école, pour pouvoir choisir la vie qui leur plaira. Solène était une bonne, une excellente élève, de celles qui planchent des heures sur leurs devoirs sans trouver le temps long, raflent les meilleures notes, ont les faveurs des profs. Une première de la classe en somme.

Quand il a fallu choisir sa voie, elle s'est laissé porter. Elle aimait bien l'espagnol, alors ce serait prof, agrégée tant qu'à faire. Quand elle a commencé à enseigner, elle s'est dit qu'à force, son métier lui plairait. Les années ont filé, et Solène a bien dû admettre que chaque rentrée des classes lui pesait davantage. Jusqu'au jour où Jérémy, un lointain ami, lui a ouvert la voie pour tout changer.

Voici l'histoire de Solène, une prof qui a largué les amarres.

lesdeviations.fr

1. a Je lis le titre. Je regarde la source et je cherche le sens du mot « déviation ».
   b Je fais des hypothèses sur Solène (âge, profession actuelle, parcours).

2. a Je lis le premier paragraphe du texte.
   Quel genre d'élève était Solène ? ....
   b Je fais des hypothèses, je me représente le contexte mentalement.
   Quelle orientation peut choisir une telle élève ? ....

3. a Je lis le deuxième paragraphe.
   Quel métier a d'abord exercé Solène ? ....
   b Je fais des hypothèses, je me représente le contexte mentalement.
   Dans les années 90, pourquoi est-ce que le métier de savonnière n'était pas apprécié ? ....
   c À l'aide du texte, je me représente le contexte mentalement.
   Pourquoi Solène s'est-elle laissé porter ? ....

4. Retrouvez la signification de ces expressions liées à l'éducation.
   a. plancher des heures sur ses devoirs :
   ❏ passer beaucoup de temps à réviser   ❏ réviser rapidement   ❏ ne pas réviser
   b. rafler les meilleures notes :
   ❏ obtenir les meilleures notes   ❏ rater les meilleures notes   ❏ viser les meilleures notes
   c. avoir les faveurs des professeurs :
   ❏ être l'élève préféré(e)   ❏ se faire punir   ❏ rendre service

Produire

5. ✏️ Écrivez un texte (200 mots) pour présenter un témoignage, le vôtre ou celui d'une personne que vous connaissez, dans lequel vous racontez **le rêve d'une autre vie**, scolaire ou professionnelle.

Stratégie
Avez-vous donné des éléments qui permettent au lecteur de se représenter l'environnement, le contexte ?

UNITÉ 7

Parler de réussite scolaire

→ Livre élève p. 100, 102

Écouter un document audio

> Accepter de ne pas tout comprendre

1. Je lis le titre, la source, je regarde l'illustration et je fais des hypothèses sur le contenu du document (pays, thème, intervenants...).

....
....
....

2. ▶37 | J'écoute le document une première fois pour vérifier mes hypothèses.

3. J'écoute le document une deuxième fois pour repérer les éléments-clés.

   a. Qui est Isabel Pérez ?
   ....
   ....

   b. Quelles sont les trois questions posées par la journaliste ?
   ....
   ....
   ....

4. J'écoute le document une troisième fois. Je me concentre sur les réponses d'Isabel Pérez. Je liste les informations essentielles. Je n'essaie pas de comprendre les informations non-essentielles.

   a. Qualité nécessaire pour réussir. ➜ ....
   b. Habituellement, un enfant intelligent. ➜ ....
   c. Pour Isabel Pérez, un enfant intelligent. ➜ ....
   d. Un enfant qui réussit à l'école. ➜ ....

5. Complétez ces conseils avec les expressions proposées liées à l'éducation.

   cadre propice au travail | confiance en lui | temps | objectifs réalistes | scolarité | devoirs

   ### SIX CLÉS POUR LA RÉUSSITE SCOLAIRE DE SON ENFANT
   1. Fixer des ....
   2. Lui donner ....
   3. Lui apprendre à gérer son ....
   4. Lui proposer un ....
   5. S'intéresser à sa ....
   6. Vérifier ses ....

Produire

6.  Imaginez que vous êtes coach en éducation. Présentez les qualités et les conditions nécessaires pour qu'un enfant réussisse sa scolarité (2 min.).

Stratégie
Avez-vous illustré votre présentation avec des exemples ?

L'ÉDUCATION

→ Livre élève p. 100, 101, 102

1. Soulignez le mot qui convient.

> **Maria Montessori, Célestin Freiner, Rudolf Steiner...**
> **Les pionniers des nouvelles pédagogies**
>
> Au début du 20ᵉ siècle, des pédagogues, des médecins et des psychologues remettent en cause l'enseignement traditionnel dans lequel tous les élèves apprennent la même chose, au même âge et de manière trop théorique.
>
> Ces *pédagogies / scolarités* alternatives ont des points communs :
> ◆ favoriser *l'autonomie / l'isolement* de l'enfant, l'aider à faire les choses seul ;
> ◆ abandonner la compétition, le classement et les *marques / notes* ;
> ◆ développer *la créativité / l'invention* et l'esprit artistique ;
> ◆ laisser l'enfant élaborer ses *échecs / apprentissages* par l'expérience.

2. 🎧 38 | **Écoutez ces personnes. Relevez l'expression verbale liée à l'éducation et classez-la.**

Étudier	Réussir	Échouer
apprendre par cœur	....	....
....	....	....
....	....	....

3. Associez chaque mot à sa définition.

professionnalisation | orientation | formation en alternance | apprentissage | formation initiale

> **servicepublic.com**   **Des mots pour vous aider**
>
> ⬆ Papiers - Citoyenneté | Famille | Social - Santé | **Éducation - Travail** | Logement | Transports | Argent | Justice | Étranger | Loisirs
>
> 1. .... = Parcours éducatif d'un(e) étudiant(e) en vue de l'obtention d'un diplôme.
> 2. .... = Voie, filière choisie dans le cadre des études.
> 3. .... = Système où l'on se forme à la fois en entreprise et dans une école.
> 4. .... = Acquisition de savoirs et de compétences spécifiques à une profession.
> 5. .... = Fait d'apprendre un métier manuel ou technique.

4. Complétez ces expressions familières avec un des verbes proposés et soulignez la définition correcte.

planter | virer | bosser | sécher

a. se faire .... = être *exclu(e) / puni(e) / évalué(e)*

b. se .... à un examen = *réussir / échouer à / passer* un examen

c. .... les cours = *apprécier les / manquer les / assister aux* cours

d. .... pour un examen = *être candidat à / réviser / stresser pour* un examen

Produire

5. ✏ **Quel genre d'élève étiez-vous à l'adolescence ? Quelle voie avez-vous choisie à ce moment-là ? Écrivez un petit texte (100 mots environ) pour parler de votre réussite ou au contraire de vos échecs.**

UNITÉ 7
LE CONDITIONNEL PRÉSENT ET PASSÉ

→ Livre élève p. 103

1. Lisez le texte et relevez les cinq verbes au conditionnel. Indiquez ce qu'ils expriment (souhait, regret, hypothèse non réalisée dans le présent ou hypothèse non réalisée dans le passé).

D'origine espagnole, je suis marié à une Française et je vis aujourd'hui en France. Je voudrais trouver un emploi mais je me heurte toujours à la barrière de la langue. J'aurais aimé apprendre le français quand j'étais jeune. À 12 ans, je suis entré à l'E.S.O. à Séville et j'ai dû choisir une langue étrangère. Comme tout le monde, j'ai pris l'anglais. Plus tard, mes copains ont tous choisi de se concentrer sur les matières scientifiques et de ne pas suivre l'option de français. Encore une fois, j'ai fait comme tout le monde ! Si j'avais écouté mes envies, j'aurais appris le français dès l'E.S.O. et aujourd'hui, j'aurais peut-être un travail.

1. .... 3. ....
2. .... 4. ....

Pour vous aider, observez :
- **le conditionnel présent** = infinitif + terminaisons de l'imparfait ;
- **le conditionnel passé** = *avoir* ou *être* au conditionnel présent + participe passé.

2. ▶39 | Écoutez ces phrases au conditionnel. Indiquez ce qu'elles expriment.

a. La politesse : *exemple* **e.** Le regret : n° ....
b. Le souhait : n° .... **f.** Une information, un événement non confirmé(e) : n° ....
c. Le conseil : n° .... **g.** Une hypothèse non réalisée dans le présent : n° ....
d. Le reproche : n° .... **h.** Une hypothèse non réalisée dans le passé : n° ....

3. Transformez les phrases avec un verbe au conditionnel présent ou passé.

a. Je conseille à mes élèves de ne pas attendre le dernier moment pour faire leurs devoirs.
→ Mes élèves ....
b. Il reproche à ses professeurs de ne pas l'avoir encouragé.
→ Ses professeurs ....
c. Nous te conseillons d'être attentif à tous les cours.
→ Tu ....
d. Nous vous reprochons d'avoir séché le cours de musique.
→ Vous ....

4. Complétez ces phrases avec des verbes au conditionnel présent ou passé.

> **Revendications d'enseignants**
> Nous .... (vouloir) davantage de moyens pour intégrer les élèves en difficulté.
> Si les classes n'étaient pas surchargées, les enseignants .... (accorder) plus de temps à chaque élève.
> Il .... (falloir) réfléchir à un meilleur équilibre entre tâches administratives et temps d'enseignement.
> Le recteur d'académie .... (ne pas devoir) fermer la classe de CP l'an dernier !

MÉMO : LE CONDITIONNEL

Le conditionnel présent exprime :	Le conditionnel passé exprime :
• la politesse : *Tu pourrais m'aider ?* • le .... : *Vous devriez essayer.* • le .... : *J'aimerais me reposer.* • une hypothèse : *S'il faisait beau, je sortirais.* • une .... : *Les élèves seraient moins stressés au lycée qu'au collège.*	• le .... : *J'aurais voulu aller à l'université.* • le .... : *Tu n'aurais pas dû abandonner.* • un événement non confirmé : *Le ministre aurait annoncé une réforme.*

quatre-vingt-quinze **95**

SITUATION 4 — Raconter l'Histoire

→ Livre élève p. 104, 105

Se construire une image mentale (2)

> Créer des parallèles

Archives en poche, une plongée dans l'histoire de Rennes

Grâce à la géolocalisation, les utilisateurs d'Archives en poche peuvent remonter le temps en visionnant des images inédites tournées à Rennes [...]

Une fois l'application Archives en poche téléchargée, il suffit de se promener dans les rues de Rennes avec son smartphone pour remonter le temps en visionnant des films tournés lors des grandes heures de l'histoire de la ville. La venue de Charles de Gaulle en 1960 à l'usine Citroën, celle de l'abbé Pierre en 1954, la libération de Rennes en 1944 place de la Mairie, le retour de la première coupe de France en 1971 à côté du stade de la Route de Lorient, le marché des Lices dans les années 1930, les enfants qui jouent dans les quartiers insalubres où par la suite ont été construites les tours des Horizons. Autant de grands et petits moments historiques qu'il est désormais possible de revivre à travers l'écran de son téléphone en déambulant à Rennes.

Pour créer cette application, la société de production Wag s'est appuyée sur les archives de la cinémathèque de Bretagne qui possède plus de 30 000 films dont la plupart sont des vidéos amateurs. « Pour lancer l'application, nous n'avons choisi que quinze films que nous avons montés en séquence de deux minutes, deux minutes trente », explique Jean-François Delsault, chargé de mission à la cinémathèque de Bretagne [...] « Si des amateurs ont des pépites, qu'ils n'hésitent pas à nous les envoyer. »

letelegramme.fr, 27/10/2020.

1. ⓐ Avant de lire, je regarde la forme du document : titre, photo. Je lis le chapeau.
ⓑ Je réponds à ces questions.
  a. Où ? .... **b.** Quoi ? ....
  c. À quoi ça sert ? ....

2. ⓐ Je lis le début du premier paragraphe. Je définis l'expression : les « grandes heures de l'histoire de la ville ».
....

ⓑ Je crée des parallèles. Que pourraient être les grandes heures de l'histoire de ma ville ?
....
....

3. Je lis la suite du premier paragraphe.
  a. Je fais des recherches sur les personnes ou les lieux que je ne connais pas. J'associe ces trois photos avec un extrait du paragraphe.

  b. Quels sont les autres « grands et petits moments historiques » dont parle cet article ?
....

4. Je lis le second paragraphe.
  a. D'où viennent les vidéos de cette application ?
....
  b. Que signifie le mot « pépites » ? ....

Produire

5. ✎ En fouillant dans vos anciennes photos ou vidéos, vous retrouvez une « pépite » que vous décidez d'envoyer aux archives de votre ville. Vous l'accompagnez d'un petit texte (150 mots) dans lequel vous racontez l'histoire de ce document.

Stratégie
Avez-vous assez décrit le contexte pour aider le lecteur à se construire une image mentale ?

UNITÉ 7

L'HISTOIRE

→ Livre élève p. 104, 105

1. Barrez l'intrus dans chaque phrase.

a. En faisant mon arbre généalogique, j'ai découvert que j'avais un *ancêtre / vétéran / aïeul* qui était ministre du roi.

b. Les géologues ont déterminé que la fin de la dernière *période / ère / date* glaciaire se situait il y a environ 10 000 ans.

c. Regardez ce que j'ai trouvé en fouillant dans les *mémoires / annales / archives* ! Une photo de votre grand-père quand il avait quatre ans !

d. Lors de la commémoration de la fin de la guerre, le président de la République rend hommage à tous les *vétérans / anciens combattants / ancêtres*.

e. Une équipe d'archéologues a mis au jour les *ruines / vestiges / archives* d'un ancien temple grec.

2. Complétez cette frise chronologique avec les grandes périodes de l'Histoire de France. Écrivez ensuite à quelle période ces cinq grands personnages ont vécu.

Avant J.-C.   J.-C.   Après J.-C.

La P _ _ _ _ _ _ _ _ | L'Antiquité | Le M _ _ _ _ _ _ | Les temps modernes | L'époque c _ _ _ _ _ _ _ _

- 3000   0   476   1492   1789   Nous

a. Voltaire   **b.** Jeanne d'Arc   **c.** Vercingétorix   **d.** Louis XIV   **e.** Marie Curie

3. Complétez le texte avec les mots suivants.

histoire | traces | vestiges | énigme | mystère | indices

Le musée du Quai Branly à Paris propose une exposition sur les Olmèques, ancienne grande civilisation précolombienne, dont les seuls .... sont de colossales sculptures représentant des têtes humaines. C'est l'occasion pour le visiteur de se replonger dans leur .... et dans celle d'autres peuples disparus sans laisser de .... Même si elles ont semé quelques ...., les civilisations disparues restent une .... pour les archéologues. Et ce .... qui les entoure les rend fascinantes à nos yeux.

4. ▶40 | **Écoutez, remettez dans l'ordre et complétez avec le bon verbe.**

1 ➔ *consulter* le dossier d'enquête   ...... ➔ .... l'innocence
...... ➔ .... la vérité   ...... ➔ .... la trace
...... ➔ .... dans les archives   ...... ➔ .... des indices

Produire

5. ✎ **Connaissez-vous une ancienne affaire criminelle non élucidée ? Imaginez qu'une personne a trouvé des indices pour révéler la vérité. À la manière d'un journaliste, écrivez un article (200 mots environ) pour raconter comment cette personne a découvert l'histoire.**

Stratégie
Lisez le corrigé. Avez-vous utilisé le conditionnel pour les informations non confirmées ?

LA VOIX PASSIVE

→ Livre élève p. 106

1. Lisez ce texte et soulignez les verbes à la voix passive.

Jean Mermoz est né en 1901. Élevé par ses grands-parents, il grandit dans les Ardennes. En 1920, Mermoz intègre l'armée de l'air puis, en 1924, il signe un contrat auprès de l'Aéropostale, compagnie grâce à laquelle le courrier est transporté d'Europe en Afrique et en Amérique Latine. C'est ainsi qu'il effectue plusieurs vols entre Toulouse et le Sénégal. En 1926, il se fait enlever dans le désert du Sahara puis il est relâché contre une rançon. Mermoz décide alors de faire des vols transatlantiques. C'est le premier pilote à franchir l'Atlantique sans escale. Mais, en 1936, son avion s'écrase en mer et il est porté disparu.

2. Indiquez à quel temps sont ces verbes à la voix passive.

a. Un célèbre homme d'affaires s'est fait kidnapper. → ....
b. Il est retenu prisonnier par trois individus dans un endroit secret. → ....
c. La veille de l'enlèvement, sa femme avait été prévenue. → ....
d. Une rançon sera bientôt versée aux trois ravisseurs. → ....
e. À moins qu'ils se fassent rapidement arrêter par la police. → ....

3. Transformez les phrases à la voix passive.

a. Lors de la construction du nouveau théâtre, on a trouvé les traces d'anciennes habitations.
→ ....
b. Des archéologues ont fouillé le sol de ce quartier.
→ ....
c. Leurs travaux ont révélé l'existence d'un ancien village gaulois.
→ ....
d. C'est pourquoi la municipalité va stopper le chantier.
→ ....
e. Le musée de la ville exposera les vestiges.
→ ....

4. Complétez avec « de » (quand c'est possible) ou « par ».

a. En France ou ailleurs, le château de Versailles est connu .... tout le monde.
b. Ce château a été commandé .... le roi Louis XIV.
c. Ses plans ont été dessinés .... l'architecte Louis Le Vau.
d. Le château est entouré .... un immense parc.
e. Le château de Versailles a été habité successivement .... les rois Louis XIV, Louis XV et Louis XVI.

MÉMO : LA VOIX PASSIVE

Emploi	Attention !
• Pour insister sur le .... qui subit l'action. *Les ravisseurs sont arrêtés par la police.* • Pour valoriser un fait, même si on ne connaît pas le .... *Mermoz a été porté disparu.*	• Avec certains verbes, on peut utiliser « .... » au lieu de « par ». *Le Moyen Âge est précédé par l'Antiquité = de l'Antiquité.* • Avec certains verbes, on peut utiliser la forme « .... » + infinitif. *Les ravisseurs se sont fait arrêter par la police.*

98 quatre-vingt-dix-huit

UNITÉ 7

LA LETTRE DE REPROCHE

→ Livre élève p. 101
→ Livre élève Fiche p. 197

Romain Dupuis
14, rue Paul Bellamy
44 000 Nantes

Madame la principale
Collège Arthur Rimbaud
12-14 rue des Arts
44 000 Nantes

Nantes, le 14 avril 2021.

Objet : contestation d'exclusion temporaire

Madame la principale,

1. Le mardi 13 avril, mon fils Noé Dupuis, actuellement en classe de 4e a été exclu deux jours de votre établissement pour avoir déclenché l'alarme incendie de la salle de sport.

2. Bien que je n'approuve pas de tels agissements, je vous informe que je conteste cette sanction. En effet, cette décision a été prise de manière trop rapide. Vous avez convoqué mon fils le jour-même afin de lui notifier son exclusion. Or, selon la loi, vous auriez dû lui laisser un délai de trois jours pour consulter son dossier. Si nous avions eu accès à son dossier, nous aurions pu préparer sa défense et vous expliquer que mon fils a déclenché cette alarme par jeu et non pas de manière mal intentionnée.

3. C'est pourquoi je vous demande de bien vouloir revenir sur votre décision afin de ne pas pénaliser Noé dans la poursuite de sa scolarité.

4. En vous remerciant de l'intérêt que vous porterez à ma demande, je vous prie d'agréer, Madame la principale, l'expression de mes salutations distinguées.

Romain Dupuis

---

1. Repérez.
   a. L'expéditeur : ....
   b. Le destinataire : ....
   c. L'objet : ....

2. Observez le corps de la lettre et attribuez un numéro à chaque partie.
   ▶ Salutations : ....
   ▶ Exposition de la situation : ....
   ▶ Conclusion, ce qui est attendu du destinataire : ....
   ▶ Message principal, objectif de ce courrier : ....

3. Lisez et répondez.
   a. Que reproche l'expéditeur à la destinataire ?
   ....
   ....
   b. Quelles sont les expressions de reproche utilisées ?
   ....

Produire

4. ✏️ **Vous êtes parent d'élève. Votre enfant a été puni par le professeur de musique parce qu'il avait oublié ses affaires. Écrivez une lettre de reproche selon ce modèle en modifiant les parties soulignées.**

Le grand oral

 ## SUJET

Vous êtes enseignant(e) de langue dans un établissement secondaire. C'est le début de l'année scolaire. L'équipe des enseignants de langue a mis en place un projet de voyage scolaire et veut le présenter aux autres enseignants. Vous êtes chargé(e) d'animer la réunion.

MÉTHODOLOGIE
▸ Suivre un ordre du jour en réunion
▸ Donner la parole en réunion

1. PRÉPARATION

a S'inspirer d'un modèle.

a. ▶41 | J'écoute un exemple d'introduction d'une réunion entre collègues enseignants.

▶ Mettez dans l'ordre les différentes parties de cette introduction.

.... ➜ exposer l'ordre du jour

.... ➜ annoncer les objectifs de la réunion

.... ➜ présenter les invités

▶ Quel support visuel utilise l'enseignant pour présenter l'ordre du jour ?
....

▶ Quelles sont les différentes parties de cet ordre du jour ?

Première partie : ....

Deuxième partie : ....

Troisième partie : ....

▶ Quelles sont les professions des différentes personnes qui s'expriment ?
....
....

b. J'écoute l'intonation de cette personne.

▶ Son intonation est :   ❏ enthousiaste.   ❏ monotone.   ❏ dynamique.

▶ Son articulation est :   ❏ claire.   ❏ hésitante.   ❏ confuse.

c. Je repère les connecteurs.

▶ Comment l'enseignant annonce-t-il les différentes parties de l'ordre du jour ?

Première partie : ....

Deuxième partie : ....

Troisième partie : ....

▶ Quelles sont les expressions qu'il utilise pour donner la parole ?
....
....
....

Stratégie
Pour que le public reste attentif, j'adopte une intonation enthousiaste et dynamique et j'articule de manière claire et posée.

UNITÉ 7

b Préparer la réunion.

a. Où et quand pourrait se dérouler ce voyage ?
....

b. Qui pourrait participer à l'organisation de ce voyage ?
....
....
....

> **Stratégie**
> Faire intervenir les différentes personnes ayant participé à un projet permet de valoriser ses collaborateurs et de renforcer l'intérêt du public.

c. Quel est l'objectif de cette réunion ?
....

d. Que voulez-vous exposer dans cette réunion ? Établissez un ordre du jour.
– ....
– ....
– ....

e. Avez-vous préparé un support visuel ? Lequel ?
....

2. PRÉSENTATION

Je me prépare à enregistrer ma présentation sur mon téléphone (3 min. maximum).
→ Je me mets en position debout, je suis **dynamique** dans mon intonation et dans mes gestes. Je visualise mon public.

→ Pour structurer ma présentation, je suis le **modèle** suivant.

▶ Saluer et remercier le public.
....

▶ Présenter l'objectif de la réunion.
....

▶ Annoncer l'ordre du jour.
....
....

▶ Présenter les collaborateurs et leur donner la parole.
....
....
....

> **Stratégie**
> J'adopte des gestes d'invitation avec la paume ouverte, et non pas avec l'index qui pointe, afin que les interlocuteurs ne se sentent pas agressés. De même, j'utilise des expressions comme « Je vous propose de… », « Je vous invite à …. » et non pas des verbes à l'impératif.

3. AUTOÉVALUATION

Veiller à être dynamique. Il s'agit bien d'animer la réunion.

S'assurer de la clarté de l'ordre du jour.

Vérifier que l'on met en valeur les collègues à qui l'on donne la parole.

cent un **101**

Bilan LINGUISTIQUE

GRAMMAIRE

1 **Soulignez les verbes au conditionnel et indiquez ce qu'ils expriment.**

a. Je voudrais tellement que mes enfants réussissent à l'école ! → ....
b. Moi, j'aurais aimé passer un bac professionnel. → ....
c. Mes professeurs auraient dû m'encourager dans cette voie. → ....
d. S'ils m'avaient encouragé, je n'aurais pas arrêté l'école à 16 ans. → ....
e. Et si j'avais le bac, je pense qu'aujourd'hui j'aurais un emploi plus stable. → ....

2 **Conjuguez les verbes au conditionnel indiqué.**

a. D'après Louise, s'il n'y avait pas de notes, tous les élèves .... (aller – conditionnel présent) à l'école avec plaisir.
b. Ly Lan .... (aimer – conditionnel présent) suivre un cours d'astronomie.
c. Lucie pense que, s'il y avait des cours de théâtre, les élèves .... (ne pas avoir – conditionnel présent) peur de s'exprimer en public.
d. Selon Nayla, les professeurs .... (devoir – conditionnel passé) continuer à répondre aux messages après le confinement.
e. Zoé .... (vouloir – conditionnel passé) suivre des cours de psychologie pour mieux comprendre les autres.

3 **Soulignez les cinq verbes à la voix passive.**

La chaîne YouTube Nota Bene a été créée en 2014 par Benjamin Brillaud qui est passionné d'Histoire et qui adore se plonger dans les archives. Il s'est fait contacter par la BNF pour participer au projet *Retronews*. Au total, ce sont neuf vidéastes qui ont été contactés pour ce projet. Ils sont chacun spécialiste d'un domaine : les sciences, l'art, la littérature… Des histoires vont être contées par ces YouTubeurs et seront à disposition du public. Ces vidéastes se sont lancés avec plaisir dans cette mission de vulgarisation.

4 **Transformez les phrases à la voix passive.**

a. Quelqu'un a cambriolé le musée d'art.
→ ....
b. Le voleur a dérobé plusieurs tableaux de grande valeur.
→ ....
c. La municipalité avait installé des caméras à l'entrée du musée.
→ ....
d. Grâce à ces indices, la police va identifier le voleur.
→ ....
e. Mais la presse ne révélera pas son nom.
→ ....

UNITÉ 7

LEXIQUE

1 L'éducation | Barrez l'intrus.

   a. Maria Montessori a mis au point une *étude / pédagogie / méthode* alternative.
   b. J'espère que je ne vais pas *me planter / réviser / échouer* à mon examen de demain.
   c. L'une des missions du ministère est la lutte contre *le décrochage / l'échec / le système* scolaire.
   d. Regarder des films en langue étrangère permet de *progresser / faire de son mieux / s'améliorer*.
   e. Cet élève a été *décroché / viré / exclu* du collège pendant trois jours pour mauvais comportement.

2 L'éducation | Complétez le texte avec les mots proposés.

voie | projet | alternance | notes | système

« Je suis actuellement une formation en .... dans le domaine de la mécanique. J'ai choisi cette .... à la fin du collège car j'avais de mauvaises .... et je commençais à décrocher du .... L'alternance me permet d'avoir un vrai .... professionnel et de faire ce qui me plaît. »

3 L'Histoire | Complétez la grille afin de découvrir le mot caché.

   a. Récit fabuleux, légende.
   b. Science qui étudie la composition des familles.
   c. Problème difficile à résoudre, mystère.
   d. Qui est de l'époque actuelle.
   e. Ensemble de documents anciens.

4 L'Histoire | Trouvez un autre mot de sens proche.

   a. Remonter l'histoire / le t _ _ _
   b. Fouiller dans les vestiges / dans les a _ _ _ _ _ _ _
   c. Retrouver la photo d'un aïeul / d'un a _ _ _ _ _ _
   d. Raconter un fait / un é _ _ _ _ _ _ _ _
   e. Trouver un indice / une p _ _ _ _ _

5 Accessible | Retrouvez l'adjectif ou l'expression correspondant aux définitions.

à portée de main | à portée de clic | facile d'accès | intelligible | compréhensible

   a. .... = Qui peut être saisi, admis.
   b. .... = Que l'on peut facilement trouver sur Internet.
   c. .... = Assez près pour qu'on puisse l'atteindre.
   d. .... = Qui peut être saisi par la raison.
   e. .... = Se dit d'un lieu où l'on peut se rendre facilement.

6 Associez chaque verbe à ses compléments.

   a. réciter • • 1. une leçon, un poème
   b. révéler • • 2. des faits, ce qu'on a vu
   c. rapporter • • 3. la vie ou le parcours de quelqu'un
   d. conter • • 4. la vérité, un secret
   e. retracer • • 5. une histoire, une légende

PRÉPARATION au DELF

Compréhension de l'oral   15 points

Répondez aux questions en cochant ☑ la bonne réponse.

Exercice 1   9 points

▶ 42 | **Vous écoutez une émission à la radio. Lisez les questions, écoutez le document puis répondez.**

1. L'éducation...   1 point
- ☐ est l'enjeu prioritaire du gouvernement.
- ☐ n'est malheureusement pas un enjeu essentiel pour les Français.
- ☐ est un enjeu important pour les candidats aux élections municipales.

2. Chloé Antier est...   1 point
- ☐ sociologue.
- ☐ étudiante à l'EHESS.
- ☐ enseignante à l'EHESS.

3. Chloé Antier...   1 point
- ☐ a interrogé des jeunes en échec scolaire.
- ☐ a suivi une centaine de jeunes issus de familles modestes.
- ☐ a mené une étude auprès de jeunes ayant grandi à la campagne.

4. Ces jeunes...   2 points
- ☐ font généralement des études longues.
- ☐ travaillent souvent dès l'âge de 16 ans.
- ☐ choisissent plus fréquemment une formation en apprentissage.

5. Ces jeunes font ce choix...   1 point
- ☐ à cause du manque d'information.
- ☐ parce que les écoles supérieures sont situées loin de chez eux.
- ☐ car leurs parents n'ont pas les moyens de payer des études supérieures.

6. Ces jeunes...   1 point
- ☐ ont difficilement accès à Internet.
- ☐ utilisent Internet pour postuler dans les écoles supérieures.
- ☐ se rendent rarement aux journées portes ouvertes des établissements supérieurs.

7. Selon Chloé Antier, il faudrait...   2 points
- ☐ étendre le réseau de transports en commun.
- ☐ instaurer une aide financière pour ces jeunes.
- ☐ que les jeunes puissent passer leur permis de conduire plus tôt.

Exercice 2   6 points

▶ 43 | **Vous allez écouter une fois trois documents.**

DOCUMENT 1 | Lisez les questions. Écoutez le document puis répondez.

1. Chaque semaine, les élèves de cette école...   1 point
- ☐ font une sortie en forêt.
- ☐ passent deux jours en classe et trois jours en forêt.
- ☐ se retrouvent entre deux et trois jours et demi en forêt.

2. Pour l'éducateur, ...   1 point
- ☐ une telle démarche développe l'autonomie des enfants.
- ☐ la forêt est un milieu stimulant pour tous les apprentissages.
- ☐ il est important que les parents participent à ces activités en forêt.

UNITÉ 7

DOCUMENT 2 | Lisez les questions. Écoutez le document puis répondez.

3. Qui est invité à aller à ce forum ? 1 point
- ❏ Les collégiens et les lycéens.
- ❏ Les étudiants.
- ❏ Les demandeurs d'emploi.

4. Les visiteurs pourront... 1 point
- ❏ se renseigner sur les formations et les métiers.
- ❏ simuler des entretiens d'embauche.
- ❏ trouver des petites annonces pour des emplois étudiants.
- ❏ faire des visites virtuelles d'entreprises.
- ❏ rencontrer des professionnels internationaux.
- ❏ s'informer sur les stages à l'étranger.

DOCUMENT 3 | Lisez les questions. Écoutez le document puis répondez.

5. Les chercheurs... 1 point
- ❏ étudient l'influence des odeurs sur les émotions.
- ❏ veulent recréer les odeurs de l'Europe d'autrefois.
- ❏ ont l'intention d'organiser une exposition sur les odeurs de Paris.

6. Pour eux, ... 1 point
- ❏ il est important de développer notre odorat.
- ❏ les odeurs font partie du patrimoine immatériel européen.
- ❏ les musées devraient plus souvent proposer des expositions sur le thème des odeurs.

Production écrite

15 points

Vous habitez dans un village. L'école de votre village n'accueille qu'une vingtaine d'enfants de trois à dix ans et le maire a décidé de fermer cette école à la rentrée prochaine. Vous écrivez une lettre au maire pour contester cette décision en justifiant votre point de vue (250 mots minimum).

SITUATIONS 1 | 2 | 3 — Exprimer des valeurs

→ Livre élève p. 114, 115, 116

Se construire une image mentale (3)

▶ Faire une carte mentale

L'humoriste et ancienne avocate Caroline Vigneaux explique pourquoi elle est une « féministe optimiste »

Caroline Vigneaux reprend sur scène son spectacle *Croque la pomme*. Un one-woman show qui raconte avec drôlerie l'évolution des droits des femmes.

L'humoriste prône « un féminisme de réconciliation » entre les hommes et les femmes. Une démarche qui se veut positive, à l'image de la vision de Caroline Vigneaux sur l'avancée de l'égalité femmes / hommes […] Pour Caroline Vigneaux, le temps est à l'espoir en matière de droits des femmes. « *Je suis hyper optimiste ! Je suis une féministe optimiste* », explique l'humoriste. « *Ma grand-mère n'avait pas le droit de vote. Vous vous rendez compte où on est arrivés en deux générations ? Ça va dans le bon sens dans tous les pays, même les pays qui ont le plus de mal.* »

[…] Si Caroline Vigneaux a le féminisme ancré en elle, c'est qu'elle a très vite compris les inégalités imposées aux filles. « *Quand, enfant, j'étais en robe à smocks et que l'on me disait "Non Caroline, reste là, prends des crayons", alors que mes cousins avaient le droit de monter aux arbres, je me disais "Mais pourquoi je suis une fille ?"* », se remémore-t-elle.

Alexis Patri, *Europe 1*, 29/09/2020.

1. Je lis le titre et je fais des hypothèses sur ce que signifie l'expression « féministe optimiste ».
....

2. Je lis le texte et je relève tous les mots qui renvoient à des valeurs.
....

3. Je fais une carte mentale pour expliquer le texte.

Caroline Vigneaux
Métier actuel : ....
Métier précédent : ....

↓

Sa vision sur l'égalité hommes / femmes :
(donner un adjectif) ....

↙ ↘

Raison qui explique sa vision actuelle :
....

Raison qui explique qu'elle soit féministe :
....

↓ ↓

Exemple qui vient appuyer son point de vue :
....

Exemple qui vient appuyer son point de vue :
....

Produire

4. Vous êtes journaliste pour une revue féminine. Vous devez écrire un article dans lequel vous **exprimez les valeurs** qui sont importantes pour vous (150 mots). Vous expliquez pourquoi vous défendez ces valeurs.

Stratégie
Lisez le corrigé. Avez-vous donné des raisons et des exemples pour justifier votre point de vue ?

Parler d'humour

UNITÉ 8

→ Livre élève p. 114, 115, 116

Écouter un document audio

> Faire appel aux connaissances antérieures

1. Avant l'écoute, je fais des hypothèses et des recherches.

   a. J'observe la photo et je fais des hypothèses sur le thème du document audio.

   ....

   b. Je donne ma définition du mot « rire ».

   ....

   c. En quoi le rire peut-il parfois être perçu comme négatif ? Je donne des exemples.

   ....
   ....

2. ▶44 | **J'écoute une première fois le document.**

   a. J'identifie l'invité de l'émission.

   | Nom : .... |
   | Profession : .... |
   | Publication : .... |

   b. Je repère les trois parties du document et je leur donne un titre.
   - Partie 1 : ....
   - Partie 2 : ....
   - Partie 3 : ....

3. J'écoute une deuxième fois le document et je réponds aux questions.

   a. Quelle définition du mot « rire » est donnée dans l'émission ? Cette définition est-elle différente de la vôtre ?

   ....

   b. Quels sont les deux aspects du rire évoqués ? Les aviez-vous trouvés en répondant à la question **1. c.** ?

   ....
   ....

4. J'écoute une troisième fois le document et je note dans le tableau toutes les caractéristiques données dans le document pour opposer les deux formes du rire.

Rire positif	Rire négatif
....	....
....	....
....	....
....	....

5. Dans ce document, on entend la citation : « Le rire est l'arme blanche de ceux qui n'ont aucune arme. » Dans le document 2 page 115 du livre élève, Haroun est qualifié de « sniper de l'humour ». Quelle comparaison faites-vous entre les deux expressions ?

....
....

Produire

6. 🔊 **Racontez une anecdote (1 min. 30) et enregistrez-vous : vous étiez très en colère et quelqu'un a réussi à vous faire rire en faisant de l'humour.**

Stratégie
Lisez le corrigé. Avez-vous expliqué pourquoi vous étiez en colère, ce qui vous a fait rire et comment vous vous êtes senti(e) après ?

L'HUMOUR

→ Livre élève p. 114, 115, 116

1. **Complétez le portrait de l'humoriste Vérino avec les mots suivants.**
sketchs | rigole | vannes | stand-up | l'autodérision | se moquer

L'humoriste de .... Vérino a un air de bon ami sympathique, qui ne se prend pas au sérieux. Il pratique .... et enchaîne les .... pour .... de tout. Sur scène, les .... de l'humoriste parlent de ses problèmes de couple, du féminisme, de l'écologie ou de la politique. Et on .... du début à la fin !

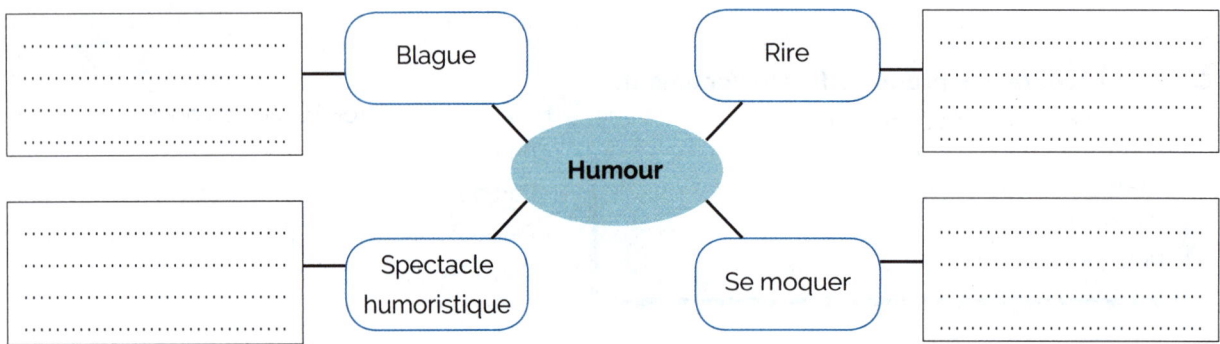

2. **Complétez la carte mentale avec les mots se rapportant à la catégorie donnée.**
boutade | ridiculiser | comédie | one-man show | se marrer | chambrer | vanne | charrier | vanner | stand-up | rigoler | plaisanterie | éclater de rire | gag

- Blague
- Rire
- Humour
- Spectacle humoristique
- Se moquer

3. **Associez chaque expression à sa définition.**

a. rire aux larmes • • 1. rire beaucoup
b. rire de quelqu'un • • 2. se forcer à rire
c. rire jaune • • 3. rire jusqu'à en pleurer
d. mourir de rire • • 4. rire très fort
e. rire à gorge déployée • • 5. rire discrètement
f. rire dans sa barbe • • 6. se moquer d'une personne

4. **Entourez le mot correct.**

Comment écrire un sketch ?

✔ Réfléchissez au thème de votre *vanne / sketch / drôlerie* en fonction de votre public.
✔ Évitez les sujets *permis / tabous / tolérants*, vous risquez de *blesser / rire de / moquer* certaines personnes.
✔ Pensez à la *terminaison / chute / tombée* du sketch avant même d'écrire le début, car c'est la partie la plus importante pour faire *vanner / chambrer / rire*.

Produire

5. À l'oral, présentez le spectacle d'un(e) humoriste connu(e) de votre pays. Enregistrez votre présentation (1 min. 30).

Stratégie
Lisez le corrigé. Avez-vous pensé à utiliser un lexique varié pour présenter le spectacle de l'humoriste ?

UNITÉ 8

L'OPPOSITION ET LA CONCESSION

→ Livre élève p. 117

1. Lisez cet extrait, puis soulignez les expressions de l'opposition en bleu et de la concession en vert.

Même si chacun a sa propre définition de l'humour, ce qui est sûr, c'est que l'humour a pour but de faire rire. Cependant, certains sujets restent tabous et peuvent être mal reçus par le public. Bien que certaines personnes puissent rigoler à des sketchs d'humour noir, la plupart y verra de la méchanceté. Beaucoup de jeunes talents tentent leur chance en tant qu'humoriste, mais réussir à se faire connaître n'est pas facile, la concurrence est rude. Pourtant, depuis quelques années, une nouvelle génération d'humoristes a vu le jour grâce aux réseaux sociaux.

2. Entourez l'expression qui convient.

a. Coluche est devenu l'un des comiques les plus appréciés des Français *malgré / même si / pourtant* son côté provocateur.

b. *Bien que / Cependant / Même si* le milieu des humoristes est très masculin, certaines femmes, comme Florence Foresti, connaissent un grand succès.

c. J'ai vu tous les spectacles d'Élie Semoun, *contrairement / alors que / toutefois*, je n'ai pas aimé le dernier.

d. Jamel Debbouze est d'origine marocaine, *tandis que / pourtant / en dépit* le Comte de Bouderbala est d'origine algérienne.

3. Soulignez l'expression qui exprime la concession, puis conjuguez le verbe entre parenthèses au présent de l'indicatif ou du subjonctif.

a. Bien que le stand-up .... (être) très à la mode, je préfère les pièces comiques.

b. Même s'il .... (faire) toujours des blagues, je ne le trouve pas drôle.

c. Quoiqu'il .... (avoir) beaucoup de talent, il n'a pas réussi à percer en tant qu'humoriste.

d. Le secteur du cinéma perd du public, alors que le spectacle vivant .... (prendre) de plus en plus d'ampleur.

e. Contrairement à ce qu'ils .... (avoir) l'habitude de faire, mes amis ne m'ont pas écrit de sketch cette année pour mon anniversaire.

f. Vérino ne fait que des one-man show, tandis que Chevallier et Laspalès .... (aller) toujours sur scène en duo.

4. Reliez les phrases entre elles avec une expression d'opposition ou de concession. Variez les expressions.

a. Mon père ne rit pas souvent. Ma blague l'a fait rigoler.
→ ....

b. Le rire est souvent perçu comme positif. Il existe aussi un rire sombre.
→ ....

c. Tout le monde peut écrire une histoire drôle. Il faut du talent pour bien la raconter.
→ ....

d. J'ai vu beaucoup de spectacles d'humoristes. Très peu m'ont fait rire.
→ ....

MÉMO : L'OPPOSITION ET LA CONCESSION

Expressions...	L'opposition	La concession
en début de phrase	*pourtant*, *mais*, ..., ..., ... etc.	*néanmoins*, ... etc.
suivies d'un verbe	*tandis que*, ... etc.	*bien que* (+ subjonctif), *même si* (+ ....), *quoique*, etc.
suivies d'un nom	*contrairement à*, etc.	..................., *en dépit de*, etc.

cent neuf **109**

SITUATION 4 — Soutenir une cause

→ Livre élève p. 118, 119

Se construire une image mentale (4)

▸ Vérifier sa carte mentale

S'engager autrement

Un nouveau chanteur, le premier long-métrage d'un jeune auteur, mais aussi un spectacle de danse [...] Aujourd'hui chacun de nous peut aider de jeunes artistes à percer grâce au financement participatif
5 [...] Ce nouveau type de mécénat nous permet de soutenir de nouveaux projets « coup de cœur ». Ainsi, grâce à ce dispositif, nous ne sommes plus de simples consommateurs de biens culturels : nous découvrons de nouveaux talents, nous donnons du
10 poids à nos choix artistiques. Nous devenons acteurs, tout simplement.
Et le retour sur investissement ?
Aujourd'hui, il relève davantage du détail, puisqu'il est même éclipsé sur de nouveaux sites [...] qui proposent
15 aux « sponsors » des contreparties non financières : des places de concert, leur nom sur la pochette de l'album ou même un verre partagé après le show [...]

Comment ça marche ?
Direction les sites français sur lesquels chacun peut
20 consulter la liste des projets qui ont actuellement besoin d'un financement [...] En cas de coup de cœur, il ne nous restera plus qu'à apporter notre pierre à l'édifice via une promesse de financement [...]

Elyane Vignau, Psychologies.com.

1. Je lis le texte.

Quel est le mot-clé ? ....

2. Comment puis-je expliquer ce mot-clé ?
Je relis le texte. Je me représente ce concept mentalement, puis je le dessine ci-contre sous forme de schéma.

3. Je complète la carte mentale.

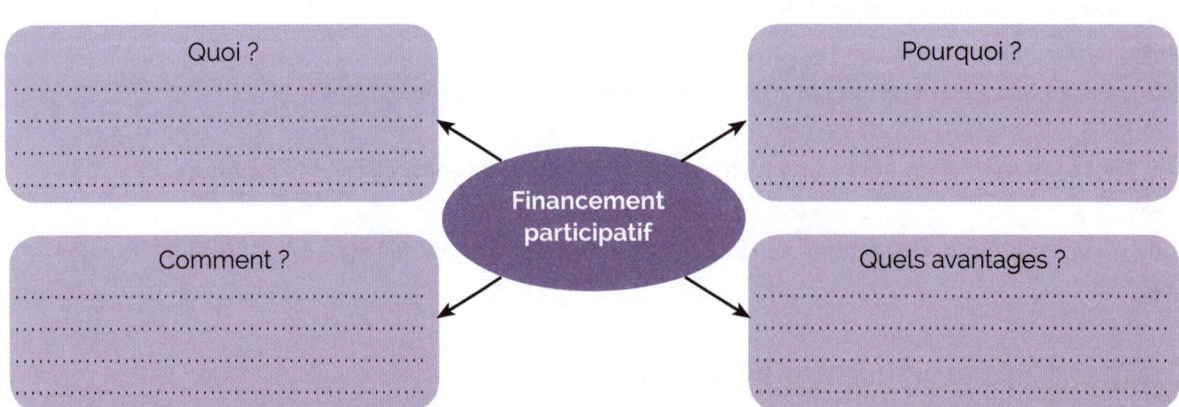

4. Je relis le texte et je complète mes réponses avec les éléments donnés dans le texte.

Produire

5. ✏️ Vous soutenez un projet de lutte contre les discriminations par le système du financement participatif. Vous écrivez à un(e) ami(e) pour le / la convaincre de **soutenir cette cause** (150 mots environ).

Stratégie
Lisez le corrigé.
Avez-vous présenté le projet et expliqué pourquoi vous le soutenez ?

UNITÉ 8

LES DISCRIMINATIONS

→ Livre élève p. 118, 119

1. ▶45 | **Écoutez l'enregistrement et indiquez à quelle valeur renvoie chaque phrase.**

	L'égalité	L'entraide	La fraternité	La tolérance
a.	❏	❏	❏	❏
b.	❏	❏	❏	❏
c.	❏	❏	❏	❏
d.	❏	❏	❏	❏

2. Complétez le texte avec les mots suivants.

clichés | genres | parité | stéréotypes | virilité | féministes

L'égalité des .... et la déconstruction des .... genrés sont des questions qui reviennent de plus en plus souvent dans le quotidien des enfants. Le site internet « 1001 héroïnes » recense de nombreuses œuvres .... (films, dessins animés, romans…). Le livre *Les filles et les garçons peuvent le faire… aussi !*, par exemple, bouscule les .... liés au genre et invite les enfants à faire ce qu'ils veulent : les petites voitures ne sont pas réservées aux garçons et jouer au foot n'est pas une preuve de .... !
À quand la .... hommes / femmes ?

3. Associez chaque mot à sa définition.

a. un(e) activiste • • 1. Personne combattive, qui s'engage avec force dans ce qu'elle fait.
b. un(e) battant(e) • • 2. Personne adhérente d'une organisation politique ou syndicale, impliquée dans la vie de cette organisation.
c. un(e) modèle • • 3. Personne volontaire, qui rend service gratuitement, par exemple dans une association.
d. un(e) militant(e) • • 4. Personne inspirante, dont on imite la conduite.
e. un(e) bénévole • • 5. Personne qui mène des actions directes pour défendre une cause.

4. Réécrivez les phrases en remplaçant l'expression soulignée par le synonyme qui convient.

apporté sa pierre à l'édifice | s'est battu | défendu | donné du poids à | investi

a. Coluche a longtemps lutté contre la pauvreté.
→ ....
b. Haroun est un humoriste très engagé dans de nombreuses actions.
→ ....
c. Caroline Vigneaux a toujours soutenu la cause des femmes.
→ ....
d. Beaucoup d'associations ont renforcé leurs actions en utilisant les réseaux sociaux.
→ ....
e. Grâce au financement participatif, il a contribué au projet.
→ ....

Produire

5. ✏️ **Rédigez un texte dans lequel vous présentez une association de votre pays qui lutte contre un type de discrimination (80 mots environ).**

Stratégie
Lisez le corrigé. Avez-vous varié le lexique des discriminations ?

LA CONDITION

→ Livre élève p. 120

1. Lisez le texte et soulignez les expressions de la condition.

Comment défendre ses idées ?
Si vous voulez faire valoir vos idées, vous devez être attentif aux autres. Il est plus facile de convaincre quelqu'un si on n'est pas agressif et si on comprend sa position. En supposant qu'on doive participer à un débat, il faut savoir nuancer son opinion et accepter que quelqu'un ne soit pas d'accord avec nous, sinon, on ne fera pas avancer les discussions ! On peut réussir à convaincre les autres, à condition de procéder par étapes, en les amenant petit à petit à comprendre notre point de vue.

2. ▶46 | **Écoutez les phrases et remplissez le tableau. Si la phrase entendue exprime une condition, cochez « Oui » et relevez l'expression utilisée, sinon, cochez « Non ».**

	Oui	Non	Expression utilisée		Oui	Non	Expression utilisée
a.	☐	☐	....	f.	☐	☐	....
b.	☐	☐	....	g.	☐	☐	....
c.	☐	☐	....	h.	☐	☐	....
d.	☐	☐	....	i.	☐	☐	....
e.	☐	☐	....				

3. Reformulez chaque phrase avec l'expression de la condition proposée.

a. Si tu étais venu au spectacle, tu aurais beaucoup rigolé. (en supposant que)
→ ....

b. Toutes les injustices disparaîtront, à condition que nous continuions à nous battre. (si)
→ ....

c. Les artistes célèbres doivent s'engager pour défendre de grandes causes, sinon, la notoriété ne sert à rien ! (sauf si)
→ ....

d. On peut se moquer des gens pourvu qu'on ne les blesse pas. (à condition que)
→ ....

4. Complétez le texte avec l'expression de la condition qui convient.

De plus en plus engagées, les célébrités n'hésitent pas à défendre de grandes causes. Mais, il faut de la cohérence entre leur discours et leur comportement, ..., elles perdent toute crédibilité. On peut dénoncer le réchauffement climatique .... qu'on ne parte pas ensuite en avion passer une semaine dans un hôtel de luxe ! On peut se battre pour quelque chose .... qu'on reste fidèle à ses valeurs. .... les célébrités soient crédibles, elles peuvent alors encourager l'opinion à aller plus loin.

MÉMO : LA CONDITION

Reliez l'expression de la condition au type de condition correspondant.

Expression de la condition
en supposant que (+ subjonctif)
sinon
pourvu que (+ subjonctif)
sauf si
à condition que (+ subjonctif)
si + plus-que-parfait + conditionnel passé

Type de condition
Condition nécessaire pour la réalisation d'une action
Condition qui ne s'est pas réalisée
Condition négative (ce qui se passe dans le cas contraire)

L'ARGUMENTAIRE

UNITÉ 8

→ Livre élève p. 116
→ Livre élève Fiche p. 198

Quand les célébrités s'engagent

De plus en plus de célébrités se mobilisent pour défendre les grandes causes qui font la une des médias : écologie, féminisme, discriminations… Les célébrités sont sur tous les fronts. Mais leur engagement peut-il faire bouger les choses ?

Lorsque les stars s'engagent, c'est à leurs risques et périls. Jane Fonda, en luttant publiquement contre la guerre du Vietnam dans les années 70, s'est fait beaucoup d'ennemis. Certains ne la trouvaient pas légitime pour défendre une telle cause et notamment en tant que femme. Ses revendications n'ont donc pas toujours été entendues. Mais, depuis cette époque, les mentalités ont évolué. De plus, avec les réseaux sociaux, la manière de communiquer a beaucoup changé. Les stars peuvent s'exprimer librement et régulièrement et être suivies par des milliers de fans, partout dans le monde. Certains organismes l'ont bien compris et utilisent les célébrités pour servir leur cause. Georges Clooney, en tant que fervent démocrate et réalisateur de films engagés, a souvent été le porte-parole des Nations unies pour la paix.

Cependant, on peut parfois douter de la sincérité de certaines personnalités publiques : pourquoi des stars qui gagnent des millions de dollars et vivent dans le luxe prendraient la défense des plus démunis ? Est-ce pour redorer leur image ? Pour se donner bonne conscience ? On peut espérer que défendre avec ferveur des grandes causes universelles qui leur tiennent à cœur soit le moteur de leur action. Le mouvement « Me Too », par exemple, est né de la mobilisation d'actrices célèbres et a ensuite permis à de nombreuses femmes de faire part, elles aussi, des agressions sexuelles dont elles avaient été victimes.

L'engagement des stars doit donc d'abord être vu comme un engagement citoyen, une façon de dénoncer les problèmes en leur nom propre. Et si les célébrités utilisent leur notoriété de façon positive pour faire bouger la société, alors on ne peut que les encourager à poursuivre leur combat. Reste à savoir comment, en tant que citoyen lambda, on peut également apporter sa pierre à l'édifice.

1. Lisez le texte argumentatif. Repérez dans le texte toutes les étapes listées en attribuant le bon numéro à chaque couleur, puis entourez les connecteurs.

a. L'introduction :
   1. L'accroche : elle donne envie au lecteur de continuer la lecture.
   2. Le sujet : il est problématisé.
b. Le développement :
   3. Les arguments principaux.
   4. Les arguments secondaires qui découlent des premiers.
   5. Des exemples personnels ou de société qui illustrent les arguments.
c. La conclusion :
   6. Le bilan de la réflexion.
   7. L'ouverture.

Produire

2. 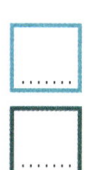 **Quelles célébrités admirez-vous pour leur engagement ?
Écrivez un texte argumentatif** (250 mots environ) dans lequel vous donnez votre opinion et expliquez vos choix.

Stratégie
Lisez le corrigé.
Avez-vous donné des exemples concrets pour illustrer votre point de vue ?
Avez-vous utilisé des connecteurs pour relier vos idées ?

L'opinion

SUJET

Le magazine de société *Sciences Humaines* lance un débat sur son site internet : « En tant que citoyen, comment peut-on s'engager dans sa commune ou dans sa ville ? » Écrivez un texte pour apporter votre contribution.

MÉTHODOLOGIE

➤ **Réfléchir à une articulation**
• Définir trois paragraphes
• Trouver des articulateurs entre les paragraphes
• Vérifier la cohérence

1. PRÉPARATION

a Lire le sujet.

Je lis le sujet et je le reformule.

▶ ....

b Définir trois paragraphes.

Je cherche trois grands thèmes pour répondre au sujet.
Chaque thème devra ensuite prendre la forme d'un paragraphe. Pour m'aider, je lis les exemples dans la colonne de gauche et je formule le thème correspondant à chaque exemple dans la colonne de droite.

Exemples	Thèmes des paragraphes
J'aide régulièrement les personnes âgées de mon immeuble en faisant leurs courses.	....
Je trie mes déchets et je ne laisse pas d'objets encombrants sur le trottoir.	....
Je participe au conseil municipal de ma ville et je deviens bénévole dans une association.	....

c Réfléchir à des articulateurs pour relier les idées.

Je relis le précis grammatical du livre élève p. 191 et je sélectionne les articulateurs adéquats.

▶ ....

point culturel

• **Le conseil municipal :** C'est l'assemblée d'élus qui est chargée de gérer les affaires d'une ville ou d'une commune. Il se compose du maire, d'un ou plusieurs adjoints et des conseillers municipaux. Le nombre de conseillers municipaux, fixé par la loi, dépend de la population de la commune : il varie de 7 pour les communes de moins de 100 habitants à 69 pour les communes de 300 000 habitants et plus.

• **Les associations :** Il existe plus de 1,3 million d'associations en France et, chaque année, 70 000 nouvelles associations sont créées. On compte plus de 12,7 millions de bénévoles dans ces associations, principalement dans les secteurs de la jeunesse, de la protection de l'enfance, des sports, de la culture et de l'éducation populaire.

UNITÉ 8

> **MÉTHODOLOGIE**
>
> ▶ Plan en trois parties thématiques
>
> ▶ Organiser son brouillon
> • Faire un plan détaillé
> • Articuler le plan détaillé
> • Se préparer à rédiger

2. RÉDACTION

ⓐ Organiser son brouillon.

Je propose un plan détaillé pour répondre au sujet et je note les articulateurs à utiliser.

▶ **§ 1 - Thème 1 :** ....

Idée 1.1 : ....

Exemple 1.1 : ....

....

Idée 1.2 : ....

Exemple 1.2 : ....

....

Connecteur : ....

▶ **§2 - Thème 2 :** ....

Idée 2.1 : ....

Exemple 2.1 : ....

....

Idée 2.2 : ....

Exemple 2.2 : ....

....

Connecteur : ....

▶ **§3 - Thème 3 :** ....

Idée 3.1 : ....

Exemple 3.1 : ....

....

Idée 3.2 : ....

Exemple 3.2 : ....

....

ⓑ Commencer à rédiger.

a. Je rédige l'introduction. → Unité 2, p. 31

....

....

....

....

b. Je rédige la conclusion. Je fais un résumé de mes différentes idées. J'ajoute une nouvelle idée.

....

....

....

....

3. RELECTURE

Vérifier la mise en page (sauts de ligne entre l'introduction, les paragraphes et la conclusion).

Veiller à utiliser des connecteurs appropriés.

Vérifier la cohérence des idées.

cent quinze **115**

Bilan

LINGUISTIQUE

GRAMMAIRE

1 Ajoutez une expression d'opposition ou de concession pour relier les deux phrases. ☆☆☆☆☆

a. Beaucoup d'artistes luttent contre le réchauffement climatique. Ils continuent à prendre l'avion.
→ ....

b. Je me suis engagé comme bénévole dans une association. Je travaille beaucoup.
→ ....

c. Faire de beaux discours est facile. Mener des actions concrètes pour défendre ses idées est plus difficile.
→ ....

d. Ces militants ont manifesté dans la rue samedi dernier. Ils n'en avaient pas l'autorisation.
→ ....

e. Ces activistes se sont beaucoup battus. Ils n'ont pas obtenu ce qu'ils voulaient.
→ ....

2 Soulignez l'expression d'opposition ou de concession qui convient. ☆☆☆☆☆

a. *Même si / Bien que* cet humoriste soit déjà passé à la télé, il n'est pas très connu.
b. On peut rire de beaucoup de sujets, *cependant / contrairement*, on ne doit pas se moquer des autres.
c. *Par contre / Même si* l'humour n'est pas universel, tout le monde a la capacité à rire.
d. Je vais voir beaucoup de spectacles d'humoristes *néanmoins / quoique* je n'ai jamais vu Haroun sur scène.
e. Je ne suis jamais triste, *au contraire / pourtant* je rigole tout le temps.

3 Transformez les phrases pour exprimer la condition. ☆☆☆☆☆

a. Pour réussir, il faut travailler dur.
→ ....

b. On peut s'engager dans une association quand on a du temps libre.
→ ....

c. Pour que les traditions ne disparaissent pas, il faut que les jeunes générations les perpétuent.
→ ....

d. Je suis devenue féministe parce que ma mère était féministe.
→ ....

e. Pour se lancer dans le stand-up, il faut ne faut pas avoir peur du public.
→ ....

4 ▶47 | Écoutez les phrases et cochez le type de condition qui convient. ☆☆☆☆☆

	a.	b.	c.	d.	e.
Condition nécessaire	❑	❑	❑	❑	❑
Condition qui ne s'est pas réalisée	❑	❑	❑	❑	❑
Condition dans une structure négative	❑	❑	❑	❑	❑

UNITÉ 8

LEXIQUE

1 L'humour | Barrez l'intrus.

a. rigoler – éclater de rire – vanner – hurler de rire

b. une blague – un sketch – une vanne – une plaisanterie

c. pratiquer l'autodérision – chambrer quelqu'un – charrier quelqu'un – se moquer de quelqu'un

d. être drôle – être marrant – être comique – être joyeux

e. un humoriste – un battant – un comique – un blagueur

2 L'humour | Écrivez le mot correspondant à la définition.

a. Se moquer de soi-même. = _ _ _ _ _ _ _ _ _ l'_ _ _ _ _ _ _ _ _ _

b. Personne dont le métier est de faire rire. = _ _ _ _ _ _ _ _ _

c. Avoir de l'humour. = être _ _ _ _ _ _ _

d. Type de spectacle dans lequel un humoriste s'adresse directement au public. = _ _ _ _ _-_ _

e. Faire des remarques désagréables à quelqu'un. = _ _ _ _ _ _ _ des _ _ _ _ _ _

3 Les discriminations | Associez les mots qui ont un sens proche.

a. discrimination • • 1. antisémitisme
b. fraternité • • 2. stéréotype
c. parité • • 3. injustice
d. racisme • • 4. entraide
e. cliché • • 5. égalité homme / femme

4 Les discriminations | Complétez la grille avec les mots correspondant aux définitions.

1. Égalité entre les hommes et les femmes.
2. Ensemble des caractères physiques de l'homme adulte.
3. Appartenance biologique au sexe masculin ou féminin.
4. Mouvement qui préconise l'égalité entre les hommes et les femmes.
5. Domaine réservé aux hommes.

5 Engagé(e) | Complétez le texte avec les mots suivants.

se consacre | activiste | engagement | lutte contre | message

José Bové est un militant altermondialiste qui .... les OGM. En 1999, pour faire passer son ...., il participe à des opérations médiatiques d'arrachage de maïs transgénique. En 2007, cet .... se présente à l'élection présidentielle. En 2009, son .... syndical prend une nouvelle tournure. Il devient député européen du parti Europe Écologie les Verts. Il .... alors totalement à son poste au Parlement européen.

6 Entourez dans la liste les cinq verbes synonymes de « rétorquer ».

objecter | admettre | répliquer | accepter | approuver | riposter | protester | confirmer | réfuter

PRÉPARATION au DELF

Compréhension des écrits
15 points

Vous lisez l'opinion de ces trois personnes sur un forum dont le sujet est : « Doit-on éduquer les filles et les garçons de la même façon ? »

Alice

Pour moi, il est impossible de nier que les filles et les garçons sont différents. C'est certain qu'on n'éduque pas les filles et les garçons de la même manière, mais personne n'en est conscient ou n'ose l'admettre. D'ailleurs, on voit bien que très tôt, les garçons sont attirés par les voitures et les filles par les poupées. Et je pense qu'inconsciemment, les parents transmettent des valeurs différentes aux filles ou aux garçons. Même si un enfant a été élevé sans différenciation, au moment où il entrera à l'école, il adoptera des comportements très sexués. En outre, si un enfant est élevé dans l'indifférenciation des sexes, cela peut être dangereux pour son devenir et sa construction personnelle.

Simon

Il existe de nombreux domaines dans lesquels on peut traiter les filles et les garçons de la même manière, par exemple, quand on leur apprend la politesse, les corvées de la maison ou bien le comportement qu'ils doivent avoir à l'école. Ces valeurs universelles sont ainsi transmises aux enfants sans différenciation. En revanche, on a beau avoir le sentiment d'élever ses enfants de la même manière, les stéréotypes genrés sont difficiles à combattre. Dès le plus jeune âge, mon fils regardait les camions dans la rue, sans que je ne l'aie jamais influencé. Et ma fille a toujours été attirée par les robes de princesse ! Cela prouve bien que les garçons et les filles sont différents, quoi que l'on fasse !

Manon

À mon avis, il est tout à fait possible d'élever son fils ou sa fille de la même manière. Tout repose sur les parents qui ont un rôle très important à jouer. Il faut qu'ils aient conscience de leur comportement dans différents domaines pour faire évoluer les mentalités. Par exemple, l'image de couple qu'ils renvoient est un modèle pour leurs enfants. Au niveau des matières scolaires, les parents pensent souvent que le garçon sera meilleur en mathématiques et la fille en littérature, et ces attentes jouent sur l'orientation des enfants. De même, quand ils inscrivent leurs enfants à des activités extrascolaires, ils les orientent inconsciemment vers des activités genrées. Mais, quand on en a conscience, il est facile de combattre ces idées reçues.

À quelle personne associez-vous chaque point de vue ? Pour chaque affirmation, cochez la bonne réponse.

1. Les parents doivent être vigilants quant au type de loisirs qu'ils proposent à leurs enfants.
- ❏ Alice.
- ❏ Simon.
- ❏ Manon.

2 points

2. La plupart des parents a du mal à concevoir qu'ils élèvent différemment filles et garçons.
- ❏ Alice.
- ❏ Simon.
- ❏ Manon.

2 points

3. Il faut montrer aux enfants que les tâches ménagères ne sont pas réservées aux femmes. 2 points
- ☐ Alice.
- ☐ Simon.
- ☐ Manon.

4. C'est à l'école que commence la différenciation des sexes. 3 points
- ☐ Alice.
- ☐ Simon.
- ☐ Manon.

5. On a souvent le sentiment que les garçons sont plutôt des scientifiques. 3 points
- ☐ Alice.
- ☐ Simon.
- ☐ Manon.

6. Ne pas faire de différence dans la façon d'élever garçons et filles peut avoir des conséquences sur la psychologie de l'enfant. 3 points
- ☐ Alice.
- ☐ Simon.
- ☐ Manon.

Production orale   15 points

Vous dégagerez le problème soulevé par le document que vous avez choisi puis vous présenterez votre opinion sur le sujet de manière claire et argumentée (5 à 7 minutes). Vous défendrez votre point de vue au cours du débat avec l'examinateur.

90 % des consommateurs attendent des marques qu'elles s'engagent !

96 % des Portugais, 95 % des Hongrois, 92 % des Français et des Espagnols souhaitent que les entreprises s'engagent. De plus, les consommateurs veulent que les entreprises les aident à améliorer leurs pratiques en proposant un accompagnement de leurs clients vers des produits et pratiques plus responsables. Ces pratiques sont à rapprocher d'une tendance à la déconsommation, qui est jugée comme inévitable pour 78 % des Hongrois, 74 % des Portugais, 68 % des Français et 58 % des Espagnols. Il est donc primordial que les entreprises rencontrent les attentes et aspirations des consommateurs, qui sont largement prêts pour modifier leurs habitudes et jouer le jeu de la consommation raisonnée : plus de 80 % des sondés sont prêts à consommer davantage de produits bio, à limiter les loisirs polluants et personnels, à acheter plus cher un produit s'il provient de filières responsables et à préférer les modes de transports alternatifs.

Yves Puget, lsa-conso.fr, 19/02/2020.

L'entreprenariat, un milieu d'hommes ?

Alors que 72 % des femmes accordent plus d'importance au fait d'être son propre patron (contre 65 % pour les hommes), seulement 12 % peuvent citer le nom d'une femme qui a réussi. Pour cause, une vision générale de l'entrepreneuriat essentiellement géré par le sexe masculin, et les chiffres ne sont pas anodins : 54 % des entrepreneures déclarent qu'elles « *devraient davantage se comporter comme des hommes si elles veulent réussir dans leur propre projet* ».
La majorité des femmes interrogées pensent que les risques de se lancer dans l'entrepreneuriat ne valent pas ses avantages : 65 % des Françaises craignent l'échec, alors que les hommes ne le redoutent qu'à 54 %. Ainsi, il semble difficile pour une femme de se projeter de façon positive dans l'avenir entrepreneurial. Mais peut-être y a-t-il de l'espoir du côté des 20-29 ans qui sont 42 % à se dire prêtes à sauter le pas ?

Maelys Léon, www.nouvelleviepro.fr, 08/07/2019.

SITUATIONS 1 | 2 | 3 — Décrire une construction

→ Livre élève p. 128, 130

Comprendre l'implicite d'un texte (1)

> Chercher des indices de subjectivité

© Thibaut Dini

AMELIA TAVELLA ARCHITECTES
CASA SANTA TERESA

À Ajaccio, sur la route des Sanguinaires, Amelia Tavella a entièrement réinventé une villa des années 1950 ouverte sur la mer Méditerranée. À la Casa Santa Teresa, l'architecte corse s'inspire des douces soirées estivales de son enfance pour concevoir une maison de vacances à la fois sereine et chaleureuse.

Pour une propriétaire aimant particulièrement les vacances en famille ou entre amis, l'architecte Amelia Tavella a insufflé un nouveau souffle à une demeure construite dans les années 1950 sur un terrain rocheux en bord de mer. L'idée de la rénovation est simple : imaginer une maison de vacances solaire et valoriser son implantation exceptionnelle, tout en favorisant la circulation de la lumière. Bâtie en surplomb de la Grande Bleue, la maison bénéfice d'un cadre idyllique, que l'architecte a souhaité mettre en évidence. Amelia Tavella a fait le choix, d'une part, de concevoir un habitat fonctionnel et, d'autre part, d'adoucir la frontière entre intérieur et extérieur pour conserver l'esprit de l'ancienne bâtisse et concevoir un habitat contemporain facile à vivre.

Spacieuse, la maison [...] laisse pénétrer la lumière et offre une vue imprenable sur la baie d'Ajaccio [...] Les cinq chambres et salles de bains affichent un style authentique toujours réchauffé par une palette de couleurs chaudes. À l'intérieur comme à l'extérieur, des matériaux bruts et naturels [...] croisent des pièces de mobilier aussi sobres qu'élégantes.

Non loin de l'archipel des Sanguinaires, la Casa Santa Teresa est une maison de rêve, disponible à la location et pouvant accueillir jusqu'à douze personnes. Et si l'on posait ses valises en Corse cet été ?

La rédaction, *Muuuz, Architecture&Design magazine*, 24/08/2020.

1. Je lis le titre et le chapeau et j'observe la photo. Quel est le sujet de cet article ?
....

2. Lisez l'article et complétez la fiche du projet.

Nom du projet : *Casa Santa Teresa*	Style :
Source d'inspiration :	> de l'habitat : ....
Concept :	....
>	> du mobilier : ....
>	Type de matériaux utilisés :
>	....

3. Le journaliste est subjectif : il valorise la villa. Trouvez...

  a. deux mots synonymes de « villa » : une ...., une ....
  b. trois adjectifs liés à la situation géographique : ....
  ....
  c. trois adjectifs décrivant à la villa : ....
  ....
  d. un verbe synonyme de « valoriser » : ....

Produire

4. ✏️ Faites des recherches sur la Cité radieuse de Marseille sur Internet, et **décrivez cette construction** (80-100 mots) pour un magazine de design.

Stratégie
Lisez le corrigé. Avez-vous utilisé des mots pour susciter des émotions et transmettre votre opinion ?

UNITÉ 9

Partager des idées de déco

→ Livre élève p. 130

Écouter un document audio

> Repérer une figure de style

1. Je regarde le visuel.
  a. La décoration est plutôt :
  ❏ épurée. ❏ chargée. ❏ décalée. ❏ traditionnelle.
  b. Les couleurs sont plutôt :
  ❏ sobres. ❏ criardes. ❏ chaudes. ❏ froides.

2. ⓐ 🎧48 J'écoute le podcast.
  a. Quel est le sujet de ce podcast ? ....
  b. Quelles sont les caractéristiques de la déco actuelle ? Du « Feel Good Design » ?
  ....

  ⓑ **J'écoute à nouveau le document et je souligne les bonnes réponses.**
  a. La déco actuelle *apaise / stimule*.
  b. Le « Feel Good Design », c'est avant tout des *peintures murales / meubles / accessoires*.
  c. Pour avoir une déco « Feel Good », il faut *multiplier / minimiser* le nombre de pièces colorées.
  d. Les designers travaillent principalement sur des *motifs / formes / couleurs / matériaux*.
  e. Les pièces du «Feel Good Design » sont souvent *diminuées / augmentées*.
  f. Ces pièces sont en *harmonie / rupture* avec le décor.

3. La personnification consiste à donner des traits humains à un objet ou un concept. Pour compléter la grille, repérez dans le podcast les personnifications employées pour parler de la décoration.

  1. [n. fém.] Humour.
  2. [n. masc. composé] Forme d'ironie.
  3. [adj. fém.] Qui fait preuve de courage.
  4. [n. masc.] Qualité d'une personne qui a le don de plaire.
  5. [n. fém. composé] Gaieté, joie de vivre.
  6. [verbe] Raviver, éclairer.
  7. [n. fém.] Fantaisie, extravagance.

4. Retrouvez les mots en lien avec la décoration utilisés dans le podcast.
  a. un style à la mode : une _ _ _ _ _ _ _ _
  b. un élément, de mobilier par exemple : une _ _ _ _ _
  c. un objet qui complète un décor : un _ _ _ _ _ _ _ _ _ _
  d. personnaliser : _ _ _ _ _ _ _ _ _ _ _ _
  e. dessin qui se répète : un _ _ _ _ _
  f. original : _ _ _ _ _ _

Produire

5. 🔊 **Quelles sont vos astuces pour vous sentir bien chez vous ?**
À l'oral, **partagez vos meilleures idées déco** (2 min.).

Stratégie
Lisez le corrigé. Avez-vous utilisé une figure de style dans votre enregistrement ?

cent vingt et un **121**

L'ARCHITECTURE

→ Livre élève p. 128, 129, 130

1. Complétez avec les mots proposés.

mobile | gratte-ciel | espace vert | modulable | habitat

Vous en avez assez de voir des .... de votre fenêtre ?

Vous en avez marre de rechercher le moindre petit .... pour profiter de la nature ?

Il est temps d'investir dans une Tiny House !

C'est une solution d'.................................. :

▶ .... pour sillonner les routes ;

▶ .... pour aménager votre intérieur selon vos goûts et vos besoins.

2. Écrivez le contraire des mots barrés.

Trois conseils déco pour un intérieur ~~démodé~~ ! ....
✓ Optez pour une déco ~~chargée~~ ....
✓ Privilégiez des meubles ~~fixes~~ ....
✓ Tentez le style ~~traditionnel~~ ....

3. Décrivez ces photos en utilisant les verbes : scier, aménager, monter, démolir, construire.

a.   b.   c.   d.   e.

a. ....
b. ....
c. ....
d. ....
e. ....

4. ▶49 | **Écoutez la description de cette pièce et écrivez les mots utilisés pour parler des thèmes suivants.**

Style	Matériaux	Couleurs	Mobilier et accessoires
....	....	....	....
....	....	....	....
....	....	....	....

Produire

5. 🖉 **Vous avez envie de changer de déco. Dans quels travaux voudriez-vous ou ne voudriez-vous pas vous lancer (100 mots) ?**

Stratégie
Relisez votre texte.
Avez-vous varié votre vocabulaire ?

UNITÉ 9
LES PROPOSITIONS RELATIVES AU SUBJONCTIF

→ Livre élève p. 131

1. Lisez le texte et soulignez les propositions relatives au subjonctif.

Dans le projet : « La ville de demain », vous êtes, en tant qu'habitant, au cœur de nos réflexions. Vous imaginez une ville qui favorise la mobilité, qui réduise les inégalités ou qui intègre la nature ? Faites-nous en part : il n'y a que vous qui puissiez faire avancer les choses ! Rendez-vous à la mairie pour notre rendez-vous de concertation citoyenne, qui aura lieu samedi 12 novembre à 15 heures.

2. ▶50 | Écoutez et cochez ce que ces phrases expriment.

	a.	b.	c.	d.	e.
une rareté	☐	☐	☐	☐	☐
une restriction	☐	☐	☐	☐	☐
une chose unique	☐	☐	☐	☐	☐
un doute sur l'existence	☐	☐	☐	☐	☐

3. Transformez les phrases comme dans l'exemple. Soulignez les formulations qui entraînent l'emploi du subjonctif.

Exemple : C'est le seul architecte à avoir travaillé sur ce projet.
➜ *C'est <u>le seul</u> architecte qui ait travaillé sur ce projet.*

a. C'est l'unique chambre à avoir vue sur la mer.
➜ ....

b. Je voudrais un appartement orienté est-ouest.
➜ ....

c. C'est le premier projet à avoir abouti.
➜ ....

d. Il n'y a que ce designer à proposer des meubles en carton.
➜ ....

e. C'est le plus beau détournement à avoir été réalisé par Marie.
➜ ....

4. Transformez les phrases au subjonctif en suivant l'indication entre parenthèses.

a. C'est un jeu qui me plaît ! ➜ .... (chose unique)
b. C'est un agencement qu'on peut envisager. ➜ .... (rareté)
c. Cet accessoire tendance me séduit. ➜ .... (restriction)
d. C'est une pièce déco que j'ai achetée. ➜ .... (rareté)
e. J'ai trouvé un style qui me va bien. ➜ .... (doute sur l'existence)

MÉMO : LES PROPOSITIONS RELATIVES AU SUBJONCTIF

Introduire un doute sur l'existence	Exprimer une restriction	Exprimer une rareté	Parler d'une chose unique
• Je cherche • Je .... • J' .... • Je souhaiterais	• .... que	• Le plus • Le .... • Le mieux } que • Le .... • Le pire	• Le .... • L'unique • Le premier } que • Le ....

cent vingt-trois **123**

SITUATION 4 — Décrire le fonctionnement d'un jeu

→ Livre élève p. 132, 133

Comprendre l'implicite d'un texte (2)

> Chercher les références culturelles

Créez un jeu vidéo LEGO en moins d'une heure sans coder !

Vous rêviez de développer un jeu vidéo sans notion de développement et vous êtes fans des célèbres briques de construction danoises ? En collaboration avec le moteur de jeu *Unity*, *LEGO* vient tout juste de dévoiler un micro-jeu qui devrait vous combler.

Fans de *LEGO* et de jeux vidéo ? Ça tombe bien, on vous propose aujourd'hui d'allier le meilleur des deux mondes. *LEGO* vient tout juste de s'associer à *Unity Technologies*, développeur du célèbre moteur de jeu vidéo *Unity* [...]
De ce partenariat est né un micro-jeu totalement gratuit vous permettant de construire votre propre jeu vidéo *LEGO* en moins d'une heure, annonce le fabricant. Une fois passé le tutoriel et installé *Unity*, il vous est possible d'assembler des *LEGO* dans un monde virtuel et d'y créer différents parcours avec plusieurs niveaux et différents obstacles. Ceux-ci disposent d'actions préréglées, ce qui devrait grandement faciliter le développement du jeu. Une fois votre monde créé, il vous suffit d'y placer un personnage de *LEGO*, du pirate au livreur de pizza, et d'y jouer, tout simplement. Différents thèmes peuvent par la suite être débloqués, comme *Space Cadet* et *Danger Zone*.

Remi Lou, www.journaldugeek.com, 27/10/2020.

1. Avant de lire, je regarde la forme du document : le titre, le visuel, la source et les mots en italique. Quel est le thème de cet article ?
....

2. Lisez l'article et répondez aux questions.
  a. Quel est le concept ? ....
  b. À qui s'adresse-t-il ? ....
  c. Qui l'a créé ? ....

3. Connaissez-vous les références culturelles utilisées dans l'article ?
  a. Le nom d'un jeu de construction : ....
  b. La périphrase désignant ce même jeu : ....
  c. Le nom d'un jeu vidéo : ....
  d. Le nom d'un jeu de destruction : ....
  e. Le nom d'un jeu de flipper : ....

4. Quels mots permettent de parler de création ? Retrouvez dans l'article les mots manquants.

	a.	b.	c.	d.	e.
L'action	....	....	développer	....	fabriquer
Le nom	une création	un codage	....	une construction	une fabrication
La personne	un créateur	un codeur	....	un constructeur	....

Produire

5. Cherchez les règles du jeu Dobble sur Internet et **expliquez le fonctionnement** de ce jeu (100 mots minimum).

Stratégie
Lisez le corrigé. Avez-vous utilisé des expressions de temps ?

UNITÉ 9

LES JEUX VIDÉO

→ Livre élève p. 132, 133

1. Complétez cette infographie des métiers du jeu vidéo avec les mots proposés.

scénariste | modélisation | niveaux | *game designer* | rebondissements

1. Le .... conçoit les règles et l'univers du jeu.

2. Le .... écrit l'histoire et prévoit les ....

3. Le *level designer* conçoit les différents .... du jeu.

4. Le modeleur 3D s'occupe de la .... du jeu.

2. Lisez les définitions et écrivez les mots correspondants.

a. Récit qui va d'un début à une fin. = une histoire ....

b. Aventure optionnelle dans un jeu vidéo. = une ....

c. Ensemble des règles qui définissent la manière de jouer à un jeu vidéo. = une .... de ....

d. Événement imprévu qui arrive dans l'histoire. = un ....

e. Action de faire revivre une période passée. = une ....

3. Associez chaque description à un type de jeu.

a. Le joueur incarne un aventurier. • • 1. jeu de course
b. Le joueur mène une vie artificielle. • • 2. jeu de gestion
c. Le joueur doit résoudre un problème. • • 3. jeu de logique
d. Le joueur planifie la construction d'un lieu. • • 4. jeu de simulation
e. Le joueur est aux commandes d'un véhicule. • • 5. jeu de rôles

4. Lisez la règle du jeu Dixit et complétez avec les mots suivants.

plateau | points | cartes | société | mélange | pioche | gagne | face | main | partie

Dixit est un jeu de .... familial qui développe l'imagination. Avant de commencer une partie, installez le .... de jeu et distribuez six .... à chaque joueur. À chaque tour de jeu, un conteur est désigné : il choisit une de ses cartes et la décrit en une phrase sans la montrer. Les autres joueurs choisissent alors dans leur .... la carte qui se rapproche le plus de la description du conteur. Le conteur .... les cartes en y insérant la sienne, les dépose, ... visible, sur la table et leur donne un numéro. Chaque joueur vote pour la carte qu'il pense être celle du conteur. Chaque joueur trouvant la carte du conteur .... un point. La .... se termine quand il n'y a plus de carte dans la .... Le gagnant est celui qui a remporté le plus de ....

Produire

5. ✏️ **Vous allez participer à un jeu de rôles de *fantasy*. Préparez la feuille de route de votre personnage : définissez son caractère, son histoire et ses motivations (80-100 mots).**

cent vingt-cinq **125**

LES EXPRESSIONS DE TEMPS

→ Livre élève p. 134

1. Lisez le texte et soulignez les expressions de temps.

Quelles sont les étapes pour lancer un jeu de société ? Il faut d'abord savoir quelle thématique vous voulez aborder. Une fois cette première règle fixée, vous pouvez vous demander à quel type de jeu vous voulez jouer : un jeu de stratégie, de rapidité, de bluff ? Puis, dès que ces éléments sont décidés, vous pouvez vous lancer dans la création du prototype. À ce moment-là, il ne vous reste plus qu'à jouer, rejouer pour tester et réajuster les règles.

2. Quelles phrases indiquent un moment ? Une durée achevée ? Une durée inachevée ? Associez.

a. À ce moment-là, j'étais scénariste de films. •
b. Ça fait dix ans que je veux créer mon propre jeu de stratégie. •
c. Je suis dans le monde du jeu depuis 20 ans. •
d. J'ai joué à des jeux de société pendant mon adolescence. •
e. En ce moment, je m'occupe d'une reconstitution historique. •

• moment
• durée achevée
• durée inachevée

3. ▶51 **Écoutez. Quelles expressions de temps indiquent l'antériorité ? La simultanéité ? La postériorité ?**

Antériorité	Simultanéité	Postériorité
....	....	....
....	....	....
....	....	....

4. Reformulez les phrases suivantes en utilisant l'expression de temps entre parenthèses.

a. Le prototype a été créé. Ensuite, j'ai fait beaucoup de parties avec mes amis. (après que)
→ ....
b. On a réfléchi à l'histoire. Puis, on a défini nos personnages. (avant que)
→ ....
c. Elle a créé plusieurs niveaux. Pendant ce temps-là, je faisais la modélisation. (pendant que)
→ ....
d. Les règles ont été définies. Et juste après, on les a testées. (dès que)
→ ....
e. Le jeu Minecraft est sorti en 2011. Assassin's Creed a été lancé en 2007. (après que)
→ ....

MÉMO : LES EXPRESSIONS DE TEMPS

Moment	Durée	Antériorité	Simultanéité	Postériorité
• En ce moment, • À ce ....-là,	• *Pendant* + nom • *Pendant que* + indicatif • *Depuis* + durée / date • *Depuis que* + ...	• .... *que* • *ne* + subjonctif	• .... *que* + indicatif	• .... *que* + indicatif • *Dès que* + indicatif

126 cent vingt-six

LE RÉSUMÉ

→ Livre élève p. 133
→ Livre élève Fiche p. 199

> **Les liens qui unissent la musique et les jeux vidéo sont très forts**
>
> Tout d'abord, la musique a accompagné la naissance des jeux vidéo. En effet, la musique synthétique et minimaliste est présente dans les premiers jeux vidéo des années 1970. Ainsi, dans Pac-Man, des morceaux monophoniques apparaissaient à chaque changement de niveau.
>
> Ensuite, l'univers musical est toujours présent pendant la croissance du monde vidéoludique. Ainsi, depuis les années 1980, le jeu veut se parer d'une identité sonore. On voit notamment apparaître des compositeurs dédiés. Par exemple, David Bowie crée la bande originale du jeu The Nomad Soul.
>
> Enfin, la musique profite de l'essor des jeux communautaires. Les années 2000 voient effectivement émerger les concerts virtuels. On peut noter la performance de Travis Scott pour son concert en ligne dans Fortnite, qui réunit plus de 27 millions de spectateurs à travers le monde, ou encore celle du DJ Marshmello, qui effectue un *live set* depuis la plateforme de l'époque Fortnite Battle Royale, avec 10 millions de joueurs qui se connectent pour assister à ce dernier.

1. Lisez ce résumé et écrivez, dans chaque encadré de couleur, la bonne catégorie.
- ▶ Les idées secondaires ;
- ▶ Les exemples ;
- ▶ Les idées principales.

2. Repérez les connecteurs pour introduire…
- ▶ une idée principale : ....
- ▶ une idée secondaire : ....
- ▶ un exemple : ....

3. Notez les mots utilisés dans l'article pour parler des trois thèmes suivants.

Musique	Jeu vidéo	Performance musicale
....	....	....
....	....	....
....	....	....
....	....	....

Produire

4. ✎ **Résumez l'article « Les cités sous-marines, l'habitat de demain ? » p. 128 du livre élève. Utilisez des connecteurs logiques et évitez les répétitions.**

Le grand oral

SUJET

Vous êtes à la tête d'une start-up de design éco-responsable. Vous allez enregistrer votre pitch commercial en vidéo pour présenter votre marque et ses valeurs.

MÉTHODOLOGIE
➤ Créer un pitch commercial
➤ Présenter une marque et ses valeurs

1. PRÉPARATION

a S'inspirer d'un modèle.

a. ▶52 | J'écoute un exemple de pitch commercial. Je repère la structure et je la complète.

▶ La présentation :
– le nom de la start-up : « Explorator »
– la proposition : ....

▶ Les constats :
– le public : ....
– les villes : ....

▶ La solution Explorator – description du jeu :
– la mission : ....
– la mécanique du jeu : ....

b. J'écoute la voix du pitcheur.

▶ Il parle :   ❏ avec assurance.   ❏ en hésitant.
▶ Son ton est :   ❏ neutre.   ❏ enthousiaste.
▶ Son débit est plutôt : ❏ lent.   ❏ rapide.

c. Associez les extraits du pitch avec le procédé utilisé.

1. « Quel est le constat de départ ? »
2. « Et donc, la solution, c'est Explorator. »
3. « Ça peut être des arbres, des bâtiments d'intérêt écologique, architectural. »
4. « On va lui faire découvrir aussi bien le patrimoine naturel que culturel »
5. « Il a été prouvé que jouer permettait de mieux retenir, de marquer les esprits. »

a. Montrer le caractère complet du jeu.
b. Donner un exemple de la richesse du jeu.
c. Introduire un nouveau sujet avec une question rhétorique.
d. Donner un argument d'autorité.
e. Introduire un nouveau sujet avec un mot-clé.

Stratégie
Pour aider l'interlocuteur à se repérer, le pitcheur fait entendre la structure de sa présentation à travers des mots-clés et des connecteurs logiques.

UNITÉ 9

b S'informer.

Je cherche des informations sur le site internet hurlu.fr :

▶ Je vais dans la rubrique « studio » pour connaître la marque et ses valeurs.

▶ Je vais dans la rubrique « réalisations » pour chercher des exemples concrets.

c Repérer les informations essentielles.

▶ Objectifs : .... et ....

▶ Clientèle cible : ....

▶ Fonctionnement : ....

....

▶ Produits proposés : ....

....

2. PRÉSENTATION

Je me prépare à me filmer sur mon téléphone (3 min. maximum).

→ Je structure **ma présentation**.

▶ Partie 1 : Présenter le projet Hurlu et son objectif général.

▶ Partie 2 : Décrire le constat / le problème.

▶ Partie 3 : Expliquer pourquoi ce projet est une solution.

▶ Partie 4 : Expliquer le fonctionnement du projet.

→ Je suis **un pitcheur dynamique et convaincant**.

▶ Je parle rapidement en mettant en valeur les mots-clés.

▶ Je varie les formulations pour introduire mes idées.

▶ Je donne des exemples concrets.

Stratégie
Pour persuader son public, il faut parler avec assurance. Pour convaincre son public, il faut utiliser des arguments et des exemples concrets.

▶ Votre pitch en trois mots-clés :

....

....

....

3. AUTOÉVALUATION

Vérifier la qualité de l'enregistrement.

S'assurer du respect des étapes du pitch.

Vérifier le dynamisme de la présentation.

Bilan

LINGUISTIQUE

GRAMMAIRE

1 Qu'expriment ces phrases au subjonctif ? Associez.

a. Il n'y a que ce scénariste qui m'épate.
b. Il voudrait un jeu qui permette de réfléchir.
c. C'est le seul meuble qui ait de la valeur.
d. Cette reconstitution est la plus fidèle qui existe.
e. Cette construction est la meilleure qui ait été imaginée.

1. doute sur l'existence
2. rareté
3. restriction
4. chose unique

2 Complétez en conjuguant le verbe à l'indicatif ou au subjonctif (présent ou passé).

a. C'est le seul aménagement qui .... (être) possible.
b. C'est un designer qui .... (concevoir) des pièces déco.
c. C'est le premier détournement de meuble que j'... (réaliser).
d. J'ai trouvé un architecte qui .... (faire) des merveilles.
e. On cherche une couleur qui .... (agrandir) l'espace.

3 ▶53 | Écoutez et cochez ce que les expressions de temps expriment.

	a.	b.	c.	d.	e.
Moment	☐	☐	☐	☐	☐
Durée	☐	☐	☐	☐	☐

4 Complétez ces phrases avec le verbe entre parenthèses. Attention au mode !

a. J'ai changé de déco après qu'ils .... (lancer) ce podcast design.
b. Il écoutait cette émission pendant qu'il .... (refaire) mon appartement.
c. Toi, tu adorais le style vintage avant même qu'il .... (être) à la mode.
d. Elle a eu un coup de cœur pour cette pièce dès qu'elle l'... (voir).
e. On a bricolé ce meuble jusqu'à ce qu'il .... (être) parfait.

LEXIQUE

1 L'architecture | Complétez avec = ou ≠.

a. un habitat fixe .... un logement modulable
b. scier une planche .... couper du bois
c. bâtir un édifice .... démolir un immeuble
d. une déco épurée .... une déco traditionnelle
e. aménager son intérieur .... agencer ses meubles

UNITÉ 9

2 L'architecture | ▶54 | Écoutez et écrivez l'expression équivalente.

a. un style original : ....
b. un agencement minimaliste : ....
c. à la mode : ....
d. un relooking : ....
e. un trop plein de meubles et d'accessoires : ....

3 Les jeux vidéo | Associez chaque nom à son complément.

a. une maquette • • 1. secondaire
b. une reconstitution • • 2. de plateau
c. une mécanique • • 3. numérique
d. un jeu • • 4. historique
e. une quête • • 5. de jeu

4 Les jeux vidéo | Lisez les définitions et retrouvez les bons mots pour parler de jeux.

a. Un jeu où on interprète un personnage. = un jeu de _ _ _ _ _
b. Un jeu basé sur l'attaque et la bataille. = un jeu de _ _ _ _ _ _
c. Un jeu dans lequel il faut être précis(e) et habile. = un jeu d' _ _ _ _ _ _ _
d. Un jeu de société avec une aire de jeu où se déroule l'action. = un jeu de _ _ _ _ _ _ _
e. Un jeu qui utilise quatre couleurs (cœur, trèfle, pique, carreau). = un jeu de _ _ _ _ _ _

5 Flexible | Lisez les définitions et remettez les lettres dans l'ordre.

a. Qui sait s'accommoder des circonstances. = BADALATEP ➔ ....
b. Dont on peut facilement faire changer l'opinion. = FLINÇEUNABEL ➔ ....
c. Qui s'adapte facilement intellectuellement. = POULES ➔ ....
d. Auquel on peut donner un caractère original. = PAILLASSONNEBRE ➔ ....
e. Qui se laisse trop facilement influencer. = LABÉLLAME ➔ ....

6 Complétez avec les participes passés de verbes de changement positif (+), neutre (=) ou négatif (−). Attention aux accords !

amélioré | aggravé | détourné | dégénéré | révolutionné

a. Ce designer a .... le paysage urbain ! (+)
b. La situation s'est malheureusement .... (−)
c. J'ai .... mes meubles Ikea dans un style vintage. (=)
d. Les cadres de vie en ville se sont largement .... (+)
e. On parlait déco, on n'était pas d'accord et la conversation a .... (−)

cent trente et un **131**

PRÉPARATION au DELF

Compréhension de l'oral   15 points

Répondez aux questions en cochant ☑ la bonne réponse.

Exercice 1   9 points

▶55 | Vous écoutez une émission à la radio. Lisez les questions, écoutez le document puis répondez.

1. Les premiers jeux vidéo sont sortis dans les années…   1 point
   - ❏ 1940.
   - ❏ 1950.
   - ❏ 1960.

2. Le premier jeu vidéo était un jeu…   1 point
   - ❏ de sport.
   - ❏ de réflexion.
   - ❏ de stratégie.

3. Ce jeu visait à montrer que la science…   1 point
   - ❏ savait innover.
   - ❏ pouvait divertir.
   - ❏ voulait faire réfléchir.

4. Quels sont les critères d'un jeu vidéo ?   2 points
   - ❏ L'interaction.
   - ❏ L'écran.
   - ❏ La narration.
   - ❏ L'animation.
   - ❏ Le graphisme.

5. Pac-Man est un des premiers jeux d'arcade. On pouvait y jouer…   1 point
   - ❏ à la maison.
   - ❏ lors d'expositions.
   - ❏ dans des lieux publics.

6. Le design de Pac-Man est inspiré…   1 point
   - ❏ par un plat.
   - ❏ par un jeu de société.
   - ❏ par un ami du concepteur.

7. Quelles sont les particularités du jeu Mario Bros ?   2 points
   - ❏ Le système de points.
   - ❏ Le défilement du décor.
   - ❏ Les couleurs du jeu.
   - ❏ La structure en niveaux.

Exercice 2   6 points

▶56 | Vous allez écouter une fois trois documents.

DOCUMENT 1 | Lisez les questions. Écoutez le document puis répondez.

1. Pourquoi la ville de Dakar doit-elle être repensée ?   1 point
   - ❏ Pour devenir éco-responsable.
   - ❏ Pour accueillir tous les habitants.
   - ❏ Pour favoriser les interactions de la population.

2. Quelles sont les solutions envisagées ?   1 point
   - ❏ Agrandir la ville.
   - ❏ Fermer certains espaces.
   - ❏ Construire des gratte-ciel.

DOCUMENT 2 | Lisez les questions. Écoutez le document puis répondez.

3. Quel est le but du jeu ?   1 point
- ❏ Collecter des déchets.
- ❏ Recycler des déchets.
- ❏ Limiter ses déchets.

4. Ce jeu vise à sensibiliser…   1 point
- ❏ à l'utilité de la biodiversité.
- ❏ au réchauffement climatique.
- ❏ à la protection de l'environnement.

DOCUMENT 3 | Lisez les questions. Écoutez le document puis répondez.

5. La designer Charlotte Perriand a travaillé autour…   1 point
- ❏ des couleurs et des motifs.
- ❏ des formes et des volumes.
- ❏ des espaces et de la lumière.

6. Son style était plutôt…   1 point
- ❏ moderne.
- ❏ traditionnel.
- ❏ chaleureux.

Production écrite

15 points

Vous vivez en France, dans une petite ville de province. Le maire de votre ville a décidé de construire un grand bâtiment pour loger des habitants sur un espace vert de la ville. Vous avez fait signer une pétition contre ce projet et, en tant que représentant(e) des citoyens, vous écrivez une lettre au maire pour contester ce projet en justifiant votre point de vue (200 mots).

SITUATIONS 1 | 2 | 3 — Décrire la cuisine du futur

→ Livre élève p. 142, 144

Comprendre l'implicite d'un texte (3)

> Chercher les non-dits

LA CUISINE NOTE À NOTE, MANGEZ LE FUTUR !

Kézako la cuisine note à note ?
Pour faire simple, vous ne cuisinez plus les aliments, une viande, un poisson, un fruit, un légume. Vous n'utilisez que les composés de ces aliments :
5 glucides, lipides, protéines animales ou végétales, vitamines, eau, sel, etc. Puis vous recréez un plat [...] avec les textures que vous obtenez en mélangeant des produits (et
10 selon votre talent) [...]
Mercredi soir, [Julien Binz], le chef une étoile au Michelin, a proposé, pour la première fois en France, un menu uniquement note à note, sans aliments « véritables » [...]
15 « *C'est une vision nouvelle de la cuisine, ça m'intéresse. Mais j'aime quand même travailler le produit, la viande,* des morceaux de poisson. Je vais rester traditionnel, mais m'inspirer du note à note et pourquoi pas proposer quelques plats* », lâche Julien Binz, pas peu fier d'avoir
20 osé l'aventure.

Pourquoi la cuisine note à note ?
« *En 2050, la viande sera une denrée rare. Avec la croissance de la population, les ressources
25 vont s'épuiser.* » Hervé This en est persuadé, il y aura une crise des protéines dans le monde d'ici à 30 ans et la science peut répondre, dès aujourd'hui, à cela [...] On lutte contre le gaspillage, on ajuste les
30 nutriments pour éviter le surpoids. Le note à note peut répondre à de nombreux défis.

Tanguy Flores, tchapp.alsace.

1. Je lis le titre et je fais des hypothèses sur ce que signifie la « cuisine note à note ».
....
....

2. Je lis le texte et je vérifie mes hypothèses.
....
....

3. Je retrouve le passage du texte qui correspond à chaque explication.

a. C'est un chef cuisinier reconnu par un grand guide de la gastronomie.
→ ....

b. Julien Binz va continuer à servir des plats classiques dans son restaurant.
→ ....

c. On va manquer de nutriments issus des animaux.
→ ....

d. La science peut proposer des aliments de synthèse, c'est-à-dire fabriqués.
→ ....

e. On produit juste ce dont on a besoin pour nourrir la population, sans déchet.
→ ....

f. On peut diminuer la quantité de sucre ou de gras dans les aliments pour lutter contre l'obésité.
→ ....

4. Je relève dans le premier paragraphe tous les mots liés à l'**alimentation**. Je classe ces mots.

Cuisine traditionnelle	Cuisine note à note
....	....
....	....
....	....

Produire

5. ✏ Vous êtes journaliste pour un magazine culinaire. Écrivez un article (150 mots environ) dans lequel vous **décrivez la cuisine du futur**.

Stratégie
Avez-vous donné des exemples concrets ?

UNITÉ 10

Exposer un produit

→ Livre élève p. 143

Écouter un document audio

> Repérer et prendre en note des indices grammaticaux

1. Avant l'écoute, j'observe la photo et je fais des hypothèses sur le thème du document.
....

2. ▶57 | J'écoute le début du document et je relève les informations données par la journaliste.

a. Quel sera le nombre d'individus en 2050 ?
....

b. La journaliste est-elle sûre de cette information ? Justifiez votre réponse. ....
....

c. Quelle sera la conséquence de ce grand nombre d'individus sur Terre ? ....
....

d. Quel articulateur permet de comprendre que cette information est liée à la précédente ?
....

e. Quel est le problème concernant l'élevage ?

f. Quel adverbe permet de comprendre qu'il s'agit d'un problème ? ....

g. Quelle solution suggère la journaliste pour remédier au problème ? ....
....

h. Quelle expression permet de comprendre qu'il s'agit d'une suggestion ?
....

3. J'écoute la deuxième partie du document et je réponds.

a. Le journaliste donne trois avantages de l'entomophagie dans différents domaines : l'environnement, les populations qui ont peu de moyens techniques ou financiers et la santé. Quels sont les trois articulateurs qu'il utilise pour introduire chaque avantage ?
....

b. Que permet l'utilisation de ces articulateurs ? ....

4. J'écoute la dernière partie du document et je réponds.

a. À quels aliments (que nous consommons déjà) Clément Scellier compare-t-il les insectes ?
....

b. Quel articulateur emploie-t-il pour faire sa comparaison ? ....

5. Je réécoute le document en entier. Je note les noms de pays et les insectes qui y sont associés.

	Pays	Insectes
a.	Le Mexique	....
b.	....	....
c.	....	....

Produire

6. 🔊 Vous participez à un salon gastronomique. Lors d'une table ronde, vous **exposez le produit** alimentaire que vous trouvez le plus original (2 min.). Enregistrez-vous.

Stratégie
Lisez le corrigé.
Avez-vous varié le lexique de l'alimentation ?

cent trente-cinq **135**

LA GASTRONOMIE

→ Livre élève p. 142, 143, 144

1. ▶58 | Écoutez, puis écrivez le nom du plat et le numéro de la table à laquelle il va être servi.

a. Table n° ….
……………………………………

c. Table n° ….
……………………………………

b. Table n° ….
……………………………………

d. Table n° ….
……………………………………

2. Soulignez l'expression qui convient.
   a. Je prends mon temps pour manger, je *savoure / dévore* chaque bouchée.
   b. J'adore quand il y a des herbes dans la salade : j'y mets toujours du *citron / persil*.
   c. Manger des insectes, c'est peut-être la solution à la *malnutrition / dégustation*.
   d. Ce plat est très appétissant, il me *met l'eau à la bouche / dégoûte*.
   e. J'ai préparé une choucroute au poisson. J'y ai mis du *bar / lard*.

3. Associez chaque expression à sa définition.
   a. avoir un petit creux • • 1. manger beaucoup
   b. manger comme quatre • • 2. manger très rapidement
   c. l'appétit vient en mangeant • • 3. manger vite, sans prendre le temps de bien s'installer
   d. manger avec un lance-pierre • • 4. on se met à avoir faim quand on commence à manger
   e. manger comme un cochon • • 5. manger très peu
   f. manger sur le pouce • • 6. avoir faim
   g. avoir un appétit d'oiseau • • 7. manger salement

4. Complétez le texte avec les mots suivants.
vitamines | se régale | bestioles | assaisonnés | criquet | alimentaire | friandises | protéines | apéritif | chenille
Manger des insectes est encore perçu comme un tabou …………………………… dans nos sociétés.
Mais, dans certains pays, on …………………………… avec ces …………………………… considérées comme des ……………………………. Elles sont riches en …………………………… et en ……………………………, alors pourquoi ne pas essayer un …………………………… ou une ……………………………, bien ……………………………, à l'…………………………… ?

Produire

5. ✏️ Écrivez un texte pour décrire votre plat préféré et expliquez ce que vous ressentez quand vous le mangez (100 mots environ).

Stratégie
Lisez le corrigé.
Avez-vous varié le lexique utilisé pour décrire votre ressenti ?

UNITÉ 10
LA PROBABILITÉ

→ Livre élève p. 145

1. Lisez le texte et soulignez les expressions ou les verbes qui expriment une probabilité.

D'ici trente ans, il y a de fortes chances que notre façon de se nourrir évolue. Il semble que les insectes soient une alternative intéressante à la viande. Il se peut également que des imprimantes 3D fabriquent des produits à partir d'aliments en poudre. Des pizzas seraient déjà fabriquées de cette façon ! On pourra aussi probablement produire de la viande en laboratoire, à partir de cellules animales.

2. Classez les phrases suivantes de 1 à 4 selon leur degré de probabilité (1 = probabilité la moins forte / 4 = probabilité la plus forte).

		Degré de probabilité
a.	Il va sans doute nous préparer un bon repas.	
b.	Il est possible qu'il nous prépare un bon repas.	
c.	Il est très probable qu'il nous prépare un bon repas.	
d.	Il paraît qu'il va nous préparer un bon repas.	

3. ▶59 **Écoutez chaque phrase et dites s'il s'agit d'une probabilité ou non, puis écrivez l'expression de la probabilité.**

	Oui	Non	Expression utilisée
a.	❏	❏	....
b.	❏	❏	....
c.	❏	❏	....
d.	❏	❏	....
e.	❏	❏	....

	Oui	Non	Expression utilisée
f.	❏	❏	....
g.	❏	❏	....
h.	❏	❏	....
i.	❏	❏	....

4. Reformulez chaque phrase en exprimant une probabilité.

a. Les grands chefs attendent avec impatience la nouvelle classification du *Guide Michelin*.
→ ....

b. La plupart des Français ne souhaite pas manger de larve de papillon.
→ ....

c. On arrive à créer de nouveaux plats à partir de simples composants alimentaires.
→ ....

d. Il n'y a plus assez de viande ni de céréales pour nourrir toute la planète.
→ ....

e. Faire pousser des légumes sur le toit des immeubles est la solution.
→ ....

MÉMO : LA PROBABILITÉ

Probabilité forte	Probabilité moyenne	Probabilité faible
•	• Probablement	• Potentiellement
• Il est .... probable que + indicatif	•	• ....
• Il y a des chances que + ...	• Il est probable que + ...	• Il est .... probable que + subjonctif
• Les futurs (proche, simple, antérieur)	• Il paraît que + ...	• Il y a des chances que + ...
	• Il .... que + indicatif	
	• Il se peut que + ...	• Le conditionnel (= hypothétique)

cent trente-sept **137**

SITUATION 4 — Échanger sur le luxe

→ Livre élève p. 146, 147

Comprendre l'implicite d'un texte (4)

> Se poser des questions

LE LUXE DEVIENT RESPONSABLE

En 2018, Burberry faisait scandale en annonçant avoir détruit des produits d'une valeur totale de 28 millions de livres sterling pour « *protéger sa marque* ». Une pratique alors répandue dans le luxe pour éviter l'écoulement de stocks à prix bradés [...]
5 Encouragées par la prise de conscience écologique globale, la crise sanitaire, et la loi du 10 février 2020 interdisant la destruction des invendus non alimentaires à partir de 2022, les grandes marques du luxe se sont converties à la philosophie de l'*upcycling*, c'est-à-dire au « recyclage par le haut ». Jusqu'alors soumises à la dictature de la nouveauté, les grandes marques – d'Armani à Louis Vuitton,
10 en passant par Maison Margiela – se mettent désormais à faire du neuf avec du vieux, et à le revendiquer. La collection homme printemps-été 2021 de Louis Vuitton comprendra par exemple 25 looks créés à partir de matières puisées dans les stocks ou dans des surplus des collections précédentes [...]
Nul doute que ce mouvement écologique de « seconde vie » sera déterminant pour entretenir une bonne image
15 de marque auprès des jeunes générations, avides de sens au travail.

La Rédaction, socialmag.news, 30/09/2020.

1. Je lis le titre du texte. Que signifie « devenir responsable » ?
....

2. Je lis le texte et je repère les éléments soulignés. Je les reformule sous forme de question.
Exemple : ligne 2 → *En quoi le fait de détruire des produits peut-il protéger une marque ?*
a. lignes 3-4 → ....
b. ligne 5 → ....
c. ligne 8 → ....
d. ligne 9 → ....
e. ligne 15 → ....

3. Je réponds à chacune des questions que j'ai formulées.
Exemple : Burberry a expliqué avoir détruit ses produits invendus pour protéger la propriété intellectuelle.
a. ....
b. ....
c. ....
d. ....
e. ....

Produire

4. ✏️ **Faites une recherche sur Internet. Présentez la collection d'une marque de luxe** qui pratique le « recyclage par le haut » (80 mots environ).

Stratégie
Lisez le corrigé.
Avez-vous utilisé le vocabulaire du luxe et de l'environnement ?

UNITÉ 10

LE LUXE

→ Livre élève p. 146, 147

1. Complétez le texte avec les mots suivants.

haute-couture | couturiers | mode | dingues | collections | tendances | défilés | prêt-à-porter

Deux fois par an, une « Fashion Week » ou « semaine de la .... » est organisée à New York, Londres, Milan puis Paris pour permettre aux .... de présenter leurs dernières .... de .... et de .... C'est le moment où tous les .... de mode se retrouvent pour découvrir les dernières .... lors des ....

2. Associez les mots soulignés à leur synonyme.

a. M. Margiela <u>recycle</u> de vieilles robes pour créer de nouveaux modèles. •
b. Anna Wintour assiste à tous les défilés, c'est une vraie <u>fan de mode</u> ! •
c. Jean-Paul Gaultier est un grand <u>styliste</u>. •
d. Je suis <u>dingue</u> de la dernière collection Dior. •
e. Les marques se battent pour éviter la <u>copie de leurs vêtements</u>. •

• 1. couturier
• 2. contrefaçon
• 3. donne une seconde vie à
• 4. fashionista
• 5. fou / folle

3. ▶60 | Écoutez le micro-trottoir. Pour chaque personne, dites à quel secteur elle fait référence et notez les mots s'y rapportant.

a. ❑ cosmétique ❑ mode ❑ joaillerie ❑ maroquinerie
....
b. ❑ cosmétique ❑ mode ❑ joaillerie ❑ maroquinerie
....
c. ❑ cosmétique ❑ mode ❑ joaillerie ❑ maroquinerie
....
d. ❑ cosmétique ❑ mode ❑ joaillerie ❑ maroquinerie
....

4. Donnez deux synonymes des mots suivants.

a. vêtements : ....
b. couturier : ....
c. marque : ....
d. être dingue de : ....

Produire

5. 🎙️ Sur le modèle du micro-trottoir de l'activité 3, expliquez quels articles de luxe vous aimez acheter dans les grands magasins (2 min. environ). Enregistrez-vous.

Stratégie
Lisez le corrigé.
Avez-vous varié le vocabulaire et justifié vos choix ?

cent trente-neuf **139**

L'AJOUT D'INFORMATIONS

→ Livre élève p. 148

1. Lisez le texte et soulignez tous les ajouts d'informations.

La cheffe végane, Claire Vallée, vient d'obtenir une étoile, attribuée par le célèbre *Guide Michelin*, pour son restaurant ONA. L'acronyme signifie origine non animale. Ce restaurant a pu voir le jour grâce à une campagne de financement participatif, un système qui permet de financer des projets sans passer par les banques. Claire Vallée est la première cheffe végane au monde à gagner une étoile. Tous les plats de la carte sont composés d'aliments végétaux avec des produits locaux, de saison et issus de l'agriculture biologique. Cette prestigieuse récompense confirme qu'on peut réaliser un plat d'exception en utilisant seulement des légumes et montre que la cuisine végane, longtemps oubliée au pays de la gastronomie, a finalement un bel avenir.

2. Complétez le texte avec les prépositions manquantes.

Cet hiver, les chemisiers .... rayures sont de nouveau tendance. Assortis de pantalons .... velours et de gilets .... laine, c'est le look parfait pour les dîners .... ville. Et pour vos sorties, faites-vous plaisir avec une petite robe .... soirée .... soie .... motifs.

3. Complétez avec le pronom relatif qui convient.
a. Christian Louboutin, ... le Palais de la Porte Dorée consacre une exposition, est un créateur de chaussures.
b. La Fondation Pierre Bergé - Yves Saint Laurent, ... se situe dans le 16ᵉ arrondissement de Paris, organise régulièrement des expositions sur la mode.
c. La marque de prêt-à-porter Caroll, ... beaucoup de femmes françaises connaissent, vient de sortir une collection en tissu recyclé.
d. La fashion week, ... tous les médias ont parlé, a connu un énorme succès à Paris.
e. La mannequin Cindy Crawford, ... les plus grandes maisons de couture ont fait appel, a pris sa retraite à 50 ans.

4. Réécrivez les phrases en imaginant des informations que vous ajoutez aux éléments soulignés.
a. La cheffe <u>Hélène Darroze</u> a deux restaurants à Paris.
→ ....
b. Les <u>plats végétariens</u> ont du succès.
→ ....
c. Dans cette <u>pâtisserie</u>, il y a des <u>gâteaux</u>.
→ ....
d. <u>Jean-François Piège</u> vient de sortir un livre sur la cuisine française.
→ ....
e. <u>Se nourrir</u> est important.
→ ....

MÉMO : L'AJOUT D'INFORMATIONS

Un pronom relatif	Un	Une préposition	Une ....
qui, ..., où, ..., auquel, ...	merveilleux, excellent...	de, à, au, ...	Dior, <u>le grand couturier</u>, est décédé en 1957.

L'EXPOSÉ

UNITÉ 10

→ Livre élève p. 147
→ Livre élève Fiche p. 200

1. 🎧 61 | **Écoutez l'exposé sur la créatrice de mode, Coco Chanel.**

a. De quel type d'exposé s'agit-il ?
❏ Un exposé informatif.
❏ Un exposé explicatif.
❏ Un exposé argumentatif.

b. Quel type de plan a été adopté dans cet exposé ?
❏ Un plan chronologique.
❏ Un plan thématique.
❏ Un plan dialectique (thèse, antithèse, synthèse).

2. ⓐ Écrivez la phrase qui permet d'introduire le thème de l'exposé.
....

ⓑ Donnez un titre aux trois parties qui composent l'exposé.
▶ Partie 1 : ....
▶ Partie 2 : ....
▶ Partie 3 : ....

ⓒ Écrivez les phrases de transition entre les parties.
....
....
....

ⓓ Quel articulateur introduit la conclusion ? ....

ⓔ Lisez la transcription p. 213 pour vérifier vos réponses.

Produire

3. 🔊 **Préparez un exposé oral** pour présenter un(e) autre créateur(trice) de mode ou un(e) cuisinier(ière) célèbre. Conservez la structure de l'exposé. Enregistrez-vous.

cent quarante et un **141**

L'opinion

SUJET

Le site internet du magazine féminin *Elle* lance un débat :
« Faut-il porter des vêtements de marque ? »
Écrivez un texte pour donner votre opinion sur le sujet.

MÉTHODOLOGIE
- ▶ **Comprendre le sujet**
- • Répondre spontanément
- • Compléter ses idées
- • Prolonger la réflexion avec un nouveau sujet

1. PRÉPARATION

a. Lire le sujet.

Je lis le sujet et je le reformule.

▶ ....

b. Répondre spontanément.

J'énonce les trois ou quatre premières idées qui me passent par la tête. Je classe ces idées en deux catégories selon qu'elles servent d'argument *pour* le port de vêtements de marque ou *contre*.

pour	contre
▶	▶ ....
....	....
....	....

c. Compléter ses idées.

Je classe les idées suivantes selon les deux catégories définies à la question **b**.
Je souligne les idées avec lesquelles je suis d'accord.

Porter des vêtements de marque...	pour	contre
a. ...permet de suivre la mode.	☐	☐
b. ...garantit de porter des vêtements de bonne qualité.	☐	☐
c. ...permet de montrer qu'on a des moyens financiers.	☐	☐
d. ...est un moyen de montrer son appartenance à un groupe social.	☐	☐
e. ...c'est adopter un certain mode de vie.	☐	☐
f. ...est simplement une question d'image.	☐	☐
g. ...permet d'accéder au pouvoir, à un certain prestige.	☐	☐
h. ...est une façon de se faire remarquer, d'attirer le regard de l'autre.	☐	☐
i. ...c'est se laisser influencer par le marketing.	☐	☐
j. ...c'est être comme tout le monde, c'est une perte de personnalité.	☐	☐
k. ...c'est subir la société de consommation dans laquelle nous vivons.	☐	☐
l. ...c'est porter des pièces uniques demandant souvent des centaines d'heures de travail.	☐	☐
m. ...est un moyen de masquer des complexes ou d'effacer certaines faiblesses personnelles.	☐	☐
n. ...c'est mettre en valeur la créativité des designers.	☐	☐

d. Prolonger la réflexion avec un nouveau sujet.

Je formule des questions à partir des thématiques suivantes.

(Respect de l'environnement)   (Artisanat)   (Faire soi-même)   (..................................)

UNITÉ 10

> **MÉTHODOLOGIE**
> ➤ Rédiger la conclusion
> • Résumer
> • Affirmer une réponse
> • Ouvrir la réflexion

2. RÉDACTION

a Résumer.

J'élabore un **plan détaillé** en reprenant les différentes idées que j'ai soulignées dans l'activité **1. c**.

Partie 1 : **pour**
- Argument 1 : ....
- Argument 2 : ....
- Argument 3 : ....

Partie 2 : **contre**
- Argument 1 : ....
- Argument 2 : ....
- Argument 3 : ....

b Affirmer une réponse.

Je formule une **réponse claire** à la question posée dans le sujet.
Je m'aide des expressions suivantes : *De mon point de vue... / Selon moi... / À mon avis... / Il est évident que... / Je suis persuadé(e) que... / Je trouve que... / Je suis pour... / Je suis favorable à...*

....
....

c Ouvrir la réflexion.

J'utilise une des questions de l'activité **1. d** pour formuler une **phrase d'ouverture** à la fin de ma conclusion.

....
....

d Rédiger la conclusion.

Je rédige la conclusion : je fais un résumé de mes différentes idées, j'affirme ma réponse à la question posée dans le sujet et j'ajoute ma phrase d'ouverture.
Pour m'aider, je peux utiliser les expressions suivantes : *En somme... / En définitive... / En résumé... / Pour conclure... / On peut donc conclure que... / En guise de conclusion, on peut affirmer que...*

....
....
....
....
....

3. RELECTURE

Vérifier la cohérence des idées et l'utilisation de connecteurs.

Vérifier que la réponse au sujet est clairement donnée.

Vérifier que la conclusion propose bien une ouverture.

cent quarante-trois **143**

Bilan LINGUISTIQUE

GRAMMAIRE

1 ▶ 62 | Écoutez les phrases. Dites quel type de probabilité elles expriment.

	Probabilité forte	Probabilité moyenne	Probabilité faible
a.	☐	☐	☐
b.	☐	☐	☐
c.	☐	☐	☐
d.	☐	☐	☐
e.	☐	☐	☐

2 Conjuguez le verbe au temps qui convient.

a. Il est probable qu'on ne .... (se nourrir) plus de viande à l'avenir.

b. Il paraît que l'élevage d'insectes .... (avoir) besoin de très peu d'eau.

c. Il se peut qu'on .... (pouvoir) bientôt produire de la nourriture avec des imprimantes 3D.

d. Pour nourrir toute la planète, il paraît qu'il .... (falloir) adopter un régime plus sain.

e. Il y a des chances que nous .... (être) plus de 9 milliards d'individus sur Terre en 2050.

3 Associez chaque début de phrase à ses informations manquantes.

a. Paul Bocuse est l'un des plus grands chefs de la cuisine française,
b. Il est formé dès le plus jeune âge par Fernand Point,
c. Dans les années 70, il invente la « cuisine nouvelle »,
d. En 1961, il remporte le titre de Meilleur ouvrier de France,
e. Ses célèbres recettes resteront pour toujours dans les annales de la cuisine française,

1. un concours organisé tous les 3-4 ans entre professionnels.
2. qu'il considère comme son mentor.
3. avec ses trois étoiles au *Guide Michelin*.
4. comme la soupe aux truffes noires.
5. un mouvement culinaire qui incarne une cuisine simple et authentique.

4 Complétez les phrases.

a. Le restaurant .... je t'ai parlé hier est fermé.

b. Mes parents, ... sont de fins gourmets, vont préparer le repas.

c. J'ai envie de manger une salade .... poulpe .... agrumes.

d. Le jardin .... légumes croquants, mousse .... roquette et émulsion .... citron, est le plat signature du chef Kei Kobayashi.

e. Les plus grandes épices, grâce .... nous pouvons sublimer nos plats, sont maintenant en vente sur Internet.

UNITÉ 10

LEXIQUE

1. La gastronomie | Réécrivez chaque phrase en remplaçant le mot ou l'expression souligné(e) par le synonyme correspondant. Conjuguez les verbes si nécessaire.

savourer | s'enthousiasmer | grignoter | dévorer | faire saliver

a. Ce plat me <u>met l'eau à la bouche</u>. → ....
b. Je <u>m'émerveille</u> devant la carte de ce restaurant. → ....
c. Je <u>déguste</u> ma lotte. → ....
d. Je <u>me jette sur</u> mon dessert. → ....
e. J'ai peu de temps, je vais <u>prendre un snack</u>. → ....

2. La gastronomie | Barrez l'intrus.

a. potiron – fenouil – sauge
b. pancetta – poulpe – pieds de porc
c. citron – basilic – estragon
d. bar – sole – lard
e. poulpe – chou – lotte

3. Le luxe | Trouvez les cinq mots correspondant aux définitions.

a. Spectacle vivant où sont présentés des vêtements devant un public. = _ _ _ _ _ _
b. Symbole ou signe propre à une marque. = _ _ _ _ _ _
c. Personne qui crée des vêtements pour une grande marque de luxe. = _ _ _ _ _ _ _ _ _
d. Personne qui porte des vêtements pour les présenter au public. = _ _ _ _ _ _ _ _ _
e. Espace aménagé derrière une vitre, dans un magasin, où l'on expose les objets à vendre.
= _ _ _ _ _ _ _

4. Le luxe | Associez les expressions synonymes.

a. regarder quelque chose avec émerveillement •
b. aimer énormément quelque chose •
c. avoir une idée fixe •
d. être fan de mode •
e. être enthousiaste par rapport à quelque chose •

• 1. être emballé(e) par quelque chose
• 2. être admiratif(ive) de quelque chose
• 3. être un(e) fashionista
• 4. être obsédé(e) par quelque chose
• 5. être fou / folle de quelque chose

5. Appétissant(e) | Classez les mots suivants en deux catégories.

alléchant | attrayant | rebutant | attirant | repoussant

a. Bon : ....
b. Mauvais : ....

6. ▶63 | Écoutez et écrivez dans la bonne colonne les synonymes de « manger » que vous entendez.

Registre standard	Registre familier

PRÉPARATION au DELF

Compréhension des écrits — 15 points

Vous lisez cet article dans la presse. Pour répondre aux questions, cochez ☑ la bonne réponse.

Pollution : le grand gâchis des vêtements usagés

240 000 tonnes de textiles usagés sont récupérées chaque année en France. Ceux qu'on appelle les « chiffonniers », qui collectent et revalorisent nos vieilles fringues, sont un bon baromètre de l'état de l'industrie de la mode. Or les acteurs sont catégoriques : la qualité de nos tenues de sport comme de nos habits du dimanche n'a jamais été aussi dégradée. Conséquence, il est de plus en plus difficile de leur donner une seconde vie. « *C'est pourtant une solution écolo qui crée de l'emploi en France* », souligne Pierre Duponchel, le président du Relais, le leader du secteur.

« *Le cycle s'accélère : pas réparables, pas garantis et qui s'usent à vitesse grand V. Nos vêtements sont de moins en moins durables* », déplore aussi Flore Berlingen, de l'association Zero Waste France. Les consommateurs en font l'expérience tous les jours [...] La faute à la « *fast fashion* », avec ces rythmes de renouvellement effrénés et ses bas prix, dénoncent en chœur les ONG environnementales. « *Dans certains cas extrêmes, il y a jusqu'à 52 collections par an*, relève Alma Dufour, chargée de campagne pour les Amis de la Terre. *La mode est devenue un univers économique hypercompétitif, basée sur la surproduction. Quand on sait que le moindre tee-shirt a un impact environnemental important, on ne peut que le déplorer.* »

Selon les chiffres de la filière, 2,6 milliards de vêtements et chaussures sont mis sur le marché chaque année, ce qui représente 39 pièces par Français. « *Le pire, c'est que si la qualité baisse, c'est pour nous pousser à renouveler un maximum notre garde-robe. En vingt ans, notre consommation a presque doublé* », rappelle Julia Faure, cofondatrice de Loom, une marque de vêtements bio et intemporelle qui s'est donné pour mission de remettre la mode à l'endroit.

59 marques s'engagent

« *Il faut expliquer aux consommateurs qu'acheter du coton bio, c'est bien. Mais ne pas acheter de tee-shirt superflu, c'est mieux pour la planète* », précise l'entrepreneuse militante. D'autant plus que le recyclage n'est pas encore tout à fait opérationnel. « *Ce qu'on appelle recyclage, c'est essentiellement la réduction en bouillie pour faire de l'isolant*, regrette Alma Dufour. *Ce n'est pas satisfaisant alors qu'on pourrait fabriquer des isolants à partir de ressources locales et moins polluantes.* »

Alors que la conscience environnementale grimpe chez les consommateurs et que les revers de la mode sont de plus en plus connus, les marques se sont engagées à faire mieux : 59 acteurs ont ainsi signé le « *fashion pact* » [...] Ils promettent une réduction de leurs émissions de gaz à effet de serre, en misant sur l'énergie renouvelable, le transport propre, ou encore le recyclage.

Émilie Torgemen, *Le Parisien*, 24/01/2020.

---

1. Que constatent les entreprises de recyclage de vêtements ? 2 points
- ☐ Il y a de moins en moins de vêtements à recycler.
- ☐ Les vêtements recyclés ne sont pas assez valorisés.
- ☐ Les vêtements à recycler sont de moins bonne qualité qu'avant.

2. Selon Pierre Duponchel, le secteur des entreprises de recyclage de vêtements… 2 points
- ☐ est utile et offre du travail.
- ☐ doit se renouveler pour survivre.
- ☐ a du mal à trouver de la main d'œuvre.

3. Que reprochent les ONG aux grandes marques de vêtements ? 2 points
- ☐ De produire dans les pays les plus pauvres.
- ☐ De laisser à l'abandon les stocks d'invendus.
- ☐ De proposer trop souvent de nouveaux modèles.

UNITÉ 10

4. D'après Julia Faure, pourquoi notre consommation de vêtements a-t-elle doublé ces dernières années ? 2 points
- ❑ Car le niveau de vie des individus a augmenté.
- ❑ Car la mode change plus rapidement qu'autrefois.
- ❑ Car les vêtements durent moins longtemps qu'avant.

5. D'après Julia Faure, qu'est-ce qui est le plus utile pour protéger la planète ? 2 points
- ❑ Donner ses vêtements à recycler.
- ❑ Privilégier les matières biologiques.
- ❑ Acheter uniquement le strict nécessaire.

6. Alma Dufour regrette... 2 points
- ❑ qu'il n'y ait pas assez de vêtements recyclés.
- ❑ que nos vêtements recyclés soient mal utilisés.
- ❑ que peu de marques utilisent des vêtements recyclés.

7. En signant le « *fashion pact* » les marques s'engagent à... 3 points
- ❑ réduire la pollution liée à la production des vêtements.
- ❑ renouveler moins souvent leurs collections de vêtements.
- ❑ produire uniquement le nécessaire pour éviter le gaspillage.

Production orale
15 points

Vous dégagerez le problème soulevé par le document que vous avez choisi, puis vous présenterez votre opinion sur le sujet de manière claire et argumentée (5 à 7 minutes). Vous défendrez votre point de vue au cours du débat avec l'examinateur.

Valoriser le biodégradable et les sous-produits alimentaires, notre alimentation du futur ?

Et plutôt que votre chocolat chaud à base de fèves de cacao, que diriez-vous d'une boisson à base de cabosse, le fruit allongé du cacaoyer qui contient ces fèves et qu'on n'utilise en fait... jamais ? [...] Une façon de valoriser les sous-produits alimentaires, et donc de lutter contre le gaspillage. De plus en plus d'entreprises s'y mettent [...] Il n'y a qu'à voir les burgers ou saucisses à base de protéines végétales qui s'envolent en Europe, le marché a doublé en 5 ans. Et l'an dernier, des experts américains assuraient que 60 % de la viande consommée dans le monde en 2040 serait végétale, ou de synthèse, la viande issue de culture cellulaire. Marché dans lequel ont investi les hommes les plus riches du monde [...] Car l'enjeu affiché de cette alimentation du futur a beau être celui d'être moins nocive pour la planète, et plus saine pour nous, il reste aussi de continuer à faire du chiffre.

Camille Crosnier, franceinter.fr, 19/11/2020.

Seul(e) au resto, un tabou culturel ?

« Manger seul est un tabou culturel, explique Nathalie Peyrebonne, universitaire spécialisée dans la sociabilité des repas. Dans nos sociétés, dès lors qu'il est public, le repas est mis en scène et doit ressembler le moins possible à un acte animal d'ingestion. Il faut donc partager, en plus de la nourriture, une conversation. Historiquement, la table ne peut être qu'un noyau de sociabilité, où la solitude est impensable. »
La commensalité, le fait de partager un repas, a donc été une norme longtemps immuable : « une sorte d'obligation sociale implicite et très ancienne, poursuit Nathalie Peyrebonne. S'en écarter, c'est presque céder à une forme de déviance sociale ». Le convive, comme la fourchette, valorise le mangeur qui outrepasse son simple besoin biologique de se nourrir [...] « Quand on déjeune ou dîne en public, on fait beaucoup d'autres choses que de manger : on donne une image de soi, analyse la sociologue Valérie Adt. Pour trouver du plaisir à manger seul, par choix, il faut une certaine liberté. Avoir la capacité de la prendre n'est pas donné à tout le monde. »

Julia Vergely, *Télérama*, 05/08/2020.

SITUATIONS 1 | 2 | 3   Exprimer des problèmes

→ Livre élève p. 156, 158

Lire un texte à voix haute (1)

▸ **Visualiser le texte**

« Je t'appellerai Gatsby, parce que tu es mystérieux, beau et seul », lui avais-je annoncé.
Et c'est ainsi que le Magnifique avait déboulé chez moi, avec son énigme et ses yeux d'or.
5 Je lui avais installé un plaid dans ma chambre, une gamelle dans la cuisine, que j'avais remplie de croquettes bio [...] Gatsby m'avait immédiatement et très curieusement aidé à vivre.
Quand Élise était venue s'installer à la maison, quelques semaines plus tard, elle avait appris l'existence de Gatsby avec déplaisir. Comme tous les 10 gens allergiques aux poils de chat, elle était prise d'une quinte de toux, à peine la clé dans la serrure. De retour chez moi, après mes rendez-vous, il m'arrivait de retrouver mon chartreux sur le balcon, miaulant à cœur fendre derrière la baie vitrée.
Au fil des mois, la relation Gatsby-Élise n'avait fait que se détériorer [...]
15 Notre point de crispation était Gatsby. Elle lui refusait l'accès à la chambre sous prétexte qu'il ronflait – elle ne disait pas « ronronner ». Je ne pouvais nier, en revanche, son allergie. Dès qu'il pointait le museau, elle toussait, pleurait, s'étouffait… Et le confinait sur le balcon.

Sophie Carquain, « Gatsby the cat », une nouvelle de *Quand le chat n'est pas là*, Éditions Charleston, 2020.

1. Je lis le texte et je souligne les éléments descriptifs qui m'aident à visualiser la scène : en noir ce qui décrit le chat, en bleu son habitat et en rouge ce qui concerne Élise.

Stratégie
Dessinez les scènes si cela vous aide à visualiser.

2. J'écris les phrases qui m'aident à visualiser les scènes suivantes.
   a. Le chat Gatsby sur son plaid : ....
   ....
   b. Élise et son allergie : ....
   ....
   c. Gatsby confiné sur le balcon : ....
   ....

3. Je repère dans le texte les éléments pour **exprimer un problème**.
   a. Problème relationnel : ....
   ....
   b. Problème physique : ....

4. Je repère dans le texte les mots qui se réfèrent aux chats et je les associe aux catégories suivantes.

Alimentation	Parties du corps	Bruits qu'il produit

Produire

Stratégie
Marquez d'un trait vertical dans votre texte les pauses plus longues que vous ferez. Ainsi, votre auditeur a le temps de visualiser la scène.

5. 🔊 Vous ne supportez plus le chien de votre compagne / compagnon. Vous lui envoyez un message vocal pour **exprimer ce problème**. Écrivez d'abord votre texte (200 mots environ), puis enregistrez-vous.

UNITÉ 11

Proposer des solutions

→ Livre élève p. 156, 157, 158

Écouter un document audio

▶ Établir des liens entre les mots nouveaux et les mots connus

1. J'imagine des réponses à l'aide du titre et de la photo.

a. Quel problème ont les paysans avec les éléphants ?

....
....
....

b. En quoi les abeilles peuvent-elles être utiles ?

....
....
....

Les abeilles au secours des éléphants
« En Inde, les conflits entre les humains et les éléphants se sont apaisés grâce à de curieux petits intermédiaires »

2. ▶64 | **J'écoute le document et je vérifie mes hypothèses.**

3. J'associe les mots difficiles du document à des mots plus simples, puis je cherche leur signification dans le dictionnaire pour préciser leur sens.

a. apaiser • • 1. une abeille
b. affamé • • 2. l'électricité
c. pachyderme • • 3. un éléphant
d. électrifié • • 4. la faim
e. apiculture • • 5. la paix

4. ⓐ Je trouve les éléments qui servent à proposer des solutions et je les classe dans le tableau.

| Un connecteur | g.......................... |
| Un verbe au conditionnel | p.............................. |

ⓑ Je cherche dans le document les synonymes des expressions suivantes.

a. C'est facile. = ...
b. Démontrer son efficacité. = ...
c. Être l'équivalent de... = ...
d. Essayer plusieurs options. = ...
e. Représenter la meilleure réponse au problème. = ...

Produire

5. 🔊 **Vous participez à une émission de radio sur les problèmes de voisinage. Un auditeur se plaint que les feuilles mortes de l'arbre de son voisin tombent chez lui. Vous intervenez pour proposer des solutions (2 min.).**

Stratégie
Citez des exemples où votre solution a été appliquée avec succès, pour lui donner plus de poids.

LE VIVANT

→ Livre élève p. 156, 157, 158

1. Complétez les définitions avec le nom des animaux qui occupent les habitats décrits.

a. Un clapier = cage en métal et en bois dans laquelle se trouve ……………………………………

b. Une ruche = boîte en bois qui abrite un essaim ……………………………………

c. Une écurie = bâtiment comprenant des stalles ou des boxes séparés pour loger ……………………………………

d. Une étable = bâtiment qui fait partie d'une ferme et qui accueille ……………………………………

e. Une niche = petite cabane à l'extérieur des maisons où dort ……………………………………

2. ▶65 | **Écoutez les phrases et associez-les à l'un des mots suivants.**

1. bactérie ➜ phrase …………
2. microbe ➜ phrase …………
3. molécule ➜ phrase …………
4. parasite ➜ phrase …………
5. photosynthèse ➜ phrase …………

3. Complétez le texte avec les mots suivants. Conjuguez les verbes à la forme correcte.

atteindre | déclin | espérance de vie | estimer | longévité | population | recenser

Au XIXe siècle, on …………………………… à 27 000 le nombre de baleines à bosse dans le monde. À cause d'une chasse intense, la …………………………… de ces cétacés, pourtant d'une grande ……………………………, a connu un …………………………… considérable : seules 450 baleines ont été …………………………… en 1950. On les traquait pour leur chair, leur cuir et aussi leur graisse. Mais, bonne nouvelle ! Grâce à l'interdiction de cette chasse dans les années 1980, on en compte actuellement 35 000. Son …………………………… peut …………………………… 50 ans. Cependant, la menace est toujours là : certains pays ont repris cette chasse.

4. Soulignez le bon mot.

a. En France, le taux de *fécondité / densité* est l'un des plus élevés d'Europe : 1,84 enfant par femme.

b. L'espérance de vie a *augmenté / baissé* de deux ans pour les hommes, passant de 77 à 79 ans.

c. La *hausse / perte* du nombre d'habitants dans les zones urbaines repose essentiellement sur l'augmentation de la natalité.

d. Une population est dite « très âgée » quand la part de personnes de plus de 65 ans *atteint / compte* 20 %.

e. L'espérance de vie moyenne d'un chien est comprise dans une *cuillère / fourchette* de 10 à 15 ans.

Produire

5. 🖉 **En ville, peu d'espaces sont réservés aux animaux domestiques. Rédigez un tract (180 mots environ) pour proposer des solutions à ce problème.**

Stratégie
Avez-vous repris les structures du document audio de la page 149 ?
Vérifiez avec les transcriptions p. 214.

UNITÉ 11
L'EXPRESSION DU DOUTE ET DE LA CERTITUDE

→ Livre élève p. 159

1. Lisez le texte et soulignez les expressions du doute et entourez celles de la certitude.

Et voilà, j'en étais sûre et certaine ! Ils m'ont encore oubliée. Et pourtant, je me dresse fièrement au milieu du salon, avec mes feuilles bien vertes. Ils ne peuvent pas me rater ! Bon, c'est vrai qu'ils doivent penser à plein de choses avant de partir : vider le frigo, préparer les valises, faire garder le chat (lui, bien entendu, ils ne l'oublient pas !). Je me demande comment je vais tenir le coup, cette fois, sans eau pendant un mois ! Je ne crois pas qu'ils aient demandé au voisin de passer. En plus, avec cette chaleur, il est sans doute parti à la mer...

Pour vous aider, observez :
- les verbes ;
- les adjectifs ;
- les locutions adverbiales.

2. ▶66 | **Écoutez ces dialogues et cochez la ou les bonnes cases.**

	a.	b.	c.	d.	e.
Doute					
Certitude					

3. Classez ces phrases selon leur degré de certitude : de l'incertitude (1) à la certitude (5).
a. Ce traitement antivieillissement me laisse perplexe. ➜ ....
b. Comme chacun sait, notre espérance de vie ne progresse plus. ➜ ....
c. Les scientifiques ont raison sur ce point, cela ne fait aucun doute. ➜ ....
d. Nous avons beaucoup de doutes sur la fiabilité de ce médicament. ➜ ....
e. Je ne suis pas encore tout à fait convaincue d'aller me faire vacciner. ➜ ....

4. Complétez librement. Faites attention au mode des verbes (indicatif ou subjonctif).
a. Les chats ? Je suis certain(e) que ....
....
b. Le jardinage ? Je ne pense pas que ....
....
c. Les légumes bio ? Il est indubitable que ....
....
d. Les animaux sauvages ? Je doute que ....
....
e. Les poissons rouges ? Je ne suis pas convaincu(e) que ....
....

MÉMO : L'EXPRESSION DU DOUTE ET DE LA CERTITUDE

	Verbes	Adjectifs	Expressions
Doute	• douter • se d....................	• perplexe • s....................	• sans d....................
Certitude	• croire • s....................	• c.................... • convaincu	• tout à f.................... • bien sûr

SITUATION 4 — Raconter un rapprochement

→ Livre élève p. 160, 161

Lire un texte à voix haute (2)

> S'appuyer sur la ponctuation

/// ENTRAIDE /// Marie Tomas, une conteuse dans l'escalier

« Prêtez vos oreilles, entrouvrez votre porte : je vais vous raconter des histoires dans l'escalier. » Depuis le 25 mars, chaque soir [...], le gong de Marie Tomas résonne et son immeuble [...] à Pau (Pyrénées-Atlantiques) sort de sa torpeur du confinement.

[...] Depuis trente ans, les contes font partie intégrante de sa vie [...] Devant la situation sanitaire, Marie entre en résistance. Dans un petit mot déposé à chaque appartement, elle a proposé « d'aider à élargir cette période bien rétrécie de nos vies [...] Regardez ! Nous sommes liés les uns aux autres et nous avons des choses à partager. »

Le rituel s'installe : les plus âgés restent à l'abri des portes entrouvertes, [...] une fillette de 3 ans et son frère de 6 ans préparent leurs sièges sur le palier. Marie s'assied [...] à bonne distance : « C'est beau de voir leurs yeux briller ! » [...]

© Quentin Top

Mais après le confinement ? « Un lien s'est instauré, il va durer », jure Marie. La chaleur de la parole a délié les langues de ceux qui ne se connaissaient pas avant les contes. « Maintenant on demande des nouvelles des personnes âgées. Nous vivons quelque chose de très fort, de chaleureux et de fraternel. » Oui, décidément, le feu brille et chauffe beaucoup, dans l'escalier de Marie.

Brigitte Jamois, *Le Pèlerin* n° 7168, © Bayard Presse, 2020.

---

1. ⓐ Avant de lire, j'observe la forme du texte.
   a. Le type de texte : ....
   b. Le titre : ....
   c. La source : ....

ⓑ Qui est Marie selon vous ? De quel escalier s'agit-il ? ....

2. ⓐ Je surligne tous les éléments de ponctuation et je souligne les parties au discours direct.

ⓑ 🔊 67 | J'écoute le texte et j'entoure le bon mot.
   a. Avec les virgules, on fait une *courte / longue* pause.
   b. Avec les deux points, la voix *monte / reste suspendue, sur le même ton*.
   c. Avec les points, la voix *descend / monte* : on fait une pause et on reprend son souffle.
   d. Avec les points d'interrogation et d'exclamation, la voix monte : *la pause / le ton* dépend du sens (surprise, indignation, énervement…).

ⓒ Je m'entraîne à lire le texte en respectant la ponctuation et en changeant de ton quand les propos de Marie sont rapportés.

3. J'écris les mots qui permettent de raconter le rapprochement entre voisins.

Mots du lien social	Mots de la chaleur humaine
....	....
....	....

Produire

4. ✏️ Vous habitez dans un immeuble, dans lequel les habitants ne se connaissaient pas jusqu'à ce que l'un d'eux glisse un petit mot dans la boîte aux lettres de chacun proposant une initiative pour rapprocher les voisins. **Racontez ce rapprochement** (180 mots) dans un témoignage que vous envoyez à la rédaction du *Pèlerin*.

Stratégie
Lisez votre témoignage à voix haute en respectant la ponctuation. Enregistrez-vous et réécoutez en notant les points à améliorer (ton, pauses…).

UNITÉ 11

LA VILLE

→ Livre élève p. 160, 161

1. Replacez les expressions suivantes dans le texte.

concevoir | l'urbanisation | du quartier | leur territoire

Comment faire pour que les petits citadins deviennent dès le plus jeune âge des citoyens capables de comprendre les enjeux de .... ?
En passant par le jeu, bien sûr ! *C'est ma ville !* est un centre associatif qui propose des stages pour le public enfant de 7 à 13 ans. Le jeu de piste « Promenade urbaine » permet aux jeunes d'observer la physionomie .... qu'ils dessinent dans un carnet de route. Les enfants découvrent ainsi comment .... est façonné à travers des dessins, des découpages.
Enfin, ils sont amenés à .... un nouveau quartier en collaborant, puis à le représenter à l'aide de pièces en bois.

2. Écrivez le nom qui correspond à chaque verbe.

a. bâtir ➔ ....
b. partager ➔ ....
c. nuire ➔ ....
d. lier ➔ ....
e. urbaniser ➔ ....

3. 🎧68 **Écoutez le dialogue et écrivez les mots et expressions qui expriment les problèmes ou les solutions liés au vivre ensemble.**

Les problèmes	Les solutions

4. Associez chaque expression à la phrase qui convient.

a. l'aménagement urbain •   • 1. Art de bâtir pour les générations futures.
b. un écoquartier •   • 2. Logements décents pour les familles à revenus modestes.
c. la gestion des déchets •   • 3. Problème écologique majeur en ville.
d. l'habitat social •   • 4. Réseau de transport en ville.
e. la mobilité urbaine •   • 5. Territoire urbain respectant les principes du développement durable.

Produire

5. 🔊 À l'oral, décrivez une ville dont l'atmosphère favorise les rapprochements (2 min.). Utilisez des adjectifs précis et détaillés.

LES DOUBLES PRONOMS

→ Livre élève p. 162

1. Lisez le texte, soulignez les doubles pronoms compléments et retrouvez ce qu'ils remplacent.

Il le lui a répété mille fois : sa ville, dès qu'il s'en éloigne trop longtemps, elle lui manque ! Il doit la lui faire visiter au plus vite ! Son atmosphère élégante, à l'anglaise, son grand théâtre majestueux, son fleuve langoureux… Il les lui a si bien décrits qu'elle a l'impression de s'y être déjà promenée, sans jamais y avoir mis les pieds. Elle en serait presque jalouse… C'est vrai que, d'après les photos qu'elle a vues, il ne lui a pas menti. Certains quartiers rénovés, les quais complètement redéfinis et cette nouvelle cité du Vin… C'est très beau ! « Promets-le-moi ! » lui a-t-il demandé au téléphone. Alors c'est décidé : le week-end prochain, elle le rejoindra à Bordeaux.

Pour vous aider, observez :
- **les pronoms directs et indirects** : ils remplacent une chose ou une personne ;
- **le pronom neutre « le »** : il remplace un attribut ou une phrase ;
- **le pronom « y »** : il remplace souvent un lieu ou des propositions introduites par « à » ;
- **le pronom « en »** : il remplace des quantités ou des propositions introduites par « de » ;
- **les verbes pronominaux** : ils se construisent avec un pronom personnel.

2. ▶69 | **Écoutez et imaginez ce que remplacent les pronoms compléments dans ces phrases.**

a. lui : ……………………………………………   en : ……………………………………………
b. m' : ……………………………………………   y : ……………………………………………
c. le : ……………………………………………   leur : ……………………………………………
d. nous : ……………………………………………   l' : ……………………………………………
e. le : ……………………………………………   moi : ……………………………………………

3. Remplacez les mots entre parenthèses par les bons pronoms.

a. Nous ………… ………… retrouverons bientôt. (mes amis) (à Montpellier)
b. Je ne ………… ………… ai pas encore annoncé. (mon déménagement) (à ma cheffe)
c. Le maire va ………… ………… parler lors du prochain conseil. (à nous) (des travaux de la place)
d. Un urbaniste ………… ………… a exposé très clairement. (le projet) (à l'architecte)
e. Quand peut-on ………… ………… dire ? (qu'une rue piétonne va être créée) (aux habitants)

4. Répondez aux questions en utilisant des doubles pronoms.

a. – As-tu déjà montré cette place à tes parents ?
– Oui, ……………………………………………………………………………………
b. – Vas-tu emmener Léa voir le musée de la ville ?
– Oui, ……………………………………………………………………………………
c. – As-tu dit au guide que nous serions en retard pour la visite ?
– Non, ……………………………………………………………………………………
d. – Doit-elle t'accompagner pour visiter le centre-ville ?
– Non, ……………………………………………………………………………………

MÉMO : LES DOUBLES PRONOMS

sujet +	me /… te / t' se / s' … vous	le la … les	lui …	y	en	+ verbe

Attention ! À l'impératif affirmatif, l'ordre est parfois modifié.
– Les pronoms *le, la, l', les* doivent toujours être les plus près du verbe. *Prête-le-moi !*
– *Moi* et *toi* deviennent *m'* et *t'* devant *en* et *y*. *Va-t'en !*

LE COMMENTAIRE DE DONNÉES

UNITÉ 11

→ Livre élève p. 157
→ Livre élève Fiche p. 201

LES VILLES LES PLUS VERTES DE FRANCE
PALMARÈS 2020

Observatoire des villes vertes

1. ANGERS 86*
2. NANTES 83,5*
3. METZ 78*
4. AMIENS 75*
5. LYON 73,5*
6. POITIERS 69,5*
7. RENNES 66,5*
8. CAEN 65,5*
9. NANCY 65*
10. BREST 64,5*

* Note obtenue sur un barème de 100 points.
** Le périmètre de cet indicateur est plus large que précédemment et prend désormais en compte la masse salariale des services espaces verts.

4 INDICATEURS À RETENIR

51 m² C'est la surface moyenne par habitant dédiée aux espaces verts - soit 3 m² d'espaces verts supplémentaires depuis 2017.

76 € C'est le budget moyen par habitant** dédié aux espaces verts. Il est en hausse de 1,50 € par rapport à 2017.

74 % Près des 3/4 des plus grandes villes françaises délivrent des permis de végétaliser aux habitants.

11 Il y a 11 arbres pour 100 habitants dans les 50 plus grandes villes de France (9 en 2017).

1. Observez l'infographie et répondez aux questions.

  a. Quel est le thème du classement ?
  ....
  ....
  ....
  ....

  b. Qui le publie ?
  ....
  ....

  c. Dans quel but, selon vous ?
  ....
  ....
  ....
  ....
  ....
  ....

2. ⓐ ▶70 | Écoutez le commentaire et entourez sur l'infographie les informations chiffrées citées.

  ⓑ Complétez le plan du commentaire.
  I. Description de la méthodologie et des .... de l'enquête
  II. .... du palmarès
  III. Commentaire global des .... recueillies

3. Repérez dans la transcription p. 214 :

  a. les structures pour comparer deux données. ➜ ....
  ....

  b. les verbes qui servent à commenter des données. ➜ ....
  ....

  c. les connecteurs qui structurent l'intervention. ➜ ....
  ....

Produire

4. 🔊 Cherchez un classement concernant les villes les plus vertes de votre pays et **préparez un commentaire de ces données** à l'oral (2-3 min.). Essayez de ne pas rédiger le commentaire. Construisez un plan qui vous servira de fil conducteur.

cent cinquante-cinq **155**

Le grand oral

SUJET

Vous êtes urbaniste dans la ville de Namur, en Belgique. Lors d'une conférence, vous proposez un plan d'action pour la requalification d'un quartier dégradé du centre-ville. Votre projet doit favoriser la mixité sociale.

> **MÉTHODOLOGIE**
> ➤ Présenter un projet
> ➤ Définir un plan d'action

1. PRÉPARATION

a S'inspirer d'un modèle.

a. ▶71 | J'écoute un exemple de plan d'action concernant le réaménagement d'un parc. Je cherche des informations sur les points suivants.
- ▶ Le type de projet : ....
- ▶ La finalité : ....
- ▶ Les acteurs : ....
- ▶ Les étapes :
1. ....
2. ....
3. ....
4. ....
5. ....
- ▶ Les valeurs : ....

b. Je complète le tableau avec les connecteurs qui structurent chaque partie de l'intervention.

	Type de projet	Finalité	Étapes	Valeurs
Connecteurs utilisés	....	....	....	....

c. J'indique sur la transcription p. 214 les moments où le conférencier fait une pause.

b S'informer.

Je cherche des informations générales sur le site du Programme national de requalification des quartiers anciens dégradés : www.anru.fr
- ▶ Je trouve un exemple de projet dans la rubrique « cartographie » du site.
- ▶ Je cherche plus d'informations sur Internet.

UNITÉ 11

C Repérer les informations essentielles.
→ Je définis **mon plan d'action** en précisant les éléments suivants.

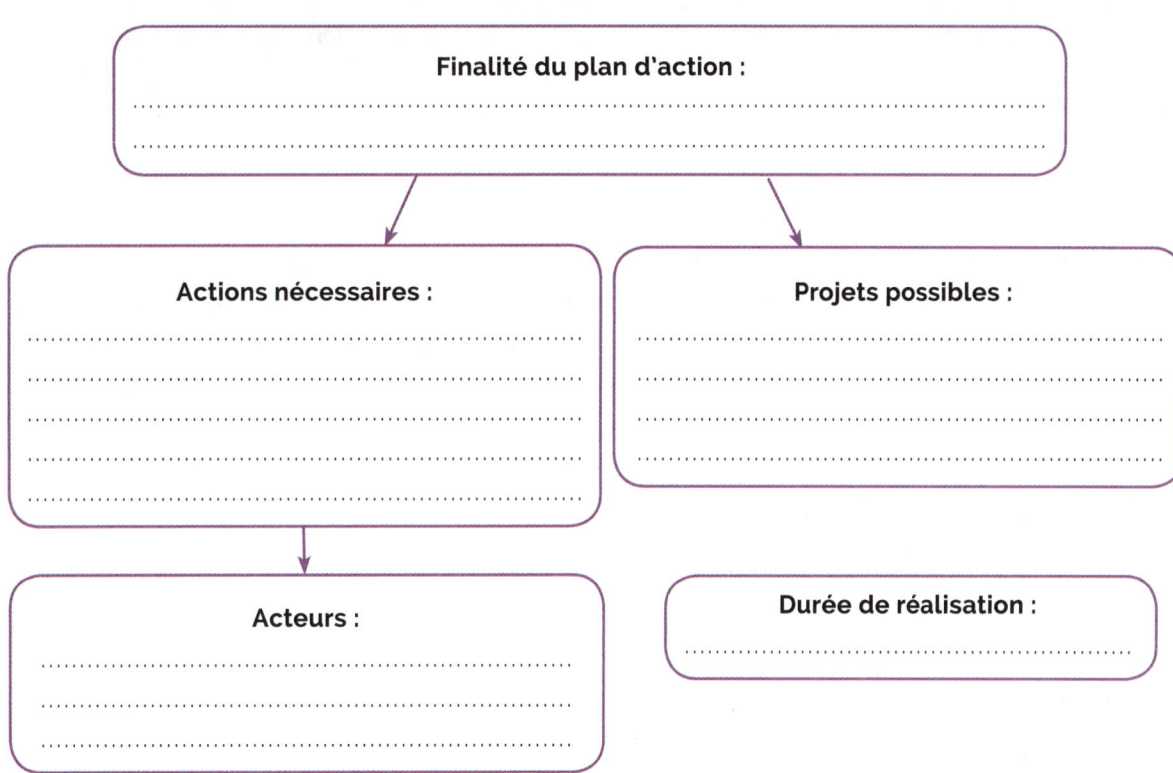

Plan d'action

Finalité du plan d'action :
....
....

Actions nécessaires :
....
....
....
....
....

Projets possibles :
....
....
....
....

Acteurs :
....
....
....

Durée de réalisation :
....

Stratégie

Je représente mon plan d'action sous forme de liste de points ou de carte mentale. La présentation affichée sur grand écran est un outil précieux pour parler en public. Attention à ne pas lire le texte affiché !

2. PRÉSENTATION

J'enregistre mon intervention.

→ Je m'appuie sur **mon plan** ou sur **une présentation sur ordinateur**.

→ J'anticipe **les questions du public** en me les posant avant et en y répondant pendant mon intervention.

→ Je parle clairement, avec **une voix posée et assurée** : il faut que mon public voie la solidité de mon plan d'action.

▶ Les structures linguistiques pour rassurer :
....
....
....

3. AUTOÉVALUATION

Vérifier que tous les éléments-clés sont mentionnés.

Contrôler la clarté de l'exposition.

Évaluer la vitesse d'élocution.

Bilan LINGUISTIQUE

GRAMMAIRE

1. 🎧 72 | Écoutez et relevez les expressions du doute et de la certitude.

Expressions du doute	Expressions de la certitude
....	....
....	....
....	....

2. Entourez le bon mot pour exprimer le doute ou la certitude.

Comme chacun *doute / sait*, l'espérance de vie des chiens est bien inférieure à celle des humains. Pour convertir l'âge du chien en âge humain, beaucoup sont *convaincus / perplexes* qu'il suffit de multiplier l'âge du chien par sept. Mais est-on *certain / sceptique* que cela marche avec toutes les races ? On peut en *convaincre / douter* car la taille et le poids du chien influencent énormément sa vitesse de développement et donc son vieillissement. Nos compagnons à quatre pattes, eux, ne se sont *sans doute / tout à fait* jamais posé la question !

3. Remettez ces phrases dans l'ordre.

a. conduire / Je / les / vais / y / . ➜ ....
b. avons / en / leur / ne / Nous / parlé / pas / . ➜ ....
c. en / occuper / Pouvez / vous / vous / - / ? ➜ ....
d. Cette / en / ils / journée, / souviendront / s' / ! ➜ ....
e. avant / demain / Demande / le / leur / - / - / . ➜ ....

4. Remplacez les éléments soulignés par des doubles pronoms.

a. J'ai raconté <u>l'histoire de ce monument</u> <u>à mes enfants</u>.
➜ ....

b. Proposez <u>à vos voisins</u> <u>de faire un grand repas ensemble</u> !
➜ ....

c. Nous allons demander <u>au service de la mairie</u> <u>de nettoyer le parc</u>.
➜ ....

d. Il est impossible que les habitants déposent <u>leurs déchets</u> <u>dans ce bac</u>.
➜ ....

e. Les cafés ont de nouveau pu servir <u>des consommations</u> <u>à leurs clients</u>.
➜ ....

UNITÉ 11

LEXIQUE

1 **Le vivant** | Associez chaque mot à sa définition.

a. espèce
b. meute
c. parasite
d. proie
e. ruche

1. Habitat de l'abeille.
2. Troupe de loups ou de chiens.
3. Être vivant qu'un animal capture pour se nourrir.
4. Organisme qui vit aux dépens d'un autre.
5. Ensemble d'êtres vivants ayant les mêmes caractéristiques.

2 **Le vivant** | Complétez les phrases avec les mots suivants.

croissance | écosystème | photosynthèse | pousser | racines

Une plante peut-elle .... dans une bouteille ? Bizarrement : oui ! La plante peut créer un .... autonome dans lequel elle recycle les éléments nutritifs grâce à la .... En effet, le seul élément externe indispensable à la .... de la plante, c'est la lumière solaire. Et l'eau ? Elle est absorbée par les ...., puis libérée dans l'air quand la plante « transpire ». Puis elle se condense de nouveau dans la terre.

3 **La ville** | Complétez la grille avec le synonyme des mots pour trouver dans les cases grises le nom d'un personnage important dans une ville.

a. dégradation
b. citadin
c. périphérie
d. arrondissement
e. atmosphère

4 **La ville** | Barrez l'intrus.

a. l'ambiance de la ville – la popularité de la ville – l'atmosphère de la ville
b. les actes de vandalisme – les décisions municipales – les poubelles dans la rue
c. l'aménagement urbain – la dégradation urbaine – la planification urbaine
d. le lieu de pillages – le théâtre de violences – la végétalisation des terrasses
e. contester des politiques locales – créer du lien social – favoriser le partage

5 **Rassurant(e)** | Trouvez un adjectif formé à partir des noms suivants.

a. la paix ➜ ....
b. le confort ➜ ....
c. la sécurité ➜ ....
d. la solidarité ➜ ....
e. la tranquillité ➜ ....

6 Entourez le bon verbe.

a. Le taux de natalité a *attendu / atteint* 1,9 enfant par femme.
b. Il ne faut plus *atteindre / attendre* pour végétaliser les villes.
c. *Atteignons / Attendons* encore un peu, le bus va arriver.
d. Ce gratte-ciel *atteint / attend* 250 mètres de hauteur.
e. Nous *atteindrons / attendrons* nos objectifs de développement durable en 2040.

PRÉPARATION au DELF

Compréhension de l'oral
15 points

Répondez aux questions en cochant ☑ la bonne réponse.

Exercice 1   9 points

▶ 73 | **Vous écoutez une émission à la radio. Lisez les questions, écoutez le document puis répondez.**

1. Pourquoi Marie a-t-elle créé un papier écologique ?   1,5 point
- ❏ Elle a travaillé dans une usine de papier.
- ❏ Elle a vu trop de papier cadeau jeté à la poubelle.
- ❏ Elle a étudié ce thème à l'université.

2. Pourquoi Marc-André Lemoine a-t-il été invité ?   1,5 point
- ❏ Il a aidé Marie à monter son entreprise.
- ❏ Il fait partie d'un mouvement écologiste.
- ❏ Il a écrit un livre sur le recyclage du papier.

3. Quelle est la caractéristique principale du papier proposé par Marie ?   1,5 point
- ❏ Il se dissout dans l'eau chaude.
- ❏ Il contient des graines végétales.
- ❏ Il est fabriqué à partir de papier recyclé.

4. Que propose Marc-André Lemoine concernant l'utilisation des papiers cadeau ?   1 point
- ❏ Il faudrait les remplacer par un tissu.
- ❏ Les parents devraient acheter moins de cadeaux aux enfants.
- ❏ Les enseignants pourraient proposer des activités pour les recycler.

5. Marie affirme que son projet de papier cadeau permet de...   1 point
- ❏ favoriser la végétalisation des villes.
- ❏ financer des initiatives écologiques.
- ❏ créer des emplois dans l'environnement.

6. Quelle critique formule Marc-André Lemoine au sujet du papier cadeau produit par Marie ?   1 point
- ❏ Son prix de revient semble très élevé.
- ❏ L'encre pour le colorer polluerait les sols.
- ❏ Son processus de recyclage paraît trop complexe.

7. Pour produire son papier écologique, Marie a surtout rencontré des obstacles...   1,5 point
- ❏ financiers.
- ❏ techniques.
- ❏ logistiques.

Exercice 2   6 points

▶ 74 | **Vous allez écouter une fois trois documents.**

DOCUMENT 1 | Lisez les questions. Écoutez le document puis répondez.

1. D'après Martine, par rapport aux clients du marché alimentaire, ses clients...   1 point
- ❏ reviennent très régulièrement.
- ❏ dépensent beaucoup plus d'argent.
- ❏ communiquent davantage entre eux.

2. Quel est le sentiment de Martine au sujet du futur des stands de livres d'occasion ?   1 point
- ❏ Elle a des doutes.
- ❏ Elle est plutôt positive.
- ❏ Elle se sent très pessimiste.

UNITÉ 11

DOCUMENT 2 | Lisez les questions. Écoutez le document puis répondez.

3. Quel argument Nicolas Breuil avance-t-il pour défendre les moustiques ? 1 point
- ❏ Ils sont utiles pour l'équilibre des écosystèmes.
- ❏ Leur salive est utilisée dans certains médicaments.
- ❏ La majorité d'entre eux sont inoffensifs pour l'homme.

4. Selon Nicolas Breuil, que provoquent les piqûres fréquentes des moustiques ? 1 point
- ❏ Des allergies souvent graves.
- ❏ Des problèmes de sommeil récurrents.
- ❏ Une insensibilité à la douleur de la piqûre.

DOCUMENT 3 | Lisez les questions. Écoutez le document puis répondez.

5. La femme est défavorable aux plantes installées devant l'école car... 1 point
- ❏ les parents d'élèves avaient refusé ce projet.
- ❏ les jardinières choisies sont dangereuses pour les enfants.
- ❏ les habitants ont mené une action sans l'accord de la mairie.

6. Selon l'homme, ce qui est prioritaire pour les citadins, c'est d'avoir davantage... 1 point
- ❏ d'espaces verts.
- ❏ de logements sociaux.
- ❏ d'œuvres d'art en ville.

Production écrite

15 points

Vous habitez dans une ville française. Sur son site internet, le conseil municipal a ouvert un débat au sujet de la possible fermeture du zoo de la ville qui connaît des difficultés financières. Vous postez une contribution. Vous faites le point sur la situation actuelle du zoo. Vous exposez votre opinion sur cette fermeture en argumentant à l'aide d'exemples concrets et en proposant des solutions (250 mots minimum).

SITUATIONS 1 | 2 | 3 — Expliquer un succès

→ Livre élève p. 171, 172

Lire un texte à voix haute (3)

> S'appuyer sur la syntaxe

Les ventes d'*Arsène Lupin* redécollent avec le succès de la série Netflix

Le succès de la série *Lupin* sur Netflix a relancé l'intérêt pour les romans de Maurice Leblanc sur le gentleman cambrioleur, un classique indémodable de la littérature populaire dont les ventes ont soudain redécollé.
Le phénomène a envahi jusqu'aux cours de récréation, comme le raconte Sofia, assistante d'éducation dans un collège des Ardennes.
« Des élèves, plutôt de 6ᵉ, arrivent avec des exemplaires d'*Arsène Lupin* qu'ils lisent pendant la période de pause du midi, un temps pendant lequel ils font d'habitude plutôt les andouilles… Ce qui est surprenant, c'est que ce sont des élèves qui n'ont pas du tout l'habitude de lire. Ils en parlent dans les couloirs, dans la cour », dit-elle.
La série *Lupin : dans l'ombre d'Arsène*, avec un Omar Sy dans le rôle d'un voleur admirateur d'Arsène Lupin, s'inspire de manière très libre et moderne de ce personnage ancré dans le début du xxᵉ siècle.
Si cette version est loin d'être la première à l'écran, elle profite de la popularité de l'acteur principal et de la force de frappe de la plateforme numérique.
« Il y avait eu la belle adaptation en série avec Georges Descrières (1971–1974), mais les générations actuelles ne la connaissent pas. Celle de Netflix redonne un coup de jeune aux livres », explique à l'AFP la directrice générale du Livre de Poche, Béatrice Duval. « Même si on avait anticipé le phénomène, puisqu'une personne chez nous surveille les adaptations à venir, son ampleur nous a surpris. En quinze jours, on a vendu l'équivalent d'une année de Maurice Leblanc », indique-t-elle.
AFP Paris, 23/01/2021.

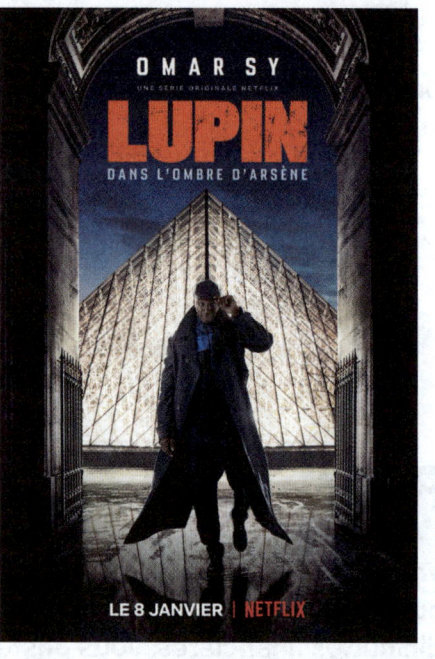

1. Je lis le titre et j'observe l'image. De quoi parle cet article ? ....

2. ⓐ Je lis l'article et je réponds aux questions.

  a. Quelles sont les deux conséquences du succès de la série *Lupin* ?

  b. Quelles sont les clés de ce succès ?

  ⓑ Retrouvez dans l'article les expressions équivalentes pour parler de succès.

  a. susciter à nouveau l'attention → ....
  b. augmenter à nouveau → ....
  c. moderniser → ....
  d. l'importance (d'un phénomène) → ....

3. Relisez le témoignage de Sofia en regardant la syntaxe. Répondez puis lisez l'article à voix haute.

  a. Quelle couleur indique : – une apposition ? .... – une insistance ? ....
  – une précision ? .... – une mise en relief ? ....
  b. Qu'est-ce que chacune de ces formes implique pour une lecture à voix haute ?

Produire

4. ✏️ Quelle série a le plus de succès dans votre pays ? **Expliquez les raisons de ce succès** (200 mots) puis enregistrez-vous en lisant votre texte à voix haute pour un podcast.

Stratégie — Avez-vous fait des pauses et mis en valeur certains mots ?

Parler d'une série

UNITÉ 12

→ Livre élève p. 171, 172

Écouter un document audio

> Reformuler après avoir écouté

1. Avant d'écouter, je regarde l'affiche et je lis le titre.
   a. De quoi s'agit-il ? ....
   b. Quelles informations sont présentées sur l'affiche et dans le titre ?
   ....
   ....

2. ⓐ ▶75 | J'écoute une première fois l'émission et je réponds aux questions.
   a. Quels métiers exercent les personnages ?
   ....
   ....
   b. De quoi parle cette saison ?
   ....
   ....
   ....
   c. Comment qualifier l'univers de cette série ?
   ....
   ....

Engrenages, une ultime saison lumineuse au cœur des mineurs migrants

ⓑ J'écoute à nouveau la chronique et je retrouve les expressions propres aux **séries**.
   a. la saison qui commence par une mort → ....
   b. l'évolution des personnages → ....
   c. un portrait de la société → ....
   d. une fin crédible → ....
   e. une saison qui se termine brillamment → ....

3. Reformulez ces phrases imagées de la chronique avec vos propres mots.
   a. Une avocate sans état d'âme, Joséphine Karlsson.
   → ....
   b. Marine Francou est aux commandes pour cette saison.
   → ....
   c. On est tombés sur une photo du journal *Le Monde*.
   → ....
   d. Et là, tout de suite, ça a fait tilt dans notre tête.
   → ....
   e. Cette saison est à l'unisson avec des images volées sur les campements de migrants.
   → ....

Produire

4. 🔊 Votre ami(e) est fan de séries. Laissez-lui un message vocal pour lui **parler de la série** *Engrenages*. Reformulez les idées principales de l'émission. Enregistrez-vous (2 min.).

Stratégie
Écoutez votre message. Avez-vous reformulé les expressions imagées ?

LES SÉRIES

→ Livre élève p. 171, 172

1. Associez pour retrouver les expressions.

- suivre •
- la trajectoire •
- une représentation •
- s'inspirer •
- être à l'unisson avec •

- • la réalité
- • de la société
- • des personnages
- • d'un livre ou de faits réels

2. Lisez ces définitions et retrouvez les mots correspondants.

   a. Fait d'être connu(e) et apprécié(e) par beaucoup de monde. = la p _ _ _ _ _ _ _ _ _
   b. Fait de transposer une œuvre dans un autre genre. = une _ _ _ p _ _ _ _ _ _
   c. Partie d'une saison. = un _ _ _ _ _ d _
   d. Qui imite la société, sans l'idéaliser. = le _ _ a _ _ _ _ _
   e. Interprétation d'un personnage par un acteur, allant jusqu'à l'identification. = une _ _ c _ _ _ _ _ _ _ _

3. Lisez et complétez la description de *La Maison-Bleue* avec les mots suivants.

les personnages | les téléspectateurs | humoristique | de fiction | une série | les péripéties

La Maison-Bleue est .... télévisée québécoise créée par Ricardo Trogi et Daniel Savoie. .... peuvent la visionner sur ICI Tou.tv. La série se passe dans un univers .... : le Québec est devenu indépendant. Mais, malgré l'indépendance, la nation hésite toujours entre le souverainisme et le fédéralisme canadien.
Au-delà de ce grand débat, ... doivent gérer .... de la vie familiale.
La série est .... Elle comporte beaucoup de références culturelles, en commençant par son titre, clin d'œil à la Maison-Blanche américaine.

4. ▶76 | **Écoutez et complétez les caractéristiques de ces rubriques en prenant des notes.**

   a. La série : ....
   b. Le scénariste et le réalisateur : ....
   c. La saison 3 : .... ; ....
   d. La saison 2 : .... ; ....

Produire

5. ✎ Quelle série vous a appris le plus de choses sur le plan personnel ou culturel ?
Écrivez un texte pour alimenter le site internet : « Le top 10 de vos séries » (180 mots).

UNITÉ 12

LE BUT

→ Livre élève p. 173

1. Lisez le texte et soulignez les expressions de but.

Je passe mon temps à regarder des séries : c'est un bon moyen pour se divertir et pour échanger avec mes amis, ma famille. Mais, de peur de ne plus rien faire d'autre, j'ai décidé d'arrêter – temporairement – cette activité addictive. J'ai donc fait en sorte de bloquer mes accès aux plateformes de séries et, en vue de m'occuper l'esprit, j'ai acheté trois livres que j'ai envie de lire depuis longtemps. J'ai fait en sorte que mes amis soient prévenus de ma décision afin que nous puissions parler d'autre chose quand nous nous voyons.

2. ▶77 | But souhaité ou non souhaité ? Écoutez et cochez la bonne réponse.

	a.	b.	c.	d.	e.
But souhaité					
But non souhaité					

3. Infinitif ou subjonctif ? Conjuguez si besoin les verbes entre parenthèses.
   a. Il regarde cette série afin de .... (comprendre) l'histoire.
   b. Je n'ai pas regardé la dernière saison de peur que ce .... (être) un échec.
   c. Elle a fait en sorte que les comédiens .... (incarner) leur rôle à la perfection.
   d. Il s'est beaucoup documenté en vue de .... (connaître) son personnage.
   e. Il a pensé cette série de manière à ce qu'elle .... (avoir) des vertus pédagogiques.

4. Quelle est la bonne expression de but ? Soulignez la bonne réponse.
   a. Elle a créé cette appli *afin de / afin que* les utilisateurs soient satisfaits.
   b. Il a regardé cette série *pour / pour qu'* élargir son univers.
   c. Il a construit l'intrigue *de manière à / de manière à ce qu'* elle soit palpitante.
   d. Les téléspectateurs ne parlent pas de cette série *de peur de / de peur que* la fin soit révélée.
   e. Il a fait *en sorte de / en sorte que* les personnages soient vraisemblables.

5. Complétez ces phrases qui expriment le but avec *de, d', que* ou *qu'*.
   a. J'ai arrêté de regarder des séries de peur .... mes amis ne m'oublient.
   b. Il a jeté son smartphone de crainte .... devenir accro aux réseaux sociaux.
   c. Elle va prendre un abonnement Netflix afin .... avoir un grand choix de films.
   d. Il a créé un profil LinkedIn afin .... son réseau professionnel l'identifie plus facilement.
   e. J'ai commencé à suivre cet influenceur dans l'intention .... faire les bons choix.

MÉMO : LES EXPRESSIONS DE BUT

Exprimer un but souhaité	Exprimer un but non souhaité	Infinitif ou subjonctif ?
• pour / pour que • afin .... / afin que • en vue .... • dans l'intention .... • de manière .... / .... ce que	• de peur de / .... • de .... de / que	• 1 seul sujet → .... • 2 sujets différents → ....

SITUATION 4 — Expliquer son rapport au numérique

→ Livre élève p. 170, 174, 175

Lire un texte à voix haute (4)

> Reformuler après avoir lu

« GRÂCE À TIKTOK, JE VIS DE MON ACTIVITÉ DE CUSTOMISATION DE BASKETS »

Un jour, mon cousin m'a dit : « J'ai vu un mec sur YouTube qui fait de la custom', et je trouve que ce que tu fais est mieux. Filme le processus de création, ça va parler aux gens ! » Pour moi, le moyen le plus simple était de
5 passer par TikTok : je peux filmer avec mon portable et faire un petit montage en quelques instants. J'ai créé un compte sur ce réseau social en février 2020. Je n'en attendais pas grand-chose : je voulais surtout faire kiffer les gens, pas forcément toucher de nouveaux clients
10 [...] Depuis juin, je travaille sept jours sur sept. Le mois de juillet a été particulièrement difficile. J'enchaînais non-stop : je peignais des paires, postais du contenu sur TikTok, échangeais avec des clients sur les réseaux pour répondre à leur demande... Et ainsi de suite. Je n'avais plus une minute à moi, je ne prenais même plus le temps
15 de bien manger ou de faire du sport [...] J'ai décidé d'être transparente avec ma communauté. En story, j'ai expliqué que c'était super d'être entrepreneure, de faire ce qu'on aime, mais cela signifie aussi beaucoup de pression ! Après avoir informé tout le monde que j'avais besoin de quelques jours pour me ressourcer, j'ai reçu beaucoup de messages bienveillants de personnes qui me suivent. Depuis, j'ai un peu appris à lâcher prise.

Chloé Marriault, *Les Échos*, 22/10/2020.

1. Je lis le témoignage. Je réponds aux questions.
   a. Que publie la jeune femme sur TikTok ? ....
   b. Comment son activité sur TikTok a-t-elle évolué ? ....
   c. Quelle résolution a-t-elle prise ? ....

2. Pour lire un texte à voix haute, il faut avoir quelques repères. Trouvez une phrase du témoignage pour chaque astuce.
   a. Avec une énumération, je fais une pause à chaque virgule. ➔ ligne(s) ....
   b. Je divise les phrases en plusieurs parties et je fais une pause entre chaque type d'information. ➔ ligne(s) ....
   c. Je lie l'intonation et la ponctuation en mettant de l'émotion dans ma voix. ➔ ligne(s) ....
   d. Je mets en valeur les mots qui transmettent une émotion. ➔ ligne(s) ....

3. Pour reformuler un texte, il faut faire attention aux registres de langue. Retrouvez les expressions équivalentes dans l'article.

	Langage standard		Langage familier
a.	Je voulais faire plaisir aux internautes.	➔	....
b.	Je travaillais la semaine entière, sans interruption.	➔	....
c.	Mon activité est formidable.	➔	....
d.	....	➔	C'était vraiment chaud à gérer.
e.	....	➔	J'ai voulu être cash avec mes followers.

4. Reformulez ce témoignage à l'oral à un(e) ami(e) qui partage ses créations sur les réseaux sociaux.

Produire

5. 🔊 Les réseaux sociaux peuvent-ils être utiles dans votre vie professionnelle ? **Expliquez votre rapport au numérique** en vous enregistrant pour une émission de radio. Écrivez votre texte (200 mots), puis lisez-le à voix haute.

Stratégie — Écoutez votre enregistrement. Avez-vous fait des pauses et mis la bonne intonation ?

UNITÉ 12

LE NUMÉRIQUE

→ Livre élève p. 170, 174, 175

1. Voici cinq conseils pour être connecté(e). Donnez les conseils inverses pour déconnecter.

Soyez connecté(e) !
a. Restez disponible !
b. Passez du temps sur votre smartphone !
c. Activez les notifications !
d. Focalisez votre attention sur votre smartphone !
e. Laissez la sonnerie de votre smartphone !

≠

Déconnectez-vous !
a. ....
b. ....
c. ....
d. ....
e. ....

2. 🎧78 | Écoutez ce témoignage et soulignez la bonne information.
a. Megda a une *chaîne Youtube / émission de radio / chaîne de podcast* sur les doctorants.
b. Elle a commencé à suivre des doctorants *sur le site de l'université / sur les réseaux sociaux / dans un laboratoire de recherche*.
c. Avant de se lancer, elle a contacté les chercheurs *via un chat / par mail / par téléphone*.
d. Avec son site, elle a veillé à *créer des contenus / faire sa propre promotion / trouver des subventions*.
e. Les futurs doctorants peuvent *la joindre / être interviewés / s'abonner à la newsletter*.

3. Associez ces verbes au bon nom.

créer • • sur une plateforme
lancer • • sur les réseaux
être présent(e) • • un programme
publier • • des contenus
s'adresser • • aux utilisateurs

4. Lisez les définitions pour retrouver les mots, puis remettez les lettres grisées dans l'ordre pour découvrir le mot caché.

a. Contraire d'injoignable. = ☐☐☐☐☐☐☐☐☐
b. Ce qui permet de connaître la position. = la ☐☐☐☐☐☐☐☐☐☐☐☐☐☐
c. Ce qui permet d'être informé(e) d'un message. = une ☐☐☐☐☐☐☐☐☐☐☐☐
d. Site internet qui permet de partager et d'échanger. = un ☐☐☐☐☐ ☐☐☐☐☐☐
e. Groupe de personnes en lien sur Internet. = une ☐☐☐☐☐☐☐☐

→ Mot caché : _ _ _ _ _ _ _ _ _ _ _

Produire

5. ✏️ Vous avez besoin de temps pour un projet et décidez de vous déconnecter. Comment allez-vous faire ? Décrivez votre rapport au smartphone et partagez votre plan d'action sur votre blog (180 mots).

LE DISCOURS INDIRECT AU PASSÉ

→ Livre élève p. 176

1. Lisez le texte, soulignez les paroles rapportées et entourez les verbes introducteurs.

Il m'a dit qu'il avait créé des contenus pour son blog. C'est super ! Il publie un article par semaine sur les séries du moment. Beaucoup de ses posts ont été relayés sur les réseaux sociaux. Il m'a expliqué que c'étaient plutôt les adolescents qui réagissaient en commentant ou en mettant des « J'aime ». Quand je lui ai dit qu'il devrait lancer son site internet, il m'a répondu qu'il y pensait, mais qu'il ne trouvait pas le temps.

2. ▶79 **Écoutez et transformez ces phrases au discours indirect.**

a. Il m'a dit ....

b. Elle a affirmé ....

c. Tu viens de lui expliquer ....

d. Ils ont annoncé ....

e. Elle lui a demandé ....

3. Soulignez la bonne expression de temps.

a. Je pense pouvoir regarder le dernier épisode *aujourd'hui / le jour même*.

b. Il m'a dit qu'il allait regarder cette série *demain / le lendemain*.

c. Est-ce que tu as vu l'épisode sur Paris *hier / la veille* ?

d. Elle m'a dit qu'elle me répondrait *demain matin / le lendemain matin*.

e. Il m'a expliqué qu'il se reconnecterait *aujourd'hui / le jour même*.

4. Transformez comme dans l'exemple. Attention aux temps !

Exemple : « Tu aimes cette série ? » → *Je lui ai demandé s'il aimait cette série.*

a. « Je vais bientôt lancer mon appli. »
→ Je lui ai dit ....

b. « Tu es disponible demain ? »
→ Je t'ai demandé ....

c. « On fera des recherches sur ce sujet. »
→ Il lui a expliqué ....

d. « Tu as réussi à publier ton post ? »
→ Je lui ai demandé ....

e. « Je soutiens une communauté en ligne. »
→ Je lui ai annoncé ....

MÉMO : LE DISCOURS INDIRECT AU PASSÉ

Les verbes introducteurs	La concordance des temps	
• **Interrogation :** demander .... • **Affirmation :** dire .... affirmer .... annoncer	• **Discours direct** présent .... futur	• **Discours indirect** → imparfait → plus-que-parfait → ....

LE COMPTE-RENDU

UNITÉ 12

→ Livre élève p. 172
→ Livre élève Fiche p. 202

Dans un article paru dans le numéro 22 du magazine *ADN*, publié en mars 2020, la journaliste, Lisa Hör, témoigne après avoir relevé le défi d'écrire un mois sans émoji. Les deux journalistes, Lisa Hör et Matthieu Maurer, visent à mettre en avant, avec humour et sérieux, le fonctionnement des conversations écrites.

Après avoir rappelé les conditions de ce défi, la journaliste entre dans le vif du sujet. Elle raconte tout d'abord cette expérience sur le plan personnel. Elle partage ses craintes et les stratégies qu'elle a mises en place pour réussir ce challenge. Elle souligne qu'elle avait peur d'avoir l'air froid et distant. Elle explique qu'elle a utilisé la ponctuation et multiplié les formules de politesse amicales pour remplacer les émojis.

Chloé Léonardon estime que ce réflexe est normal puisqu'aujourd'hui, les conversations écrites ont emprunté des caractéristiques de l'oral, notamment avec les émojis. Elle explique que les émoticônes ont pour fonction de remplacer les expressions du visage.

Keith Broni, chercheur et consultant pour Emojipédia, va même plus loin en démontrant que les émojis visent à transmettre essentiellement des émotions positives. L'absence d'émojis est donc plus souvent réservée aux mauvaises nouvelles.

Ensuite, la journaliste aborde ce défi sous l'angle des communications professionnelles. Elle estime qu'il est encore plus difficile de faire une croix sur les émojis quand on sollicite son interlocuteur, quand on demande un service ou que l'on refuse quelque chose, par exemple.

Malene Rydahl, autrice de *Je te réponds... moi non plus*, réagit à ce phénomène en montrant que les émojis servent à dédramatiser. Elle donne un exemple personnel et prouve que le refus d'un rendez-vous peut être bien perçu grâce à un émoji.

Toutefois, d'après Keith Broni, les émoticônes n'ont pas que des effets positifs. Il nous alerte sur le danger de leur utilisation dans un contexte professionnel, dans la mesure où ils sont vecteurs d'échanges trop informels, voire familiers.

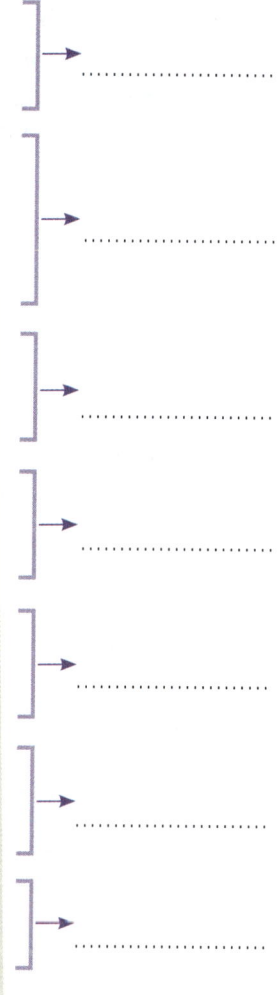

1. Repérez la structure de ce compte-rendu de l'article de presse « J'ai testé pour vous : un moi(s) sans Émoji » p. 174 du livre élève.
Identifiez et notez en marge droite du texte : l'introduction ; les deux idées essentielles ; les idées secondaires.

2. Relevez les mots qui permettent...
▶ d'annoncer une idée principale : ....
▶ d'introduire un exemple : ....
▶ d'introduire l'avis d'un expert : ....

3. Soulignez les verbes introducteurs. Sont-ils interchangeables ? Pourquoi ?
....
....
....

Produire

4. ✏️ Écrivez un compte-rendu de l'article « TikTok lance un programme éducatif ! » (livre élève, p. 170). Conservez la structure, variez les verbes introducteurs et reformulez les phrases du texte.

L'opinion

SUJET

Sur le forum Éducation du site lemonde.fr, vous décidez de vous exprimer sur le sujet suivant : « Faut-il vraiment avoir peur du numérique ? » Donnez votre avis.

> **MÉTHODOLOGIE**
> ▶ Faire appel à ses connaissances antérieures
> • Structurer son plan détaillé
> • Lister des structures argumentatives
> • Trouver des synonymes aux mots-clés

1. PRÉPARATION

a **Lire le sujet.**

Je lis et relis le sujet. Je reformule la question posée.

▶ ....

J'entoure le mot qui invite à nuancer.

b **Structurer son plan détaillé.**

Je complète le plan ci-dessous.

Première partie	Deuxième partie ....
Connecteur :	Connecteur : ....
▶ Argument 1 :	▶ Argument 1 : ....
....	....
Exemple 1 :	Exemple 1 : ....
....	....
Connecteur :	Connecteur : ....
▶ Argument 2 :	▶ Argument 2 : ....
....	....
Exemple 2 :	Exemple 2 : ....
....	....

c **Lister des structures argumentatives.**

a. Lisez les deux arguments ci-dessous et repérez les structures argumentatives pour...

▶ introduire une idée : ....

▶ opposer deux idées : ....

b. Complétez ces deux listes avec d'autres articulateurs que vous connaissez.

> « Précarisation de l'emploi, automatisation du travail, fin de la vie privée, surveillance de masse… Le numérique effraie autant qu'il fascine. En effet, dans cette période de transition, tout est bouleversé : les entreprises, la justice, les politiques publiques mais aussi la vie quotidienne des individus. »
>
> leclubdesjuristes.com

> « On pourrait penser que le développement de l'économie numérique conduirait au remplacement des salariés par des indépendants. Pourtant, en France, le travail salarié représente encore plus de 90 % des emplois. »
>
> leclubdesjuristes.com

point culturel

• **La révolution numérique** a commencé il y a un peu plus de 25 ans. **Le Web** a été inventé en 1989, **le premier navigateur** en 1993, **Google** en 1998.

• En 2020, sur **7,79 milliards d'habitants** sur Terre, on compte : 5,15 milliards de **mobinautes**, 4,57 milliards d'**internautes** et 3,96 milliards d'**utilisateurs des réseaux sociaux**.

blogdumoderateur.com

UNITÉ 12

MÉTHODOLOGIE
> Se relire
• Distinguer les parties visuellement
• Vérifier la ponctuation
• Éviter les répétitions

d Trouver des synonymes aux mots-clés.

Mots positifs	Mots négatifs
– permettre = fav...............	– empêcher = int...............
– un avantage = un int...............	– un inconvénient = un obs...............
– un atout = une cha...............	– un risque = un dan...............

2. RÉDACTION

Je rédige mon argumentation, avec l'introduction et la conclusion, sur une feuille avec des lignes.

a Distinguer les parties visuellement.

→ Je regarde ma rédaction et je vérifie **la mise en page**.

▶ J'ai quatre paragraphes (introduction / partie 1 / partie 2 / conclusion) bien distincts. ❑ OUI ❑ NON
▶ J'ai sauté une ligne entre chaque paragraphe. ❑ OUI ❑ NON
▶ La première phrase de chaque paragraphe commence légèrement à droite. ❑ OUI ❑ NON
▶ Je n'ai pas ou peu de ratures. ❑ OUI ❑ NON

b Vérifier la ponctuation.

→ Je regarde ma rédaction et je vérifie **la ponctuation**.

▶ Chaque phrase commence par une majuscule. ❑ OUI ❑ NON
▶ Chaque phrase se termine par un point. ❑ OUI ❑ NON
▶ La dernière phrase de la conclusion est une question. ❑ OUI ❑ NON
▶ J'ai beaucoup utilisé « ... ». ➜ Je remplace par « , etc. » ❑ OUI ❑ NON
▶ Je cite un article ou une personne. ➜ Je mets des guillemets. ❑ OUI ❑ NON

c Éviter les répétitions.

→ Je relis ma rédaction et je vérifie **le vocabulaire** utilisé.

▶ Je ne répète jamais la même idée. ❑ OUI ❑ NON
▶ J'ai utilisé les synonymes de l'activité 1. **d**. ❑ OUI ❑ NON
▶ J'ai pensé à changer de verbe pour donner une opinion. ❑ OUI ❑ NON
▶ J'ai utilisé des articulateurs différents. ❑ OUI ❑ NON

3. RELECTURE

Vérifier la conjugaison des verbes.

Vérifier le pluriel des noms.

Utiliser un dictionnaire pour vérifier l'orthographe si nécessaire.

Bilan

LINGUISTIQUE

GRAMMAIRE

1 **Complétez ces phrases pour exprimer le but avec *de*, *que* ou *à ce que*.**

a. Je regarde cette série afin .... en apprendre plus.

b. Il reste connecté pour .... ses utilisateurs puissent le joindre.

c. Elle a désactivé ses notifications de peur .... devenir accro.

d. On a fait en sorte .... regarder tous les épisodes le même soir !

e. Il a créé son site de manière .... il soit le plus simple possible.

2 **Transformez ces phrases en utilisant l'expression de but entre parenthèses.**

a. Ils regardent cette série. Avec elle, ils se divertissent. (pour)
→ ....

b. Elle a activé la géolocalisation. Elle avait peur de se perdre. (de peur)
→ ....

c. Je suis présent sur les réseaux. Ça m'aide à promouvoir mon activité. (en vue)
→ ....

d. On a créé ce site. Grâce à lui, les utilisateurs partagent leur expérience. (afin)
→ ....

e. Ils ont mis des scènes d'action. Ils avaient peur que les spectateurs s'ennuient. (de crainte)
→ ....

3 ▶80 | **Écoutez et complétez ces phrases au discours indirect.**

a. Elle m'a demandé ....

b. Il lui a annoncé ....

c. Ils ont expliqué ....

d. Il s'est demandé ....

e. Je lui ai précisé ....

4 **Transformez ces phrases au discours direct.**

a. Il m'a dit qu'il était accro aux séries policières.
→ Il m'a dit : « .... »

b. Elle m'a demandé si j'étais sur TikTok.
→ Elle m'a demandé : « .... »

c. On leur a expliqué qu'il faudrait rester joignables.
→ On leur a expliqué : « .... »

d. Il nous a précisé que ses tutos permettaient de se former.
→ Il nous a précisé : « .... »

e. On lui a demandé quand est-ce qu'il avait consulté ses messages.
→ On lui a demandé : « .... »

UNITÉ 12

LEXIQUE

1 **Les séries** | Lisez les définitions et retrouvez les mots. ☆☆☆☆☆
   a. Se dit d'une série qui amuse, qui change les idées. = un _ _ _ _ _ _ _ _ _ _ _ _ _ _
   b. C'est l'histoire d'un film, d'un livre, d'une série. = une _ _ _ _ _ _ _ _
   c. C'est une partie de la série. = une _ _ _ _ _ _
   d. C'est la personne qui regarde la télévision. = un _ _ _ _ _ _ _ _ _ _ _ _ _ _
   e. C'est une personne interprétée par un acteur. = un _ _ _ _ _ _ _ _ _

2 **Les séries** | Associez pour retrouver les bonnes phrases. ☆☆☆☆☆
   a. Cette série permet d'élargir • • 1. la réalité du monde des renseignements.
   b. Dans cette saison, on s'intéresse à • • 2. son expérience de la réalité virtuelle.
   c. Le personnage central se plonge dans • • 3. au monde géopolitique.
   d. Cette nouvelle saison permet de s'éveiller • • 4. son univers.
   e. Grâce à cette série, il a élargi • • 5. des figures différentes de lui-même.

3 **Le numérique** | Complétez avec le mot correct. ☆☆☆☆☆
   a. Pour communiquer, il vaut mieux être sur les .... sociaux.
   b. Pour ne pas se perdre, il est préférable d'activer la ....
   c. Pour ne pas devenir accro, il faut désactiver ses ....
   d. Pour toucher sa cible, il faut s'adresser directement aux ....
   e. Pour préserver son ...., il faut déconnecter quelques heures.

4 **Le numérique** | Soulignez le mot correct. ☆☆☆☆☆
   a. Découvrez nos outils pour booster votre création de *contenus / programme / réseaux* !
   b. J'ai lancé un *internaute / programme / contenu* qui s'exécute automatiquement au démarrage.
   c. Ils diffusent cette série sur une *communauté / notification / plateforme* de streaming.
   d. Il a rejoint une *communauté / rencontre / plateforme* de joueurs en ligne.
   e. Signal, c'est une appli pour les conversations *immédiates / instantanées / simultanées*.

5 **Éclairant(e)** | Associez les mots et les définitions. ☆☆☆☆☆
   a. Qui développe l'esprit, la réflexion. • • 1. formateur(trice)
   b. Qui enseigne par la pratique. • • 2. enrichissant(e)
   c. Qui enseigne par la théorie. • • 3. illuminant(e)
   d. Qui donne des renseignements. • • 4. instructif(ive)
   e. Qui est une source de compréhension nouvelle. • • 5. informatif(ive)

6 Lisez les phrases et cochez l'expression équivalente. ☆☆☆☆☆
   a. Il faut <u>creuser</u> cette idée ! ❑ approfondir ❑ abandonner
   b. <u>Je me suis creusé la tête</u> pendant des heures ! ❑ j'ai trouvé des idées ❑ j'ai beaucoup réfléchi
   c. Elle a <u>creusé</u> dans la terre. ❑ fait un trou ❑ fait un tas
   d. Le sport, ça <u>creuse</u> ! ❑ donne soif ❑ donne faim
   e. Il <u>a creusé sa tombe</u> avec cette histoire. ❑ s'est mis en échec ❑ a été trop loin

PRÉPARATION au DELF

Compréhension des écrits   15 points

Vous lisez l'opinion de ces trois personnes sur un forum dont le thème est : « Faut-il quitter les réseaux sociaux ? »

Sarah
On ne peut pas nier que les réseaux sociaux ont une place prépondérante dans notre société, notamment parce qu'ils incluent la notion de sociabilité. En effet, ils privilégient les activités familiales, amicales et même professionnelles, et favorisent donc la rencontre et l'échange, en toute modernité. Chez certaines personnes, ils favorisent la créativité puisqu'ils permettent de montrer leurs photos, leurs peintures, leurs textes.

Kevin
Pour promouvoir leurs valeurs et leurs actualités de manière simple, rapide et efficace, les entreprises disposent de nombreux moyens. Mais la tendance actuelle est d'être présent sur les réseaux sociaux car ils permettent de diffuser l'information et d'améliorer sa visibilité auprès d'un plus large public, avec une stratégie digitale intelligente. Ils représentent en effet une porte d'entrée de taille vers le site professionnel. Certains réseaux sociaux sont même des sortes de plateformes d'emploi. En effet, de plus en plus d'entreprises les utilisent pour diffuser leurs annonces de postes à pourvoir.

Xenia
Pour moi, l'un des avantages des réseaux sociaux, c'est d'être proche de sa clientèle et d'interagir avec elle, en direct et sans intermédiaire. Ils permettent d'obtenir des informations sur les attentes de nos clients. L'aspect personnel prévaut. Et souvent, le travail avec nos clients est très agréable. Il m'arrive de *liker* ou de partager leurs publications !

À quelle personne associez-vous chaque point de vue ? Pour chaque affirmation, cochez la bonne réponse.

1. Avec les réseaux sociaux, on peut garder le contact de façon conviviale et directe.   3 points
- ❑ Sarah
- ❑ Kevin
- ❑ Xenia

2. Les réseaux sociaux sont des moyens modernes de communication et de partage.   2 points
- ❑ Sarah
- ❑ Kevin
- ❑ Xenia

3. Les réseaux sociaux permettent de toucher un plus grand nombre de prospects.   2 points
- ❑ Sarah
- ❑ Kevin
- ❑ Xenia

4. Les réseaux sociaux facilitent le recrutement.   2 points
- ❑ Sarah
- ❑ Kevin
- ❑ Xenia

UNITÉ 12

5. Les réseaux sociaux sont un vecteur d'expression artistique. 2 points
- ❏ Sarah
- ❏ Kevin
- ❏ Xenia

6. Les réseaux sociaux touchent le cercle personnel et professionnel. 2 points
- ❏ Sarah
- ❏ Kevin
- ❏ Xenia

7. Les réseaux sociaux permettent d'entrer en contact avec de nouvelles personnes. 2 points
- ❏ Sarah
- ❏ Kevin
- ❏ Xenia

Production orale
15 points

Vous dégagerez le problème soulevé par le document que vous avez choisi puis vous présenterez votre opinion sur le sujet de manière claire et argumentée (5 à 7 minutes). Vous défendrez votre point de vue au cours du débat avec l'examinateur.

Quelle série pour apprendre le français avec Netflix ?

Vous voulez regarder une série pour apprendre le français mais vous ne savez pas laquelle choisir ? Vous le savez déjà, les films, les séries et les histoires audio sont des outils très efficaces pour apprendre le français en ligne ! Ils vous permettent de vous habituer à la langue, d'améliorer votre prononciation, d'enrichir votre vocabulaire, ou encore d'apprendre des expressions toutes faites […]

Un lien affectif se crée

Quand vous découvrez une série, vous apprenez à connaître les personnages, et vous prenez plaisir à les retrouver à chaque nouvel épisode. Cette dimension affective est très importante quand on apprend une langue. Si vous prenez du plaisir dans ce que vous faites, vous apprendrez et mémoriserez mieux la prononciation, les expressions ainsi que les intonations des personnages.

La compréhension est plus facile

Vous avez généralement plus de facilités à comprendre une série qu'un film. En effet, les personnages réutilisent souvent, d'un épisode à l'autre, les mêmes mots et expressions. Si vous regardez régulièrement les épisodes d'une série, vous finissez par les intégrer de manière quasi-inconsciente.

Anne Le Grand, parlez-vous-french.com, 22/01/2020.

Chief philosophy officer : quand la philo colle à la peau des dirigeants

D'aucuns diraient que la philo n'a rien à faire dans l'entreprise, un lieu de performance et de profitabilité. Mais alors que les dirigeants et les managers sont de plus en plus challengés par les millennials sur la question du sens, « une épaisseur philosophique, une capacité à avoir des références culturelles qui racontent finalement autant que la philosophie, est essentielle », introduit Loïck Roche, DG de Grenoble École de management et docteur en philosophie. Ou comment prendre appui sur des repères philosophiques et culturels pour guider son action dans le mode de management […]

Car la philosophie n'est pas qu'un héritage antique, c'est aussi une discipline résolument contemporaine. « Elle ne se limite pas à la réflexion, c'est également un outil pragmatique au service de l'action et de la réaction. C'est pour cela que j'invite moins les leaders à philosopher qu'à prendre les choses avec philosophie pour se saisir des problèmes que pose la vie professionnelle aujourd'hui », explique Laura Lange, docteure en philosophie pratique.

Clarisse Watine, *Grandes Écoles et Universités Magazine* n° 89, 31/01/2020.

Corrigés

Unité 1

Activité 1 .... p. 8
a. Le monde de… Jacques Bonnaffé
b. C'est certainement Jacques Bonnaffé.
c. géo.fr.
d. 07/04/2020.
e. Et dans la journée, à quoi ressemble Cotonou ?

Activité 2 .... p. 8
a. Jacques Bonnaffé = comédien et metteur en scène
b. Un séjour.
c. Au Bénin.

Activité 3 .... p. 8
b. hôtel / petit – (chambres) spartiates – (cour) fleurie / cour / dans
c. les rues / joyeuses / me promenant / alentour – y
d. le marché / immense, effrayant / les racines / sur – y / – là – devant
e. Possotomé / Ø / village / à – à l'ouest de Cotonou – près du

Activité 4 .... p. 8
Proposition de corrigé :
Et dans la journée, à quoi ressemble… San Pedro de Acatama.
C'est un village-oasis chilien situé à 250 kilomètres en plein désert d'Atacama, au nord du Chili. C'est un lieu de passage pour les touristes qui visitent les sites environnants : la superbe Vallée de la Luna, les incroyables geysers d'El Tatio et la célèbre Cordillère des Andes. Les rues, étroites et animées, regorgent d'hôtels, de restaurants, de boutiques de souvenirs, d'épiceries et d'agences de voyage en tout genre. Les petites habitations sont construites en adobe, torchis et bois : comme il ne pleut quasiment jamais, cela suffit largement. Sur la place centrale, une petite église typique accueille aussi bien les touristes que les locaux. À côté de la place se tient le marché artisanal où l'on peut facilement acheter des souvenirs mais où les fruits et les légumes coûtent terriblement chers. Des enfants se promènent dans les ruelles. Le temps est terriblement sec. Comme il n'y a presque jamais de nuages et aucune pollution lumineuse, on peut s'émerveiller, le soir, devant le ciel étoilé. D'ailleurs, de nombreuses agences proposent la découverte du ciel étoilé grâce à des télescopes géants. C'est magnifique !

Activité 1 .... p. 9
a. C'est une femme. Elle s'appelle Leïla Slimani.
b. **Proposition de corrigé :**
C'est une journaliste et une écrivaine franco-marocaine. Elle a reçu le prix Goncourt en 2016 pour son roman intitulé *Chanson douce*.
c. On va parler de Leïla Slimani, de ses qualités et de ses défauts. On va peut-être parler de sa vie professionnelle ou de sa vie personnelle.

Activité 2 .... p. 9
b **Surnoms :** Lilou, Lilouse, Lili, Biquette
Occupation préférée : aller au cinéma le matin pour s'asseoir derrière les personnes âgées, écouter et noter tout ce qu'elles disent
Goûts : recevoir un livre à Noël, manger des légumes verts ou des sandwichs aux olives, noter des choses dans des petits carnets
Traits de caractère : bavarde, organisée, passionnée

Activité 3 .... p. 9
Proposition de corrigé :
a. passionné(e) b. pudique
c. rigoureux(euse) d. discret(ète)
e. sincère f. ambitieux(euse)
g. généreux(euse) h. humble
i. audacieux(euse) j. loyal(e)

Activité 4 .... p. 9
Proposition de corrigé :
a. courageux – combatif
b. fidèle – loyal – constant
c. adroit – dynamique – amusant
d. endurant – passionné
e. minutieux – méticuleux – curieux

Activité 5 .... p. 9
Proposition de corrigé :
– Bonjour Juliette Binoche ou devrais-je dire « Juju », c'est votre surnom, non ?
– Bonjour ! Oui… Juju, c'est ça !
– On va commencer ce portrait avec une musique que vous adorez parce que vous dansiez beaucoup quand vous étiez petite.
– Ah oui, j'adorais cela ! Je dansais partout, et surtout sur le lit de mes parents, parce que je trouvais cela beaucoup plus amusant.
– Alors, vous aimez danser mais pas seulement vous aimez peindre, vous aimez chanter, vous aimez skier et puis, bien sûr, vous aimez rire. D'ailleurs, ce rire vous caractérise… Vous dévorez les livres et pas seulement les romans d'amour. Vous replonger dans l'histoire vous passionne. Je pense notamment à *Dialogues avec l'ange*. Vous aimez aussi vous promener dans la nature, être à l'air libre et profiter de ce temps pour prendre des photos. Vous aimez le cocooning, le feu de cheminée… et vous êtes accro aux pantoufles : vous pourriez passer des jours et même des nuits avec vos pantoufles que vous collectionnez presque ! Et puis, vous êtes accro au chocolat… comme l'un des films dans lequel vous avez joué.
– Ah oui, alors ça, c'est sûr !
– Vous prenez soin de vous. Le matin, vous commencez par faire de la gym ; le midi, vous faites des salades succulentes mais légères. Et vous aimez aussi vous occuper des autres. Vous prenez soin de vos chats, Bacchus et Luna… Petite, vous préfériez les chiens. D'ailleurs, vous en avez eu. Et vous détestez les souris ou les araignées. Elles vous font peur.
– J'ai hyper peur, vous voulez dire…
– Aujourd'hui, vous êtes mondialement connue pour avoir joué dans des films incroyables comme *Le Patient anglais*, *Trois couleurs* : *Bleu*, *Un beau soleil intérieur* et, tout récemment, *La Bonne Épouse*.

Activité 1 .... p. 10
a. Victor Hugo porte une barbe.
b. Cet homme ressemble à mon grand-père.
c. Il a l'air d'être / paraît pensif.
d. Il possède beaucoup de qualités.
e. Cet écrivain a l'air d'être / paraît sérieux.

Activité 2 .... p. 10
a. rasé de près b. la barbe c. la barbiche
d. les favoris e. la moustache f. le bouc

Activité 3 .... p. 10
a. plissée b. bronzé c. élancé d. froncés
e. creuses

Activité 4 .... p. 10
a. casser les **pieds** = importuner quelqu'un
b. avoir la grosse **tête** = devenir prétentieux
c. mener quelqu'un par le bout du **nez** = faire faire tout ce que l'on veut à quelqu'un
d. se serrer les **coudes** = s'entraider
e. en avoir plein le **dos** = en avoir marre
f. avoir les **yeux** plus gros que le ventre = se servir plus que ce que l'on peut manger
g. avoir un **œil** de lynx = avoir une excellente vue
h. mettre les **pieds** dans le plat = faire une gaffe
i. avoir une idée derrière la **tête** = avoir une idée mais ne pas l'exprimer
j. fourrer son **nez** partout = se mêler indiscrètement de tout

Activité 5 .... p. 10
Proposition de corrigé :
Sur cette photo, Victor Hugo a l'air très sérieux. Il se tient plutôt droit. Physiquement, cet écrivain porte une barbe et une moustache blanches assez touffues. Victor Hugo ressemble un peu à un grand-père : il a le front ridé et assez large et des cheveux blancs. Il a également les yeux cernés ce qui donne l'impression qu'il est fatigué. Il porte un costume noir et une chemise blanche. La manière dont la photo est prise lui donne un air sévère.

Activité 1 .... p. 11
passions – deviniez – ayez – posiez – ait pu

Activité 2 .... p. 11
a. subjonctif présent b. subjonctif présent
c. indicatif présent d. subjonctif présent
e. indicatif présent

Activité 3 .... p. 11
a. fasse b. connaissiez c. choisisses
d. écrives e. arrivions

Activité 4 .... p. 11
n'ayons pas vécu – ayons survécu – nous souvenions – ait relaté – lisiez – ait plu

Mémo .... p. 11
le but
la nécessité : il est indispensable que
l'opinion : c'est + adjectif + que – je trouve que
le doute : cela m'étonne que – je doute que

Activité 1 .... p. 12
a. La Terre est-elle vraiment ronde ?
b. **Proposition de corrigé :**
Une orange découpée et peinte comme un globe terrestre.
c. Nicolas Lambert et Christine Zanin, *Mad Maps*.
d. 2019.
e. #Patatoïde #FormeDeLaTerre #CitronVsOrange #Cartododue #FlyingPotaoes

Activité 2 .... p. 12
Proposition de corrigé :
OUI : On parle de la forme de la Terre. On dit qu'elle ressemble à une orange (une orange est ronde) dodue.
NON : On ne peut pas dire que la Terre est ronde. On dit qu'elle ressemble à un citron (un citron est ovale), à une patate (patatoïde), à une patate volante (flyingpotatœs).

Activité 3 .... p. 12
-200 : Ératosthène calcule la circonférence de la Terre.
Moyen Âge : circonférence de la Terre acceptée.
XVIIIe siècle : expéditions pour mesurer des espaces terrestres.
Aujourd'hui : la Terre = orange ou patate dans le ciel.

Activité 4 .... p. 12
Proposition de corrigé :
Déjà en 200 avant J.-C., Ératosthène avait établi que la Terre était ronde en calculant

CORRIGÉS

sa circonférence. Aujourd'hui, on dit qu'elle ressemble à une orange un peu dodue, et donc qu'elle a bien une forme arrondie. Pour prouver que la Terre est ronde, il suffit de lever la tête et d'observer le ciel. Selon la latitude où vous vous trouvez, les constellations ne sont pas les mêmes. Cela ne peut s'expliquer que si la Terre est un globe : ainsi, si vous regardez le ciel depuis la France ou depuis le Chili, vous ne regardez pas vers le même endroit de l'univers. Si vous voulez démontrer que la Terre est ronde en plein jour, vous pouvez aussi grimper dans un arbre. Vous constaterez alors que vous percevez un horizon plus lointain que celui que vous observez quand vous vous trouvez à même le sol. Cela est dû à la courbure de la Terre. Enfin, si vous avez envie de montrer à un ami qui habite dans une autre ville que la Terre est ronde, plantez chacun un bâton de même longueur dans le sol et observez leurs ombres. Si la Terre était plate, leurs ombres seraient identiques.

Activité 1 .... p. 13
a. Parce que la Terre est recouverte d'océans.
b. Les océans Antarctique, Arctique, Atlantique, Indien, Pacifique.
c. L'Afrique, l'Amérique, l'Antarctique, l'Asie, l'Europe, l'Océanie.
d. L'Antarctique.
e. Un globe.

Activité 2 .... p. 13
a. continental(e) **b.** terrestre **c.** maritime **d.** montagnard(e) **e.** forestier(e) **f.** équatorial(e) **g.** sablé(e), sableux(euse) sablonneux(euse) **h.** territorial(e) **i.** volcanique **j.** tropical(e)

Activité 3 .... p. 13
a. une baie **b.** une plage **c.** un plateau **d.** un estuaire **e.** une île **f.** une presqu'île **g.** une pointe **h.** une falaise

Activité 4 .... p. 13
Proposition de corrigé :
Monsieur Eluard,
Je me permets de vous adresser ce courrier après avoir lu attentivement votre recueil de poésies *L'amour la poésie* paru en 1929.
Tout d'abord, je vous présente mes très sincères félicitations pour la publication de ce recueil. J'ai particulièrement apprécié le poème « La Terre est bleue comme une orange » dans lequel vous évoquez votre union avec votre première femme, Gala.
Toutefois, je doute que le titre soit approprié. En effet, je ne suis pas convaincu que vous puissiez comparer aussi facilement la terre à une orange. Tout d'abord, **la surface maritime de la Terre** est telle que celle-ci ne peut être orange. Si l'on devait lui attribuer une couleur, elle serait bleue. En effet, elle est recouverte de vastes **océans (Atlantique, Pacifique, Indien...).** Selon vous, la femme entretient un rapport étroit avec la terre. Je ne suis pas sûr que ce lien soit aussi étroit que vous le pensez. La Terre est bien plus étendue : elle est faite d'une variété de reliefs (**plateau, plaine, volcan, détroit, collines, montagnes**...) que la femme ne possède pas.
J'espère que vous comprendrez les propos de ce courrier et que cela ne vous blessera pas. Je tenais à vous exprimer mes sentiments à l'égard de votre poésie.
Veuillez agréer, Monsieur, l'expression de mes sentiments sincères à l'égard de votre travail.
Éric Chalin

Activité 1 .... p. 14
a. tu, Espèce de lâche, toi, insecte de malheur, tu t', tu, t', toi qui, te, Tigre
b. insecte + Tigre = on parle d'un moustique

Activité 2 .... p. 14
a. Elle est blanche.
b. Je la vois.
c. Je vois la neige qui est blanche.
d. Sa boule de neige est jolie.
e. La glace est jolie.
f. La balle blanche est jolie.

Activité 3 .... p. 14
Proposition de corrigé :
Vous souhaitez une villa en bord de mer ? Nous avons le pavillon côtier qu'il vous faut ! Il suffit de consulter notre site internet, de cliquer sur « Nos maisons » puis sur « Villas en bord de mer ». La plage est accessible depuis le jardin de chaque habitation. Le littoral se trouve à moins de 5 kilomètres du centre-ville.

Activité 4 .... p. 14
Proposition de corrigé :
Quand je vais chez ma fleuriste et que je n'achète qu'une seule fleur, elle se sent toujours obligée de l'emballer. Si vous saviez dans quoi... ! Généralement, il est moche. En plus, je ne l'ai pas choisi. Les dessins qui sont dessus m'empêchent de voir les vraies fleurs. Ce sont souvent des images de mauvais goût ou de gros cœurs, comme pour la Saint-Valentin. Et puis, je préférerais qu'elle ne m'en mette pas autant...je me retrouve avec une fleur encombrante alors que je n'ai rien demandé !
De quoi est-ce que je parle ? ...

Mémo .... p. 14
Pronoms directs : te – vous
Pronoms indirects : lui – leur
Déterminants possessifs : ta – sa – notre – votre – leur / tes – ses – nos – vos – leurs
Pronoms démonstratifs : tien / la tienne – sien / la sienne – leur

Activité 1 .... p. 15
1.f 2.b 3.e 4.g 5.i 6.j 7.a 8.h 9.c 10.d

Activité 2 .... p. 15
cette parution – elle – votre ouvrage – cette publication – vos travaux – travail

Activité 3 .... p. 15
Proposition de corrigé :
Objet : Félicitations
Monsieur,
Je vous adresse mes très sincères félicitations pour la publication de votre livre intitulé *Le huitième soir*. Cette parution peut vous remplir d'une certaine fierté car elle est le couronnement d'un travail de réflexion et de recherches méticuleuses sur la guerre d'Indochine.
J'ai particulièrement apprécié le fait que votre ouvrage incite à nous replonger dans cette période quelque peu mouvementée des relations franco-vietnamiennes. Ce qui m'a plus, c'est que ce roman est avant tout l'histoire d'un jeune officier qui rêvait d'aventures et dont les relations avec les femmes sont compliquées mais qui va devoir s'impliquer dans un combat collectif pour survivre.
J'espère que cette publication sera suivie de nombreuses autres car j'ai beaucoup aimé votre style d'écriture et la manière dont vous réussissez à piquer la curiosité du lecteur sur des événements historiques.
Veuillez agréer, Monsieur, l'expression de mes sentiments sincères à l'égard du travail que vous avez accompli.
Marc Michaud

Activité 1 .... p. 16
ⓐ **a. Origine du château :** François Iᵉʳ qui ordonne sa construction.
Quelques dates et chiffres : 1519 (construction) ; Louis XIV (fin de la construction) ; XVIIᵉᵐᵉ siècle (meubles et décorations) ; 1792 (pillage du château) ; 60 pièces ; 4 500 objets d'art ; 83 escaliers ; 282 cheminées ; 5440 hectares ; 32 kilomètres de murs.
Personnages en lien avec le site : François Iᵉʳ ; Louis XIV ; Léonard de Vinci ; Louis XV ; le roi de Pologne.
L'anecdote avec Louis XV : son beau-père, le roi de Pologne, est venu se réfugier au château. Il a donc fallu le meubler.
b. Il parle fort. / Il parle à un rythme normal. / Il articule beaucoup. / Il sourit beaucoup.
c. - François Iᵉʳ , 1519
- le Roi-Soleil
- exactement
- si, Chambord, 60 pièces, 426
ⓒ **Situation géographique :** région du Périgord, département de la Dordogne
Histoire : 1489 (famille de Caumont) ; 1792 (abandon du château) ; rachat et restauration en 1900 ; achats successifs ; aujourd'hui Angélique de Saint-Exupéry.
Architecture, style : architecture Renaissance avec des éléments gothiques et des jardins à la française
Personnage(s) en lien avec le site : Jacques de Caumont (serviteur de Henri IV) qui y séjourna de nombreuses fois ; Charles-Auguste Delbret-Claverie (1900) qui le restaure ; Joséphine Baker (qui habite au château avec sa tribu de 1937 à 1969) ; Angélique de Saint-Exupéry (actuelle propriétaire).
Anecdote(s) : Joséphine Baker y a développé une sorte de parc d'attractions touristiques et y a vécu avec ses 12 enfants adoptés de neuf nationalités différentes qu'elle surnommait sa « tribu arc-en-ciel ».

Activité 2 .... p. 17
Proposition de corrigés :
Question 1 : Mais alors, qui a restauré ce château ?
Question 2 : Pourquoi Joséphine Baker l'a-t-elle transformé en complexe touristique ?
Question 3 : Quelles sont les pièces les plus importantes ?
Les mots importants de la visite : Baker – jardin à la française – construit – propriétaire – famille – richesse – cuisine – feuilles d'or

– Nous sommes devant le château des Milandes, un château situé en Dordogne, dans le Périgord. Ce château, construit en 1489, a longtemps appartenu à la famille de Caumont. Au moment de la Révolution française, le château est abandonné mais, heureusement pour nous aujourd'hui, pas réellement détruit.
– Mais alors, qui a restauré ce château ?
– Eh bien, c'est d'abord Charles-Auguste Delbret Claverie, un industriel ayant fait fortune, qui le restaure en 1900, en ajoutant une aile complète, des tours, des logis, des balcons et de nombreuses sculptures. Petit à petit, il va ajouter un jardin à la française. Un siècle plus part, c'est au tour d'Angélique de Saint-Exupéry qui est aujourd'hui la propriétaire de ce château magnifique. Il faut dire qu'on en tombe très rapidement amoureuse... aussi parce que Joséphine Baker a habité ce château.
– Et pourquoi Joséphine Baker l'a-t-elle transformé en complexe touristique ?

– Principalement parce que Joséphine Baker est extrêmement généreuse. Issue d'une famille pauvre, elle aime le luxe, mais sa richesse à elle est de toujours vouloir donner aux autres. Elle le surnommera d'ailleurs le « village du monde », qui accueille les habitants de Castelnaud mais aussi des visiteurs du monde entier, ce qui permet de faire vivre le village.
– Quelles sont les pièces les plus importantes ?
– Quand vous entrerez dans le château, je vous conseille la cuisine où Joséphine Baker passait des heures et des heures avec ses douze enfants. Vous verrez qu'elle leur apprenait le nom des fruits et des légumes avec les carreaux de faïence. Et aussi, la salle de bains avec son plafond peint à la feuille d'or et ses mosaïques noires… un lieu exceptionnel !

Grammaire

Activité 1 .... p. 18
a. aient déjà fini **b.** lisiez **c.** aient visité **d.** pensions **e.** aides

Activité 2 .... p. 18
a. C'est dommage qu'il ne comprenne rien !
b. Cela m'étonne qu'elle ne sache pas qui est Victor Hugo.
c. C'est essentiel que vous connaissiez votre géographie.
d. Est-ce nécessaire qu'ils fassent son portrait à l'oral ?
e. Elle regrette que n'ayons pas eu le temps de finir son travail.

Activité 3 .... p. 18
a. capitale (politique) **b.** là **c.** bijou (historique et architectural) **d.** cette cité **e.** sa (population)

Activité 4 .... p. 18
a. *On a marché sur la Lune* est une bande-dessinée **qui** est célèbre.
b. *Voyage au centre de la Terre* a été écrit par Jules Vernes. **Ce roman** est un roman d'aventures.
c. Orelsan a chanté *La Terre est ronde*. J'aime beaucoup **l'**écouter.
d. *Le Voyage dans la Lune* est un film d'animation. **Ce film** est pour les enfants.
e. *Au nom de la terre* est un film réalisé par Édouard Bergeon. **Son film** est réussi.

Lexique

Activité 1 .... p. 19
a. coude (car il n'est pas sur le visage)
b. rassembler (car les autres verbes concernent l'apparence)
c. grain de beauté (car il ne concerne pas les poils de l'homme sur son visage)
d. costaud (car il est le contraire des autres adjectifs)
e. joues (car les autres mots sont liés à l'œil)

Activité 2 .... p. 19
a. courageux – combatif **b.** méticuleux – minutieux **c.** discret – timide **d.** droit – constant **e.** enthousiaste – passionné

Activité 3 .... p. 19
a. un volcan **b.** une falaise **c.** une montagne **d.** une presqu'île **e.** un cap

Activité 4 .... p. 19
a. maritime **b.** tropicale **c.** forestier **d.** terrestre **e.** territoriales

Activité 5 .... p. 19
a. 4 **b.** 3 **c.** 2 **d.** 5 **e.** 1

Activité 6 .... p. 19
a. établir / démontrer / montrer / expliquer
b. prendre soin de / protéger / surveiller / s'occuper de

Compréhension de l'oral .... p. 20

Exercice 1
1. abrite un centre spatial.
2. Amazonie.
3. partout. (« omniprésente »)
4. un papillon et un moyen de transport.
5. Des boas. – Des piranhas. – Des hérons cocoï.
6. Des bagnards.
7. 70 000.

Exercice 2
1. La simplicité du discours pour une meilleure compréhension par tous.
2. visualiser les phénomènes terrestres et spatiaux.
3. sensibiliser les auditeurs aux possibles définitions du terme « île ».
4. sont encore discutables.
5. Partir avec une femme sur la Lune en 2023.
6. âgée d'une vingtaine d'années, intelligente et joyeuse.

Production écrite .... p. 21

Proposition de corrigé :
Objet : Félicitations
Monsieur,
Je me permets de vous écrire pour vous adresser mes très sincères félicitations concernant la fondation que vous avez créée en 2008 afin de lutter contre le racisme et pour l'égalité dans le monde entier.
J'ai particulièrement apprécié le slogan que vous avez choisi « On ne naît pas raciste, on le devient », opinion que je partage entièrement. En effet, je suis convaincu que le racisme est une construction intellectuelle, politique et économique et que l'histoire nous a fortement conditionnés à nous voir comme des Blancs, des Noirs, des Chrétiens, etc. Nos différences, qui devraient aujourd'hui montrer la richesse du monde, deviennent malheureusement et trop souvent des inégalités produites par des envies de pouvoir.
J'adhère totalement à votre manière de reconstruire un monde dans lequel la différence sera valorisée et je suis entièrement convaincu que vos interventions dans les écoles, les collèges, les lycées ou les universités sont primordiales. Ce sont d'abord nos enfants que nous devons éduquer.
Je profite de ce courrier pour vous adresser mes vifs remerciements pour votre livre, *Mes Étoiles noires*, que j'ai lu avec beaucoup d'intérêt et dans lequel vous dressez quarante-cinq portraits qui permettent d'effacer les idées reçues.
Veuillez agréer, Monsieur, l'expression de mes sincères sentiments à l'égard de votre fondation et de la cause que vous défendez avec honneur.
Arnaud Chevrollier

Unité 2

Activité 1 .... p. 22
a. écotourisme **b.** montagne **c.** France

Activité 2 .... p. 22
a. activités touristiques, transition écologique, concept de tourisme, démarche durable, label, durabilité du territoire, écologie, éco-hôtel, hôtel bioclimatique
b. stations de ski, Alpes, domaines montagneux, parcs nationaux, domaines skiables, enneigement
c. transition écologique, adapter, modèle économique, innovant, faire évoluer

Activité 3 .... p. 22
a. 5 paragraphes
b. Introduction générale, mise en contexte : Influence du tourisme sur les paysages de montagne
Introduction du thème de l'article : Prise de conscience des stations de ski
Exemple 1 : Création d'un label
Exemple 2 : Engagement des entreprises touristiques
Conclusion : Enjeux futurs des stations de ski

Activité 4 .... p. 22
Proposition de corrigé :
L'écotourisme à l'Île Maurice
Le tourisme est un secteur-clé de l'économie mauricienne qui s'est développé il y a une trentaine d'années. Cette île paradisiaque d'1,2 million d'habitants accueille chaque année plus d'un million de touristes. Après la construction de grands hôtels sur tout le littoral du pays, les Mauriciens préfèrent aujourd'hui valoriser leur patrimoine et se tourner vers l'écotourisme.
Il y a quelques années, le gouvernement mauricien a mis en place le programme MID (Maurice Île Durable) qui soutient le tourisme responsable et respectueux des populations et de l'environnement. Le programme MID impose de nouvelles normes aux complexes hôteliers. Ils sont par exemple soumis à des obligations concernant le tri des déchets ou le respect des ressources en eau. Ce programme est également axé sur la préservation des espèces rares et de la biodiversité. L'île abrite en effet des espèces végétales et animales rares qui méritent d'être protégées.
L'Île Maurice a réussi sa mutation et pratique aujourd'hui un tourisme respectueux. Malheureusement, son littoral reste fragile, comme en témoigne le naufrage du Wakashio en 2020, qui a causé une marée noire sans précédent sur les côtes mauriciennes.

Activité 1 .... p. 23
Proposition de corrigés :
a. un pays d'Asie : le Vietnam ? le Cambodge ?
b. Le tourisme culturel ? La préservation des monuments ?

Activité 2 .... p. 23
a. Écoutez. – Première écoute – Deuxième écoute – Je note les adjectifs pour décrire – Je visualise la scène de rencontre en notant quelques verbes – Troisième écoute – Je vérifie et je complète mes réponses.
b. Où – Quelles – Quels
c. Où – voyagé – Quelles questions – homme – Quels mots – répétés – accentués – adjectifs – Saigon – Vietnamiens – rencontre – verbes

Activité 3 .... p. 23
Ⓐ **a.** Alexandra a voyagé au Vietnam.
b. Quel est le pays qui vous a le plus plu parmi tous les pays dans lesquels vous avez pu aller sur ce grand périple en Asie du Sud-Est ? / Est-ce que vous avez des rencontres marquantes à nous raconter ?
c. grand voyage – population – hyper-bouillonnante – très grande fête – tribu
Ⓑ **a.** Saigon : bouillonnant, hyper-moderne, hyper-ancien, hyper-dynamique
les Vietnamiens : jeunes, curieux
b. sont arrivés, parlaient, nous ont fait rentrer, toucher, demander, ont fait visiter…

Activité 4 .... p. 23
a. 2 **b.** 1, 3, 4 **c.** 1, 3 **d.** 1, 3 **e.** 1, 3 **f.** 2 **g.** 4 **h.** 1, 3, 4

CORRIGÉS

Activité 5 .... **p. 23**
Proposition de corrigés :
Il y a quelques années, j'ai fait un périple en Europe centrale : Pologne, République tchèque, Slovaquie, Autriche, Hongrie. Le pays qui m'a le plus plu, c'est la Hongrie. Pas parce que les monuments ou les paysages sont les plus beaux. Mais parce que j'ai découvert une culture vraiment unique, avec une langue unique qui ne ressemble à aucune autre langue. J'ai visité la puszta, c'est la campagne hongroise, à l'est du pays. Et là, je me suis sentie hors du temps. Ce sont des paysages de steppe, immenses. Je suis allée dans des villages isolés où les gens ont leur petite maison, où ils cultivent leur jardin et où le rythme est tranquille. Un jour, dans le village de Nagyiván, une vieille femme m'a fait signe de rentrer chez elle. Au début, je ne comprenais pas ce qu'elle voulait. Elle parlait seulement hongrois, bien sûr ! Mais je suis entrée dans sa petite maison, toute sombre. Elle m'a fait asseoir. Elle a préparé du café et elle a sorti de vieilles photos de sa famille. Elle m'a montré son mari, ses trois enfants. J'ai compris que l'un d'eux s'était installé à Budapest. C'était vraiment émouvant de l'écouter, même si je ne comprenais pas sa langue. Et ça reste une rencontre marquante pour moi.

Activité 1 .... **p. 24**
a abandonné – a renoncé – a quitté – s'est envolée – s'est défaite

Activité 2 .... **p. 24**
un circuit = Un parcours touristique organisé.
une escapade = Le fait de quitter momentanément sa routine pour vivre une aventure.
une excursion = Un voyage d'un ou deux jours dans une région ou une ville.
un trek = Une randonnée de plusieurs jours traversant des zones sauvages.
un long périple = Un long voyage comportant de nombreuses étapes.
un séjour = Le fait de rester dans un lieu pendant un certain temps.

Activité 3 .... **p. 24**
faire appel – accomplir – chercher – faire – s'envoler

Activité 4 .... **p. 24**
vous défaire – vivre – vous envoler – emprunter – contempler – découvrir – visiter – aller – séjourner – apprécier

Activité 5 .... **p. 24**
Proposition de corrigé :
Si j'étais explorateur, je voudrais découvrir la jungle amazonienne. C'est une région du monde qui me fait rêver, car elle reste inexplorée encore aujourd'hui. Cela semble incroyable, alors que les moyens de transport sont performants et que nous vivons dans un monde hyper-connecté. De plus, la forêt amazonienne abrite de nombreuses espèces animales : des grenouilles et des perroquets multicolores, des félins sauvages, des mygales... Enfin, on sait que la forêt est menacée, par les incendies et l'exploitation agricole et je voudrais découvrir cette région avant qu'elle disparaisse. Cependant, les conditions de vie en Amazonie sont très difficiles. Le climat est extrêmement chaud et humide. Les reptiles, les insectes et les mammifères sauvages peuvent constituer un réel danger. La région est très isolée, pas question de téléphoner pour demander de l'aide en cas de problème. Je sais que je devrais renoncer à mon petit confort si j'allais dans cette région. Il faudrait voyager à pied et je devrais me défaire de toutes mes affaires et n'emporter avec moi qu'un sac à dos avec le strict minimum.

Activité 1 .... **p. 25**
voyageant (participe présent) – Réalisant (participe présent) – fatigant (adjectif verbal) – battante (adjectif verbal) – En descendant (gérondif) – ambulants (adjectif verbal) – en attendant (gérondif)

Activité 2 .... **p. 25**
a. passionnantes ➔ adjectif verbal
b. permettant ➔ participe présent
c. impressionnants ➔ adjectif verbal
d. vacantes ➔ adjectif verbal
e. vaquant ➔ participe présent

Activité 3 .... **p. 25**
a. en lisant b. sachant
c. en communiquant d. précédant
e. épuisante f. suivante

Activité 4 .... **p. 25**
a. en les réservant à l'avance.
b. pouvant contenir un ordinateur portable.
c. en voyageant seul.
d. permettant de voyager jusqu'en Sibérie ou en Chine.
e. en allant à la gare.

Mémo .... **p. 25**
Le participe présent : écrit
Le gérondif : sujet
L'adjectif verbal : nom

Activité 1 .... **p. 26**
Le Mausolée : a, b, c, e
La Villa Bela Kiss : c, d, e

Activité 3 .... **p. 26**
a. ancien, désaffecté, à l'abandon ➔ Sentiment de désolation et d'admiration
b. maison de campagne parisienne, figée dans le temps, pittoresque, imposante, perdu, pour des frissons garantis ➔ Sentiment de peur et d'admiration

Activité 4 .... **p. 26**
Proposition de corrigé :
Le Mausolée est un supermarché abandonné de 40 000 m² situé aux portes de Paris. Les street-artistes ont investi ce lieu dans lequel vous pourrez découvrir leurs œuvres en déambulant parmi les carcasses de voitures et les aérosols usagés.

Activité 1 .... **p. 27**
a. une murale b. un collage c. un graffiti
d. une mosaïque

Activité 2 .... **p. 27**
a. délabrée ➔ Description
b. immense ➔ Description
c. surprenants ➔ Opinion
d. extraordinaires ➔ Opinion
e. désaffectées ➔ Description
f. marquant ➔ Opinion

Activité 3 .... **p. 27**
musée – artistes – façades – immeubles – fresque – balades – parcours – contemplation – pochoir

Activité 4 .... **p. 27**
Proposition de corrigé :
Un jour, je me baladais à Barcelone dans le quartier de Sant Antoni. C'est un quartier à la mode avec de petits cafés à l'ambiance décontractée. En parcourant les rues animées, je suis tombé par hasard sur une œuvre monumentale qui recouvrait une immense façade. Ce que j'ai aimé, ce sont les couleurs à la fois vives et douces utilisées par l'artiste. La fresque représente une montgolfière qui s'élève dans les airs. Ce qui m'a marqué dans cette œuvre, c'est le drapeau à tête de mort accroché à cette montgolfière, comme un drapeau de pirate qui symbolise la clandestinité du lieu. Des promeneurs m'ont dit que le bâtiment était une ancienne usine de charbon désaffectée et que l'on appelait ce lieu La Carboneria. Ce dont je me souviens, c'est qu'ils m'ont dit que, grâce à cette œuvre, le bâtiment avait évité la démolition.

Activité 1 .... **p. 28**
a. ce que b. Ce qui c. ce dont d. Ce à quoi
e. ce qui

Activité 2 .... **p. 28**
Laura : ce que – ce dont
Fanfan75 : ce à quoi – ce qui
Erwan : ce que – ce qui

Activité 3 .... **p. 28**
a. Ce que j'aime, c'est que cette œuvre fasse référence à une grande figure du patrimoine belge : Tintin.
b. Ce qui m'impressionne vraiment, c'est le travail de trompe-l'œil.
c. Ce à quoi il faut faire attention, ce sont les détails, comme la petite tête de Milou qu'on aperçoit.
d. Ce dont j'ai peur, c'est que ces murales soient recouvertes et disparaissent.

Mémo .... **p. 28**
ce qui : sujet
ce que : COD
ce dont : de
ce à quoi : complément indirect

Activité 1 .... **p. 29**
1re partie : climat, paysages naturels
2e partie : patrimoine architectural
3e partie : expériences mémorables, population

Activité 2 .... **p. 29**
▶ Tout d'abord, Ensuite, Enfin
▶ Par ailleurs, En outre
▶ parmi lesquels, par exemple

Activité 3 .... **p. 29**
rêvée, idéal, doux, ensoleillé, grandioses, inoubliables, impressionnant, extraordinaires, surprenantes, mémorables, innombrables, délicieux

Activité 4 .... **p. 29**
Proposition de corrigé :
Pourquoi la Nouvelle-Zélande est la destination rêvée pour vos prochaines vacances ?
Vous voulez des vacances où vous pourrez à la fois vous reposer et découvrir les richesses d'un pays, vous rêvez d'un endroit où vous pourrez facilement aller au contact de la population... La Nouvelle-Zélande est l'endroit idéal !
Tout d'abord, la Nouvelle-Zélande jouit d'un climat tempéré. L'ensoleillement et l'humidité en font un pays agréable toute l'année. Par ailleurs, la Nouvelle-Zélande regorge de paysages absolument incroyables, parmi lesquels on trouve les plages paradisiaques d'Abel Tasman National Park, les Southern Alps et leurs hauts sommets et les volcans du Tongariro National Park.
Ensuite, vous pourrez découvrir les villes de Nouvelle-Zélande, modernes et très agréables pour flâner, telles qu'Auckland avec sa célèbre Sky Tower ou Christchurch. En outre, vous aurez la possibilité de visiter des villages maoris afin de vous imprégner de la culture locale ancestrale.
Enfin, vous pourrez vivre des expériences mémorables grâce à la population, réputée pour sa tranquillité et sa gentillesse. Par exemple, vous pourrez découvrir l'ambiance

cent soixante-dix-neuf **179**

« kiwi » lors d'un match de rugby, qui constitue une véritable institution dans le pays.

Activité 1 .... p. 30
a Faut-il renoncer à prendre l'avion par souci écologique ?
b a. déplacements en avion / environnement
b. mais
c. polluant / nécessaire
c a. ▶ longues distances, besoin d'arriver rapidement, pour traverser les mers
▶ émissions de CO2, nécessité de construire des aéroports
b. Le secteur aérien émet beaucoup moins de carbone que d'autres secteurs (Internet, textile). / Des associations luttent pour réduire le nombre de voyages en avion.
c. ▶ Quand ne peut-on pas se passer de prendre l'avion ?
▶ Le secteur aérien est-il aussi polluant qu'on le dit ?
d b. Dans quelle mesure faut-il renoncer à prendre l'avion pour des questions environnementales ?

Activité 2 .... p. 31
Proposition de corrigés :
a Réponse au sujet – OUI
Il faudrait limiter les trajets en avion pour des raisons touristiques – Exemple : prendre le train ou voyager plus près de chez soi
On devrait également limiter les trajets pour des raisons professionnelles – Exemple : développer les visio-conférences
On devrait limiter les vols intérieurs – Exemple : Le train est moins polluant et parfois aussi rapide
Réponse au sujet – NON
Dans certains cas, on ne peut pas se passer de l'avion
Trajets intercontinentaux – Exemple : Le bateau ne peut remplacer l'avion
Nécessité de se déplacer pour des raisons professionnelles – Exemple : Le contact humain est important
Nécessité de se déplacer pour des raisons familiales – Exemple : familles binationales
b Aujourd'hui, le transport aérien est de plus en plus décrié car il est responsable de 2,4 % des émissions de gaz à effet de serre. Alors, faut-il renoncer à prendre l'avion pour des questions environnementales ?
Pour répondre à cette interrogation, nous verrons d'abord que certains déplacements en avion pourraient être supprimés. Mais nous verrons ensuite que l'avion reste indispensable dans certaines situations.
c Pour conclure, on peut dire que les trajets en avion devraient être limités mais qu'ils ne peuvent pas toujours être supprimés ou remplacés par des trajets en train. Selon moi, il faudra du temps pour changer les habitudes. Plusieurs associations demandent aux gouvernements de restreindre les trajets en avion. Elles sont entendues puisque, dans de nombreux pays, les députés réfléchissent à des lois allant dans ce sens.

GRAMMAIRE

Activité 1 .... p. 32
a. polluant ➜ adjectif verbal
b. en pratiquant ➜ gérondif
c. signifiant ➜ participe présent
d. ayant ➜ participe présent
e. En s'écartant ➜ gérondif

Activité 2 .... p. 32
a. en traînant b. donnant c. surprenantes d. influents e. réalisant

Activité 3 .... p. 32
a. Ce qui b. Ce dont c. Ce que d. Ce qui
e. ce à quoi
Activité 4 .... p. 32
ce à quoi / Ce qui / Ce qu' / ce dont / Ce qu'

LEXIQUE

Activité 1 .... p. 33

			A	U	T	O	C	H	T	O	N	E
			V	O	L							
E	X	P	É	D	I	T	I	O	N			
T	O	U	R	–	O	P	É	R	A	T	E	U	R
H	É	B	E	R	G	E	M	E	N	T		

Activité 2 .... p. 33
a. Faire partie d' b. Songer à c. Quitter
d. Compenser e. Suivre

Activité 3 .... p. 33
a. aérosol b. graffiti c. anonymat
d. façade e. fresque

Activité 4 .... p. 33
a. arpenter b. se balader c. tomber par hasard d. s'émerveiller e. s'imprégner

Activité 5 .... p. 33
bizarre = étrange – marquant(e) = mémorable – reculé(e) = éloigné(e) – imprévu(e) = inattendu(e) – exceptionnel(elle) = inhabituel(le)

Activité 6 .... p. 33
a. 1 b. 5 c. 2 d. 3 e. 4

COMPRÉHENSION DES ÉCRITS .... p. 34
1. plus important
2. précaires.
3. la dégradation de l'environnement.
4. les habitants de certaines villes européennes sont obligés de déménager.
5. il faudrait limiter le nombre de touristes dans plusieurs villes d'Europe.
6. un consommateur de voyages.
7. il faut changer notre façon de voyager.

PRODUCTION ORALE .... p. 35
Proposition de corrigé :
« Graffiti : art ou vandalisme ? »
Ce document provient du site vans.fr qui est un site commercial d'équipement de skateboard. Il est daté du 13 janvier 2020, et il pose la question de savoir si le graffiti est de l'art ou du vandalisme. Le texte rappelle que le graffiti est lié à la culture hip-hop et que l'on peut trouver des graffitis en grand nombre dans les skateparks. C'est d'ailleurs un lieu où les graffitis sont totalement autorisés. Mais le texte dit aussi que, dans d'autres lieux, le graffiti est vu comme une dégradation du mobilier urbain ou une expression d'une communauté marginale. D'après l'article, malgré tout cela, le graffiti est une expression artistique à part entière. Et l'auteur ne manque pas de rappeler que le street art, largement reconnu aujourd'hui, est issu du graffiti.
Pour ma part, je pense que les graffitis, s'ils sont effectués de manière incontrôlée sont une forme de pollution visuelle. Cependant, je montrerai que les graffitis, et plus largement le street art, sont des expressions modernes et vivantes de notre société.
Tout d'abord, lorsqu'on se promène dans les quartiers historiques de certaines villes, on peut voir des portes ou des façades anciennes recouvertes de graffitis. Il me semble que le fait de taguer ou de signer des monuments ou des éléments du patrimoine architectural constitue un véritable acte de vandalisme. J'ai entendu parler de touristes français qui avaient tagué un monument historique en Namibie. C'est pour moi scandaleux de s'attaquer ainsi au patrimoine et, qui plus est, à l'étranger. Cependant, certains quartiers de friches industrielles se prêtent, à mon avis, bien à recevoir des graffitis. De nombreuses grandes villes ont ainsi un ancien quartier industriel reconverti en musée à ciel ouvert grâce aux graffitis et aux fresques qui recouvrent les murs.
Le graffiti est donc pour moi dommageable s'il est fait sur une surface inappropriée telle que la façade d'un monument ou une jolie porte ancienne.
Mais je trouve en revanche que le street art est une forme d'expression tout à fait intéressante.
Premièrement, les artistes urbains choisissent généralement des lieux à l'abandon ou des façades vides pour s'exprimer. Ces espaces seraient inintéressants s'ils n'étaient pas utilisés ainsi. Deuxièmement, les street-artistes utilisent leur art pour véhiculer des idées, faire passer des messages. La plupart des œuvres sont des œuvres engagées. Je pense bien sûr à Banksy, qui est parfois qualifié d'agitateur. Mais il y a aussi Dside, engagé pour les animaux et le climat, ou bien Obey, mondialement célèbre pour son affiche de Barack Obama. Ces artistes ont trouvé dans la rue un terrain libre pour exprimer leurs idées. Et cette liberté d'expression doit être défendue.
En conclusion, je dirais : les graffitis en tant que marque pour délimiter son territoire, quel que soit le support, non. Mais les graffitis, et plus largement le street art, en tant que moyen d'expression populaire et visible de tous, oui.

Unité 3

Activité 1 .... p. 36
À première vue, il n'y a aucun lien. Les deux métiers sont très différents.

Activité 2 .... p. 36
Rigueur, esprit d'équipe, investissement, détermination qui lui apportent de l'efficacité et des connaissances techniques.

Activité 3 .... p. 36
a. la précision b. la cause c. le but d. la concession e. la cause f. la conséquence

Activité 4 .... p. 36
Fabien Brun a préparé sa reconversion professionnelle comme il savait qu'il quitterait l'armée un jour.
Il opte pour une reconversion dans l'informatique par passion pour ce domaine. Il a le sentiment de redevenir un junior en dépit de son âge, 41 ans.

Activité 5 .... p. 36
Proposition de corrigé :
Salut Hayet !
Je suis ravie de savoir que tu as enfin décidé de quitter ce travail pour réaliser ton rêve : devenir avocate ! Étant dans la profession depuis quelques années, je souhaite te donner trois conseils pour réussir dans le droit :
Tout d'abord, à la fac, on te demandera de rédiger des notes de synthèse et autres types d'écrit, il faut donc que tu soignes ta manière d'écrire.
Ensuite, comme tu seras jugée sur ta manière de t'exprimer, je te conseille fortement de t'entraîner à la prise de parole en public.
Enfin, pour réussir, tu dois te donner les moyens et être déterminée. Je sais que tu es une battante. Je suis convaincue que tu

CORRIGÉS

vas réussir. N'hésite pas à me joindre si tu as besoin d'aide ou si tu as d'autres questions.
Bonne rentrée !
Julianna

Activité 1 .... p. 37
a. Radio aviva
b. la recherche de travail, l'emploi

Activité 2 .... p. 37
ⓐ Qui parle ? Un homme et une femme
Sujet de l'émission : le recrutement, la motivation, les compétences …
Public : les candidats, les personnes qui recherchent un emploi
Format de l'émission : un entretien, une conversation
ⓑ a. l'entreprise, le candidat, un avantage, un plus, un profil, la motivation, recruter, une compétence, une expérience, un domaine…
b. Proposition de corrigé :
Bienvenue sur Radio Aviva ! Ce matin dans notre chronique Objectif Emploi, Augustin va nous parler d'entretien d'embauche et de motivation. Comment se préparer à un entretien ? Et surtout nous allons apprendre comment montrer sa motivation lors d'un entretien d'embauche et décrocher le job !
ⓒ a. la motivation
b. Un ou une candidat(e) peut montrer sa motivation à travers des exemples pris de sa vie dans plusieurs domaines : ses expériences professionnelles ou universitaires réussies ; ses loisirs ou ses qualités sportives, si ces dernières ont un lien avec la fiche de poste ; les qualités qui peuvent être des atouts pour l'emploi visé.

Activité 3 .... p. 37
a. avantage **b.** mettre noir sur blanc **c.** un profil **d.** la pudeur **e.** un meneur d'hommes **f.** mettre en avant **g.** recruter **h.** jouer en sa faveur

Activité 4 .... p. 37
Proposition de corrigé :
Pour exprimer sa motivation lors d'un entretien d'embauche, je conseille de prendre une feuille et de noter trois qualités professionnelles, puis de les illustrer avec des anecdotes professionnelles. Par exemple : je suis une personne très diplomate, lors des réunions, je recherche des solutions acceptables pour tous les partis, et j'arrive à faire accepter mes idées avec douceur. On doit également mettre en avant son intelligence émotionnelle et sociale, ce sont de précieux atouts qu'il faut entretenir et valoriser selon le poste recherché. Par exemple, pour certains types de poste, de direction notamment, un recruteur doit sentir que vous n'avez pas peur de l'autorité ou de la prise de décision, par contre pour un poste de coordinateur, on préférera une personne plus à l'écoute et qui sache négocier.
Aux jeunes qui n'ont pas encore d'expérience, je leur dirais de mettre en avant leurs atouts, par exemple si le candidat est un sportif, il faut le dire. Cela montre qu'il est dynamique. On peut aussi parler de ses réalisations à l'université. Comme parler d'un essai qu'on a rédigé sur la coopération universitaire en Europe, si on postule à un emploi dans les relations internationales ou dans un organisme européen. Les atouts et les réalisations mises en avant doivent correspondre à une compétence du poste visé.
Enfin, comme dernier conseil, je dirais qu'il faut bien se renseigner sur le poste proposé et l'entreprise pour connaître les compétences-clés du poste et faire correspondre nos expériences et qualités. Quant à l'entreprise il faut connaître ses valeurs et sa vision, pour pouvoir défendre sa candidature correctement. En effet, un candidat qui arrive en entretien et ne connaît rien de l'entreprise risque d'être éliminé au profit de celui qui est renseigné et qui a pu adapter son profil aux critères de sélection de l'entreprise.
En résumé, la motivation, c'est qui vous êtes, c'est-à-dire vos qualités personnelles et ce que vous faites bien, c'est-à-dire vos compétences !

Activité 1 .... p. 38
ai suivi des études – ai quitté – bossais – ai démissionné – reprendre des études – me reconvertir

Activité 2 .... p. 38
a. 4 **b.** 5 **c.** 3 **d.** 2 **e.** 1

Activité 3 .... p. 38
a. art, artiste, artistiquement
b. artisan, artisanat, artisanalement
c. main, manuellement, manier
d. intelligent, intellect, intelligemment

Activité 4 .... p. 38
a. 4 **b.** 1 **c.** 2 **d.** 5 **e.** 3

Activité 5 .... p. 38
a. mettre la main à la pâte ➜ participer activement
b. huile de coude ➜ travail énergique
c. se creuser la tête ➜ réfléchir
d. se faire tirer les oreilles ➜ se faire réprimander
e. rester les bras croisés ➜ être inactif

Activité 6 .... p. 38
Proposition de corrigé :
Ma pire journée au travail ? Je m'en rappelle très bien. C'était un lundi, il pleuvait des cordes, bien sûr ! Comme d'habitude j'ai pris le métro jusqu'à la gare puis je suis monté dans le bus. À cause du mauvais temps, il y avait du monde sur la route. Je suis arrivée au centre de formation en retard et trempée de la tête aux pieds. J'ai posé mes affaires dans mon casier à toute vitesse. Quand j'ai voulu prendre les documents que j'avais photocopiés en avance pour les stagiaires, je me suis rendu compte qu'ils étaient trempés. Tout mon cours tombait à l'eau, c'était bien le cas de le dire. J'ai décidé de rester forte et de proposer un autre travail à mes stagiaires. Je suis entrée dans la salle de cours. Là, il y avait le directeur et la responsable pédagogique qui m'attendaient ! Ils m'ont annoncé que l'inspectrice régionale allait observer mon cours pour m'évaluer. J'avais envie de pleurer. Heureusement, la responsable pédagogique m'a proposé de prendre une heure pour refaire mes photocopies, me calmer et faire mon cours comme à mon habitude. Finalement la journée, qui avait très mal commencé, s'est déroulée assez bien malgré le stress.

Activité 1 .... p. 39
ai obtenu – me suis inscrit(e) – me suis réorienté(e) – ai senti – manquait – avais – m'ont conseillé – ai fait – voulaient – ont été – ai annoncé – souhaitais – ai choisi

Activité 2 .... p. 39
a. suivies **b.** reconvertis **c.** vu **d.** s'est formée **e.** rencontrée

Activité 3 .... p. 39
Imparfait : travaillait – enchaînait
Passé composé : a grandi – a rencontré – a présenté
Passé simple : démissionna – devint – dût

Activité 4 .... p. 39
Habitude : a. travaillaient – mangeait **e.** occupait
Description : b. souhaitait **e.** était – admirait
Action terminée : b. s'est inscrite **c.** a intégré – a été étonné **d.** ont eu lieu

Mémo .... p. 39
Imparfait : une habitude
Passé composé : terminée

Activité 1 .... p. 40
a. Le parcours / portrait d'une femme devenue juge des enfants
b. Ses études
c. Son travail de juge des enfants

Activité 2 .... p. 40
a. elle a 25 ans – elle est nantaise
b. baccalauréat littéraire en 2011 – licence en droit général privé – master en droit pénal et sciences criminelles – École nationale de la magistrature
c. une fonction très rythmée – des dossiers sensibles à gérer – début de carrière

Activité 3 .... p. 40
Informations principales : a. Pauline est juge des enfants. **b.** Elle a abordé la question de son orientation en toute sérénité. **c.** Son stage dans un cabinet d'avocat l'a confortée dans ses choix professionnels.
Informations secondaires : a. Elle a 25 ans. **b.** Elle est timide et curieuse. **c.** Elle a fait un stage quand elle était en 3ᵉ.
Informations non-pertinentes : a. Elle est nantaise. **b.** Elle a pratiqué la danse classique pendant 15 ans. **c.** Sa mère travaillait dans le médico-social.

Activité 4 .... p. 40
Proposition de corrigé :

> **Pauline ARNA**
> 06 15 14 16 17 – arna-pauline@hotmail.com
> Juge passionnée par le droit, animée par la quête de justice et les enjeux liés à mes responsabilités. J'ai pour ambition de protéger et garantir les droits des enfants en danger.
> **EXPÉRIENCE**
> 2021 – aujourd'hui : juge pour enfants, tribunal d'Évreux
> *Protéger les mineurs en danger et juger les mineurs délinquants, présider le tribunal pour enfants.*
> **FORMATION**
> 2018-2020 : École nationale de la magistrature, ENM, Paris
> 2014-2018 : Master carrières judiciaires, Institut catholique d'études supérieures, Nantes
> 2013 : Licence en droit privé général
> **COMPÉTENCES**
> · Spécialisée dans la protection de l'enfance et les cas de délinquance chez les mineurs
> · Assistance éducative
> · Responsable d'investigations sur la santé et l'environnement familial
> **LOISIRS**
> Danse classique, voyages, visites culturelles, cinéma

Activité 1 .... p. 41
prendre – condamné – accuse – clame – jugé – manie – reconnu

Activité 2 .... p. 41
a. 6 **b.** 2 **c.** 5 et 4 **d.** 3 et 1

Activité 3 .... p. 41
Droit international : Sofia – Droit fiscal : Aurélie – Droit administratif : Martin – Droit criminel : Youssef

Activité 4 .... p. 41
Proposition de corrigé :
Monsieur le président, madame, monsieur, travailler moins pour gagner plus, voilà l'enjeu de la semaine de quatre jours. Travailler moins, certes, mais mieux. Mieux car la concentration est augmentée, l'envie est présente, la motivation se fait ressentir ! À ceux qui disent : « le mieux est l'ennemi du bien », je réponds : Regardez l'exemple de l'ouvrier français en 1848, il travaillait 48 heures pour un salaire de misère, sans repos, des droits il en avait mais qui protégeaient-ils en réalité ? À cet ouvrier auriez-vous oser dire « le mieux est l'ennemi du bien » ? Il aura fallu attendre 2002 pour passer à la semaine de 35 heures ! Et nous, Français, issus de la patrie des droits de l'Homme, et des travailleurs, qu'attendons-nous pour emboîter le pas à nos voisins européens ? Citons l'exemple de la Finlande et de l'Allemagne, qui ont commencé cette transformation du temps de travail. Travailler moins, c'est surtout partager le travail et, par conséquent, réduire le nombre de chômeurs et proposer une société plus égalitaire ! Et qui ne veut pas d'une société plus égalitaire ?

Activité 1 .... p. 42
y = à Nice – en = partir en Guadeloupe – le = Paul – le et en = il est difficile de se payer un tel voyage avec un job à mi-temps – y = réaliser son rêve

Activité 2 .... p. 42
a. y **b.** le **c.** en **d.** l' **e.** y **f.** le

Activité 3 .... p. 42
a. 2 **b.** 5 **c.** 6 **d.** 1 **e.** 3 **f.** 4

Activité 4 .... p. 42
a. Le compte-rendu.
b. De la persévérance.
c. À la photocopieuse.
d. Apprendre une nouvelle langue.
e. Écrire une lettre de recommandation.

Mémo .... p. 42
en : des quantités
y : à – le lieu
le : l'infinitif

Activité 1 .... p. 43
ⓐ a. De Jumia, une start-up implantée en Afrique, qui est entrée en bourse.
b. En Afrique.
c. À Amazon et Alibaba.
ⓑ a. 163 mots ➔ le texte d'origine doit être d'environ 650 mots (163 x 4)
b. ▶ **l'idée principale :** Entrée à la bourse de New York en 2019
▶ **les idées secondaires :** entreprise internet cofondée en 2012 par deux entrepreneurs français – premier site de commerce en ligne sur le continent africain – elle opère dans 14 pays africains – plus de 14 millions de produits proposés – Jumia a même créé un moyen de paiement
▶ **les exemples :** la mode, la cosmétique, la téléphonie
c. en effet – puisque, tels que = comme, pour = afin de, même = aussi, ainsi = par conséquent
d. cette entreprise internet, l' « Amazon africain », la société, la start-up, le leader africain du commerce en ligne, l' « Alibaba africain »
e. Parce que ce sont des références à des entreprises réelles.

Activité 2 .... p. 43
Proposition de corrigé :
Dans 30 ans, on assistera à l'émergence de l'IA qui va jouer un rôle majeur dans la transformation du monde du travail. Tous les secteurs de métiers seront impactés par la démocratisation de la robotique. Même les employés de bureau se transformeront en hologramme pour participer à des réunions à distance.
En 2049, une pléthore de métiers nouveaux verra le jour, et d'après un rapport du Sénat, 2/3 des enfants exerceront une profession qui n'existe pas actuellement.
Néanmoins, l'institut France stratégie invite à nuancer : en effet, au niveau financier, l'innovation a un coût, il faut donc que cette dernière soit rentable. Deuxièmement, d'un point de vue social : il faut se demander si la société est prête à de telles transformations. Finalement, il faudra trouver un compromis entre notre environnement et nos habitudes en termes de relations sociales.

Activité 1 .... p. 44
ⓐ Question 1 : Pouvez-vous vous présentez ?
Question 2 : Pourriez-vous me parler de vos motivations quant au poste proposé ?
• Master de droit mention droit social spécialité droit et pratique des relations de travail
• avocate spécialiste des prud'hommes
• 3 ans d'expérience
• maîtrise du recueil d'informations, de témoignages et preuves et experte en conseil juridique pour les salariés et les entreprises
b. Motivations : Elle est passionnée par l'art oratoire. – Elle est sensible aux injustices sociales. – Elle est déterminée à défendre ses clients.
Illustrations : Elle a gagné le concours de l'éloquence. Elle a suivi des séminaires. – Elle fait partie d'une association pour l'égalité des chances. – Ses collègues disent qu'ils admirent son obstination.
Lien avec l'emploi : Le cabinet propose des formations de prise de parole en public. – C'est un cabinet expert en droit des salariés. – Il faut défendre les droits des travailleurs face à de grandes entreprises.
c. ▶ convaincant
▶ structuré
▶ beaucoup
ⓒ ▶ Il traite les dossiers de divorce et de séparation, les questions d'autorité parentale, les changements d'état civil...
▶ Diplomate et conciliateur...
▶ un master de l'École de la magistrature ou d'un Institut d'études politiques.

Activité 2 .... p. 45
▶ diplomate – conciliateur – efficace pour prendre des décisions
▶ Je serais ravi(e) de..., je suis extrêmement..., je serais heureux(euse) de...
Proposition de corrigé :
Je me présente, je m'appelle Sherazade Ben, j'ai 27 ans. Je suis diplômée de l'université de droit d'Aix en Provence, où j'ai obtenu mon master en droit de la famille, que j'ai complété avec un stage de six mois à l'Académie du droit européen à Bruxelles. Lors de ce stage, il était principalement question des droits des enfants dans les cas de divorce dans les familles européennes binationales. Par la suite, j'ai approfondi mes compétences de juge pendant trois ans à l'École nationale de magistrature de Marseille.
Ce qui fait de moi une candidate idéale pour le poste de juge aux affaires familiales, c'est tout d'abord mon parcours universitaire qui m'a préparée à ces responsabilités. Ensuite, lors de mon stage à l'Académie du droit européen, j'ai acquis une vision plus large du rôle de juge. De plus, en échangeant au sein de l'équipe multiculturelle, j'ai découvert les contraintes liées au droit spécifique à chaque pays. Enfin, mon entourage me décrit comme quelqu'un d'empathique et sociable, je pense que cette intelligence émotionnelle me permet de gagner la confiance des victimes et ainsi de conduire des entretiens efficaces et d'élaborer un bon suivi des enfants et des familles.

GRAMMAIRE

Activité 1 .... p. 46
suis arrivé(e) – ai commencé – flottait – me suis aperçu(e) – était

Activité 2 .... p. 46
a. reçue **b.** tirés **c.** proposé **d.** acquises **e.** conçues

Activité 3 .... p. 46
a. y **b.** en **c.** y **d.** le **e.** en

Activité 4 .... p. 46
a. Vous ne vous en doutiez pas ?
b. On y trouve des professionnels de tous les secteurs.
c. J'y pense de plus en plus.
d. On le critique beaucoup.
e. En as-tu parlé avec les syndicats ? / Tu en as parlé avec les syndicats ?

LEXIQUE

Activité 1 .... p. 47
a. baccalauréat littéraire **b.** CAP **c.** classe préparatoire **d.** doctorat **e.** BTS

Activité 2 .... p. 47
a. intellectuelles **b.** secteur **c.** salariés **d.** travailler dur **e.** reconverti

Activité 3 .... p. 47
a. expert **b.** ténor **c.** associés **d.** cabinet **e.** orateur

Activité 4 .... p. 47
a. lutté contre **b.** défendre **c.** injustice **d.** des affaires **e.** quitté la robe

Activité 5 .... p. 47
a. 3 **b.** 1 **c.** 5 **d.** 2 **e.** 4

Activité 6 .... p. 47
1. b **2.** c, d **3.** a, e

COMPRÉHENSION DE L'ORAL .... p. 48
Exercice 1
1. la suite logique de ses études universitaires.
2. l'habileté des mains.
3. Elle est plus à l'aise au sein d'effectifs faibles.
4. dès son plus jeune âge.
5. un savoir-faire prestigieux.
6. fonder son propre atelier.
7. L'école des beaux-arts.

Exercice 2
1. admiratif.
2. son âge l'empêcherait de continuer la boxe.
3. Elle ne trouvait plus d'intérêt dans ce travail.
4. un retour à un mode vie simple.
5. 5 %.
6. existent mais qui changeront en partie.

PRODUCTION ÉCRITE .... p. 49
Proposition de corrigé :
À l'attention de Mme Dufort, RH du Centre de formation académique
Objet : Demande de passage au télétravail
Madame,
Par la présente, je viens vous soumettre une requête de la part des formateurs du

CORRIGÉS

CFA, qui souhaitent faire valoir leur droit au télétravail pour garder leur emploi. En effet, pour répondre aux désistements des étudiants internationaux, entraînés par les grèves des compagnies aériennes et la flambée des prix des billets d'avion, et dans l'objectif de maintenir les sessions de formation ouvertes, les formateurs vous proposent la mise en place de cours en ligne.
Les avantages sont nombreux : ils s'engagent à assurer toutes les heures de cours et à créer une plateforme d'enseignement à distance, à laquelle un accès vous est garanti afin de juger du sérieux de cette démarche. Autres bénéfices : le respect de la continuité pédagogique, une planification des cours plus flexible et adaptée pour répondre au respect de l'équilibre entre vie privée et vie professionnelle de chacun. De surcroît, le télétravail permet d'éviter les contraintes liées aux transports quotidiens, les retards et les absences : ces soucis en moins, la concentration lors des cours sera renforcée. La communication entre les intervenants se fera grâce à des réunions régulières en visioconférence et à travers les forums de la plateforme ainsi que les courriels.
Nous pouvons discuter cette proposition dans les plus brefs délais afin d'apporter une réponse rapide à ce problème.
En attendant, je vous prie, Madame, de bien vouloir accepter mes salutations respectueuses.
Maître Tremblay

Unité 4

Activité 1 .... p. 50
Défendre une cause.

Activité 2 .... p. 50
« Nous devons » : obligation – « Or » : opposition – « donc » : conséquence – « parmi les solutions proposées » : énumération

Activité 3 .... p. 50
a. 4 b. 2 c. 1 d. 3

Activité 4 .... p. 50
Proposition de corrigé :
Nous devons réfléchir à nos comportements et adopter une démarche écoresponsable au sein du club de tennis. Chaque année, ce sont plusieurs centaines de prospectus qui sont distribués aux familles membres et qui, pour la plupart sans doute, finissent à la poubelle. Or, nous savons que le bois n'est pas une ressource inépuisable et que la fabrication du papier nécessite de nombreux traitements chimiques. C'est pourquoi nous proposons de communiquer davantage sur Internet, par exemple par messagerie électronique ou via les réseaux sociaux. Par ailleurs, lors de notre traditionnelle soirée de fin d'année, nous utilisons de la vaisselle jetable. Cependant, il serait plus écologique et plus économique d'investir dans de la vaisselle réutilisable : gobelets, couverts, assiettes... Enfin, lors des compétitions qui ont lieu hors du club, les joueurs se déplacent souvent en voiture individuelle. Il serait pourtant facile de mettre en place un système de covoiturage. Ainsi, nous allons dès aujourd'hui inciter nos membres à davantage pratiquer le covoiturage qui est plus écoresponsable mais aussi plus convivial. Il nous semble urgent d'agir aujourd'hui pour mieux vivre demain.

Activité 2 .... p. 51
a a. Pays : la France b. Objet : les téléphones portables c. Problème soulevé : De nombreux téléphones portables inutilisés sont conservés au lieu d'être recyclés
b a. Les téléphones sont conservés pour être utilisés en cas de défaillance d'un smartphone et parce que les gens ont peur que les données soient récupérées s'ils jettent leur ancien téléphone.
b. Deux organismes : Ecosystem et Ecologic
c. Les téléphones sont envoyés gratuitement par la Poste à ces organismes.
d. Ils seront reconditionnés et revendus ou bien ils seront dépollués et recyclés.

Activité 3 .... p. 51
déposer – envoyer – collecter – retirer – dépolluer – récupérer – recycler – reconditionner – revendre – réduire – ralentir – créer

Activité 4 .... p. 51
Proposition de corrigé :
Dans mes placards, il y a beaucoup de vêtements que je ne mets plus. Je les garde parce que je me dis toujours qu'ils pourraient revenir à la mode, que je pourrais en avoir besoin un jour. Mais, il faut être réaliste, je ne remettrai sans doute pas ces vêtements. Je pourrais les déposer dans un bac de collecte des textiles. Il y en a un peu partout dans ma ville. Mes vêtements seraient lavés et revendus dans une boutique solidaire. Ou bien ils seraient recyclés pour faire de nouveaux textiles. Chez moi, il y a d'autres objets que je garde alors que je ne les utilise plus. Ce sont les CD. J'ai lu qu'il existe des filières de recyclage des CD dans certains pays comme le Royaume-Uni, la Belgique ou les États-Unis. Cela n'existe pas dans mon pays et c'est dommage car les CD sont composés de matériaux comme le polycarbonate qui coûtent cher et qui pourraient être recyclés. Malheureusement, si je voulais valoriser mes anciens CD, je devrais les envoyer dans l'un de ces pays et cela me coûterait trop cher.

Activité 1 .... p. 52
a. écologie b. écoquartier c. écologiste
d. écotaxe e. écosystème f. écomusée
g. écoresponsable

Activité 2 .... p. 52
Concombre de saison : sous serre chauffée – un impact environnemental
Plus de légumes que de viande : bilan carbone – alimentation
Poulet : gaz à effet de serre – consommation
Petits pois locaux : énergivores

Activité 3 .... p. 52
Proposition de corrigé :
préserver l'eau – réduire sa consommation d'électricité – se séparer de ses appareils électriques usagés – vider ses placards – éteindre son ordinateur – recycler ses objets encore utilisables

Activité 4 .... p. 52
a. 3 b. 4 c. 1 d. 5 e. 2

Activité 5 .... p. 52
Proposition de corrigé :
Au quotidien, j'essaie d'adopter des gestes écoresponsables. Dans le domaine de l'alimentation, d'abord, j'évite les produits suremballés car je sais qu'ils produisent beaucoup de déchets plastique et carton. Je fais aussi attention à ne pas gaspiller de nourriture en rangeant mon frigo et en établissant des menus à l'avance. Dans le domaine des transports ensuite, je n'ai pas de voiture et je me déplace souvent en transports en commun ou à pied. J'ai mon permis de conduire mais j'ai choisi de ne pas acheter de voiture par souci économique et écologique.

Activité 1 .... p. 53
Je vais arrêter (futur proche) et *je vais y aller* (futur proche) – *je ferai* (futur simple) – *j'aurai vérifié* (futur antérieur) – *je me sentirai* (futur simple) et *je n'utiliserai plus* (futur simple)

Activité 2 .... p. 53
a. pourra b. vais participer c. n'y aura plus
d. te sentiras e. va commencer

Activité 3 .... p. 53
Futur proche : c. va réparer
Futur simple : a. comprendront b. l'enverrai
d. seront e. mettrai
Futur antérieur : a. auront entendu b. aurai retiré c. auront jetés d. auront été collectés
e. aurai acheté

Activité 4 .... p. 53
a. Quand on aura épuisé les ressources en eau douce, il faudra dessaler l'eau de mer.
b. Lorsqu'ils auront compris que la surconsommation de viande est une catastrophe, ils en mangeront moins.
c. Une fois que j'aurai acheté une maison avec un jardin, je ferai un grand potager.
d. Quand on aura arrêté d'importer des fruits et légumes, le bilan carbone de notre alimentation sera meilleur.

Mémo .... p. 53
Le futur proche
Le futur simple
Le futur antérieur

Activité 1 .... p. 54
Proposition de corrigé :
Il s'agit peut-être d'un texte à propos d'une initiative en matière de santé dans les pays d'Asie du sud (Inde ? Pakistan ?).

Activité 2 .... p. 54
a. Beaucoup d'enfants meurent faute d'avoir pu être vaccinés.
b. un collier – les mères – conserver le dossier médical
une application mobile – les médecins – consulter le dossier médical
un tableau de bord sur Internet – les administrateurs – gérer la logistique

Activité 3 .... p. 54
Le numérique : une tablette – scanner – une application – une connexion – une sauvegarde – un clic – le cloud
La santé : une maladie – la vaccination – les soins de santé – l'agent de santé – le dossier médical – les patients

Activité 4 .... p. 54
Proposition de corrigé :
Il n'existe pas de traitement contre les allergies alimentaires et pourtant le nombre de personnes présentant une ou plusieurs allergies est en hausse. Un laboratoire a mis au point un patch pour désensibiliser les personnes allergiques à l'arachide. Le patient doit appliquer ce patch sur la peau tous les jours pendant 12 mois. Le patch libère une protéine d'arachide qui pénètre dans la peau et atteint le système immunitaire. Ce patch pourrait être une révolution pour des millions de personnes et ouvrir la voie à des solutions contre d'autres allergies.

Activité 1 .... p. 55
une intervention chirurgicale – la consultation préopératoire – votre groupe sanguin – l'équipe soignante – le bloc opératoire – une salle de réveil – votre état de santé – un traitement

cent quatre-vingt-trois **183**

Activité 2 .... p. 55
a. le handicap moteur **b.** la cécité
c. le handicap psychique **d.** la surdité
1. la prothèse **2.** le braille **3.** la rampe
4. la langue des signes

Activité 3 .... p. 55
transplantation – pallier – déficit – prolonger – améliorer – faciliter – blessures – apaiser

Activité 4 .... p. 55
Proposition de corrigé :
Dans mon pays, peu de choses sont adaptées pour les personnes en situation de handicap. Par exemple, les transports en commun sont inaccessibles pour les personnes en fauteuil roulant car les marches des bus et des trains sont trop hautes pour pouvoir monter avec un fauteuil. Je voudrais que le gouvernement vote une loi pour obliger les villes à adapter la hauteur de leur trottoir. Les personnes en fauteuil roulant pourront ainsi prendre facilement le bus. Cela leur permettra de se déplacer pour aller faire leurs courses, pour aller travailler… Je trouve que c'est une idée facile à réaliser, peu coûteuse et utile pour beaucoup de gens, les personnes en fauteuil mais aussi les personnes âgées ou qui ont du mal à lever les jambes.

Activité 1 .... p. 56
a. provoque ➜ conséquence
b. sont dues à ➜ cause
c. À cause de ➜ cause
d. a profondément impacté ➜ conséquence
e. a entraîné ➜ conséquence
f. Du fait de ➜ cause

Activité 2 .... p. 56
a. C'est pourquoi **b.** permettent de
c. grâce à **d.** s'explique par **e.** facilitent

Activité 3 .... p. 56
a. Le plastique est un matériau pratique. En effet, c'est un matériau léger et résistant.
b. Grâce à ses nombreuses qualités, le plastique a été très utilisé au XXᵉ siècle.
c. C'est un matériau difficile à recycler si bien que les déchets plastiques se sont accumulés.
d. Il y a une pollution au plastique qui provoque une dégradation des milieux naturels.
e. La prise de conscience écologique pousse de nombreuses entreprises à chercher une alternative au plastique.

Mémo .... p. 56
Cause : du fait de, grâce à, à cause de… – s'expliquer par…
Conséquence : donc, c'est pourquoi… – faciliter, provoquer…

Activité 1 .... p. 57
a. Cet exposé parle de la pollution des sols.
b. ▸L'introduction : Le présentateur expose le sujet.
▸Le développement en 3 parties :
1 Les causes
2 Les conséquences
3 Les solutions
▸La conclusion : Le présentateur rappelle ce qu'il a présenté ; affirme ses opinions, remercie le public et demande s'il y a des questions.
c. ▸Pourtant / D'abord / Ensuite / Enfin
▸Premièrement / En premier lieu / Par ailleurs / Deuxièmement / D'une part / D'autre part / Troisièmement / D'abord / Ensuite

Activité 2 .... p. 57
▸elle est due à / résultant de / à cause de / entraînent / peuvent provoquer / génèrent / Ceci a pour conséquence de

Activité 4 .... p. 57
Proposition de corrigé :
Bonjour à tous. Aujourd'hui, je voudrais vous parler de la pollution de l'air que l'on appelle aussi pollution atmosphérique. C'est une pollution qui touche tout le monde, mais principalement les personnes résidant en ville. D'abord, je vous présenterai quelques causes de la pollution de l'air. Ensuite, je vous parlerai de ses conséquences. Enfin, j'exposerai quelques solutions pour limiter cette pollution.
Premièrement, on peut se demander quelles sont les causes de la pollution des sols. Eh bien, cette pollution est principalement due à la combustion de matières premières comme le pétrole, le charbon ou le gaz. En premier lieu, c'est le transport qui est responsable de cette pollution. Que le transport soit aérien, maritime ou terrestre, il génère des particules fines de dioxyde de carbone ou d'oxydes d'azote par exemple. Le transport est l'un des rares secteurs dont les émissions de CO_2 continuent d'augmenter (en Europe, + 16 % depuis 2015). Par ailleurs, l'industrie est un secteur à l'origine d'une grande partie des émissions atmosphériques. Parmi ces activités industrielles, on peut citer entre autres la combustion de combustibles fossiles pour la production d'électricité, l'utilisation de solvants dans les industries chimiques ou l'incinération des déchets.
Deuxièmement, quelles sont les conséquences de cette pollution de l'air ? D'une part, les conséquences sont sanitaires. Les polluants sont des gaz ou des particules irritants et agressifs qui pénètrent dans l'appareil respiratoire et qui peuvent avoir des effets sur le système respiratoire ou cardiovasculaire. La pollution serait responsable de près de 800 000 morts par an en Europe et 8,8 millions dans le monde. Elle entraîne des maladies chroniques telles que l'asthme ou les allergies. D'autre part, la pollution atmosphérique a des conséquences environnementales. De fortes concentrations de polluants peut entraîner un ralentissement de la croissance des plantes et favoriser l'apparition de maladies chez les animaux également. Et, bien sûr, de nombreux scientifiques avancent que ces polluants sont en partie des gaz à effet de serre et que cette pollution est responsable du changement climatique.
Troisièmement, quelles solutions peut-on envisager pour limiter cette pollution ? D'abord, pour limiter la pollution due aux transports, il faudrait prendre des mesures comme la limitation de la vitesse sur les routes, encourager l'usage du vélo et développer le transport ferroviaire de marchandises et de personnes. Ensuite, il est nécessaire de mieux encadrer l'activité industrielle et de rénover le parc industriel. C'est aux gouvernements de prendre ces mesures restrictives.
Lors de cet exposé, j'ai souhaité présenter brièvement ce problème de la pollution de l'air et chercher des solutions. Il y a encore beaucoup à faire. Chacun, dans son quotidien, peut faire quelque chose pour enrayer l'augmentation incessante de cette pollution. Merci de votre attention. Avez-vous des questions ?

Activité 1 .... p. 58
a. Doit-on ⎡complètement⎤ abandonner la médecine moderne et revenir aux médecines traditionnelles ?
b. **Médecine moderne :**
Définition : S'appuie sur la science. Utilise l'examen clinique, traite les blessures et maladies par les médicaments et la chirurgie. **Synonyme(s) :** médecine conventionnelle. **Utilisée quand ?** Dans sociétés occidentales, utilisée pour les petits maux et les maladies graves. **Limites :** Ne prend pas en compte l'environnement du patient. Déshumanisation, surmédicalisation.
Médecines traditionnelles :
Définition : Utilise des plantes, des parties d'animaux, des minéraux, des thérapies spirituelles, des techniques manuelles. **Synonyme(s) :** médecines douces, médecines naturelles. **Utilisée quand ?** Dans les sociétés occidentales, principalement utilisée pour les petits maux (mal de tête, mal de dos…). **Limites :** Souvent ne parvient pas à traiter les maladies graves. Peut donner lieu à des abus ou à des dérives sectaires.
c. ▸Dans certains pays, la médecine traditionnelle est largement privilégiée par la population.
▸La médecine moderne a permis d'allonger l'espérance de vie.

Activité 2 .... p. 59
Proposition de corrigé :
Aujourd'hui, de plus en plus de personnes ont recours aux médecines traditionnelles, appelées aussi médecines douces ou naturelles. On peut alors se demander si l'on ne devrait pas se détacher de la médecine moderne pour revenir à des pratiques plus anciennes et plus naturelles. Pour répondre à cette question, nous verrons dans un premier temps que les médecines traditionnelles présentent des avantages. Et nous verrons ensuite que, dans certains cas, ces médecines traditionnelles ne suffisent pas.
Si les médecines douces rencontrent un tel succès, c'est qu'elles présentent de nombreux atouts. Tout d'abord, les médecines traditionnelles reposent sur des pratiques et des savoirs, parfois très anciens, qui ont fait leurs preuves à travers les siècles. Si elles ne permettent pas de tout soigner, ces pratiques apportent toutefois un bien-être global. Il faut savoir qu'en France, 7 personnes sur 10 ont déjà testé une forme de médecine douce.
Ensuite, la médecine moderne ou conventionnelle apparaît parfois comme agressive ou invasive. La médecine moderne a cet inconvénient de déshumaniser les soins de santé. En effet, le patient est traité de manière chimique, parfois à l'hôpital, hors de son environnement habituel.
Toutefois, il ne faut pas oublier les limites des médecines traditionnelles et les progrès apportés par la médecine moderne. Premièrement, lorsqu'un patient présente des symptômes, il est nécessaire qu'un médecin conventionnel pose un diagnostic afin de vérifier qu'il n'a pas de pathologie lourde. En effet, si l'on veut avoir le maximum de chances de guérir, le traitement des cancers par exemple nécessite une prise en charge hospitalière. Deuxièmement, l'espérance de vie a presque doublé en un siècle et cela est dû, reconnaissons-le, en grande partie au développement de la médecine. La prise en compte de l'hygiène et les progrès de la médecine ont permis d'éradiquer des maladies telles que la peste ou la tuberculose.

CORRIGÉS

Pour conclure, on peut dire qu'il ne faut pas abandonner la médecine moderne car elle est synonyme de progrès. Cependant, la médecine moderne reste embarrassée par les petites maladies qui ne mettent pas en jeu le pronostic vital mais qui empoisonnent l'existence de nombreux patients.
Selon moi, les deux types de médecine sont complémentaires. En effet, ces petits maux ou affections peuvent trouver une solution dans les médecines douces ou traditionnelles.
À ce propos, on peut se poser la question de la reconnaissance des médecines douces par les pouvoirs publics qui hésitent encore à leur laisser une vraie place et à les rembourser.

GRAMMAIRE

Activité 1 .... p. 60
a. va falloir ➜ futur proche
b. aurez terminé ➜ futur antérieur
c. va bientôt commercialiser ➜ futur proche
d. seront ➜ futur simple
e. apporterons ➜ futur simple

Activité 2 .... p. 60
a. aura trouvé b. serez arrivé c. aura donné
d. n'auront pas voté e. se seront déplacés

Activité 3 .... p. 60
a. cause b. cause c. conséquence
d. conséquence e. cause

Activité 4 .... p. 60
a. L'augmentation des gaz à effet de serre est responsable du réchauffement climatique.
b. La déforestation ou le développement des transports provoquent la hausse des gaz à effet de serre.
c. Les températures augmentent, c'est pourquoi les glaciers polaires fondent à grande vitesse.
d. Le réchauffement climatique entraîne la disparition ou la prolifération de certaines espèces animales.
e. Les écosystèmes sont perturbés si bien que de nombreuses maladies infectieuses se développent.

LEXIQUE

Activité 1 .... p. 61
Matière première = Matériau d'origine naturelle servant à la fabrication de produits manufacturés.
Déchet = Objet en fin de vie et destiné à être éliminé.
Gaspillage = Utilisation abusive ou non rationnelle d'une ressource.
Biodiversité = Ensemble des espèces animales et végétales vivant dans un milieu.
Empreinte carbone = Quantité de gaz à effet de serre émis par un pays, une entreprise ou un individu.

Activité 2 .... p. 61
a. ≠ b. ≠ c. = d. = e. ≠

Activité 3 .... p. 61
Faire don d'un rein
Cicatriser une brûlure
Suivre un traitement
Subir une intervention chirurgicale
Soulager une douleur

Activité 4 .... p. 61
a. transfusion b. mobilité c. un acte
d. infectée e. soin

Activité 5 .... p. 61
s'inspirer de – susciter – lumineuse – observer – astucieux

Activité 6 .... p. 61
a. transplanter un organe, un arbre
b. transformer des déchets, un bâtiment
c. transmettre des maladies, des connaissances
d. transfuser du sang, du plasma
e. transgresser une loi, des règles

COMPRÉHENSION DES ÉCRITS .... p. 62
Proposition de corrigé :
1. Anne 2. Bruno 3. Anne 4. Myriam 5. Bruno
6. Bruno 7. Myriam

PRODUCTION ORALE .... p. 63
Proposition de corrigé :
Cet article du 27 juillet 2020 fait part d'une loi qui a été votée par le gouvernement français et qui a pris effet en 2021, à savoir l'interdiction de chauffer les terrasses des cafés et restaurants par des braséros en hiver. L'article commence par une citation de Barbara Pompili, ministre de l'Écologie, qui fait un parallèle entre climatiser les rues en été et les chauffer en hiver. Elle montre, par cette phrase, le côté absurde du chauffage des terrasses. L'article présente ensuite les conclusions d'une association écologiste qui montre que chauffer une terrasse pendant un hiver émet autant de CO_2 qu'une voiture neuve qui roulerait 120 000 kilomètres. Enfin, d'après l'article, les Français sont conscients que ce système est extrêmement énergivore, c'est-à-dire qu'il consomme énormément d'énergie. Cependant, seulement un tiers des Français sont pour cette interdiction.
Selon moi, ce système de chauffage présente quelques avantages mais il est vrai que c'est une aberration écologique. Premièrement, si ce système est interdit, il est certain que les cafés et restaurants accueilleront moins de clients et verront leur chiffre d'affaires baisser. C'est une mauvaise nouvelle pour le secteur de l'hôtellerie-restauration que de vouloir l'interdire. Deuxièmement, les terrasses font partie de l'image de la France. Elles sont synonymes de plaisir, d'un art de vivre à la française basé sur la convivialité et le fait de prendre son temps. S'il n'y a plus de terrasses chauffées, les cafés de Paris et de province paraîtront bien ordinaires et ennuyeux.
En revanche, il est vrai qu'il est absurde de chauffer l'air extérieur lorsque les températures sont basses. De nos jours, on parle beaucoup d'écologie et ce système est totalement irresponsable de ce point de vue. Dans mon pays, l'Allemagne, il y a également des terrasses chauffées mais le gouvernement réfléchit également à les interdire. Par conscience écologique, je pense que cette interdiction est absolument nécessaire. Il faudrait que tout le monde ait conscience des chiffres présentés dans cet article. À l'heure où chacun fait des efforts pour contrer le réchauffement climatique, il me semble que c'est un non-sens. Je ne sais pas si vous avez des questions.

Unité 5

Activité 1 .... p. 64
a. Vrai b. Faux c. Faux d. Vrai

Activité 2 .... p. 64
a. Entourez : me demande si, s'est permise, interroger, se confronter, conçoit, affronter, pointer, affirme, a choisi, avoue, dessine
b. Repérez : En 1976, série *Introspection* ; un des premiers artistes dont les œuvres sont des mots écrits sur la toile ; on l'a assimilé à un artiste qui dessine pour les enfants
c. Soulignez : malice

Activité 3 .... p. 64
a. L'artiste et son œuvre
➜ En 1976, il a créé la série *Introspection*.
b. L'artiste et son œuvre
➜ Le ton de l'artiste est malicieux.
c. L'ensemble du document
➜ Non, ce n'est pas une interview.
d. L'artiste et son œuvre
➜ Il a choisi d'écrire de manière enfantine pour être compris de tout le monde.

Activité 4 .... p. 64
Proposition de corrigé :
Christian Guémy, alias C215, est né en 1973 à Bondy, en France. Artiste urbain internationalement connu, il présente des œuvres peintes sur des objets de recyclage dans de nombreuses galeries, en France et dans le monde. Il a étudié à l'université à Paris où il a obtenu plusieurs diplômes : maîtrise d'histoire, master d'histoire de l'architecture, et un autre d'histoire de l'art à la Sorbonne. « Adolescent, j'avais un peu taggé, mais ça n'avait rien de sérieux », confie-t-il. À l'été 1989, à l'âge de 15 ans, il graffe un peu, mais laisse tomber. En effet, Christian Guémy réalise ses premières œuvres sur le tard, à partir de 2006 et c'est avec la technique du pochoir qu'il perce dans le monde du street art. En 2013, il réalise même une gigantesque œuvre représentant un chat sur un mur parisien de 25 mètres, dans le 13e arrondissement. Il parle avec philosophie de son choix de peindre : « Je ne sais pas s'il s'agit d'un choix à proprement parler, tant l'idée de peindre sur les murs et dans la ville est générationnelle. J'ai grandi avec le graffiti, les cultures hip-hop et punk/rock, qui m'ont forcément influencé. »

Activité 1 .... p. 65
Proposition de corrigés :
a. Un podcast.
b. Il s'agit d'une installation artistique en extérieur.
c. Dans une ville française, sur les quais d'un fleuve. Peut-être Nantes.

Activité 2 .... p. 65
ⓐ a. Comment ça se passe le Voyage à Nantes ?
b. installations – expositions – musées – galeries d'art – expositions événementielles – œuvres d'art contemporain – le parcours – monumentale – théâtre – colonnade
ⓑ a. Il s'agit d'œuvres installées un peu partout en ville, à la fois en extérieur et en intérieur. Le visiteur a le choix entre de nombreux parcours et profiter d'une programmation d'interventions et d'installations temporaires ou pérennes.
b. L'œuvre décrite a été créée par Stéphane Thidet devant le théâtre de la ville, place Graslin. Il s'agit d'une cascade monumentale qui couvre la façade avant du théâtre et ses colonnades. Elle a été élaborée à l'aide d'un système de pompe qui fait remonter l'eau d'un bac et donne une impression unique de fraîcheur. Elle est très impressionnante à voir.

Activité 3 .... p. 65
a. Faux : « il y a également des choses dans les musées, dans les galeries d'art de la ville »
b. Faux : « L'autre particularité c'est que, d'année en année, eh bien les interventions restent, en tout cas certaines interventions subsistent »
c. Vrai : « ce qui marque évidemment le plus le public, la presse, tout le monde depuis le début de cet événement, c'est l'installation

la plus monumentale de tout le Voyage à Nantes de cette année, c'est une installation de Stéphane Thidet »

d. Faux : « une immense cascade monumentale qui est allumée tous les jours », « c'est l'installation la plus monumentale », « une immense fontaine »

Activité 4 .... p. 65
a. monumentale, architecturale, classique
b. minimale, installation, contemporaine
c. éphémère, en extérieur, naturelle

Activité 5 .... p. 65
Proposition de corrigé :
Parcours atypique et à la fois quotidien pour de nombreuses personnes, prendre le T3 en bordure de Paris est l'occasion de se transporter au fil de l'art. Porte de Saint-Ouen, l'artiste Bruno Peinado a conçu son œuvre à la croisée des 17e et 18e arrondissements. En détournant les codes des transports urbains, il a créé une installation à la fois surprenante par le choix des couleurs et banale quant aux objets recyclés utilisés. En effet, on voit comme un bouquet de fleurs aux teintes pop ; rose, jaune fluorescent, orange, vert pistache. L'artiste a placé au centre d'une petite place hexagonale divers éléments de l'univers urbain – panneaux de signalétique, caissons lumineux – et trois éoliennes. Assemblée ainsi, cette installation nous pousse à lever les yeux au ciel, comme un vent de fraîcheur sur la ville. Si vous continuez votre voyage urbain vers Porte de Clignancourt, vous tomberez nez à nez avec le cœur de Paris. « Comment ça ? » me direz-vous. Eh bien oui, loin de l'île de la Cité ou du Louvre, cette déclaration d'amour à la Ville Lumière vous y attendra. Des habitants et acteurs associatifs, réunis autour du centre socioculturel La Maison Bleue-Porte Montmartre ont demandé à l'artiste Joana Vasconcelos de créer un signe universel pour ce « quartier monde ». L'œuvre souligne l'ambiance animée de son environnement en adressant un message joyeux de bienvenue. Plus de quatre mille azulejos peints à la main forment un énorme cœur dont le mouvement rotatif et le battement lumineux rappellent les mouvements du cœur humain.

Activité 1 .... p. 66
a. créer **b.** composer **c.** imiter **d.** exprimer

Activité 2 .... p. 66
collections – chefs-d'œuvre – sculpture – peintures – gardiens – salles d'exposition – L'art contemporain – l'architecture – performances – chorégraphe

Activité 3 .... p. 66
1. d : le cinéma **2.** e : l'architecture **3.** a : la sculpture **4.** b : la danse **5.** c : la musique

Activité 4 .... p. 66
a. admirable **b.** controversé **c.** séduisant **d.** provocant **e.** bouleversant

Activité 5 .... p. 66
Proposition de corrigé :
La semaine dernière, je suis allé voir l'exposition consacrée à Matisse au Centre Pompidou à Paris. Son titre avait attiré ma curiosité. « Matisse, Comme un roman » car je ne savais pas trop quoi penser de l'association de ces deux arts : peinture et littérature. Et ce fut une belle surprise ! En fait, le titre de l'exposition se réfère au livre écrit par le poète Aragon. Le poète et le peintre étaient amis, même si Aragon parlait toujours de « l'énigme Matisse » qu'il ne comprenait pas totalement. J'ai beaucoup aimé les liens tissés entre le tableau et les textes. Son côté facile d'accès, dans la mesure où l'exposition respecte la chronologie de son œuvre, facilite le parcours. Et plus on avance, plus on sent la puissance à la fois de sa peinture et de ce qu'il était : un génie ! Quel plaisir alors de découvrir les mille vies de cet artiste, toujours aussi moderne ! La présentation est certes classique, mais très complète, avec des dessins, des sculptures, des peintures et des écrits. Matisse et son soleil illuminent les salles, que ce soit grâce au très grand tableau *Intérieur aux aubergines* de 1911 ou encore à l'impressionnant découpage de papiers de couleur venu de la Fondation Vuitton. On a alors envie de déambuler sans fin entre les œuvres et les mots pour savourer la richesse de sa peinture.

Activité 1 .... p. 67
a pense que – estimer – ai trouvé que – ne suis pas persuadé – est difficile de croire que – n'ai pas l'impression qu'
b **a.** penser que – trouver que – il est difficile de croire que
b. estimer – être persuadé que – ne pas avoir l'impression que

Activité 2 .... p. 67
a. ait **b.** est **c.** aient **d.** est **e.** ce soit

Activité 3 .... p. 67
a. 4 **b.** 1 **c.** 5 **d.** 3 **e.** 2

Activité 4 .... p. 67
Proposition de corrigés :
a. Je crois que l'art contemporain n'est pas toujours simple à comprendre mais qu'il est très souvent audacieux.
Je ne crois pas que l'art contemporain soit inutile.
b. Je suis convaincu que la musique est importante pour vivre heureux. Ne dit-on pas qu'elle adoucit les mœurs ?
Je ne suis pas convaincu que la musique soit essentielle.
c. Je trouve qu'il y a beaucoup trop d'expositions en ce moment, j'ai du mal à en choisir une.
Je ne trouve pas qu'on puisse dire qu'il y a trop d'expositions, il n'y a jamais trop d'art !
d. J'ai l'impression que l'art est trop élitiste, surtout l'art contemporain.
Je n'ai pas l'impression que l'art soit trop élitiste, il est peut-être un peu difficile d'accès parfois, mais c'est à nous d'être curieux.
e. J'estime qu'une œuvre doit être intelligible pour traverser les époques.
Je n'estime pas qu'une œuvre doive absolument être intelligible, mais elle doit toucher nos sens.

Mémo .... p. 67
À la forme affirmative : indicatif
À la forme négative : subjonctif
À la forme interrogative : subjonctif

Activité 1 .... p. 68
a. Oui (« première enquête »)
b. Oui (« Les trois quarts des Français soutiennent l'organisation d'un référendum »)
c. Oui (« pourrait attirer jusqu'à un électeur sur deux »)
d. Non (« les Français soutiennent massivement »)
e. Non (« l'interdiction des spectacles […] 6 français sur 10 »)

Activité 3 .... p. 68
a. enquête **b.** référendum, **c.** pétition **d.** mesure **e.** électeur, votant

Activité 4 .... p. 68
Proposition de corrigé :
Selon une enquête récente, il est clair que les animaux de compagnie ont une importance toute particulière aux yeux des Français. Ainsi on peut voir tout d'abord que plus de la moitié d'entre eux déclarent aimer leur animal de compagnie plus que certaines personnes ! En effet, à la question de savoir s'ils préfèrent leurs compagnons à quatre pattes (ou deux pourquoi pas !) plutôt que leur famille, conjoint ou même amis, on note que les animaux arrivent en tête, suivis par la famille avec 29 %, le conjoint avec 15 % et les amis avec seulement 1 % ! Il est vrai que lorsqu'on se promène en France, que ce soit en ville ou à la campagne, on est surpris par le nombre de personnes promenant leur chien. Gare aux personnes allergiques aux boules de poils ! Comment trouver en France un domicile sans au moins un chat ? C'est presque impossible. Suite à cette enquête, j'ai également pu observer que les propriétaires ne voient pas de problème à en faire des enfants gâtés ! En effet, ce sondage souligne que près de 60 % des Français déclarent que leur animal de compagnie est le chef à la maison ! Il n'est en effet pas rare, en France, qu'en plus des convives attablés, se faufilent entre les jambes des invités un être affamé en quête d'une tranche de rôti ! Et quid des émotions, me direz-vous ? Eh bien, bien qu'on ne puisse pas savoir exactement s'il s'agit d'une projection ou d'une réelle observation, une large majorité des sondés ont l'impression que leur animal est triste lorsqu'ils partent travailler… Vous savez, ce regard en coin que votre chien vous lance en vous montrant le blanc de ses yeux… comment ne pas craquer ? Dans tous les cas, l'amour est bien le lien primordial entre l'homme et ses bêtes : 47 % des personnes interrogées déclarent que l'affection qu'il procure est sa qualité première ! L'animal, le meilleur ami de l'Homme !

Activité 1 .... p. 69
a. 3 **b.** 1 **c.** 2 **d.** 5 **e.** 4

Activité 2 .... p. 69
a. faire grève **b.** le Parlement **c.** un débat **d.** jouer collectif **e.** une élection

Activité 3 .... p. 69
a. un clivage **b.** l'unanimité **c.** une controverse **d.** une incompatibilité **e.** une concertation

Activité 4 .... p. 69
militant – tribunes – élections – jouer collectif – manifeste – député – Parlement

Activité 5 .... p. 69
Proposition de corrigé :
Depuis trop d'années, de nombreux projets sont restés lettres mortes une fois le maire élu ! Il est temps qu'un candidat ne formule pas seulement ses propositions pour être élu, mais pour réellement changer les choses ! Je ne suis pas là pour avoir un discours clivant, c'est pourquoi je souhaite tout d'abord mettre en place, avec toutes les personnes de bonne volonté, des réunions de travail collaboratives qui permettront, autour de thèmes donnés, de partager leur vision de notre ville. La question n'est pas simplement de palier les difficultés actuelles, mais bien d'engager les transformations nécessaires pour l'avenir ! Et qui mieux que ceux qui vivent dans notre si belle ville au quotidien sont à même d'avoir des idées concrètes qui changeront nos

CORRIGÉS

usages et notre pratique au jour le jour ? Je m'engage ainsi à promouvoir la mixité sociale, plus de respect dans les espaces publics, un système éducatif et associatif performant et une ville verte ! L'ensemble des propositions sera étudié puis classé avant le début de la campagne et je promets de mettre en œuvre les chantiers les plus novateurs dès le début de mon mandat. Mon bureau sera ouvert sur rendez-vous et un cahier de doléances sera présent à la mairie. Je ne suis pas simplement là pour représenter la ville, mais pour que notre ville ressemble à ses habitants. Une ville énergique, ouverte et verte !

Activité 1 .... p. 70
Intonation montante : il arrivera à changer quelque chose ?
Inversion sujet-verbe : sont-ils – ont-ils
Avec « est-ce que » : est-ce qu'ils vont – qu'est-ce qu'ils – quand est ce que
Au style indirect : je me demande toujours si ça vaut la peine
Avec mot interrogatif : comment – qui – quand

Activité 2 .... p. 70
Proposition de corrigé :
a. ce qu' : Qu'est-ce qu'il en pense ? Qu'en pense-t-il ?
b. s' : Ira-t-il voter ? Est-ce qu'il ira voter ?
c. ce que : Vous pensez quoi de cette candidate ? Que pensez-vous de cette candidate ?
d. pourquoi : Pourquoi l'ont-ils élu ? Pourquoi est-ce qu'ils l'ont élu ?
e. quand : Quand le résultat sera-t-il connu ? Quand est-ce que le résultat sera connu ?

Activité 3 .... p. 70
Proposition de corrigé :
a. Penses-tu que la musique adoucisse les mœurs ?
b. Pensez-vous que la loi va passer ?
c. Pensez-vous que l'art soit plus important que la politique ou bien que les deux soient essentiels ?
d. Penses-tu qu'il ait du talent ?
e. Est-ce que tu iras voter cette année ?

Activité 4 .... p. 70
Proposition de corrigé :
a. Qu'en pense-t-il vraiment ?
b. Est-ce qu'elle a les moyens d'être élue maire ?
c. Quand va-t-elle avoir le résultat ?
d. Viendra-t-il après son discours ?
e. Sait-il où se trouve le vernissage ?

Mémo .... p. 70
Avec un élément interrogatif : direct – pronom interrogatif
Sans élément interrogatif : inversion – montante

Activité 1 .... p. 71
D'après le graphique, on peut voir que le sport se place en tête des activités bénévoles, suivies de près par la culture et l'éducation. En effet, selon le titre, ces trois activités sont bien mises en avant, et, en comparaison avec l'année précédente, « toujours » en tête, d'où le choix de l'adverbe de fréquence.

Activité 2 .... p. 71
a. dans le titre du graphique : Dans quels domaines donnez-vous bénévolement de votre temps au sein d'une association ?
b. à droite du graphique : INJEP-CREDOC, baromètre DJEPVA sur la jeunesse
c. dans la description du champ, après la source : jeune de 18 à 30 ans
d. dans la source : 2018 et 2017

Activité 3 .... p. 71
Les verbes de constatation : constate – remarque – note que
Les indications temporelles : depuis 2016 – entre 2017 et 2018 – en 2018 – de 2017 – par rapport à 2017
Les évolutions de données : faibles évolutions – restent très similaires à ceux – une certaine baisse – encore une fois en tête – demeurent très peu cités – stagnent – connaît une légère augmentation – gagne sa place de 6ᵉ – passe 7ᵉ
Les reprises de la question : qu'à la question posée – lorsqu'on demande aux 18-30 ans dans quel domaine donnent-ils du temps bénévolement

Activité 4 .... p. 71
Proposition de corrigé :
La condition animale est de plus en plus présente dans le débat public. Que ce soit à travers l'évolution des régimes alimentaires ou par les droits que plusieurs initiatives souhaitent octroyer aux animaux, cette question tient une place grandissante. Le site internet Caniprof a en ce sens publié les résultats d'une enquête concernant le projet de « référendum pour les animaux ». Ce sondage a été réalisé auprès d'un échantillon national représentatif de 1000 Français.
De manière générale, les Français ont répondu positivement quant à l'organisation d'un tel référendum (73 %). Quand on leur demande s'ils sont prêts à signer la pétition pour sa réalisation, ils sont près des trois quarts à vouloir le faire. Il ne s'agit donc pas simplement d'un accord de principe sans engagement. Si on leur pose la question de leur potentielle abstention lors d'un tel scrutin, ils sont près de la moitié à déclarer vouloir se déplacer (49 %) et seraient près de neuf sur dix à voter en sa faveur. Dans les détails, lorsque l'on interroge les Français sur la mesure qu'ils soutiennent le plus, celle garantissant aux animaux un accès au plein air arrive en tête à une écrasante majorité (87 %), suivie par l'interdiction des spectacles avec des animaux sauvages.
En somme, les bêtes ne sont pas nos meilleurs amis pour rien. Nous leur souhaitons en échange d'avoir des droits impliquant des devoirs aux propriétaires concernant leur bien-être.

Activité 1 .... p. 72
ⓐ ▶ La dernière étude sur la mise en place de parcours artistiques dans les grandes villes – s'appuyant sur un échantillon représentatif de 2000 participants âgés de 18 à 75 ans
▶ Plus d'un tiers des Français à 67 % – 57 % d'entre eux – Deux tiers des sondés – aux trois quarts chez les jeunes – Près de la moitié souhaitent que soit mis en place des pass cultures – une minorité d'entre eux – une partie non négligeable d'entre eux – selon la plupart d'entre eux – la plupart des personnes interrogées – moins de 2 %
▶ – Organiser des concours d'art contemporain à l'échelle locale.
– Mise en place des pass cultures permettant de valoriser le patrimoine existant.
– Laisser des espaces à une libre expression artistique.
– Renommer les rues de manière plus fantaisiste afin de rendre la ville plus ludique.
– Aménagement des espaces artistiques pour tous.
– Chorales de rue.
– Spectacles à domicile.
– Ateliers de pratiques artistiques intergénérationnels.
▶ proposent par exemple d'organiser des concours d'art contemporain à l'échelle locale
Ou encore de [...] laisser des espaces à une libre expression artistique
ainsi à Nantes les habitants veulent rendre le Voyage à Nantes pérenne
ⓑ **Proposition de corrigés :**
a. Comment rendre l'art accessible à tous les enfants ?
b. Selon vous, l'éducation artistique est-elle importante ?
L'école doit-elle être le principal moteur ?
Est-ce que vous pensez que l'accessibilité à la culture augmente ou diminue les inégalités sociales ?
Quel genre artistique pourrait plaire aux enfants ?
Pensez-vous que les institutions culturelles devraient offrir plus de contenu adressé au jeune public ?
c. Un échantillon de 100 personnes issues des différents quartiers de la ville, représentatif de la mixité sociale.
ⓒ a.

> **L'éducation artistique est-elle importante ?**
> 76% répondent oui.

> **Les arts qui plaisent aux enfants :**
> - La musique (67%)
> - La peinture (57%)
> - La danse (52%)
> - La sculpture (37%)

> **Les acteurs principaux :**
> - L'école (67%)
> - Les institutions culturelles (64%)
> - Les parents (52%)
> - Le monde associatif (37%)

b. Il existe des différences notables selon les origines sociales des personnes interrogées. Les milieux aisés trouvent que l'accès aux contenus artistiques est assez simple alors que les milieux modestes pensent que les institutions culturelles leur restent fermées et qu'ils ont un accès difficile aux informations pratiques et qu'en outre leurs tarifs sont trop élevés.
Des différences existent entre les genres artistiques cités. La danse et la musique arrivent en tête dans les milieux populaires alors que c'est la musique et la peinture dans les classes supérieures.

Activité 2 .... p. 73
Un bref résumé du contexte :
La problématique de l'accès à l'art au plus grand nombre ne touche pas seulement les publics adultes mais pose également la question de son accès aux plus jeunes. En effet, sensibiliser les enfants ne pourra qu'aider à sa diffusion de manière plus large. C'est pourquoi nous avons choisi de demander à un échantillon représentatif de 100 personnes comment nous pouvons envisager son accès dès le plus jeune âge afin d'en connaître les limites actuelles et de proposer des solutions.
Éléments importants :
Dans ce contexte, les sondés ont répondu positivement : ils sont une majorité écrasante à penser qu'il est important de rendre l'art accessible dès le plus jeune âge, quelle que soit leur origine sociale. 76 % pensent que l'art est primordial dans l'éducation des

cent quatre-vingt-sept **187**

enfants, avec pour intérêt d'augmenter la créativité, de diminuer le stress et d'ouvrir de nouveaux horizons. En revanche, des disparités d'accès apparaissent rapidement, dans les milieux aisés, 58 % d'entre eux considèrent que l'accès à des contenus artistiques est aisé alors qu'ils ne sont que 37% dans les catégories populaires. Lorsqu'il s'agit en outre de savoir quels sont les principaux moteurs de la diffusion artistique pour les plus jeunes, l'école arrive en tête des sondages avec 67 % suivi de près par les institutions culturelles et les parents. L'art serait donc l'affaire de tous. En revanche les genres artistiques cités divergent en fonction de l'origine sociale des sondés : pour les catégories supérieures, la peinture arrive en première position alors que les catégories populaires lui préfèrent la danse. La musique fait figure d'exception car elle est citée autant par les couches supérieures que par les classes modestes.
Les solutions :
▸ Des journées gratuites dans les musées pour les familles.
▸ La mise en place d'ateliers pratiques parents-enfants.
▸ La participation d'artistes dans des projets scolaires.

Grammaire

Activité 1 .... p. 74
a. permet **b.** adoucit **c.** soit **d.** doive **e.** puisse

Activité 2 .... p. 74
a. doit **b.** soit **c.** faille **d.** aide **e.** puisse

Activité 3 .... p. 74
a. 3 **b.** 4 **c.** 1 **d.** 2 **e.** 5

Activité 4 .... p. 74
a. À ton avis, est-ce qu'ils seront tous d'accord ?
b. Pourriez-vous m'indiquer le chemin de la mairie ?
c. Tu crois vraiment que tous les citoyens aspirent à ton projet ?
d. Ne pensez-vous pas que votre argumentaire soit trop clivant ?
e. Je me demande toujours ce qu'il va se passer après le résultat.

Lexique

Activité 1 .... p. 75
a. performance **b.** exposition **c.** vidéaste **d.** chorégraphe **e.** chansons

Activité 2 .... p. 75
a. s'inspirer **b.** compose **c.** représenter **d.** expose **e.** sculpter

Activité 3 .... p. 75
a. 3 **b.** 1 **c.** 2 **d.** 5 **e.** 4

Activité 4 .... p. 75
a. se mobiliser **b.** de s'opposer **c.** se déplacent **d.** manifester **e.** aspirent

Activité 5 .... p. 75
a. séduire **b.** attirer **c.** bouleversant **d.** plaisant **e.** provocant

Activité 6 .... p. 75
a. promotion **b.** aspiration **c.** assurance **d.** concession **e.** promesse

Compréhension de l'oral .... p. 76
Exercice 1
1. *La politique est-elle un art ?*
2. Elle admire la faculté de parler en public des politiques.
3. être charismatique.
4. analyse ce phénomène à l'aide d'ouvrages philosophiques.
5. s'identifient aux personnes pour qui ils votent.
6. 77 %.
7. Ils sont conscients qu'elle ne fait pas tout et s'intéressent aussi aux idées.
Exercice 2
1. Des vidéos
2. Le lieu ne donne pas la possibilité d'apprécier au mieux les œuvres.
3. Le dernier taux d'abstention était proche de 70 %.
4. Les électeurs devraient recevoir les programmes sans le nom des candidats.
5. L'art dans l'espace public.
6. Sortir des parcours routiniers.
Améliorer le prestige d'une ville.
Rendre une ville plus chaleureuse.

Production Écrite .... p. 77
Proposition de corrigé :
Bonjour,
Je vous écris suite au récent dossier que vous avez traité dans votre dernier numéro consacré à l'engagement en politique de personnalités artistiques. Dans les différents articles et tribunes qui le composent, vous insistez sur le fait que ce type de candidatures permettrait de remettre positivement en question les manières de faire de la politique et que cela serait un moteur pour l'envisager autrement. Je voudrais cependant nuancer ce propos général.
Il est vrai que, comme Coluche dans les années 1980 en France, des candidatures d'artistes mettent parfois un coup de pied dans la fourmilière. Ils cherchent le plus souvent à faire bouger les lignes et à mettre l'accent sur des problématiques peu abordées par le monde politique. Mais on voit de plus en plus ce genre de candidats tomber dans le populisme et suivre une opinion générale qui n'est pas forcément l'expression de tous. D'autre part, les artistes franchissant le cap sont pour la plupart assez nantis et n'ont qu'une connaissance assez lointaine des problématiques auxquelles les électeurs sont confrontés au quotidien. Qu'ils soient de bonne foi ne doit pas forcément être remis en cause, mais le fait qu'ils sachent nous représenter relève d'un autre problème. En effet, la politique, affaire des citoyens, demande une bonne dose de pratique et même parfois de connaissances qui peuvent échapper à des personnes ayant l'habitude d'haranguer les foules.
Pour conclure, je pense qu'il est nécessaire que tous participent au débat public. La présence de personnalité semble même primordiale pour souligner des abus ou des faiblesses, en utilisant leur notoriété pour faire avancer les choses. Mais qu'ils pensent pouvoir se jeter dans l'arène politique pour un jour obtenir ce genre de position me paraît chose difficile. La politique est aussi une affaire de gestion, de vision, de conviction.
Benjamin M.

Unité 6

Activité 1 .... p. 78
a. le sport – rend forte
b. La façon dont le sport développe la force mentale

Activité 2 .... p. 78
b. Qu'est-ce que la pratique d'un sport a apporté psychologiquement à la majorité des femmes interrogées ?
c. À quels moments la pratique d'un sport peut-elle apporter quelque chose en plus ?
b. Que ressentent les femmes interrogées grâce à la pratique d'un sport ?
c. Dans quelles situations la pratique d'un sport peut-elle être un avantage ?
a. Elles pensent aux raisons de santé et d'esthétique.
b. Le sport les rend émotionnellement plus fortes.
c. Le sport aide à se relever plus facilement après un échec ou une épreuve douloureuse.

Activité 3 .... p. 78
a. fierté **b.** volonté **c.** respect de soi **d.** confiance en soi

Activité 4 .... p. 78
Proposition de corrigé :
Teddy Riner est un judoka français né en 1989. Il a commencé le judo à l'adolescence et s'est révélé dans cette discipline à partir de 2006 grâce à ses bonnes performances. Durant la première partie de sa carrière, malgré son jeune âge et plusieurs défaites dans de grands championnats, il devient un grand espoir du judo français. Les médias s'intéressent à lui rapidement, car sa détermination lui permet d'enchaîner rapidement un grand nombre de victoires. Il gagne les championnats du monde de judo pour la première fois en 2007 et est deux fois champion olympique. Sa gestion de la pression et son mental d'acier lui ont permis d'être invaincu pendant environ dix ans, de 2010 à février 2020, où il perd un combat contre un Japonais. La défaite l'a cependant libéré d'une certaine pression, il s'est fixé de nouveaux objectifs et s'est imposé une plus grande rigueur. Au fil de sa carrière, Teddy Riner a toujours cherché la performance tout en se dépassant mentalement et physiquement. Sa force mentale sera un atout jusqu'à son dernier objectif : les jeux Olympiques de Paris en 2024.

Activité 1 .... p. 79
Proposition de corrigé :
a. Une réunion professionnelle ou amicale en ligne.
b. Le télétravail.

Activité 2 .... p. 79
a. Un journaliste et une intervenante, coach et psychologue du travail (Evelyne Stawicki).
b. Le sujet de la discussion est l'esprit d'équipe dans le cadre du travail, en particulier du télétravail.
c. Dans l'entreprise ou à la maison.
Problèmes du télétravail pour l'esprit d'équipe : phénomènes de solitude et de distanciation sociale – demande l'effort de tous
Solutions à mettre en place : efforts pour préserver cette cohésion et cette communauté de collaborateurs (e-apéros, morning cafés…) – efforts managérial et de tous – remettre l'humain au cœur de l'organisation – rituels managériaux – développer l'esprit d'équipe
Éléments importants dans la notion d'esprit d'équipe : implication de chacun dans les débats – échange d'informations – exprimer des craintes – proposer des suggestions

Activité 3 .... p. 79
une cohésion = Lien qui unit des personnes entre elles.
une collaboration = Travail commun sur un même projet.
une communauté = Groupe de personnes

avec des traits communs.
un collectif = Groupe de personnes travaillant ensemble.
une coopération = Pratique d'entraide et de travail en groupe.

Activité 4 — p. 79
Proposition de corrigé :
Dans cette entrevue, on parle de l'importance de l'esprit d'équipe au travail aujourd'hui. Le journaliste et la spécialiste se concentrent sur l'impact du télétravail, sur cet effort nécessaire de travailler en équipe. Evelyne Stawicki précise qu'il y a des risques que les collaborateurs ressentent plus de solitude et conserver un esprit d'équipe comme dans l'entreprise, alors qu'on est face à un ordinateur, peut être difficile à cause de la distanciation sociale.
Un autre point important, c'est que pour trouver des solutions à ces problèmes, il faut beaucoup d'efforts de la part des chefs d'entreprise et des responsables. Ils doivent mettre en place des stratégies pour préserver la cohésion du groupe de collaborateurs et créer des rituels, des étapes de la journée à passer ensemble, par exemple. Il faut avant tout se concentrer sur « l'humain » dans l'organisation du travail en ligne.
La spécialiste conclut en disant que ce n'est pas seulement en créant des moments de convivialité que l'on crée un esprit d'équipe, et qu'il ne faut pas oublier que l'objectif est de fonder une communauté de travail en impliquant chacun des collaborateurs et en les laissant exprimer ce qu'ils pensent par rapport au travail.

Activité 5 — p. 79
Proposition de corrigé :
Quand j'étais au lycée, je faisais partie d'un atelier théâtre. Nous avions très peu de moyens et nous devions penser à tout, alors que nous n'étions que lycéens. Honnêtement, cela n'a pas été facile car, malgré la passion de chacun pour la scène, nous faisions face à plusieurs problèmes. Les élèves de terminale étaient stressés par le bac, par exemple, et quand il fallait prendre une décision, tout le monde n'était pas d'accord sur la manière de la mettre en place. Il a vraiment fallu qu'on se serre les coudes et, heureusement, nous avons réussi à nous organiser grâce à une élève de première qui s'évertuait à rallier les troupes pour que l'atelier survive. En plus de nos répétitions, nous avons formé des petits groupes chargés d'une mission précise, comme la gestion des costumes et l'élaboration des décors. Nous avons réussi à créer un esprit d'équipe suffisamment fort pour venir à bout de toutes nos tâches. Le spectacle que nous avons proposé à la fin de l'année a été une grande réussite et nous étions très fiers de nous !

Activité 1 — p. 80
a. Une multitude personnes. **b.** Un groupe d'artistes. **c.** Le groupe d'amis. **d.** Un ensemble d'îles.

Activité 2 — p. 80
S'entraider : se serrer les coudes – se soutenir
Se résigner : s'avouer vaincu – connaître une défaite
Se battre : lutter – affronter
Faire des efforts : s'acharner – s'évertuer

Activité 3 — p. 80
la résilience = Aptitude à surmonter un choc traumatique.
la détermination = Qualité de quelqu'un qui est ferme, résolu.
la concentration = Capacité à porter toute son attention sur une seule chose.
l'endurance = Capacité à résister à la fatigue ou à la souffrance.
le dépassement = Action d'aller au-delà de ses possibilités.

Activité 4 — p. 80
a. 2 : cyclisme **b.** 3 : Hockey sur glace **c.** 4 : handball **d.** 1 : polo

Activité 5 — p. 80
Proposition de corrigé :
Alors, venez par ici. On va faire le point. On est donc menés de dix points et on a du mal à revenir sur le score malgré les efforts de chacun. Ce qu'il faut, là, c'est que vous remontiez ensemble, et j'insiste bien, tous ensemble. Il y en a qui sont trop dans le jeu individuel et, à ce rythme, on ne va pas y arriver. Il faut que vous vous serriez les coudes et que vous cherchiez toutes les occasions pour que l'un d'entre vous marque. Peu importe que ce soit vous-même ou un coéquipier, le but c'est que ce ballon rentre dans le panier, c'est tout. Les points, la victoire possible, c'est pour tout le monde, pas seulement pour celui qui a marqué le plus, d'accord ? Le basket, c'est collectif, ce sont tous les joueurs sur le terrain qui gagnent ou qui perdent. Donc je ne veux plus voir ce ballon dans les mains des mêmes tout le temps. Vous partagez l'effort jusqu'au bout, sinon ça ne marchera jamais. On est clairs là-dessus ? Alors maintenant, rapidement, la stratégie…

Activité 1 — p. 81
Pour réussir à se dépasser dans un sport, il <u>ne</u> faut <u>rien</u> lâcher. Le succès <u>ne</u> s'obtient <u>ni</u> en procrastinant <u>ni</u> en abandonnant à la moindre difficulté. <u>Aucun</u> sportif de haut niveau <u>ne</u> gagne de championnats <u>sans</u> une grande détermination. Même s'il <u>ne</u> rencontre <u>que</u> des obstacles pendant une certaine période, il <u>n'</u>abandonne <u>jamais</u>. Ce qui fait sa force, c'est qu'il <u>ne</u> craint <u>personne</u>. Quand on sait où on va, tout est plus simple : il faut <u>seulement</u> y croire !

Activité 2 — p. 81
a. Mais, à présent, il ne me manque rien.
b. Maintenant, je n'ai besoin d'aucun conseil. / Maintenant, je n'ai plus besoin de conseils.
c. Moi, je n'irai nulle part.
d. Depuis que j'ai arrêté le taekwondo, je ne fais (plus) que du tennis.
e. Mon frère, lui, ne l'a jamais faite.

Activité 3 — p. 81
n' – ni – n' – que – ne – rien – n' – pas – n' – qu' – ne – personne – aucun – ne

Mémo — p. 81
Les expressions de la négation : ne… ni… ni – rien – personne
Les expressions de la restriction : que

Activité 1 — p. 82
l'apprentissage en ligne ≠ l'apprentissage en classe

Activité 2 — p. 82
La comparaison entre les deux méthodes est difficile et peu pertinente.

Activité 3 — p. 82
a. Il est difficile de tenir compte de toutes les variables dans les différentes recherches : la composition du groupe d'étudiants ou le type de professeur, par exemple, peuvent être très différents.
b. Un étudiant doit être motivé, autonome, bien préparé et flexible.
c. Parce que, selon lui, les deux systèmes exigent des méthodes d'enseignement différentes, des qualifications différentes et des évaluations différentes.
b. Avec quel profil d'étudiant l'apprentissage en ligne fonctionne bien ?
c. Pourquoi M. Bernard pense-t-il qu'on ne peut pas comparer l'efficacité des deux systèmes ?

Activité 4 — p. 82
Avec des adjectifs : la plus efficace – les plus motivés – les plus autonomes – une plus grande flexibilité – des méthodes d'enseignement différentes, des qualifications différentes et des évaluations différentes – aussi inapproprié que dépassé
Avec des verbes : comparer
Avec des expressions : un mode d'enseignement par rapport à un autre – dans les cours en ligne, mais aussi en classe

Activité 5 — p. 82
Proposition de corrigé :
Je suis d'accord avec le fait que les deux méthodes d'apprentissage ne sont pas facilement comparables. Il existe beaucoup de paramètres qui ne sont pas toujours simples à analyser, et cela ne permet pas de démontrer clairement une vérité. Il est vrai que, pour l'apprentissage en ligne, l'enseignant comme les étudiants n'ont pas les mêmes possibilités qu'en classe, et il existe plus de contraintes en termes de temps, de méthode, etc. Je pense également que, pour les étudiants, étudier chez soi, face à son ordinateur, demande plus d'autonomie et de motivation qu'en classe, et les interactions avec le professeur ne sont pas les mêmes. On peut ressentir moins de chaleur et de présence, et on peut être plus hésitant à poser des questions. Pour moi, l'ambiance de classe est aussi importante que l'apprentissage en lui-même. Mais je sais que certains de mes amis apprécient beaucoup l'apprentissage en ligne car il offre un plus grand sentiment de liberté et de flexibilité. Il me semble donc que chaque méthode d'apprentissage correspond à un profil d'étudiant. Ainsi, il me paraît difficile d'établir des études solides, avec des modèles et des raisonnements comparables sur cette question, qui permettent de déterminer de manière évidente l'efficacité de l'une ou de l'autre méthode.

Activité 1 — p. 83
a. diviser **b.** le diamètre **c.** la longueur **d.** additionner **e.** un diagramme **f.** une dizaine

Activité 2 — p. 83
décrire – détailler – hypothèses – variables – raisonnement – démontrer

Activité 3 — p. 83
démontrer – collecter – porteront – déterminer – s'orienter

Activité 4 — p. 83
a. scientifique, scientifiquement **b.** biologiste, biologique, biologiquement **c.** expérimenter, expérimentation **d.** gazeux **e.** dénombrer

Activité 5 — p. 83
Proposition de corrigé :
Se passionner pour les sciences à l'école : Caroline nous raconte !
Quand j'étais en primaire, nous avions un instituteur génial qui nous donnait souvent l'occasion de découvrir les sciences par nous-mêmes dans la classe. Par exemple, un jour, il a voulu nous montrer un phénomène au nom compliqué : la tension superficielle

de l'eau. Voici comment il a procédé : il nous a demandé de nous mettre par groupes et de réaliser une expérience. Nous devions d'abord l'expérimenter nous-mêmes et la décrire ensuite à nos camarades. Nous avons suivi plusieurs étapes selon un modèle détaillé par notre instituteur qui avait même créé des illustrations lui-même pour nous aider ! C'était un jeu d'enfant : nous devions d'abord poser un morceau d'essuie-tout à la surface de l'eau dans un verre et y déposer ensuite une aiguille, pour constater que celle-ci ne tombait pas dans le verre. Avec un trombone, le résultat était le même. Puis nous avons renouvelé le procédé en ajoutant un peu de liquide vaisselle, et nous avons vu l'aiguille et le trombone couler immédiatement. Notre instituteur nous a demandé de réfléchir à des hypothèses qui expliqueraient ce phénomène. Nous avons ensuite présenté notre expérience à la classe et avons discuté de nos hypothèses ensemble. Cette étape de discussion avec les autres, c'était le plus intéressant pour moi : je me souviens que nous étions très passionnés et que certains avaient des idées vraiment loufoques ! L'instituteur nous a finalement montré une vidéo démontrant le phénomène de tension superficielle de l'eau et nous avons rédigé une conclusion en classe pour finir. C'était vraiment un grand plaisir de travailler avec ce professeur qui tenait à nous transmettre sa fascination pour les sciences ! Et si vous voulez tenter la même expérience chez vous, vous trouverez une description sur notre site internet.

Activité 1 .... p. 84
le mieux – supérieure – plus longtemps – se différencie – ressemble – la même... que – similaires

Activité 2 .... p. 84
a. comme **b.** supérieures **c.** semblables **d.** se ressemblent – différents **e.** surpasse

Activité 3 .... p. 84
a. le plus de – le plus **b.** le meilleur – autant de **c.** pire **e.** aussi

Activité 4 .... p. 84
a. très inférieures à ➜ opinion négative
b. aussi rapidement ➜ opinion positive
c. semblables à ➜ opinion positive
d. le meilleur ➜ opinion négative
e. le même que ➜ opinion positive

Mémo .... p. 84
Avec des adjectifs : moins – que
Avec des noms : de – autant
Avec des verbes : plus – autant
Avec des expressions : semblable – supérieur – surpasser

Activité 1 .... p. 85
a. Les membres d'une association.
b. Le compte-rendu de la dernière réunion de l'association.
c. Pour servir de rappel et transmettre des informations aux personnes absentes.

Activité 2 .... p. 85
a. 3 **b.** 6 **c.** 4 **d.** 2 **e.** 5 **f.** 1

Activité 3 .... p. 85
Proposition de corrigé :
Centre équestre de l'Éperon
Compte-rendu du concours du 14 octobre 2020
Présents : Nathalie Sauliac (directrice), Nicolas Dupré (secrétaire), Thierry Bonnefoy, Marion Delesvaux et Julie Merlet (moniteurs) – Soline Loiseau, Paul Chesnay, Sarah Bensaïd et Benjamin Toulier (cavaliers)

Absents : Thomas Delacour et Lou Pasquier (cavaliers)
Sujets
1. Bilan de la compétition : L'arrivée des cavaliers et des chevaux sur le lieu du concours s'est déroulée sans problème. Le contrôle vétérinaire n'a révélé aucune blessure chez les chevaux.

Soline Loiseau et Benjamin Toulier se sont présentés aux épreuves de saut d'obstacle en catégorie Club Elite qui ont débuté à 10 h. Ils remportent respectivement la 10e et la 4e place au classement final.

Paul Chesnay et Thomas Delacour se sont présentés aux épreuves de dressage en catégorie Amateur 2 qui ont débuté à 11 h. Paul se classe 15e et Thomas 2e au classement final.

Sarah Bensaïd et Lou Pasquier se sont présentées aux épreuves de saut d'obstacle Poney 3 qui ont débuté à 14 h. Sarah se classe 1er et Lou 6e au classement final.

2. Prix : La cérémonie de remise des prix a eu lieu à 12 h pour les épreuves du matin et à 16 h pour les épreuves de l'après-midi. En tout, nos cavaliers repartent avec deux trophées, deux médailles et des places très honorables dans le classement. Toute l'équipe est satisfaite.

3. Projet de concours en décembre : L'équipe des moniteurs envisage l'inscription des six cavaliers au concours qui a lieu le 15 décembre prochain.

➡ Une discussion avec les parents de certains est nécessaire pour adapter les horaires d'entraînement.

Une réunion aura lieu le 1er décembre pour préparer le concours du 15 décembre.

Activité 1 .... p. 86
ⓐ sport – heureux
plus

ⓑ Proposition de corrigé :
Oui : - Il permet de développer des compétences et des savoir-faire dans une ou plusieurs disciplines.
- Il procure des sensations qui renforcent un bon état d'esprit.

Non : - Dans certaines conditions, la fatigue et les difficultés d'un sport peuvent démotiver ou blesser.
- Il faut parfois y consacrer beaucoup d'argent et de temps.

ⓒ Oui : - Ma sœur fait de la gymnastique depuis 20 ans et est en pleine forme.
- Des scientifiques ont prouvé que le sport réduit les risques de certaines maladies.

Non : - L'équitation demande en général un très gros budget : souvent au-delà de 400 euros par an.
- Dans le rugby professionnel, le nombre de blessures en tournoi augmente chaque année.

ⓓ Cas concrets : Des scientifiques ont prouvé que le sport réduit les risques de certaines maladies. – Dans le rugby professionnel, le nombre de blessures en tournoi augmente chaque année.

Données chiffrées : L'équitation demande en général un très gros budget : souvent au-delà de 400 euros par an.

Expériences vécues : Ma sœur fait de la gymnastique depuis 20 ans et est en pleine forme.

Activité 2 .... p. 87
Proposition de corrigés :
ⓐ Argument 2 : Il permet de développer l'esprit d'équipe, la convivialité.
▶ Exemple 2 : En jouant au football, on exerce l'esprit de groupe, on doit jouer collectif pour gagner. Ce sont des compétences importantes également dans la vie active.
Deuxième partie :
▶ Exemple 1 : Après avoir couru un sprint ou un marathon, on ressent de l'apaisement. Cette chimie de notre cerveau nous permet de garder un bon moral.
Argument 2 : Des scientifiques ont prouvé que le sport réduit les risques de certaines maladies.
▶ Exemple 2 : Le sport peut aider à lutter contre les maladies cardio-vasculaires. Les personnes qui pratiquent une activité physique quotidienne ont deux fois moins de chance d'avoir ce type de problème de santé.

ⓑ Le sport, sous toutes ses formes, est incontestablement l'une des activités de loisir les plus populaires dans le monde aujourd'hui. Il trouve sa place auprès de tous les âges et toutes les catégories sociales, et un grand nombre de personnes affirment être plus heureuses en faisant du sport. On peut donc s'interroger sur les raisons pour lesquelles le sport procurerait facilement un sentiment de bonheur. Pour cela, nous verrons dans un premier temps que ce qui peut nous rendre heureux, c'est l'aspect collectif de l'activité sportive, puis nous nous intéresserons à la façon dont il influence notre santé.

ⓒ Tout d'abord, on peut considérer que le sport implique souvent d'être à plusieurs et que c'est cela qui nous procure du bonheur. Premièrement, il anime nos conversations et nos temps libres. Nous en parlons souvent, parfois très sérieusement, autant devant notre télévision que sur un terrain. Une grande proportion de Français aiment par exemple jouer au football ou voir un match le week-end. On estime que 50 % d'entre eux le pratiquent et 30 % vont au stade.

Deuxièmement, il permet de développer l'esprit d'équipe et la convivialité : on ressent plus d'émotions positives à plusieurs. On améliore également ses compétences grâce au jeu collectif. Lorsqu'on joue à un sport d'équipe comme le football, on travaille, par exemple, la rapidité et l'esprit de groupe ; ces compétences peuvent nous être utiles dans nos autres activités quotidiennes, comme au travail.

D'autre part, on considère l'activité sportive comme bénéfique pour la santé.
En effet, on sait que pratiquer un sport libère des endorphines dans le cerveau. Ces hormones, lorsqu'elles sont produites en grande quantité, ont pour effet d'agir contre la douleur et l'anxiété. Ainsi, quand on a couru un sprint comme un marathon, on se sent apaisé, parfois euphorique. C'est pourquoi faire du sport régulièrement aide à garder le moral.

Enfin, des scientifiques ont prouvé que le sport réduit les risques de certaines maladies. De nombreuses études montrent qu'il est essentiel d'exercer une activité physique pour éviter des formes de maladies graves ou contraignantes. Il est notamment prouvé que le sport aide à lutter contre les maladies cardio-vasculaires. Selon une étude, une personne pratiquant une activité physique régulière présente deux fois moins

CORRIGÉS

de risques d'avoir ce type de problème de santé.
d Pour conclure, on peut dire que le sport représente un atout important pour notre bien-être à la fois physique et moral, grâce à son aspect convivial et à ses effets positifs sur notre corps. Selon moi, il est essentiel à une vie équilibrée, même sous la forme d'une simple marche quotidienne. Par ailleurs, le sport rend heureux même lorsqu'on ne le pratique pas : il suffit souvent de le regarder à la télévision pour ressentir le bonheur d'une victoire !

GRAMMAIRE

Activité 1 .... p. 88
a. nulle part **b.** plus **c.** personne **d.** que **e.** aucun

Activité 2 .... p. 88
a. Non, je ne suis pas encore rentrée.
b. Non, je n'ai rien mangé.
c. Non, personne ne l'a battu.
d. Non, il ne dure pas deux heures.
e. Non, il n'y joue plus.

Activité 3 .... p. 88
a. ma pire **b.** le plus **c.** se différencie de **d.** de plus en plus **e.** différents de

Activité 4 .... p. 88
a. = **b.** ≠ **c.** = **d.** = **e.** ≠

LEXIQUE

Activité 1 .... p. 89

H	O	C	K	E	Y					
P	O	L	O							
E	N	D	U	R	A	N	C	E		
É	Q	U	I	P	E					
D	É	P	A	S	S	E	M	E	N	T

Activité 2 .... p. 89
a. rallier **b.** partager **c.** le dépassement **d.** coudes **e.** renforcer

Activité 3 .... p. 89
a. Additionner **b.** Multiplier **c.** Soustraire **d.** Diviser **e.** Calculer la longueur

Activité 4 .... p. 89
a. créent **b.** ajouter **c.** critiqué **d.** fractionnée **e.** retrancher

Activité 5 .... p. 89
a. 4 **b.** 5 **c.** 2 **d.** 3 **e.** 1

Activité 6 .... p. 89
a. le dépassement **b.** la privation **c.** le sacrifice **d.** la motivation **e.** l'énumération

COMPRÉHENSION DES ÉCRITS .... p. 90

1. tous les profils de sportifs.
2. de ne pas trop augmenter les réserves de graisse dans le corps.
3. évite les risques d'évanouissement.
4. seulement s'il s'entraine avec régularité et sérieux.
5. si l'alimentation est adaptée aux spécificités de cette activité.
6. il faut s'alimenter selon l'effort demandé par la séance pour récupérer plus facilement.
7. Des céréales, qui apportent de l'énergie progressivement.

PRODUCTION ORALE .... p. 91
Proposition de corrigé :
Bonjour, j'ai choisi l'article de lequipe.fr sur le dopage.
Tout d'abord, je vais présenter le document. C'est l'extrait d'un article publié le 6 août 2020 sur le site internet d'un magazine. Il aborde le sujet polémique du dopage dans le sport. Une athlète ukrainienne a été condamnée à ne plus pratiquer son sport pendant 20 mois après qu'elle a consommé un produit interdit dans le monde de l'athlétisme.
Maintenant, je vais m'interroger sur la présence du dopage dans le sport aujourd'hui. Je vais d'abord réfléchir aux raisons qui poussent les athlètes à y recourir, puis aux problèmes qu'il peut poser et à ses conséquences. Je conclurai en réfléchissant aux perspectives de cette problématique.
Je vais à présent présenter mon opinion sur le sujet abordé. On parle régulièrement du sujet du dopage dans les médias. Que sont les produits dopants ? Ce sont des substances qui ont un même objectif : en ayant une action sur le cerveau, les muscles ou les organes, ils permettent d'améliorer les performances des athlètes. Certains sports demandent des efforts très intenses ou sur une longue durée (le cyclisme, l'athlétisme) et cela peut représenter un grand défi pour le corps d'un sportif même très entraîné. Je comprends que certains soient donc tentés de « soulager » leur corps en s'aidant de produits qui leur permettent de bonnes performances et de « tenir » plus longtemps. Cependant, le dopage représente à mon avis deux grands risques : un risque pour la santé d'abord, car il peut causer de graves problèmes de santé, des addictions voire la mort. Le second risque, ce sont les conséquences sur la carrière de l'athlète si on découvre sa consommation de dopants : suspension pendant une durée plus ou moins longue, pression des médias ou encore arrêt brutal de toute activité sportive. Enfin, comme le témoigne l'article, les rivaux de ces sportifs peuvent ressentir de l'injustice.
En conclusion, il me semble que concernant le dopage, le jeu n'en vaut pas la chandelle. Malgré l'avantage temporaire qu'il représente pour les athlètes, les conséquences peuvent être négatives voire dangereuses. Ainsi, je souhaite que les contrôles anti-dopage soient généralisés à un plus grand nombre de sports et d'événements. En faisant cela, on pourra garantir des performances sportives égales et justes.

Unité 7

Activité 1 .... p. 92
Proposition de corrigés :
a Déviation = fait de s'écarter d'une direction normale ou établie à l'avance, changement de direction.
b Solène a choisi son orientation à la fin des années 90. Aujourd'hui, elle a environ 40-45 ans. Elle est peut-être savoyarde.

Activité 2 .... p. 92
a Solène était « une bonne, une excellente élève ».
b **Proposition de corrigé :** Une bonne élève peut s'orienter vers des études longues, vers une profession intellectuelle.

Activité 3 .... p. 92
a D'abord, Solène a été prof agrégée.
b **Proposition de corrigé :** Dans les années 90, c'était peut-être un métier trop original, donc peu stable.
c « Elle s'est dit qu'à force, son métier lui plairait » / « Les années ont filé »

Activité 4 .... p. 92
a passer beaucoup de temps à réviser
b obtenir les meilleures notes
c être l'élève préféré(e)

Activité 5 .... p. 92
Proposition de corrigés :
Lorsque j'étais enfant, j'avais un rêve : devenir pianiste professionnelle. J'allais dans une école de musique mais, comme je suis issue d'une famille modeste, mes parents n'avaient pas les moyens de payer des cours particuliers de piano. Je me suis orientée vers des études de secrétariat tout en gardant l'espoir qu'un jour, je pourrais vivre de la musique. Quand je suis devenue adulte, j'ai commencé à travailler, j'ai eu des enfants. Cette routine quotidienne ne m'a pas laissé le temps ni l'énergie de m'adonner à cette passion. Les années ont filé, malheureusement. Aujourd'hui, j'ai 50 ans, j'aime mon travail et ma vie mais je regrette de m'être laissé porter et de ne pas avoir fait le maximum pour réaliser mon rêve. J'ai repris le piano, je m'entraîne plusieurs heures par semaine et j'ai la chance de progresser rapidement. Et j'ai un rêve secret dont je n'ai même pas parlé à mes enfants. Je rêve d'intégrer un groupe de jazz et de pouvoir jouer en public. Je prendrais ainsi ma revanche sur toutes ces années perdues et je prouverais, à moi-même et aux autres, que rien n'est impossible, même à 50 ans.

Activité 1 .... p. 93
Ce document va sûrement parler d'éducation, de « réussite scolaire ». Peut-être qu'un enseignant va parler ou des parents. C'est peut-être en Suisse car la chaîne RTS est une chaîne de télévision suisse.

Activité 2 .... p. 93
Pays : Suisse / **Thème :** réussir à l'école / **Intervenants :** journaliste (Lydia Gabor), coach scolaire (Isabel Pérez)

Activité 3 .... p. 93
a. Isabel Pérez est une ancienne enseignante qui a créé une structure de coaching scolaire à Lausanne.
b. - Quelles sont les qualités qu'on doit avoir pour réussir sa scolarité ?
- Est-ce que d'autres qualités, comme la discipline, par exemple, ou la facilité ou l'intelligence peuvent amener ou sont des clés pour aller à la réussite scolaire ?
- Comment je sais que mon enfant réussit à l'école ?

Activité 4 .... p. 93
a. la persévérance
b. Un enfant qui mémorise facilement, qui arrive à faire ce qu'on lui demande.
c. Un enfant qui s'adapte, qui a de la répartie, qui est créatif.
d. Un enfant qui a des copains, qui apprécie ses enseignants, qui a des notes au-dessus de la moyenne, qui mange et qui dort.

Activité 5 .... p. 93
1. objectifs réalistes **2.** confiance en lui **3.** temps **4.** cadre propice au travail **5.** scolarité **6.** devoirs

Activité 6 .... p. 93
Proposition de corrigé :
Une des clés de la réussite scolaire est l'envie d'apprendre. Depuis tout petit, l'enfant explore le monde qui l'entoure. Il revient ensuite aux parents de cultiver cette curiosité naturelle en lui proposant des balades ou bien des activités créatives ou scientifiques. L'enfant doit cependant rester acteur de ses apprentissages et comprendre qu'il doit étudier pour lui et pas pour ses parents. Une autre condition est que l'enfant dispose d'un cadre serein pour

cent quatre-vingt-onze **191**

pouvoir travailler. Il peut choisir de faire ses devoirs dans sa chambre, dans la cuisine ou dans le salon, il peut décider de travailler en présence de ses parents ou non, peu importe, pourvu que les devoirs ne soient pas source de conflits. Cependant, pour réussir, l'enfant doit s'astreindre à une certaine discipline, la base de cette discipline étant l'assiduité aux cours. La réussite passe d'abord par le travail, il ne faut pas l'oublier.

Activité 1 .... p. 94
pédagogies – l'autonomie – notes – la créativité – apprentissages

Activité 2 .... p. 94
Étudier : réviser
Réussir : obtenir son bac avec mention
Échouer : se planter – décrocher du système scolaire – rater

Activité 3 .... p. 94
1. formation initiale **2.** orientation **3.** formation en alternance **4.** professionnalisation **5.** apprentissage

Activité 4 .... p. 94
a. se faire virer = être exclu(e) **b.** se planter à un examen = échouer à un examen **c.** sécher les cours = manquer les cours **d.** bosser pour un examen = réviser un examen

Activité 5 .... p. 94
Proposition de corrigé :
À l'adolescence, j'étais un élève de niveau moyen. Je travaillais suffisamment pour m'assurer d'avoir des notes au-dessus de la moyenne mais je ne planchais pas des heures sur mes devoirs. En classe, j'étais plutôt passif, je ne participais pas beaucoup et je détestais me faire interroger à l'oral. À l'adolescence, je me suis laissé porter. J'ai fait des études générales et je me suis orienté vers des études d'histoire. Puis, je me suis passionné pour l'histoire antique. J'ai beaucoup bossé et j'ai obtenu mon premier diplôme d'université avec une très bonne mention. Et aujourd'hui, j'enseigne l'histoire. J'espère transmettre ma passion à mes élèves, comme mes profs d'université l'ont fait.

Activité 1 .... p. 95
1. je voudrais (souhait) **2.** j'aurais aimé (regret) **3.** j'aurais appris (hypothèse non réalisée dans le passé) **4.** j'aurais (hypothèse non réalisée dans le présent)

Activité 2 .... p. 95
b. 7 c. 5 d. 4 e. 3 f. 2 g. 1 h. 6

Activité 3 .... p. 95
a. Mes élèves ne devraient pas attendre le dernier moment pour faire leurs devoirs. **b.** Ses professeurs auraient dû l'encourager. **c.** Tu ferais mieux d'être attentif à tous tes cours. **d.** Vous n'auriez pas dû sécher le cours de musique.

Activité 4 .... p. 95
voudrions – accorderaient – faudrait – n'aurait pas dû

Mémo .... p. 95
Le conditionnel présent : conseil – souhait – information non confirmée
Le conditionnel passé : regret – reproche

Activité 1 .... p. 96
a. à Rennes
b. une application
c. à remonter le temps en visionnant des images

Activité 2 .... p. 96
ⓐ les moments, les événements marquants de l'histoire de la ville
ⓑ **Proposition de corrigé :** la création de l'école vétérinaire de Maisons-Alfort, par Louis XV en 1766 – l'aménagement de la plage sur les bords de Marne dans les années 1930 – l'arrivée du métro à Maisons-Alfort en 1970 – le passage du Tour de France à Maisons-Alfort en 2011

Activité 3 .... p. 96
a. Photo 1 : le retour de la première coupe de France – Photo 2 : la venue de Charles de Gaulle – Photo 3 : le marché des Lices
b. la venue de l'Abbé Pierre – la libération de Rennes – les enfants qui jouent où ont été construites les tours des Horizons

Activité 4 .... p. 96
a. Elles viennent des archives de la cinémathèque de Bretagne.
b. des vidéos rares et très intéressantes

Activité 5 .... p. 96
Proposition de corrigé :
Vous trouverez ci-joint une vidéo de deux minutes environ, datant de 1968. Mon père a fait cette vidéo lorsqu'il se promenait dans les rues de Port-Louis. On y voit des passants, habillés à la mode de l'époque, des femmes indiennes en sari traditionnel, des enfants en uniforme. Cette vidéo semble avoir été filmée en fin d'après-midi, car ces enfants sortent de l'école, cartable sur le dos, et certains s'arrêtent acheter des faratas chez un vendeur de rue. À la fin de la vidéo, mon père filme le Town Hall qui avait été construit au début des années 60. On y voit le drapeau britannique, ce qui montre que cette vidéo date d'avant l'indépendance de l'île Maurice. Des fonctionnaires anglais sortent du bâtiment, en costume européen. La rue Desforges était à l'époque en double sens alors qu'elle est maintenant à sens unique et qu'elle s'appelle rue sir Seewoosagur Ramgoolam.

Activité 1 .... p. 97
a. vétéran **b.** date **c.** mémoires **d.** ancêtres **e.** archives

Activité 2 .... p. 97
La Préhistoire / Le Moyen Âge / L'époque contemporaine
a. Les temps modernes **b.** Le Moyen Âge **c.** L'Antiquité **d.** temps modernes **e.** L'époque contemporaine

Activité 3 .... p. 97
vestiges – histoire – traces – indices – énigme – mystère

Activité 4 .... p. 97
5 → révéler la vérité
2 → fouiller dans les archives
6 → prouver l'innocence
3 → retrouver la trace
4 → rassembler des indices

Activité 5 .... p. 97
Proposition de corrigé :
À New York, tout le monde se souvient du braquage de la bijouterie Tiffany qui avait eu lieu en 1994. Deux malfaiteurs armés étaient entrés dans la célèbre boutique et avaient dérobé un butin estimé à 300 000 dollars. Cette affaire n'avait pas été résolue jusqu'à ce qu'un homme se présente à la police la semaine dernière. Cet homme prétend avoir observé la scène des fenêtres de son appartement situé à une trentaine de mètres de la boutique. Il aurait vu les deux hommes armés entrer dans la boutique puis en ressortir cinq minutes plus tard. Et, plus intéressant encore, il aurait noté le numéro de la voiture dans laquelle sont partis les malfaiteurs suite au vol. L'homme aurait tenu ce numéro secret longtemps par peur des représailles. Grâce au témoignage de ce voisin et grâce à ces indices, la police a pu retrouver le malfaiteur qui venait d'acheter la voiture dans un garage de la ville. Les enquêteurs ont pu par la suite retrouver la trace de son complice. Voilà comment cette affaire a pu être élucidée près de 30 ans plus tard.

Activité 1 .... p. 98
Élevé – est transporté – se fait enlever – est relâché – est porté disparu

Activité 2 .... p. 98
a. passé composé **b.** présent **c.** plus-que-parfait **d.** futur simple **e.** subjonctif présent

Activité 3 .... p. 98
a. Les traces d'anciennes habitations ont été trouvées.
b. Le sol de ce quartier a été fouillé par des archéologues.
c. L'existence d'un ancien village gaulois a été révélée par leurs travaux.
d. C'est pourquoi le chantier va être stoppé par la municipalité.
e. Les vestiges seront exposés par le musée de la ville.

Activité 4 .... p. 98
a. de **b.** par **c.** par **d.** d' **e.** par

Mémo .... p. 98
Utilisation : sujet – sujet
Attention ! de – se faire

Activité 1 .... p. 99
a. Romain Dupuis **b.** Madame la principale
c. contestation d'exclusion temporaire

Activité 2 .... p. 99
Salutations : 4
Exposition de la situation : 1
Conclusion : 3
Message principal : 2

Activité 3 .... p. 99
a. D'avoir pris sa décision de manière trop rapide, de ne pas avoir respecté la loi.
b. auriez dû lui laisser… / Si nous avions eu accès à son dossier, nous aurions pu préparer….

Activité 4 .... p. 99
Proposition de corrigé :
Objet : contestation de punition
Madame la professeure,
Le mardi 5 juin, mon fils Valentin Jean, actuellement en classe de 5ᵉ a été puni pour avoir oublié ses affaires en cours de musique.
Bien que je n'approuve pas de tels agissements, je vous informe que je conteste cette sanction. En effet, c'était la première fois que mon fils oubliait ses affaires et il les a bien sûr oubliées de manière non-intentionnelle. Il vous a par ailleurs assuré qu'il ne les oublierait plus. Par ailleurs, c'est un élève sérieux et assidu. Cette punition me paraît disproportionnée au regard de la faute qu'il a commise.
C'est pourquoi je vous demande de bien vouloir revenir sur votre décision afin de ne pas pénaliser Valentin.
En vous remerciant de l'intérêt que vous porterez à ma demande, je vous prie d'agréer, madame la professeure, l'expression de mes salutations distinguées.
Claire Jean

Activité 1 .... p. 100
ⓐ ▶ 2 → exposer l'ordre du jour
1 → annoncer les objectifs de la réunion
3 → présenter les invités
▶ L'enseignant utilise un diaporama.
▶ Première partie : les partenariats

CORRIGÉS

Deuxième partie : les intervenants extérieurs
Troisième partie : les voyages
▸ un enseignant d'histoire-géographie (qui anime la réunion), une archéologue, une enseignante d'histoire-géographie, un enseignant de français
▸ enthousiaste – dynamique
▸ claire
▸ Première partie : Pour commencer cette réunion
Deuxième partie : Ensuite
Troisième partie : Enfin pour terminer,
▸ Nous laisserons la parole à… – Je vais laisser… vous en parler – Je vous en prie, allez-y

b Proposition de corrigé :
a. Aux États-Unis, à la fin de l'année scolaire
b. Les collègues enseignant l'anglais
c. Présenter le voyage aux autres enseignants
d. 1. le transport, l'hébergement… / 2. le financement du voyage / 3. les activités, les visites…
e. Un diaporama

Activité 2 .... p. 101
Proposition de corrigé :
▸ Merci d'être venus si nombreux.
▸ Nous avons souhaité vous réunir, Christine et moi, afin de vous présenter le voyage que nous allons organiser cette année avec les classes de 1ʳᵉ.
▸ Tout d'abord, on va vous présenter les modalités de ce voyage : la période, le type d'hébergement, le transport, etc. Puis, on vous parlera des différentes pistes auxquelles on a pensé pour financer ce voyage. Enfin, on vous fera part de différentes activités qu'on a pensé mettre en place là-bas.
▸ Christine est comme moi prof d'anglais dans les classes internationales. Elle va vous parler des modalités du voyage. Christine, je te laisse la parole.

Bonjour à tous, merci d'être venus si nombreux. Nous avons souhaité vous réunir, Christine et moi, afin de vous présenter le voyage que nous allons organiser cette année avec les classes de 1ʳᵉ. Je rappelle, pour les enseignants qui viennent d'arriver que Christine et moi sommes tous les deux profs d'anglais dans les classes internationales. Nous allons donc emmener les élèves aux États-Unis, pendant 10 jours, au printemps, du 8 au 18 avril exactement, et nous souhaitons vous inclure dans ce grand projet. Voici comment va se dérouler la réunion. Je lance le diaporama. Je vous laisse regarder le tableau. Vous voyez bien ? Tout d'abord, on va vous présenter les modalités de ce voyage : la période, le type d'hébergement, le transport, etc. Puis, on vous parlera des différentes pistes auxquelles on a pensé pour financer ce voyage. Enfin, on vous fera part de différentes activités qu'on a pensé mettre en place là-bas. Cette liste n'est pas exhaustive et si vous souhaitez que les élèves abordent tel ou tel sujet, fassent telle ou telle visite quand nous serons là-bas, vous pourrez nous faire vos propositions. Christine, je te laisse la parole pour la première partie.

GRAMMAIRE

Activité 1 .... p. 102
a. voudrais ➔ souhait
b. aurais aimé ➔ regret
c. aurais dû ➔ reproche
d. n'aurais pas arrêté ➔ hypothèse non réalisée dans le passé
e. aurais ➔ hypothèse non réalisée dans le présent

Activité 2 .... p. 102
a. iraient **b.** aimerait **c.** n'auraient pas **d.** auraient dû **e.** aurait voulu

Activité 3 .... p. 102
a été créée – est passionné – s'est fait contacter – ont été contactés – vont être contées

Activité 4 .... p. 102
a. Le musée d'art a été cambriolé.
b. Plusieurs tableaux de grande valeur ont été dérobés par le voleur.
c. Des caméras avaient été installées par la municipalité à l'entrée du musée.
d. Grâce à ces indices, le voleur va être identifié par la police.
e. Mais son nom ne sera pas révélé par la presse.

LEXIQUE

Activité 1 .... p. 103
a. étude **b.** réviser **c.** système **d.** faire de son mieux **e.** décroché

Activité 2 .... p. 103
alternance – voie – notes - le système – projet

Activité 3 .... p. 103

			M	Y	T	H	E	
G	É	N	É	A	L	O	G	I	E
			É	N	I	G	M	E
	C	O	N	T	E	M	P	O	R	A	I	N
A	R	C	H	I	V	E	S

Activité 4 .... p. 103
a. temps **b.** archives **c.** ancêtre **d.** événement **e.** preuve

Activité 5 .... p. 103
a. compréhensible **b.** à portée de clic **c.** à portée de main **d.** intelligible **e.** facile d'accès

Activité 6 .... p. 103
a. 1 **b.** 4 **c.** 2 **d.** 5 **e.** 3

COMPRÉHENSION DE L'ORAL .... p. 104
Exercice 1
1. est un enjeu important pour les candidats aux élections municipales.
2. sociologue.
3. a mené une étude auprès de jeunes ayant grandi à la campagne.
4. choisissent plus fréquemment une formation en apprentissage.
5. font ce choix parce que les écoles supérieures sont situées loin de chez eux.
6. se rendent rarement aux journées portes ouvertes des établissements supérieurs.
7. que les jeunes puissent passer leur permis de conduire plus tôt.

Exercice 2
1. se retrouvent entre 2 et 3 jours et demi en forêt.
2. la forêt est un milieu stimulant pour tous les apprentissages.
3. Les collégiens et les lycéens
4. se renseigner sur les formations et les métiers.
faire des visites virtuelles d'entreprises. s'informer sur les stages à l'étranger.
5. veulent recréer les odeurs de l'Europe d'autrefois.
6. les odeurs font partie du patrimoine immatériel européen.

PRODUCTION ÉCRITE .... p. 105
Proposition de corrigé :
Objet : Protestation contre la fermeture de l'école

Monsieur le maire,
Lors du Conseil Municipal du 9 mai dernier, votre équipe a décidé de la fermeture définitive de l'école primaire à la rentrée prochaine.
Moi-même mère de deux garçons de 5 et 7 ans, je souhaite vous faire part de mon mécontentement et de celui de tous les parents d'élèves. Nous sommes une quinzaine en effet à nous élever contre ce projet. D'abord, d'un point de vue économique, l'école constitue le cœur de notre village. Elle le fait vivre et elle fait vivre tous les commerces qui l'entourent. Si nous sommes obligés de scolariser nos enfants dans le village voisin, le petit centre commercial perdra beaucoup de ses clients et les rues vont se vider. Ensuite, d'un point de vue pratique et sanitaire, cette école située à proximité offre la chance à nos enfants de ne pas perdre de temps dans les transports. S'ils sont obligés de prendre le car pour se rendre dans le village voisin, nos enfants seront obligés de se lever une demi-heure plus tôt et rentreront beaucoup plus tard le soir. Ils seront évidemment plus fatigués. Enfin, fermer l'école serait néfaste à leurs apprentissages. Notre école est située dans un grand parc. Ils sont ici en contact direct avec la nature : cet environnement stimule leur curiosité et les apprentissages.
Pour toutes ces raisons, nous vous demandons de revenir sur votre décision et de penser à l'avenir de nos enfants et de notre village.
En espérant que notre demande sera entendue, nous vous prions d'accepter, monsieur le maire, l'expression de nos salutations distinguées.
Eva Sikorski

Unité 8

Activité 1 .... p. 106
Personne qui défend les droits des femmes de manière positive.

Activité 2 .... p. 106
féminisme – réconciliation – optimisme – égalité

Activité 3 .... p. 106
Métier actuel : humoriste – **Métier précédent** : avocate
Sa vision sur l'égalité hommes / femmes : positive / optimiste
Raison qui explique sa vision actuelle : Avancées importantes dans le domaine de l'égalité hommes / femmes
Exemple qui vient appuyer son point de vue : Sa grand-mère n'avait pas le droit de vote. Aujourd'hui, presque toutes les femmes ont le droit de vote.
Raison qui explique qu'elle soit féministe : Elle a très vite compris les inégalités imposées aux filles.
Exemple qui vient appuyer son point de vue : Quand elle était enfant, elle n'avait pas les mêmes droits que ses cousins (elle devait faire des activités calmes pendant qu'eux jouaient dehors dans les arbres).

Activité 4 .... p. 106
Proposition de corrigé :
La valeur la plus importante à mes yeux est le respect. Respecter quelqu'un, c'est se conduire envers lui avec réserve et retenue. Le respect permet de vivre en harmonie dans la société, de prendre en considération tous les individus, quelle que soit leur origine, la couleur de leur peau, leur sexe, leur religion…

Vient ensuite la liberté. Cette valeur nous permet d'accomplir tout ce que nous souhaitons, tout en respectant le cadre social dans lequel nous vivons. Si nous sommes privés de liberté, par exemple, si nous ne pouvons pas aller où nous souhaitons ou si nous ne sommes pas autorisés à faire certaines choses, nous ne pouvons pas être heureux.
Enfin, la solidarité est la troisième valeur que je défends. Être solidaire c'est apporter son aide et son soutien aux autres. C'est être présent auprès de sa famille et de ses amis dans les moments difficiles. La solidarité renforce les liens entre les individus.

Activité 1 .... p. 107
Proposition de corrigé :
a. Le rire entre amis ou les choses qui nous font rire.
b. Exprimer sa joie avec l'expression de son visage et les mouvements de sa bouche, accompagnés de sons.
c. Le rire peut servir à se moquer de quelqu'un, à montrer sa supériorité. Exemple : cas du harcèlement, du racisme…

Activité 2 .... p. 107
a. Nom : David Le Breton
Profession : Professeur de sociologie à l'université de Strasbourg
Publication : *Rire. Une anthropologie du rieur*
b. Partie 1 : Définition du rire
Partie 2 : Les côtés lumineux et sombres du rire
Partie 3 : Le côté rassembleur du rire

Activité 3 .... p. 107
a. Le rire est un prolongement du visage, une signature sonore de sa personne, une extension de sa voix. Le rire est un signe d'identité.
b. Rire sombre, nocturne, négatif de la haine, de la moquerie. – Rire lumineux, rassembleur, joyeux.

Activité 4 .... p. 107
Rire positif : lumineux – joie pure – bonne humeur – joyeux – heureux – paisible – relieur – solaire
Rire négatif : sombre – sentiment de supériorité – haine – destructeur – moquerie – raciste – harcèlement – nocturne – arme

Activité 5 .... p. 107
Dans les deux expressions, on compare l'humour à une arme. La première expression signifie qu'on peut blesser quelqu'un simplement en riant de lui. La deuxième expression permet de qualifier l'humoriste Haroun : c'est un humoriste qui sait viser juste lorsqu'il fait des blagues.

Activité 6 .... p. 107
Proposition de corrigé :
Vendredi dernier, j'ai passé une très mauvaise journée. J'avais rendez-vous chez le médecin, j'ai attendu des heures et finalement, le médecin a dû partir pour une urgence, sans me voir… Ensuite, j'ai pris le métro pour rejoindre un ami chez lui et à cause d'un accident, je suis restée coincée pendant plus de 20 minutes à la même station. Je suis arrivée chez mon ami avec une heure de retard ! J'étais très en colère. Et là, quand il a ouvert la porte, surprise ! Mon ami était déguisé. Il portait un costume qui le faisait ressembler à un léopard, avec une combinaison noire et des grandes oreilles sur la tête ! J'ai hurlé de rire en le voyant ! Il était habillé comme ça parce qu'il voulait m'emmener dans une soirée déguisée, où il fallait porter un costume très drôle. Il m'a prêté un déguisement de clown avec une perruque et de grandes chaussures. En me voyant dans le miroir, j'ai ri à gorge déployée. Et ça m'a vraiment fait du bien ! Ça faisait longtemps que je n'avais pas autant rigolé ! Finalement, je me suis détendue et nous avons passé une très bonne soirée avec nos déguisements !

Activité 1 .... p. 108
stand-up – l'autodérision – vannes – se moquer – sketchs – rigole

Activité 2 .... p. 108
Blague : vanne – boutade – gag – plaisanterie
Spectacle humoristique : stand-up – comédie – one-man-show
Rire : rigoler – éclater de rire – se marrer
Se moquer : ridiculiser – vanner – chambrer – charrier

Activité 3 .... p. 108
a. 3 **b.** 6 **c.** 2 **d.** 1 **e.** 4 **f.** 5

Activité 4 .... p. 108
sketch – tabous – blesser – chute – rire

Activité 5 .... p. 108
Proposition de corrigé :
Je vais vous parler du spectacle de l'humoriste Florence Foresti intitulé *Madame Foresti* qu'elle a créé en 2014 et qui a connu beaucoup de succès.
Dans ce spectacle, Florence Foresti parle avec beaucoup d'humour de la crise de la quarantaine et de comment elle la vit. Son sketch sur les mères de famille est hilarant ! Elle se moque des mères stressées ou, au contraire, des mères très (voire trop) détendues. Elle lance beaucoup de piques aux hommes présents dans la salle ! Par ailleurs, on éclate de rire quand elle se ridiculise en expliquant comment elle fait ses exercices de yoga, sa nouvelle passion ! Elle fait aussi de l'humour noir lorsqu'elle explique comment elle parle de la mort à sa fille de sept ans. Elle n'hésite pas à tourner en dérision les réseaux sociaux, avec lesquels elle se sent en décalage. Et on rigole beaucoup en écoutant son sketch sur l'invention du métro ou celui sur le sommeil. C'est un spectacle vraiment divertissant, avec beaucoup de moments très drôles, mais aussi parfois de l'émotion. Si vous avez l'occasion de voir l'un de ses spectacles, n'hésitez pas, vous serez mort de rire du début à la fin !

Activité 1 .... p. 109
<u>Même si</u> – <u>Cependant</u> – <u>Bien que</u> – <u>mais</u> – <u>Pourtant</u>

Activité 2 .... p. 109
a. malgré **b.** Même si **c.** toutefois **d.** tandis que

Activité 3 .... p. 109
a. <u>Bien que</u> → soit **b.** <u>Même s'il</u> → fait **c.** <u>Quoiqu'il</u> → ait **d.** <u>alors que</u> → prend **e.** <u>Contrairement à</u> → ont **f.** <u>tandis que</u> → vont

Activité 4 .... p. 109
Proposition de corrigé :
a. Mon père ne rit pas souvent, pourtant ma blague l'a fait rigoler.
b. Le rire est souvent perçu comme positif, toutefois il existe aussi un rire sombre.
c. Bien que tout le monde puisse écrire une histoire drôle, il faut du talent pour bien la raconter.
d. J'ai vu beaucoup de spectacles d'humoristes, cependant très peu m'ont fait rire.

Mémo .... p. 109
L'opposition : Expressions en début de phrase : cependant, en revanche, par contre **Expressions suivies d'un verbe :** alors que
La concession : Expressions en début de phrase : toutefois **Expressions suivies d'un verbe :** (+ indicatif) **Expressions suivies d'un nom :** malgré

Activité 1 .... p. 110
Financement participatif

Activité 2 .... p. 110

Activité 3 .... p. 110
Quoi ? Type de mécénat qui permet de soutenir des projets.
Comment ? En consultant la liste des projets qui ont besoin de financement sur Internet et choisir celui qui nous plaît.
Pourquoi ? Pour devenir acteur et ne pas rester simple consommateur de biens culturels.
Quels avantages ? On peut obtenir des places de concert, avoir son nom sur la pochette d'un l'album, partager un verre avec l'artiste après le spectacle.

Activité 5 .... p. 110
Proposition de corrigé :
Bonjour Julie,
Est-ce que tu connais le financement participatif ? C'est un moyen pour soutenir un projet en apportant une petite contribution financière. Pour ma part, j'ai décidé de soutenir le projet d'un ami, Max, qui s'intitule : « C'est (pas) marqué sur mon front. » Max est photographe. Il a réalisé de nombreux portraits d'hommes et de femmes noires, cadres ou intellectuels. Il voudrait que ces portraits puissent être édités sous forme d'un beau livre. Avec ce livre, il veut faire passer un message de tolérance et espère montrer aux jeunes que l'on peut réussir dans la vie, quelle que soit sa couleur de peau. Il a besoin d'argent pour que le livre paraisse. Je trouve que c'est une très belle cause et les portraits sont vraiment magnifiques. Est-ce que tu serais d'accord pour participer également ? Cela aiderait beaucoup Max et puis, en contrepartie, tu pourrais recevoir l'un des portraits en cadeau.
Bises.
Émilie

Activité 1 .... p. 111
a. la tolérance **b.** l'égalité **c.** l'entraide **d.** la fraternité

Activité 2 .... p. 111
genres – stéréotypes – féministes – clichés – virilité – parité

Activité 3 .... p. 111
a. 5 **b.** 1 **c.** 4 **d.** 2 **e.** 3

Activité 4 .... p. 111
a. Coluche <u>s'est</u> longtemps <u>battu</u> contre la pauvreté.
b. Haroun est un humoriste très <u>investi</u> dans de nombreuses actions.
c. Caroline Vigneaux a toujours <u>défendu</u> la cause des femmes.
d. Beaucoup d'associations ont <u>donné du poids à</u> leurs actions en utilisant les réseaux sociaux.
e. Grâce au financement participatif, il a <u>apporté sa pierre à l'édifice</u>.

CORRIGÉS

Activité 5 .... p. 111
Proposition de corrigé :
L'association SOS Racisme a été créée en France en 1984. Cette association lutte contre le racisme, l'antisémitisme et plus généralement contre toutes les formes de discrimination. Son objectif est de promouvoir le « vivre ensemble ». C'est aussi un lieu de réflexion pour construire une France égalitaire. L'association est présente dans toutes les manifestations de lutte contre les injustices. Le symbole de l'association est une main jaune, à l'intérieur de laquelle est écrit un célèbre slogan : « Touche pas à mon pote. »

Activité 1 .... p. 112
Si – si – si – En supposant qu' – sinon – à condition de

Activité 2 .... p. 112
a. Oui ➜ « si » b. Oui ➜ « à condition de » c. Non d. Oui ➜ « en supposant que » e. Non f. Oui ➜ « Si » g. Non h. Oui ➜ « pourvu qu' » i. Non

Activité 3 .... p. 112
a. En supposant que tu sois venu au spectacle, tu aurais beaucoup rigolé.
b. Si nous continuons à nous battre, les injustices disparaîtront.
c. La notoriété ne sert à rien, sauf si les artistes célèbres s'engagent pour défendre de grandes causes.
d. On peut se moquer des gens à condition qu'on ne les blesse pas.

Activité 4 .... p. 112
sinon – à condition – pourvu – En supposant que

Mémo .... p. 112
en supposant que (+ subjonctif) ➜ Condition nécessaire pour la réalisation d'une action
sinon ➜ Condition négative (ce qui se passe dans le cas contraire)
pourvu que (+ subjonctif) ➜ Condition nécessaire pour la réalisation d'une action
sauf si ➜ Condition négative (ce qui se passe dans le cas contraire)
à condition que (+ subjonctif) ➜ Condition nécessaire pour la réalisation d'une action
si + plus-que-parfait + conditionnel passé ➜ Condition qui ne s'est pas réalisée

Activité 1 .... p. 113
1 L'accroche 2 Le sujet 3 Un argument principal 5 Un exemple 4 Un argument secondaire 6 Conclusion 7 Ouverture
Mais – Lorsque - Mais – donc – De plus, – Cependant – donc

Activité 2 .... p. 113
Proposition de corrigé :
Même si de plus en plus de citoyens sont conscients qu'il faut protéger notre planète, la mobilisation ne suffit pas et la dégradation de l'environnement continue. Pour qu'un vrai changement ait lieu, beaucoup de stars se mobilisent. Mais quelles sont les plus influentes ? Quelles sont celles qui peuvent réellement faire bouger les choses ?
Parmi les stars les plus engagées pour l'environnement, j'admire particulièrement Leonardo Di Caprio. Il a créé une association, Earth Alliance, et a fait don de 5 millions de dollars pour protéger l'Amazonie. Il intervient aussi régulièrement lors de grands événements sur le climat.
En France, selon moi, c'est l'actrice et réalisatrice Mélanie Laurent qui incarne le mieux la lutte pour la protection de la planète. Elle a réalisé un très beau documentaire, *Demain*, qui redonne de l'espoir en montrant toutes les initiatives simples à mettre en place pour protéger l'environnement. Elle donne aussi régulièrement des conférences sur le sujet, elle est très investie.
Dans le domaine de la lutte contre les discriminations, je trouve que le basketteur Michael Jordan est un vrai modèle. En effet, il a fait don de 100 millions de dollars à des associations œuvrant pour l'égalité raciale. C'est le plus gros don jamais fait par une célébrité sportive.
Pour conclure, je dirais qu'il est important que les célébrités s'engagent car, en tant que personnes publiques, leurs actions ont plus d'impact que celles des citoyens anonymes. Cependant, il faut également réfléchir à ce que chacun peut faire, à son niveau, pour faire avancer la société.

Activité 1 .... p. 114
ⓐ Que puis-je faire, en tant qu'habitant, pour améliorer les conditions de vie dans ma ville ?
ⓑ Thème de paragraphe : S'entraider – Préserver l'environnement – S'impliquer dans sa ville
ⓒ Par ailleurs, de plus, en outre, par exemple, enfin…

Activité 2 .... p. 115
Proposition de corrigés :
ⓐ **§ 1 - Thème 1 : S'entraider**
Idée 1.1 : Aider les personnes les plus en difficulté
Exemple 1.1 : Apporter leurs courses aux personnes âgées
Idée 1.2 : S'entraider entre voisins
Exemple 1.2 : Garder les enfants de ses voisins, prêter des outils et du matériel…
Connecteur : Par ailleurs

§2 - Thème 2 : Préserver l'environnement
Idée 2.1 : Trier, recycler
Exemple 2.1 : Respecter les consignes de tri, ne pas encombrer les trottoirs avec des déchets
Idée 2.2 : Préserver les espaces verts
Exemple 2.2 : Demander au maire de mettre en place des jardins partagés, de planter des arbres…
Connecteur : Enfin

§3 - Thème 3 : S'impliquer dans sa ville
Idée 3.1 : Devenir bénévole dans une association
Exemple 3.1 : Aider les enfants à faire leurs devoirs après l'école, distribuer des repas aux sans-abris, aider lors des événements…
Idée 3.2 : Participer au conseil municipal de la ville
Exemple 3.2 : Être force de proposition, participer aux prises de décision

ⓑ a. Dans la plupart des villes, quelle que soit leur taille, il existe de nombreux moyens pour participer à l'amélioration des conditions de vie de toutes et tous et rendre la ville plus accueillante. Que pouvons-nous faire, en tant que citoyen, pour apporter notre contribution ? Comment pouvons-nous nous engager ?
Nous verrons, dans un premier temps, comment il est possible de nous entraider entre habitants de la même commune. Nous évoquerons ensuite les différents moyens à mettre en œuvre pour préserver l'environnement et maintenir un cadre de vie agréable. Enfin, nous montrerons qu'il est facile de s'investir dans la vie de la commune.
b. Pour conclure, nous avons vu qu'il existait de nombreux moyens de s'engager pour sa ville, sans forcément avoir des compétences particulières et en fonction de ses envies. Mener des actions concrètes dans sa ville est valorisant et permet d'apporter sa contribution. Par ailleurs, il est aussi possible de s'investir à plus grande échelle, en apportant son soutien à de grandes causes nationales.

Dans la plupart des villes, quelle que soit leur taille, il existe de nombreux moyens pour participer à l'amélioration des conditions de vie de toutes et tous et rendre la ville plus accueillante. Que pouvons-nous faire, en tant que citoyen, pour apporter notre contribution ? Comment pouvons-nous nous engager ? Nous verrons, dans un premier temps, comment il est possible de nous entraider entre habitants de la même commune. Nous évoquerons ensuite les différents moyens à mettre en œuvre pour préserver l'environnement et maintenir un cadre de vie agréable. Enfin, nous montrerons qu'il est facile de s'investir dans la vie de la commune.
Entre habitants de la même commune, il est vraiment souhaitable de s'entraider. Les personnes qui ont le plus besoin d'aide sont souvent les plus âgées, qui ont du mal à se déplacer. Leur apporter leurs courses, passer à la pharmacie pour aller chercher leurs médicaments, leur rendre de petits services ne prend pas beaucoup de temps et est très utile pour eux. En outre, il est également possible de s'entraider entre voisins : garder les enfants des uns et des autres, se prêter des outils, du matériel, sont autant de moyens de rendre la vie des uns et des autres plus facile.
Par ailleurs, pour qu'une ville soit agréable à vivre, il faut préserver l'environnement. Pour cela, les habitants sont invités à trier leurs déchets et à recycler. Respecter les consignes de tri et ne pas encombrer les trottoirs est un geste écologique simple. Il faut également préserver les espaces verts existants et même, si possible, augmenter leur surface en demandant par exemple au maire de mettre en place des jardins partagés, de planter des arbres…
Enfin, il existe des moyens simples de s'impliquer dans sa ville. Il est par exemple possible de devenir bénévole dans une association. On peut ainsi aider les enfants à faire leurs devoirs après l'école, distribuer des repas aux sans-abris, aider lors des événements organisés par la ville. S'impliquer dans la ville signifie aussi participer au conseil municipal pour faire des propositions et participer aux prises de décisions.
Pour conclure, nous avons vu qu'il existait de nombreux moyens de s'engager pour sa ville, sans forcément avoir des compétences particulières et en fonction de ses envies. Mener des actions concrètes dans sa ville est valorisant et permet d'être un citoyen actif. Par ailleurs, il est aussi possible de s'investir à plus grande échelle, en apportant son soutien à de grandes causes nationales.

GRAMMAIRE

Activité 1 .... p. 116
Proposition de corrigé :
a. Beaucoup d'artistes luttent contre le réchauffement climatique. Pourtant, ils continuent à prendre l'avion.
b. Même si je travaille beaucoup, je me suis engagé comme bénévole dans une association.
c. Faire de beaux discours est facile, en

revanche mener des actions concrètes pour défendre ses idées est plus difficile.
d. Ces militants ont manifesté dans la rue samedi dernier alors qu'ils n'en avaient pas l'autorisation.
e. Bien que ces activistes se soient beaucoup battus, ils n'ont pas obtenu ce qu'ils voulaient.

Activité 2 .... p. 116
a. Bien que **b.** cependant **c.** Même si **d.** néanmoins **e.** au contraire

Activité 3 .... p. 116
Proposition de corrigé :
a. Si on veut réussir, il faut travailler dur.
b. En supposant qu'on ait du temps libre, on peut s'engager dans une association.
c. Il faut que les jeunes générations perpétuent les traditions, sinon, elles disparaîtront.
d. Si ma mère n'avait pas été féministe, je ne serais pas devenue féministe.
e. On peut se lancer dans le stand-up à condition de ne pas avoir peur du public.

Activité 4 .... p. 116
condition nécessaire : c. d.
condition qui ne s'est pas réalisée : a.
condition dans une structure négative : b. e.

Lexique

Activité 1 .... p. 117
a. vanner **b.** un sketch **c.** pratiquer l'autodérision **d.** être joyeux **e.** un battant

Activité 2 .... p. 117
a. pratiquer l'autodérision **b.** humoriste **c.** marrant **d.** stand-up **e.** lancer des piques

Activité 3 .... p. 117
a. 3 **b.** 4 **c.** 5 **d.** 1 **e.** 2

Activité 4 .... p. 117
1. parité **2.** virilité **3.** genre **4.** féminisme **5.** bastion masculin

Activité 5 .... p. 117
lutte contre – message – activiste – engagement – se consacre

Activité 6 .... p. 117
objecter – répliquer – riposter – protester – réfuter

Compréhension des Écrits .... p. 118
1. Manon. **2.** Alice. **3.** Simon. **4.** Alice. **5.** Manon. **6.** Alice.

Production orale .... p. 119
Proposition de corrigé :
Le document dont je vais parler s'intitule « 90% des consommateurs attendent des marques qu'elles s'engagent ! » Il est issu du site internet LSA conso et est daté du 19 février 2020.
Ce document explique que les consommateurs européens, suivant le mouvement de la décroissance, sont prêts à changer leurs habitudes de consommation pour privilégier les produits bio ou responsables, pour diminuer la pollution générée par certains de leurs loisirs ou leurs modes de transports, etc. Et ces consommateurs attendent des entreprises les accompagnent dans cette démarche en proposant des alternatives aux produits les moins éthiques.
Je suis tout à fait d'accord avec l'idée que les entreprises ne peuvent plus se contenter de faire du profit sans, en retour, s'engager pour améliorer la société. Je parlerai des trois domaines dans lesquels il me semble indispensable que les entreprises s'engagent : tout d'abord l'écologie, puis la santé et, enfin, la solidarité.
Aujourd'hui, la plupart des consommateurs souhaitent que les marques qu'ils choisissent leur proposent plus qu'un simple produit : ils veulent un produit éco-responsable. On peut citer en exemple les entreprises qui produisent en limitant la pollution pour préserver l'environnement, qui proposent des produits sans emballage (ou avec des emballages recyclables) pour limiter les déchets ou encore celles qui utilisent des matières premières naturelles ou recyclées. Le groupe Nestlé s'est par exemple engagé à ce que 100 % de ses emballages soient réutilisables ou recyclables en 2025.
Dans le domaine de la santé, le consommateur veut que les produits qu'il achète ne contiennent aucune substance nocive. Cela concerne aussi bien les produits alimentaires que les produits cosmétiques. Depuis quelques années, des applications permettent de vérifier la constitution des produits alimentaires issus de la grande distribution afin de vérifier que ces derniers ne contiennent aucun additif suspect. Les marques de cosmétiques, quant à elles, proposent de plus en plus de produits naturels et biodégradables, non nocifs pour la santé et la planète, et limitant le risque de développer des allergies.
Dans le domaine de la solidarité, enfin, le consommateur attend des entreprises qu'elles reversent une partie de leurs bénéfices à des associations qui agissent pour aider les plus démunis ou qu'elles mènent des actions de lutte contre la pauvreté et la précarité. La fondation Décathlon par exemple finance régulièrement des projets sportifs (rénovation de terrains de sport, achat de matériel...) pour que tout le monde puisse avoir accès au sport. L'entreprise Orange agit de son côté pour l'éducation et la formation des personnes en situation d'exclusion au regard du numérique.
Pour conclure, je pense que si les entreprises veulent survivre aujourd'hui sur des marchés très concurrentiels, il est indispensable qu'elles montrent une meilleure image d'elles-mêmes. Les consommateurs sont de plus en plus attentifs dans leurs choix et se dirigent vers les marques reconnues comme agissant positivement sur la société. Cela me semble une évidence dans un contexte de crise où il est impératif d'aider les autres quand on en a la possibilité, même à l'échelle individuelle.

Unité 9

Activité 1 .... p. 120
La rénovation d'une villa en Corse.

Activité 2 .... p. 120
Source d'inspiration : les soirées estivales, les vacances en famille ou entre amis
Concept :
> imaginer une maison de vacances solaire
> valoriser l'implantation de la villa
> favoriser la circulation de la lumière
Style :
> **de l'habitat :** chaleureux, contemporain, authentique
> **du mobilier :** sobre, élégant
Type de matériaux utilisés : bruts et naturels

Activité 3 .... p. 120
a. demeure – bâtisse
b. exceptionnelle – imprenable – idyllique
c. sereine – chaleureuse – spacieuse
d. mettre en évidence

Activité 4 .... p. 120
Proposition de corrigé :
La merveilleuse Cité radieuse de Le Corbusier est inscrite au Patrimoine mondial de l'Unesco. Elle est aujourd'hui un lieu incontournable de la ville de Marseille. Cette construction, loin d'être un simple ensemble d'appartements, est un véritable concept qui sait jouer sur les lumières, les couleurs, les matériaux et les perspectives. La bâtisse a ainsi tout d'une œuvre architecturale. Le bâtiment, empreint de modernité, insuffle un nouveau souffle à Marseille, tout en proposant bien-être et confort à ses habitants. À la fois contemporaine, originale et chaleureuse, la Cité radieuse porte bien son nom !

Activité 1 .... p. 121
a. épurée. – traditionnelle.
b. sobres. – froides.

Activité 2 .... p. 121
ⓐ **a.** La décoration
b. La déco actuelle : neutre, élémentaire, essentielle, fade, un peu triste
Le « Feel Good Design » : apporte une touche de folie, de la joie, colorée, audacieuse
ⓑ **a.** apaise **b.** meubles, accessoires **c.** minimiser **d.** formes, couleurs **e.** augmentées **f.** harmonie

Activité 3 .... p. 121
1. dérision **2.** second degré **3.** audacieuse **4.** charisme **5.** bonne humeur **6.** réveiller **7.** folie

Activité 4 .... p. 121
a. une tendance **b.** pièce **c.** accessoire **d.** singulariser **e.** motif **f.** décalé

Activité 5 .... p. 121
Proposition de corrigé :
Pour moi, une bonne déco est avant tout une décoration chaleureuse. J'ai besoin de me sentir bien chez moi, comme dans un cocon. Du coup, je mise tout sur les couleurs chaudes qui apportent réconfort et convivialité, et aussi sur les matériaux naturels : des meubles en bois, chinés au hasard des brocantes, des vide-greniers. Mais une maison confortable, c'est aussi une maison bien rangée ! L'astuce, c'est de définir une place pour chaque chose. Personnellement, je multiplie les petits paniers de rangements, en tissu, et j'assigne un rôle à chacun. Ma pièce maîtresse, c'est mon canapé : en tissu, large, long, grand... je peux m'y asseoir ou m'y allonger pour lire un bon livre. Il est assez spacieux pour que mes invités soient bien installés. La dernière chose importante pour moi, c'est la lumière. Mes fenêtres font entrer la lumière naturelle, mais, dès que la nuit tombe, mes petites lampes à la lumière tamisée créent une atmosphère feutrée.

Activité 1 .... p. 122
gratte-ciel – espace vert – habitat – mobile – modulable

Activité 2 .... p. 122
tendance – épurée – mobiles – décalé

Activité 3 .... p. 122
Proposition de corrigé :
a. Ils construisent leur maison avec leurs amis.
b. Quand il a emménagé dans son nouvel appartement, il a dû démolir sa salle de bains pour la refaire !
c. Quand on s'installe, rien de pire que de monter ses meubles.
d. J'ai scié une planche pour fabriquer un lit original, pratique et sur-mesure.

CORRIGÉS

e. Ils sont en train d'aménager leur appartement.

Activité 4 .... p. 122
Style : épuré, fonctionnel, confortable
Matériaux : bois brut, velours, poils hauts
Couleurs : vieux rose, blancheur
Mobilier et accessoires : canapé, tapis

Activité 5 .... p. 122
Proposition de corrigé :
J'adore bricoler mais je déteste jeter ! Pour moi, changer de déco, ce serait plutôt détourner de vieux meubles pour en fabriquer d'autres. En sciant quelques planches, il est possible de transformer une bibliothèque en lit, par exemple. On bricole, on met un petit coup de peinture et le tour est joué ! Par contre, pas question pour moi de lancer de gros travaux : je n'y connais rien et je n'ai pas le temps. Ainsi, je ne changerais pas la disposition des pièces en démolissant ou en construisant un mur.

Activité 1 .... p. 123
qui favorise la mobilité – qui réduise les inégalités – qui intègre la nature – qui puissiez faire avancer les choses

Activité 2 .... p. 123
a. une restriction **b.** une chose unique **c.** un doute sur l'existence **d.** une rareté **e.** une chose unique

Activité 3 .... p. 123
a. C'est l'unique chambre qui ait une vue sur la mer.
b. Je voudrais un appartement qui soit orienté est-ouest.
c. C'est le premier projet qui ait abouti.
d. Il n'y a que ce designer qui propose des meubles en carton.
e. C'est le plus beau détournement qui ait été réalisé par Marie.

Activité 4 .... p. 123
Proposition de corrigé :
a. C'est le seul jeu qui me plaise.
b. C'est le pire agencement qu'on puisse envisager.
c. Il n'y a que cet accessoire tendance qui me séduise.
d. C'est la seule pièce déco que j'aie achetée.
e. Je cherche un style qui m'aille bien.

Mémo .... p. 123
Introduire un doute sur l'existence : voudrais – aimerais
Exprimer une restriction : ne
Exprimer une rareté : moins – meilleur
Parler d'une chose unique : seul – dernier

Activité 1 .... p. 124
La création d'un jeu vidéo LEGO.

Activité 2 .... p. 124
a. Un jeu pour créer gratuitement un micro-jeu vidéo LEGO.
b. À tout le monde, mais surtout aux fans de LEGO.
c. LEGO et Unity Technologies.

Activité 3 .... p. 124
a. LEGO **b.** Briques de construction danoises **c.** Unity **d.** Danger Zone **e.** Space Cadet

Activité 4 .... p. 124
a. créer **b.** coder **c.** un développement – un développeur **d.** construire **e.** un fabricant

Activité 5 .... p. 124
Proposition de corrigé :
Dobble, c'est un jeu de rapidité. À partir de cartes où sont représentées huit symboles, les joueurs doivent trouver le seul symbole identique entre deux cartes. Dans ce jeu, tous les joueurs jouent en même temps. Il y a plusieurs manières de jouer. Dans le jeu appelé La Tour infernale, les joueurs doivent récupérer le plus de cartes possible. Chaque joueur a une carte, face cachée, le reste des cartes constitue la pioche. Quand la partie commence, les joueurs retournent leur carte, cherchent le symbole commun entre leur carte et la carte de la pioche. Dès qu'un joueur trouve le symbole, il le nomme, récupère la carte et la pose au-dessus de sa carte. Une nouvelle carte apparaît donc dans la pioche.

Activité 1 .... p. 125
1. *game designer* **2.** scénariste – rebondissements **3.** niveaux **4.** modélisation

Activité 2 .... p. 125
a. linéaire **b.** quête secondaire **c.** mécanique de jeu **d.** rebondissement **e.** reconstitution historique

Activité 3 .... p. 125
a. 5 **b.** 4 **c.** 3 **d.** 2 **e.** 1

Activité 4 .... p. 125
société – plateau – cartes – main – mélange – face – gagne – partie – pioche – points

Activité 5 .... p. 125
Proposition de corrigé :
Mon personnage s'appelle Drago. Il a 32 ans, il adore résoudre les énigmes. Il est très intelligent, patient, rigoureux et est doté d'une bonne mémoire. Il vient d'une famille de sorciers que les villageois viennent voir quand ils ont un problème. Il connaît donc le secret de beaucoup de formules magiques qui lui sont utiles lors de ses quêtes. Son but est de chercher le Grand sorcier qui a réussi à trouver les secrets de la vie éternelle. Il aimerait apprendre cette magie pour sauver sa femme. Mais son parcours est semé d'embûches, la rencontre avec le Grand sorcier se mérite ! Une série d'épreuves l'attend, physiques et intellectuelles.

Activité 1 .... p. 126
d'abord – Une fois – Puis, – dès que – À ce moment-là

Activité 2 .... p. 126
a. moment **b.** durée inachevée **c.** durée inachevée **d.** durée achevée **e.** moment

Activité 3 .... p. 126
Antériorité : e
Simultanéité : b, c
Postériorité : a, d

Activité 4 .... p. 126
Proposition de corrigé :
a. Après que le prototype a été créé, j'ai fait beaucoup de parties avec mes amis.
b. On a réfléchi à l'histoire avant que nos personnages ne soient définis.
c. Elle a créé plusieurs niveaux pendant que je faisais la modélisation.
d. Dès que les règles ont été définies, on les a testées.
e. Le jeu Minecraft est sorti après qu'Assassin's Creed a été lancé.

Mémo .... p. 126
Moment : moment
Durée : indicatif
Antériorité : avant
Simultanéité : pendant
Postériorité : après

Activité 1 .... p. 127
les idées principales
les idées secondaires
les exemples

Activité 2 .... p. 127
▸ tout d'abord, ensuite, enfin
▸ en effet, ainsi, effectivement
▸ ainsi, notamment, par exemple

Activité 3 .... p. 127
Musique : des morceaux – l'univers musical – bande originale
Jeu vidéo : monde vidéoludique – jeu – jeux communautaires
Performance musicale : les concerts virtuels – concert en ligne – un *live set*

Activité 4 .... p. 127
Proposition de corrigé :
Nous pourrions vivre dans des villes sous-marines dans un futur proche. Il serait en effet plus facile de construire des habitats sous l'eau plutôt que dans l'espace. Aujourd'hui, il existe deux projets viables.
Tout d'abord, Shimizu, une société de construction japonaise, a imaginé « Ocean Spiral », un projet de ville sous-marine. Il reposerait sur les fonds océaniques et s'élèverait en spirale jusqu'à la surface de la mer. Ce projet permettrait l'autonomie de la ville. Il rendrait par exemple possible la culture d'algues et de nourriture, l'extraction de ressources minières, le stockage de l'oxygène et la production d'électricité.
Ensuite, Zigloo, un cabinet canadien, a pensé à un gratte-ciel inversé. Ce projet d'habitat mobile serait à la fois un moyen de transport et une destination de vacances. Il serait lui aussi autonome, notamment, grâce aux énergies renouvelables.

Activité 1 .... p. 128
ⓐ a. la proposition : un jeu sur mobile pour découvrir les espaces naturels et culturels d'une ville
▸ - le public : Les touristes veulent visiter autrement, vivre des expériences nouvelles, immersives et originales.
- les villes : Elles veulent valoriser leur patrimoine naturel et culturel, en tablant sur l'originalité.
▸ - la mission : Retrouver des objets cachés dans des lieux remarquables de la ville
- la mécanique du jeu : Résoudre des énigmes, répondre à des questions de culture générale ou d'observation.
b. ▸ avec assurance.
▸ enthousiaste.
▸ rapide.
c. 1. c **2.** e **3.** b **4.** a **5.** d
ⓒ ▸ proposer un design innovant et s'inscrire dans une démarche durable et éthique
▸ les entreprises
▸ fabrication française, collaboration avec des artisans et des entreprises locales
▸ berceaux, paniers pour animaux domestiques, sacs à main, petit mobilier…

Activité 2 .... p. 129
Proposition de corrigé :
Votre pitch en 3 mots-clés : design, innovation, engagement écologique et social

Bonjour !
Je m'appelle Inès Hamsa et je représente aujourd'hui la start-up Hurlu. Notre idée, c'est de proposer des produits au design innovant tout en s'inscrivant dans une démarche durable et éthique.
Le constat de départ, déjà, c'est que nous sommes dans une société de gaspillage qui entraîne beaucoup de déchets et donc de pollution. De la même manière, la plupart des produits sont fabriqués à l'étranger et leur transport est aussi très polluant.
Quelle est la solution ? Pour nous, c'est simple, on veut répondre aux besoins de nos clients, particuliers ou entreprises

en concevant des produits durables, fonctionnels en privilégiant une fabrication 100 % française.
Les produits sont donc fabriqués et assemblés en France, et Hurlu collabore avec des artisans et des entreprises locales. C'est comme ça que nous avons choisi de favoriser une économie de transport intelligente.

GRAMMAIRE

Activité 1 .... p. 130
a. 3 b. 1 c. 4 d. 2 e. 2

Activité 2 .... p. 130
a. soit b. conçoit c. aie réalisé d. fait e. agrandisse

Activité 3 .... p. 130
a. durée b. moment c. durée d. durée e. moment

Activité 4 .... p. 130
a. ont lancé b. refaisait c. soit d. a vue e. soit

LEXIQUE

Activité 1 .... p. 131
a. ≠ b. = c. ≠ d. ≠ e. =

Activité 2 .... p. 131
a. un style décalé b. une déco épurée c. tendance d. un détournement de meuble e. une déco chargée

Activité 3 .... p. 131
a. 3 b. 4 c. 5 d. 2 e. 1

Activité 4 .... p. 131
a. rôles b. combat c. adresse d. plateau e. cartes

Activité 5 .... p. 131
a. adaptable b. influençable c. souple d. personnalisable e. malléable

Activité 6 .... p. 131
a. révolutionné b. aggravée c. détourné d. améliorés e. dégénéré

COMPRÉHENSION DE L'ORAL .... p. 132

Exercice 1
1. 1950.
2. de sport.
3. pouvait divertir.
4. l'interaction – l'écran – l'animation
5. dans des lieux publics.
6. par un plat.
7. Le défilement du décor. – Les couleurs du jeu.

Exercice 2
1. Pour accueillir tous les habitants.
2. Agrandir la ville.
3. Collecter des déchets.
4. à la protection de l'environnement.
5. des espaces et de la lumière.
6. moderne.

PRODUCTION ÉCRITE .... p. 133
Proposition de corrigé :
Monsieur le maire,
Je me permets, au nom de mes concitoyens, de vous écrire concernant le projet de construction de logements. Nous avons initié une pétition qui a été signée par la moitié des habitants de la ville. Certes, les besoins en logements sont nombreux, l'agrandissement des familles nécessite notamment des habitations plus spacieuses. Mais bâtir ce bâtiment sur un des rares espaces verts de la ville ne nous paraît pas être la meilleure solution. En effet, les habitants de la ville ont besoin de nature pour se ressourcer, faire du sport en plein air, et nos enfants ont le droit de pouvoir jouer, courir sur l'herbe et dans le petit parc qui leur est destiné. Où allons-nous nous promener, respirer ? Ce n'est pas dans les rues bétonnées de la ville que ces activités ont leur place. Je sais par ailleurs qu'une partie de la zone commerciale vient d'être démolie afin de construire un grand magasin de bricolage. Ce même type de magasin est déjà présent à quelques kilomètres et nous n'en avons donc pas besoin. Alors, pourquoi ne pas construire ces nouveaux logements à cet endroit ? Le bâtiment serait ainsi très bien placé, à proximité des commerces et avec une vue imprenable sur le parc.
Je vous remercie de l'attention que vous porterez à notre courrier et je me tiens à votre disposition pour en parler de vive voix.
Bien cordialement,
Pierre Cordin.

Unité 10

Activité 1 .... p. 134
Proposition de corrigé :
La cuisine note à note est une cuisine imaginée pour le futur où l'on assemble des petits aliments pour fabriquer un plat.

Activité 2 .... p. 134
La cuisine note à note est l'assemblage de différents nutriments pour composer un plat, comme on assemble des notes pour composer un morceau de musique.

Activité 3 .... p. 134
a. « le chef une étoile au Michelin » l. 11
b. « je vais rester traditionnel » l. 17
c. « les ressources vont s'épuiser » l. 24 / « il y aura une crise des protéines » l. 27
d. « il y aura une crise des protéines dans le monde d'ici à 30 ans et la science peut répondre, dès aujourd'hui, à cela » l. 27
e. « on lutte contre le gaspillage » l. 29
f. « on ajuste les nutriments pour éviter le surpoids » l. 30

Activité 4 .... p. 134
Cuisine traditionnelle : aliments – viande – poisson – fruits – légumes – eau – sel – produits
Cuisine note à note : composé de ces aliments – glucides – lipides – protéines animales ou végétales – vitamines – eau – sel – textures – produits

Activité 5 .... p. 134
Proposition de corrigé :
La cuisine du futur
Qu'allons-nous manger dans 50 ans ? Y aura-t-il encore de la viande provenant des animaux et de beaux légumes sortis d'un potager ? Lorsque l'on s'attarde un peu sur ce que nous réserve l'avenir en termes d'alimentation, on peut en douter.
La première alternative à la viande sera très probablement la consommation d'insectes. Ils pourront être consommés sous forme de farine, avec laquelle on fabriquera des pâtes ou du pain. Ainsi, nous mangerons des insectes sans nous en rendre compte !
La viande et le poisson de synthèse, fabriqués en laboratoire, seront une autre façon de consommer des protéines animales tout en réduisant les émissions de gaz à effet de serre produites par l'industrie agro-alimentaire.
Enfin, certains plats seront fabriqués par des imprimantes 3D à partir de quelques ingrédients de base. On fabrique déjà des pizzas de cette façon ! Alors, prêts à goûter la cuisine du futur ?

Activité 1 .... p. 135
Le document va sûrement parler du fait de manger des insectes.

Activité 2 .... p. 135
a. 9 milliards
b. Non, c'est une hypothèse car elle utilise le conditionnel (« Nous pourrions atteindre »).
c. « Il faudra quasiment multiplier par deux donc la production alimentaire actuelle. »
d. « donc »
e. « Les espaces d'élevage se font trop rares. »
f. « trop »
g. « Et si les insectes donc étaient la solution ? »
h. « Si » + imparfait

Activité 3 .... p. 135
a. d'abord – et puis – ensuite
b. D'énumérer une liste.

Activité 4 .... p. 135
a. Les crevettes et les huîtres. b. aussi

Activité 5 .... p. 135
a. Le Mexique → chenilles grillées ou frites
b. L'Australie → larves de papillon
c. Le Japon → larves de guêpe jaune

Activité 6 .... p. 135
Proposition de corrigé :
Lors de ce salon gastronomique, ce que j'ai trouvé le plus original, ce sont les chocolats proposés par la maison belge La Chocolate Line. Ce chocolatier s'est inspiré du concept de « *food pairing* », c'est-à-dire une méthode utilisée en cuisine pour combiner des aliments dont les goûts sont sensés se marier à merveille. Les fondateurs du « *food pairing* » se sont aidés de la science pour analyser les similitudes entre chaque aliment d'un point de vue moléculaire. Si des ingrédients ont des molécules communes, c'est qu'ils s'associent bien d'un point de vue gustatif. La Chocolate Line a adopté ce concept et propose ainsi des chocolats très originaux. Les « Confettis asiatiques » sont des chocolats à base de vinaigre de riz, de sauce soja, de graines de sésame, de caramel et de sucre croquant. Le « Cabernet » se compose, quant à lui, de caramel, de praliné aux pignons de pin et de vinaigre de Cabernet Sauvignon. Le « Maria » est un chocolat noir fourré à la pistache, à l'huile d'olive extra vierge, à la rose, au citron vert, et au sel de mer. L'« Atlanta » est fourré d'une ganache au cola avec un praliné noisette et du sucre glace. Enfin, mon préféré, le « Mademoiselle Piggy », est un praliné aux amandes, bacon croustillant et quinoa. Si le concept de « *food pairing* » vous intéresse, il existe un site internet sur lequel des milliers d'aliments ont été analysés et répertoriés. Si vous entrez le nom d'un aliment dans cette base de données, le site vous fournit une liste d'ingrédients à associer à cet aliment de base. Vous pouvez donc tenter vous-même des recettes originales : marier le kiwi à l'huître, l'amande au brocoli ou encore l'agneau au café... C'est vraiment une nouvelle façon d'envisager la cuisine et de faire de belles découvertes !

Activité 1 .... p. 136
a. Table 12 : Linguine au persil et effilochée potiron.
b. Table 5 : Pâtes au lard et pancetta, émulsion au poivre.
c. Table 15 : Tagliatelles de printemps au chou brocoli, petits pois sauce basilic.
d. Table 8 : Spaghettis à la lotte braisée et réduction de citron.

CORRIGÉS

Activité 2 .... p. 136
a. savoure **b.** persil **c.** malnutrition **d.** met l'eau à la bouche **e.** bar

Activité 3 .... p. 136
a. 6 **b.** 1 **c.** 4 **d.** 2 **e.** 7 **f.** 3 **g.** 5

Activité 4 .... p. 136
alimentaire – se régale – bestioles – friandises – protéines – vitamines – criquet – chenille – assaisonnés – apéritif

Activité 5 .... p. 136
Proposition de corrigé :
Mon plat préféré, c'est la brandade de morue. C'est un plat composé de morue (cabillaud séché et salé), de purée de pommes de terre, de lait et d'huile d'olive. La plupart des gens qui me connaissent savent que j'aime beaucoup les plats type « bouillie ». C'est un peu bizarre, mais j'adore les yaourts, le pâté, la purée, tout ce qui n'est pas très consistant en bouche. Je ne supporte pas les morceaux dans les yaourts par exemple. J'ai gardé mes goûts de bébé ! C'est pour cela que la brandade de morue me plaît : c'est facile à manger et cela me rappelle mon enfance, ma grand-mère préparait toujours ce plat quand on venait manger chez elle.

Activité 1 .... p. 137
il y a de fortes chances que – Il semble que – Il se peut – seraient – pourra – probablement

Activité 2 .... p. 137
a. 3 **b.** 1 **c.** 4 **d.** 2

Activité 3 .... p. 137
a. OUI ➔ « aurait l'intention » **b.** NON **c.** NON **d.** OUI ➔ « seraient » **e.** OUI ➔ « il y a des chances que » **f.** OUI ➔ « sans doute » **g.** NON

Activité 4 .... p. 137
Proposition de corrigé :
a. Les grands chefs attentent <u>sans doute</u> avec impatience la nouvelle classification du *Guide Michelin*.
b. <u>Il est probable que</u> la plupart des Français ne souhaite pas manger de larves de papillons.
c. On <u>arriverait</u> à créer de nouveaux plats à partir de simples composants alimentaires.
d. <u>Il se peut</u> qu'il n'y ait plus assez de viande ni de céréales pour nourrir toute la planète.
e. Faire pousser des légumes sur le toit des immeubles <u>serait éventuellement</u> la solution.

Mémo .... p. 137
Probabilité forte : Sans doute – fort / très – subjonctif
Probabilité moyenne : peut-être – subjonctif - indicatif – semble – subjonctif
Probabilité faible : Éventuellement – fort / très – subjonctif

Activité 1 .... p. 138
Respecter les hommes et l'environnement, participer au développement durable.

Activité 2 .... p. 138
Proposition de corrigé :
a. Pourquoi, quand il reste du stock, les articles sont-ils vendus à prix bradés ?
b. À quoi fait référence la « prise de conscience écologique globale » ?
c. Comment peut-on définir le concept de « recyclage par le haut » ?
d. Que signifie l'expression « dictature de la nouveauté » ?
e. En quoi est-ce important pour les marques que les jeunes générations soient « avides de sens au travail » ?

Activité 3 .... p. 138
Proposition de corrigé :
a. C'est la loi de l'offre et de la demande : s'il reste trop de produits (donc beaucoup d'offre) les prix baissent.
b. Cela fait référence au fait que beaucoup d'humains ont pris conscience qu'il faut protéger la planète si nous voulons qu'elle survive.
c. Le « recyclage par le haut » vise à valoriser ce qui est considéré comme déchet pour le transformer en un objet de valeur supérieure. Le résultat doit être plus beau que le produit initial.
d. La « dictature de la nouveauté » désigne l'obligation qu'ont les grandes marques de proposer des tendances nouvelles.
e. Les jeunes d'aujourd'hui veulent faire un travail utile, bénéfique pour la société. Ils seront donc plus sensibles aux marques qui ne polluent pas et recyclent leurs produits.

Activité 4 .... p. 138
Proposition de corrigé :
La maison de couture Martin Margiela a été l'une des premières à pratiquer le « recyclage par le haut ». Cette année encore, la collection automne-hiver reprend ce concept et propose des vêtements composés de tissus recyclés trouvés dans des magasins de fripes : des robes aux épaules détachées, des manteaux aux coutures apparentes, des pantalons en toile de coton recyclée, dite « calicot ». Sur chaque vêtement, une étiquette indique la provenance et l'époque du vêtement d'origine, une façon de montrer que les vêtements ont désormais plusieurs vies !

Activité 1 .... p. 139
mode – couturiers – collections – prêt-à-porter – haute couture – dingues – tendances – défilés

Activité 2 .... p. 139
a. 3 **b.** 4 **c.** 1 **d.** 5 **e.** 2

Activité 3 .... p. 139
a. maroquinerie : sacs à main, cuir, portefeuilles, gants **b. cosmétique :** produits de beauté, crème pour le visage, maquillage, parfum **c. joaillerie :** bijou, boucles d'oreille, collier **d. mode :** garde-robe, fringues, prêt-à-porter

Activité 4 .... p. 139
a. habits, fringues, frusques, nippes…
b. styliste, créateur, designer…
c. griffe, maison, effigie…
d. être fan de, être fou de, être épris de, être passionné(e) de / par, être obsédé(e) par, raffoler, se passionner pour…

Activité 5 .... p. 139
Proposition de corrigé :
Quand je vais dans les grands magasins, je passe toujours par le rayon de la maroquinerie. J'adore les sacs en cuir, les portefeuilles et porte-monnaie assortis. Et, dans les grands magasins, il y a un tel choix, qu'on ne sait plus où regarder : il y en a de toutes les couleurs, de toutes les formes ! J'aime beaucoup acheter des sacs de couleur vive, je trouve que porter un sac coloré donne une touche de gaîté à n'importe quel vêtement. Ensuite, je me dirige vers le rayon parfumerie. J'adore sentir les différents parfums. J'utilise les petits bâtonnets en papier sur lesquels on vaporise un peu de parfum pour bien en sentir l'odeur. La dernière fois, j'en ai essayé une trentaine ! À la fin, toutes les odeurs se mélangeaient ! Mais j'ai quand même fini par trouver le parfum qui me plaisait. Et pour finir, je vais faire un petit tour au rayon mode, c'est un passage obligé ! On y trouve tellement de styles différents : des vêtements de couturier, des vêtements de marque, mais aussi des vêtements plus standard. J'achète souvent des manteaux originaux, qu'on ne trouve pas ailleurs. Et la qualité est excellente, ce sont des vêtements qu'on peut garder longtemps !

Activité 1 .... p. 140
végane – attribuée par le célèbre *Guide Michelin* – un système qui permet de financer des projets sans passer par les banques – de la carte – avec des produits locaux, de saison et issus de l'agriculture biologique – prestigieuse – d'exception – longtemps oubliée au pays de la gastronomie – bel

Activité 2 .... p. 140
à – en – en – en – de – en – à

Activité 3 .... p. 140
a. auquel **b.** qui **c.** que **d.** dont **e.** à qui

Activité 4 .... p. 140
Proposition de corrigé :
a. La cheffe Hélène Darroze, <u>l'une des rares femmes cheffes étoilées en France</u>, a deux restaurants à Paris.
b. Les plats végétariens <u>de ce restaurant étoilé</u> ont du succès.
c. Dans cette pâtisserie <u>de la rue du Four</u>, il y a des gâteaux <u>merveilleux</u>.
d. Jean-François Piège, <u>un chef cuisinier français</u>, vient de sortir un magnifique livre sur la cuisine française.
e. Se nourrir <u>avec des aliments sains et naturels</u> est important.

Mémo .... p. 140
Un pronom relatif : que – dont – à laquelle
Un adjectif
Une préposition : en
Une apposition

Activité 1 .... p. 141
a. Un exposé informatif.
b. Un plan chronologique.

Activité 2 .... p. 141
ⓐ Je vais vous présenter l'une des plus célèbres créatrices de mode française, Coco Chanel.
ⓑ ▶ L'enfance de Coco Chanel.
▶ Les années de succès.
▶ Les dernières années.
ⓒ Voyons donc maintenant les années les plus prestigieuses de la créatrice.
Nous allons maintenant parler des années un peu plus sombres de la célèbre créatrice.
ⓓ Pour conclure.

Activité 3 .... p. 141
Proposition de corrigé :
Je vais vous présenter l'un des plus célèbres cuisiniers français, Joël Robuchon. Je vous parlerai d'abord de son enfance et expliquerai comment il s'est orienté vers la cuisine, puis je parlerai de ses années de succès dans ses nombreux restaurants et, enfin, je terminerai sur ses dernières années, davantage tournées vers les émissions de télévision culinaires et la création de nouveaux concepts.
Joël Robuchon est né le 7 avril 1945 à Poitiers. Il est issu d'une famille très modeste, avec un père maçon et une mère femme de ménage. À 12 ans, il entre au séminaire pour devenir prêtre catholique, mais se découvre une passion pour la cuisine en préparant les repas avec les religieuses de l'institution. À l'âge de 15 ans, il devient alors apprenti cuisinier-pâtissier au Relais de Poitiers, le

restaurant du chef Robert Auton. C'est là qu'il apprend les bases de la cuisine, qu'il perfectionne ensuite dans de nombreux autres restaurants lors d'un « tour de France » en tant que Compagnon du Devoir, un système d'apprentissage des métiers traditionnels. Sa formation de qualité lui permet de vite faire carrière dans le domaine de la grande gastronomie.

Voyons donc maintenant les années de succès de Joël Robuchon. C'est à 28 ans que sa carrière prend un nouveau tournant, lorsqu'il devient le chef des 90 cuisiniers du grand hôtel Concorde Lafayette à Paris. Trois ans plus tard, en 1976, il reçoit la récompense de meilleur ouvrier de France dans le domaine de l'art culinaire, puis en 1978, il obtient deux étoiles au fameux *Guide Michelin* en tant que chef cuisinier de l'hôtel Nikko à Paris. C'est en 1981 qu'il ouvre son propre restaurant, Jamin, à Paris. Ce dernier obtient rapidement la récompense suprême de trois étoiles au *Michelin*. Le chef ne cesse d'accumuler les récompenses : chef de l'année en 1987, cuisinier du siècle en 1989. C'est d'ailleurs cette année-là qu'il ouvre son premier restaurant au Japon, puis un deuxième restaurant à Paris (reconnu meilleur restaurant au monde en 1994). C'est à la fin des années 1980 que Joël Robuchon entame une carrière à la télévision, ce que nous allons voir maintenant.

À 50 ans, Joël Robuchon prend sa retraite en tant que cuisinier et se consacre à d'autres projets, notamment à la transmission de son savoir et son savoir-faire dans des émissions culinaires. Il débute sa carrière télévisuelle d'abord en tant qu'invité dans l'émission *Quand c'est bon ?... Il n'y a pas meilleur !*, puis devient lui-même présentateur de *Cuisinez comme un grand chef* sur TF1, et de *Bon appétit bien sûr* sur France 3. Il contribue également à la publication du *Larousse gastronomique*, une encyclopédie sur la cuisine. Dans les années 2000, il lance un nouveau concept de restaurants : des « Ateliers » où la cuisine est ouverte sur la salle afin que les clients puissent voir tout ce qui s'y passe et qu'une interaction se crée entre la salle et la cuisine. Au moment de son décès, en 2018, il était sur le point d'ouvrir cinq nouveaux restaurants de ce type.

Pour conclure, nous pouvons affirmer que Joël Robuchon est l'un des plus grands chefs cuisiniers français, détenteur de nombreux records, dont celui de chef le plus étoilé avec un total de 32 étoiles au *Guide Michelin*. Il a su imposer son style en développant de nouveaux concepts et en proposant une grande cuisine, tout en sachant rester simple.

Activité 1 .... p. 142
Proposition de corrigés :
a Suis-je pour ou contre le fait de porter des vêtements de marque ?
b POUR : Porter des vêtements de marque permet d'avoir des vêtements de qualité. / Porter des vêtements de marque est une façon d'être original.
CONTRE : Porter des vêtements de marque coûte trop cher. / Porter des vêtements de marque est juste une façon de se mettre en avant.
c pour : a, b, c, d, e, g, l, n
contre : f, h, i, j, k, m
d Respect de l'environnement : Ne vaudrait-il pas mieux choisir des vêtements fabriqués avec des matières respectueuses de l'environnement plutôt qu'un vêtement de marque ?

Artisanat : Ne vaut-il pas mieux acheter des vêtements fabriqués localement par des artisans ?
Faire soi-même : Pour être original, ne faudrait-il pas mieux créer soi-même ses vêtements ?

Activité 2 .... p. 143
a Partie 1 (pour)
Argument 1 : Porter des vêtements de bonne qualité
Argument 2 : Porter des pièces uniques, originales
Argument 3 : Adopter un certain mode de vie
Partie 2 (contre)
Argument 1 : Juste une question d'image, de regard de l'autre
Argument 2 : Influence du marketing, de la société de consommation
Argument 3 : Perte de personnalité, uniformisation
b Il est évident que porter des vêtements de marque présente certains avantages, comme s'assurer d'avoir des vêtements de qualité et de montrer aux autres un certain niveau de vie.
c Plutôt que de choisir des vêtements d'une marque ou d'une autre et de dépenser beaucoup d'argent pour cela, ne vaudrait-il pas mieux créer soi-même ses propres vêtements ? Cela permettrait non seulement d'être original, mais aussi de choisir des tissus de qualité, produits de façon responsable.
d En résumé, il me paraît difficile de donner une réponse tranchée au débat autour des vêtements de marque. Il est évident que porter des vêtements de marque présente certains avantages, comme s'assurer d'avoir des vêtements originaux et de montrer aux autres un certain niveau de vie. Mais on peut parfois s'interroger sur ce qui nous influence : est-ce la société de consommation ou le regard des autres qui nous pousse à vouloir renouveler sans cesse notre garde-robe ? Et plutôt que de choisir des vêtements d'une marque ou d'une autre et de dépenser beaucoup d'argent pour cela, ne faudrait-il pas mieux créer soi-même ses propres vêtements ? Cela permettrait non seulement d'être original, mais aussi, de choisir des tissus de qualité, produits de façon responsable.

Grammaire ....

Activité 1 .... p. 144
Probabilité forte : b
Probabilité moyenne : a, e
Probabilité faible : c, d
Activité 2 .... p. 144
a. se nourrisse **b.** a **c.** puisse **d.** faut **e.** soyons
Activité 3 .... p. 144
a. 3 **b.** 2 **c.** 5 **d.** 1 **e.** 4
Activité 4 .... p. 144
a. dont **b.** qui **c.** de – aux **d.** de – de – au **e.** auxquelles

Lexique ....

Activité 1 .... p. 145
a. Ce plat me fait saliver.
b. Je m'enthousiasme devant la carte de ce restaurant.
c. Je savoure ma lotte.
d. Je dévore mon dessert.
e. J'ai peu de temps, je vais grignoter.
Activité 2 .... p. 145
a. sauge **b.** poulpe **c.** citron **d.** lard **e.** chou

Activité 3 .... p. 145
a. défilé **b.** griffe **c.** couturier **d.** mannequin **e.** vitrine
Activité 4 .... p. 145
a. 2 **b.** 5 **c.** 4 **d.** 3 **e.** 1
Activité 5 .... p. 145
Bon : alléchant – attrayant – attirant
Mauvais : repoussant – rebutant
Activité 6 .... p. 145
Registre standard : avaler, se nourrir, goûter
Registre familier : bouffer, se goinfrer

Compréhension des Écrits .... p. 146
1. Les vêtements à recycler sont de moins bonne qualité qu'avant.
2. est utile et offre du travail.
3. De proposer trop souvent de nouveaux modèles.
4. Car les vêtements durent moins longtemps qu'avant.
5. Acheter uniquement le strict nécessaire.
6. que nos vêtements recyclés soient mal utilisés.
7. réduire la pollution liée à la production des vêtements.

Production orale .... p. 147
Proposition de corrigé :
Le document que je vais présenter s'intitule : « Seul(e) au resto, un tabou culturel ? » Il est issu du magazine *Télérama* du 5 août 2020. Dans cet article, la journaliste explique que le fait de manger tout(e) seul(e) au restaurant est mal perçu dans notre société. Pourquoi ? Car le moment du repas doit être un moment d'échange avec les autres, et non un simple acte primaire d'ingurgitation de nourriture. Cette tradition du partage de repas est très ancienne et, d'après la sociologue Valérie Adt, il faut faire preuve d'une grande liberté pour s'en écarter et s'installer seul à une table de restaurant.
Afin de donner mon opinion sur le sujet, je parlerai dans un premier temps de ce que représente le restaurant pour moi, puis j'évoquerai différentes situations qui peuvent justifier de manger seul au restaurant.
De mon point de vue, le restaurant est avant tout un lieu de socialisation. C'est un lieu de rencontre, de rendez-vous entre amis ou en famille. On y va pour discuter, échanger, se retrouver… Il m'arrive même parfois de ne pas faire tellement attention à ce que j'ai dans mon assiette quand je suis avec des amis que je n'ai pas vus depuis longtemps ! Dans ce cas, l'objectif n'est pas tant de manger que de passer un bon moment avec des gens que l'on aime. Il y a évidemment d'autres fois où je vais au restaurant pour découvrir une nouvelle cuisine et, dans ce cas, je suis bien plus attentif aux menus proposés mais, même dans ces situations, je trouve important de pouvoir partager le repas avec quelqu'un pour se faire goûter les plats et en discuter. Il y a cependant des situations où l'on peut se retrouver seul au restaurant, et c'est ce dont je vais parler maintenant.
Dans certains cas, on n'a pas le choix d'aller seul au restaurant. Cela m'est arrivé plusieurs fois lors de voyages professionnels où je me trouvai seul et où je dormais à l'hôtel, donc sans cuisine pour me préparer à manger. J'ai donc dû manger seul au restaurant. La première fois que cela m'est arrivé, je ne me sentais pas très à l'aise, j'avais l'impression que tout le monde m'observait. Mais, finalement, une fois mon plat posé devant moi, je n'ai plus fait attention aux

CORRIGÉS

gens autour de moi et je me suis concentré sur mon repas que j'ai beaucoup apprécié. Certaines personnes pensent, par ailleurs, que manger seul au restaurant permet de mieux profiter du moment présent : on prend le temps d'observer le dressage de l'assiette avant de déguster le plat, sans être perturbé par des discussions. Et puis, finalement, lorsqu'on vit pleinement ce moment de dégustation de son plat, les personnes autour de nous comprennent vite qu'on est beaucoup mieux dans notre vie que pas mal de couples dans le restaurant qui se parlent à peine !

Pour conclure, je dirais que, si le restaurant reste pour moi un lieu d'échange et de partage et que je préfère y aller accompagné, il m'arrive parfois de trouver de l'intérêt à y aller seul. Tout n'est finalement qu'une question de ressenti, c'est-à-dire comment on ressent le regard des autres sur nous quand on est seul(e) face à son assiette !

Unité 11

Activité 1 .... p. 148
Le chat : Gatsby – mystérieux, beau et seul – le Magnifique – son énigme et ses yeux d'or – mon chartreux – miaulant à cœur fendre – le museau
Son habitat : chez moi – un plaid dans ma chambre, une gamelle dans la cuisine – balcon – la baie vitrée
Élise : avec déplaisir – allergiques aux poils de chat – prise d'une quinte de toux – lui refusait l'accès à la chambre – son allergie – elle toussait, pleurait, s'étouffait – le confinait sur le balcon

Activité 2 .... p. 148
a. Je lui avais installé un plaid dans ma chambre
b. elle était prise d'une quinte de toux, à peine la clé dans la serrure – elle toussait, pleurait, s'étouffait
c. mon chartreux sur le balcon, miaulant à cœur fendre derrière la baie vitrée

Activité 3 .... p. 148
Problème relationnel : apprendre avec déplaisir – la relation n'avait fait que se détériorer – point de crispation – refuser l'accès
Problème physique : être pris d'une quinte de toux – tousser – pleurer – s'étouffer

Activité 4 .... p. 148
Alimentation : gamelle – croquettes bio
Parties du corps : yeux – poils – museau
Bruits qu'il produit : miauler – ronfler – ronronner

Activité 5 .... p. 148
Proposition de corrigé :
Chéri, écoute… il faut absolument que je te dise quelque chose, et je n'ose pas te le dire en face, c'est pour ça que je t'envoie ce message. Alors voilà : il s'agit de Pitou. Je sais que tu l'adores, et qu'avoir un chien, c'est ton rêve depuis que tu es tout petit. Mais je dois te le dire avant que ça ne devienne un point de crispation entre nous : je ne le supporte plus ! D'abord, il prend trop de place dans notre appartement ! Franchement, tu aurais pu choisir un teckel plutôt qu'un berger allemand, vu que nous habitons dans un 50 mètres carré sans jardin. Et puis l'odeur… cette odeur ! Elle me prend à la gorge dès que je rentre à la maison, j'ai presque l'impression d'étouffer parfois. Ensuite, Pitou a encore mangé une paire de chaussures à moi, que j'avais pourtant bien rangées dans l'armoire. Comme je ne veux pas que notre relation se détériore, je préfère t'en parler, parce que vraiment, ça devient compliqué pour moi de vivre avec Pitou. J'espère que tu me comprendras et qu'on pourra trouver une solution ensemble. Je t'embrasse !

Activité 1 .... p. 149
Proposition de corrigés :
a. Les éléphants piétinent leurs maisons.
b. Les abeilles font peur aux éléphants.

Activité 3 .... p. 149
a. 5 **b.** 4 **c.** 3 **d.** 2 **e.** 1

Activité 4 .... p. 149
a Connecteur : grâce à
Verbe au conditionnel : pourrait
b a. L'idée est simple.
b. Faire ses preuves.
c. Consister à…
d. Explorer beaucoup de pistes.
e. Être la solution naturelle et miracle.

Activité 5 .... p. 149
Proposition de corrigé :
Bonjour. J'ai entendu l'auditeur précédent, monsieur Minot il me semble, qui se plaignait que les feuilles mortes de l'arbre de son voisin tombaient dans son jardin. Je me suis permis d'appeler car j'ai eu le même problème avec ma voisine l'année dernière, avec un arbre fruitier, un plaqueminier. Vous savez, c'est cet arbre qui fait des kakis, ces gros fruits orange, qui deviennent liquides quand ils sont mûrs. C'était vraiment invivable pour moi, car ces fruits explosaient littéralement à terre, dans ma propriété. Mais heureusement, avec du dialogue et de la bonne volonté, nous avons trouvé la solution miracle, ma voisine et moi. D'abord, nous avons fait appel à un jardinier professionnel, que nous avons payé moitié-moitié. Et c'est lui qui a résolu le problème. Avant tout, il a taillé l'arbre afin que moins de fruits ne tombent de mon côté. Après, la solution la plus efficace consistait à mettre un filet sous l'arbre, pour éviter les chutes de fruits. C'est ce que nous avons fait, toujours en partageant les frais. Ma voisine s'occupe de vider régulièrement le filet et, depuis, tout se passe bien entre nous !

Activité 1 .... p. 150
a. le lapin **b.** d'abeilles **c.** des chevaux **d.** des vaches **e.** le chien

Activité 2 .... p. 150
1. a **2.** e **3.** b **4.** c **5.** d

Activité 3 .... p. 150
estimait – population – longévité – déclin – recensées – espérance de vie – atteindre

Activité 4 .... p. 150
a. fécondité **b.** augmenté **c.** hausse **d.** atteint **e.** fourchette

Activité 5 .... p. 150
Proposition de corrigé :
Habitants de Niort et amis des animaux, unissons-nous !
Actuellement, nos animaux domestiques n'ont aucun espace vert réservé où ils pourraient courir, sauter, s'amuser… en un mot : vivre ! Malheureusement, en ville, tout le monde n'a pas la chance d'avoir une maison avec jardin. Nous demandons à la mairie de financer les solutions que nous proposons. L'idée est simple : ouvrir un parc canin en centre-ville. Il s'agit d'une zone clôturée où l'animal peut être laissé en liberté.
Après avoir exploré plusieurs pistes, le groupe de réflexion que je préside a choisi ce système, qui a déjà fait ses preuves dans d'autres villes, comme Toulouse ou Limoges. Bien sûr, il faut que certaines conditions soient réunies pour qu'un tel parc fonctionne : limitation du nombre de chiens, comportement civil de la part des maîtres, règlement affiché à faire respecter.
Il n'est pas exclu dans le futur de proposer des enclos pour d'autres animaux (lapins, tortues, chats…)
Nous comptons sur votre sens civique et votre amour des animaux ! Signez la pétition en ligne pour demander à notre municipalité la création de ce paradis pour nos amis à quatre pattes !

Activité 1 .... p. 151
Doute : Je me demande – Je ne crois pas que – sans doute
Certitude : j'en étais sûre et certaine – c'est vrai que – bien entendu

Activité 2 .... p. 151
Doute : b, c
Certitude : a, c, d, e

Activité 3 .... p. 151
a. → 2 **b.** → 4 **c.** → 5 **d.** → 1 **e.** → 3

Activité 4 .... p. 151
Proposition de corrigé :
a. Je suis certain qu'ils sont méchants.
b. Je ne pense pas que ça puisse me convenir.
c. Il est indubitable qu'ils coûtent plus chers que les autres.
d. Je doute qu'ils soient heureux dans les zoos.
e. Je ne suis pas convaincu que les enfants les aiment vraiment.

Mémo .... p. 151
Doute : Verbes : demander **Adjectifs :** sceptique **Expressions :** doute
Certitude : Verbes : savoir **Adjectifs :** certain **Expressions :** fait

Activité 1 .... p. 152
a a. un article de presse
b. Marie Tomas, une conteuse dans l'escalier
c. Le magazine Le Pèlerin n° 716
b Proposition de corrigé :
Marie est peut-être une conteuse professionnelle. Il peut s'agir de l'escalier d'une école ou d'un immeuble.

Activité 2 .... p. 152
b a. courte **b.** reste suspendue, sur le même ton **c.** descend **d.** le ton

Activité 3 .... p. 152
Mots du lien social : liés les uns aux autres – des choses à partager – un lien s'est instauré – a délié les langues – on demande des nouvelles
Mots de la chaleur humaine : le rituel s'installe – voir leurs yeux briller – la chaleur de la parole – Nous vivons quelque chose de très fort, de chaleureux et de fraternel – le feu brille et chauffe beaucoup

Activité 4 .... p. 152
Proposition de corrigé :
Il y a trois mois, j'ai trouvé dans ma boîte aux lettres un message de Guillaume, le petit jeune homme du troisième étage. Il nous proposait d'organiser des échanges entre habitants de l'immeuble, pour s'entraider. Chacun devait dire ce qu'il pouvait proposer aux autres, et ce dont il avait besoin. Au début, j'étais sceptique… vous savez, j'ai 70 ans, et je vis seule. Alors, quand on ne connaît pas les personnes, on a un peu peur. Et puis Guillaume a mis un panneau dans le hall, et les voisins ont commencé à y écrire des propositions. J'ai vu que ma

voisine Samira pouvait donner des leçons d'informatique contre des cours de cuisine. Je me suis dit que c'était dans mes cordes, et, depuis, j'ai appris à utiliser un ordinateur ! Un lien s'est instauré entre nous. On a découvert qu'on avait beaucoup de choses à partager. Et je sais que d'autres habitants de l'immeuble sont aujourd'hui liés les uns aux autres. L'atmosphère est beaucoup plus chaleureuse qu'avant ! Alors, merci Guillaume !

Activité 1 .... p. 153
l'urbanisation – du quartier – leur territoire – concevoir

Activité 2 .... p. 153
a. un bâtiment b. le partage c. une nuisance
d. un lien e. l'urbanisation / l'urbanisme

Activité 3 .... p. 153
Les problèmes : des nuisances sonores – le bazar – mort du petit commerce – quartier de plus en plus sale – des actes de vandalisme quotidiens – insécurité
Les solutions : un lieu de rencontre et de mixité sociale – tranquillité – créer du partage, de l'animation – faire preuve de respect pour le voisinage – parler un peu moins fort

Activité 4 .... p. 153
a. 1 b. 5 c. 3 d. 2 e. 4

Activité 5 .... p. 153
Proposition de corrigé :
Quand je pense à une ville chaleureuse, vivante, où la mixité sociale et culturelle existe, c'est tout de suite Montréal qui me vient à l'esprit. Ce qui me frappe vraiment, c'est la capacité qu'a cette ville de faire de sa différence un atout. Cette métropole est à la fois francophone et anglophone, et on le ressent en s'y promenant : on entend de l'anglais, du français, un mélange des deux langues. On peut y voir une crêperie à côté d'un restaurant de hamburger. La vie de quartier est très agréable. On passe du quartier maghrébin à la Petite-Italie, en passant par le quartier chinois. Et il y a surtout beaucoup de lieux de rencontre, malgré les températures parfois rudes. La ville organise des centaines de festivals de musique, de cinéma, d'humour… Et bien sûr, de nombreux bistrots et bars permettent de faire la fête le soir et de créer du lien social facilement, d'autant plus que tout le monde, ou presque, parle français. L'atmosphère est vraiment sereine, tranquille, et les gens sont très souriants.

Activité 1 .... p. 154
le : sa ville, dès qu'il s'en éloigne trop longtemps, elle lui manque – lui : la femme
la : sa ville – lui : la femme
les : son atmosphère élégante, à l'anglaise, son grand théâtre majestueux, son fleuve langoureux – lui : la femme
s' : la femme – y : la ville
le : rejoindre l'homme à Bordeaux – moi : l'homme

Activité 2 .... p. 154
Proposition de corrigé :
a. lui : son collègue – en : le projet
b. m' : un étudiant en histoire – y : une exposition sur l'empire romain
c. le : le problème – leur : les citoyens
d. nous : des urbanistes – l' : un rapport
e. le : un ballon – moi : un enfant

Activité 3 .... p. 154
a. les y b. le lui c. nous en d. le lui e. le leur

Activité 4 .... p. 154
a. Oui, je la leur ai déjà montrée.
b. Oui, je vais l'y emmener.
c. Non, je ne le lui ai pas dit.
d. Non, elle ne doit pas m'y accompagner.

Mémo .... p. 154
m' – nous – l' – leur

Activité 1 .... p. 155
a. Les villes les plus vertes de France, c'est-à-dire celles qui mènent le plus d'actions en faveur de l'environnement, et notamment de la végétalisation du milieu urbain.
b. L'Observatoire des villes vertes.
c. **Proposition de corrigé :** Valoriser et promouvoir les innovations et les pratiques qui renouvellent les approches du vert en ville, pour développer la réflexion sur les perspectives de la ville verte en France.

Activité 2 .... p. 155
a 100 points – 50 plus grandes villes – 1. ANGERS – 2. NANTES – 4. AMIENS – 3 m² – 2017 – 76 euros par habitant – hausse de 1,50€ par rapport à 2017 – 74 % – 11 pour 100 habitants – 9 en 2017
b I objectifs
II Commentaire
III données

Activité 3 .... p. 155
a. Tout comme – une belle progression – une hausse de – par rapport à – de plus en plus – contre
b. présenter les chiffres – donner un résultat final – détailler – conserver une position – passer de…à… – noter – observer – s'améliorer – augmenter – atteindre – compter
c. tout d'abord – avant tout – ainsi – puisque – en effet, – quant à – par exemple, – ou encore – dernier point

Activité 4 .... p. 155
Proposition de corrigé :
Quelles sont les villes les plus vertes en Italie ? Selon un classement des écosystèmes urbains, proposé cette année par des associations écologistes, et concernant 104 villes italiennes, la région italienne où se trouvent davantage de villes vertes est le Trentin Haut-Adige. Trente arrive en tête, tandis que Bolzano se classe troisième. Trente a notamment obtenu d'excellents résultats au niveau du tri sélectif des déchets et de la surface d'espaces verts disponibles.
Turin gagne huit places, passant de la 88ᵉ à la 80ᵉ ville du classement, avec par exemple une augmentation du nombre d'arbres pour 100 habitants, de 12 à 19 en un an.
Quant aux villes de plus de 100 000 habitants, Milan occupe la 32ᵉ place, mais en perd 9 par rapport à l'an dernier ; elle devance cependant nettement Rome, la capitale, qui n'est qu'à la 89ᵉ position. Par ailleurs, on constate que les villes siciliennes, comme Catane et Palerme, sont également en bas de classement, respectivement à la 101ᵉ et 103ᵉ place.
Cette étude s'appuie sur des données telles que l'amélioration des transports, des espaces verts urbains, de la qualité de l'air, de la gestion des déchets et de la sécurité routière. Les kilomètres de piste cyclable et la capacité de filtrage de l'eau ont également été pris en compte.

Activité 1 .... p. 156
Proposition de corrigés :
a a. ▶ Réaménagement du parc Bellerive, dans le quartier Nord de Tours.
▶ Transformer ce parc en lieu de rencontres entre les habitants du quartier.
▶ la population, le bureau d'urbanistes, la municipalité, ceux qui feront les travaux
▶ 1. concertation avec la population
2. proposition du projet à la municipalité
3. mise en ligne sur Internet
4. validation du budget
5. procédure d'appel d'offre pour les travaux
▶ écologistes
b. **Type de projet :** tout d'abord
Finalité : pour commencer
Étapes : pour ce faire, en revanche, car, suite à, après, à son terme
Valeurs : enfin

c **Finalité du plan d'action :** créer du lien entre les habitants du quartier, favoriser le vivre ensemble
Actions nécessaires : présentation de différents projets, consultation des citoyens, définition d'un projet complet, conférence, procédure d'appel d'offres, démarrage des travaux
Projets possibles : la création d'un centre social et culturel dans une usine désaffectée – la modernisation et l'agrandissement de la médiathèque municipale – l'aménagement d'une friche industrielle en jardin partagé
Acteurs : urbanistes, citoyens, bourgmestre, conseil municipal, entrepreneurs en travaux publics
Durée de réalisation : un an

Activité 2 .... p. 157
Proposition de corrigé :
▶ nous sommes à votre disposition pour, vous pouvez compter sur moi, je vous assure que, faites-nous confiance…

Tout d'abord, merci à tous d'être présents aujourd'hui pour évoquer ensemble le projet de réaménagement du quartier numéro 3, au sud de Namur. Ce quartier avait vraiment besoin d'une requalification, et nous remercions le bourgmestre, monsieur Matthieu Defèvere, pour son implication dans ce projet. La mission qui nous a été confiée, c'est de proposer un plan d'action qui favorise la mixité sociale. Comment y parvenir ? C'est ce que je vais vous exposer en quelques points.
Avant toute chose : quelle est la finalité précise de notre projet ? Eh bien notre objectif est de créer du lien entre les habitants du quartier, afin de favoriser le vivre ensemble. Pour ce faire, nous organiserons une première phase de concertation avec la population, où nous proposerons différents projets pour transformer certains lieux du quartier en espaces d'échange. Nous sommes à votre disposition pour échanger sur le sujet. Comme vous pouvez le voir sur la présentation qui s'affiche derrière moi, nous avons travaillé sur trois projets possibles : la création d'un centre social et culturel dans une usine désaffectée, la modernisation et l'agrandissement de la médiathèque municipale et l'aménagement d'une friche industrielle en jardin partagé.
Suite à cette consultation des citoyens, notre bureau d'urbanistes définira un projet complet. Nous présenterons ces travaux lors d'une conférence prévue à la rentrée prochaine. Après validation du budget et du projet par le conseil de la ville, nous mettrons en place une procédure d'appel d'offres, et à son terme, les travaux pourront démarrer. Les travaux devraient commencer dans un an environ. Vous pouvez nous faire confiance. Avez-vous des questions ?

CORRIGÉS

GRAMMAIRE

Activité 1 .... p. 158
Expressions de doute : je ne sais plus – on peut se demander
Expressions de certitude : c'est évident – je n'ai aucun doute – c'est un fait

Activité 2 .... p. 158
sait – convaincus – certain – douter – sans doute

Activité 3 .... p. 158
a. Je vais les y conduire.
b. Nous ne leur en avons pas parlé.
c. Pouvez-vous vous en occuper ?
d. Cette journée, ils s'en souviendront !
e. Demande-le-leur avant demain.

Activité 4 .... p. 158
a. Je la leur ai racontée.
b. Proposez-le-leur !
c. Nous allons le lui / leur demander.
d. Il est impossible qu'ils les y déposent.
e. Les cafés ont de nouveau pu leur en servir.

LEXIQUE

Activité 1 .... p. 159
a. 5   b. 2   c. 4   d. 3   e. 1

Activité 2 .... p. 159
pousser – écosystème – photosynthèse – croissance – racines

Activité 3 .... p. 159

V	A	N	D	A	L	I	S	M	E
			U	R	B	A	I	N	
		B	A	N	L	I	E	U	E
Q	U	A	R	T	I	E	R		
A	M	B	I	A	N	C	E		

Activité 4 .... p. 159
a. la popularité de la ville
b. les décisions municipales
c. la dégradation urbaine
d. la végétalisation des terrasses
e. contester des politiques locales

Activité 5 .... p. 159
Proposition de corrigé :
a. apaisant(e)   b. réconfortant(e)
c. sécurisant(e)   d. solidaire
e. tranquillisant(e)

Activité 6 .... p. 159
a. a atteint   b. attendre   c. Attendons
d. atteint   e. atteindrons

COMPRÉHENSION DE L'ORAL .... p. 160
Exercice 1
1. Elle a vu trop de papier cadeau jeté à la poubelle.
2. Il fait partie d'un mouvement écologiste.
3. Il contient des graines végétales.
4. Il faudrait les remplacer par du tissu.
5. favoriser la végétalisation des villes.
6. L'encre pour le colorer polluerait les sols.
7. financiers.

Exercice 2
1. communiquent davantage entre eux.
2. Elle est plutôt positive.
3. La majorité d'entre eux sont inoffensifs pour l'homme.
4. Une insensibilité à la douleur de la piqûre.
5. les habitants ont mené une action sans l'accord de la mairie.
6. d'espaces verts.

PRODUCTION ÉCRITE .... p. 161
Proposition de corrigé :
En tant qu'habitante de notre belle ville de Saint-André depuis une dizaine d'années, et surtout en tant que proche voisine du zoo, je me permets d'intervenir dans cet espace de parole proposé par la mairie.

Tout d'abord, je dois dire que je ne suis pas particulièrement attachée à la cause animale. Je n'ai pas d'animal domestique, je ne suis pas végétarienne. Cependant, je considère que le zoo de notre ville, dans les conditions actuelles, est un lieu de cruauté envers les animaux. Je m'explique. Le zoo a été construit dans les années 1980. Les cages et les espaces pour les animaux sont en très mauvais état. Il y a des morceaux de murs qui tombent ! Son entretien est difficile. J'habite à 500 mètres, et il y a souvent de mauvaises odeurs qui arrivent jusque chez moi… En bref, les animaux n'y sont pas heureux et personne n'a envie d'y emmener ses enfants.

Toutefois, le zoo emploie dix personnes, et il pourrait devenir une ressource touristique pour notre ville. En conséquence, je suis contre sa fermeture mais pour sa rénovation, ou plutôt sa transformation. Il faudrait réduire le nombre d'animaux sauvages exotiques et privilégier des espèces locales : un ours, des loups, des poissons de nos rivières. On peut aujourd'hui créer des espaces de liberté pour les animaux, de grands enclos, plutôt que des cages ridicules. Je suis consciente des difficultés financières de l'entreprise, mais je suis convaincue qu'un effort de la part de la mairie permettrait de créer un lieu qui attirerait les touristes de la région. Ce serait également intéressant sur le plan pédagogique, pour organiser des sorties scolaires.

Meilleures salutations à tous les habitants de Saint-André !

Unité 12

Activité 1 .... p. 162
De la série *Lupin*, diffusée sur Netflix.

Activité 2 .... p. 162
a a. L'augmentation des ventes des romans de Maurice Leblanc – Les jeunes lisent plus.
b. Une version moderne qui parle aux jeunes et un acteur populaire. La force de frappe de Netflix.
b a. relancer l'intérêt   b. redécoller   c. redonner un coup de jeune   d. l'ampleur

Activité 3 .... p. 162
a. une apposition : bleu – une précision : jaune – une insistance : vert – une mise en relief : rouge
b. Je fais une pause avant d'apporter une précision (en montant la voix), je prononce de manière plus forte quand j'insiste (sur « du tout »).

Activité 4 .... p. 162
Proposition de corrigé :
Dans mon pays, la série qui a eu le plus de succès, c'est *Black Mirror*. C'est une série qui parle des nouvelles technologies en imaginant le pire. En effet, chaque épisode démontre comment elles pourraient influencer la société et le comportement des personnes.
Selon moi, ce succès s'explique par son réalisme : il s'agit certes d'une série d'anticipation, mais chaque épisode est centré sur une technologie déjà existante. Ainsi, les spectateurs peuvent facilement s'identifier aux situations qui sont abordées. D'autre part, c'est une série qui fait réfléchir : en montrant les risques des nouvelles technologies, les spectateurs remettent en question leur propre utilisation des réseaux sociaux et des moyens de communication modernes.
Par ailleurs, sur le plan de la réalisation, chaque saison peut être vue sans connaître les saisons précédentes. En effet, à chaque nouvelle saison, il y a un nouveau casting et de nouvelles histoires à raconter.
Enfin, la série a su miser sur l'originalité en proposant un épisode interactif. Les fans ont ainsi pu entrer dans la série et choisir la trajectoire des personnages. C'est la première série à avoir proposé ce format, et c'est un pari réussi !

Activité 1 .... p. 163
a. Une série
b. Le titre de la série (*Engrenages*), la saison (dernière saison, ultime saison : 8), la chaîne de diffusion (Canal+), le contexte ou thème de la saison (les mineurs migrants).

Activité 2 .... p. 163
a a. Ils sont policiers, avocats.
b. Des migrants, plus précisément elle commence avec la mort d'un jeune Marocain.
c. Réaliste, sobre, sans voyeurisme.
b a. s'ouvre   b. la trajectoire   c. une représentation   d. qui tient la route   e. avec brio

Activité 3 .... p. 163
Proposition de corrigé :
a. Une avocate sans scrupule qui ne tient pas compte des sentiments des autres, Joséphine Karlsson.
b. Marine Francou dirige cette saison.
c. On a vu une photo du journal *Le Monde*.
d. Et là, tout de suite, on a eu un déclic.
e. Cette saison est en accord avec des images volées sur les campements de migrants.

Activité 4 .... p. 163
Proposition de corrigé :
Salut Bastien ! C'est moi ! Comme on parlait de séries l'autre jour et que tu cherchais une bonne série à regarder, je pense que j'ai trouvé ton bonheur ! Je viens d'écouter une émission sur la série française *Engrenages* où ils parlent de la dernière – et ultime – saison. Je pense que tu aimerais beaucoup ! La série se passe dans le monde de la police, et l'univers est apparemment très réaliste. La saison commence par la mort d'un jeune migrant marocain. Ce qui a l'air intéressant dans cette série, c'est qu'elle aborde un problème de société tout en se centrant sur l'histoire personnelle des personnages. En plus, c'est une série d'action, avec du suspense. Dans l'émission, ils disent que les acteurs sont très bons et que la réalisation est super. Voilà donc de quoi t'occuper ce week-end ! Tiens-moi au courant ! Des bises.

Activité 1 .... p. 164
suivre la réalité des personnages – la trajectoire des personnages – une représentation de la société – s'inspirer d'un livre ou de faits réels – être à l'unisson avec la réalité

Activité 2 .... p. 164
a. popularité   b. adaptation   c. épisode
d. réalisme   e. incarnation

Activité 3 .... p. 164
une série – les téléspectateurs – de fiction – les personnages – les péripéties – humoristique

Activité 4 .... p. 164
a. des vertus éducatives
b. ont trouvé un langage commun pour parler de l'adolescence
c. se prête à une analyse du collège ; est un outil pédagogique pour les jeunes
d. centrée sur les rapports parents-enfants ; a quelque chose de formateur pour les parents

deux cent trois **203**

Activité 5 .... p. 164
Proposition de corrigé :
La série française *En thérapie* m'a appris beaucoup de choses sur le plan personnel et culturel. À chaque épisode, on retrouve un psychanalyste avec un de ses patients et l'épisode dure le temps d'une séance. Grâce à cette série, j'ai découvert le monde de la psychanalyse et j'ai pu voir comment on pouvait travailler sur soi et interpréter nos pensées, nos humeurs. Je prête aujourd'hui beaucoup plus attention à la manière dont je formule les choses et j'essaie de comprendre les personnes qui m'entourent. Je suis plus à l'écoute, bienveillante avec ma famille notamment, car la série m'a fait prendre conscience des drames personnels qui les traversent, à l'image des personnages de la série. C'est un nouveau monde qui s'est ouvert pour moi ! De plus, on voit que les scénaristes ont beaucoup travaillé pour nous donner une vision documentée de la psychanalyse et de ses différentes écoles. J'ai trouvé cet aspect enrichissant et très instructif.

Activité 1 .... p. 165
pour – pour – de peur de – en vue de – en sorte que – afin que

Activité 2 .... p. 165
a. but souhaité **b.** but non souhaité **c.** but souhaité **d.** but non souhaité **e.** but souhaité

Activité 3 .... p. 165
a. comprendre **b.** soit **c.** incarnent **d.** connaître **e.** ait

Activité 4 .... p. 165
a. afin que **b.** pour **c.** de manière à ce qu' **d.** de peur que **e.** en sorte que

Activité 5 .... p. 165
a. que **b.** de **c.** d' **d.** que **e.** de

Mémo .... p. 165
Exprimer un but souhaité : de – de – de – à – à
Exprimer un but non souhaité : que – crainte
Infinitif ou subjonctif ? infinitif – subjonctif

Activité 1 .... p. 166
a. Des vidéos de customisation de baskets.
b. Elle n'attendait pas grand-chose de cette activité mais elle a finalement eu beaucoup de succès : elle a beaucoup travaillé grâce à TikTok.
c. Elle a décidé de lâcher prise.

Activité 2 .... p. 166
a. lignes 12-14 **b.** lignes 6-7 **c.** lignes 3-4 **d.** lignes 16-17

Activité 3 .... p. 166
a. Je voulais surtout faire kiffer les gens.
b. 7 jours sur 7 – j'enchaînais non-stop.
c. C'était super d'être entrepreneure.
d. Ça a été particulièrement difficile.
e. J'ai décidé d'être transparente avec ma communauté.

Activité 4 .... p. 166
Proposition de corrigé :
Coucou ! Je viens de lire un article qui parle d'une jeune femme qui, comme toi, partage ses créations sur les réseaux sociaux. En fait, elle customise des baskets et son cousin lui a conseillé de faire des vidéos sur TikTok pour montrer comment elle faisait. Et figure-toi que ça a très bien marché ! Au début, elle voulait faire plaisir aux gens mais, finalement, plein de nouveaux clients l'ont contactée. Elle a dû travailler sans interruption pour traiter ses commandes. C'était devenu trop prenant. Du coup, elle a annoncé à ses followers qu'elle devait faire une pause, et tout le monde l'a bien pris, en lui envoyant des messages encourageants. En tout cas, j'ai trouvé son témoignage inspirant ! Bisous

Activité 5 .... p. 166
Proposition de corrigé :
Dans le monde professionnel, les réseaux sociaux représentent des avantages considérables, et cela, sur beaucoup d'aspects. Tout d'abord, ils permettent d'entretenir son réseau professionnel et donc de trouver un emploi, ou de nouveaux projets intéressants sur lesquels travailler. On peut aussi se faire connaître en mettant en avant les sujets sur lesquels on travaille. C'est une bonne chose ! Par ailleurs, ils permettent à l'entreprise d'améliorer sa visibilité et sa notoriété. Par exemple, dans mon travail, j'essaie de relayer les nouveautés de mon entreprise sur les réseaux. Ça fonctionne bien et ça permet à de nouveaux utilisateurs de nous suivre et à notre communauté de nous découvrir différemment. En effet, on publie du contenu informatif, c'est vrai mais, sur les réseaux, on peut se permettre d'avoir un ton plus léger, plus amical, qui nous rapproche en fait de nos clients. Pour moi, le problème des réseaux sociaux, c'est le temps ! On peut vite s'y perdre ou passer une demi-journée pour trouver l'idée d'une publication qui va marcher. J'essaie de me connecter tous les jours pour *liker* ou commenter des publications des partenaires ou des clients et, une fois par semaine, pour publier du contenu. Cet équilibre me convient pour le moment !

Activité 1 .... p. 167
a. Soyez injoignable !
b. Consultez moins votre smartphone !
c. Supprimez les notifications !
d. Préservez votre attention !
e. Mettez votre smartphone sur silencieux !

Activité 2 .... p. 167
a. chaîne de podcast **b.** sur les réseaux sociaux **c.** via un chat **d.** créer des contenus **e.** la joindre

Activité 3 .... p. 167
créer des contenus – lancer un programme – être présent(e) sur les réseaux – publier sur une plateforme / des contenus – s'adresser aux utilisateurs

Activité 4 .... p. 167
a. **d**isponible **b.** **gé**olocalisation **c.** **n**otification **d.** **r**éseau social **e.** **c**ommunauté
→ déconnecter

Activité 5 .... p. 167
Proposition de corrigé :
Je suis une personne très connectée ! J'utilise les nouvelles technologies pour créer du lien avec ma famille ou mes amis qui habitent loin. Je passe pas mal de temps sur des applis de messagerie pour discuter de tout et n'importe quoi et ça me prend beaucoup de temps ! C'est pourquoi j'ai décidé de me déconnecter, pour mener à bien un projet de recherche. Je pense faire cette déconnexion en plusieurs étapes. Tout d'abord, je vais prévenir mes proches que je ne vais plus être joignable sur les réseaux sociaux afin qu'ils ne s'inquiètent pas de mes absences de réponse. Ensuite, je vais supprimer de mon smartphone toutes les applis de réseaux sociaux et de chat instantané. Je vais uniquement conserver ma boîte mail pour des raisons professionnelles et les messages téléphoniques basiques pour communiquer avec mes proches en cas de besoin. Enfin, je m'autoriserai malgré tout à aller sur mes réseaux sociaux préférés *via* mon ordinateur, en chronométrant mon temps de connexion et en ne dépassant pas dix minutes par jour. Alors, ce plan d'action, vous en pensez quoi ? Répondez dans les commentaires !

Activité 1 .... p. 168
Il m'a dit qu'il avait créé des contenus pour son blog. C'est super ! Il publie un article par semaine sur les séries du moment. Beaucoup de ses posts ont été relayés sur les réseaux sociaux. Il m'a expliqué que c'étaient plutôt les adolescents qui réagissaient en commentant ou en mettant des « J'aime ». Quand je lui ai dit qu'il devrait lancer son site internet, il m'a répondu qu'il y pensait, mais qu'il ne trouvait pas le temps.

Activité 2 .... p. 168
a. Il m'a dit qu'une nouvelle saison venait de sortir.
b. Elle a affirmé que cette série était géniale.
c. Tu viens de lui expliquer que cette histoire était inspirée de ta vie.
d. Ils ont annoncé qu'une série sur l'histoire de France allait sortir.
e. Elle lui a demandé si il / elle trouvait que certaines scènes étaient violentes.

Activité 3 .... p. 168
a. aujourd'hui **b.** le lendemain **c.** hier **d.** le lendemain matin **e.** le jour même

Activité 4 .... p. 168
a. Je lui ai dit que j'allais bientôt lancer mon appli.
b. Je t'ai demandé si tu étais disponible le lendemain.
c. Il lui a expliqué qu'on ferait des recherches sur ce sujet.
d. Je lui ai demandé s'il avait réussi à publier son post.
e. Je lui ai annoncé que je soutenais une communauté en ligne.

Mémo .... p. 168
Les verbes introducteurs : si – que – que – que
La concordance des temps : passé composé – conditionnel

Activité 1 .... p. 169
introduction – idée principale – idée secondaire – idée secondaire – idée principale – idée secondaire – idée secondaire

Activité 2 .... p. 169
▸ tout d'abord, ensuite
▸ notamment, par exemple,
▸ d'après

Activité 3 .... p. 169
souligne – explique – estime – en démontrant – en montrant – prouve – alerte

Non, ils ne sont pas interchangeables car ils apportent une nuance de sens (*souligner* apporte une précision ; *expliquer* introduit une explication ; *démontrer*, *montrer* et *prouver* introduisent un raisonnement ; *alerter* introduit l'idée d'un danger ; *estimer* marque une prise de position).

Activité 4 .... p. 169
Proposition de corrigé :
Dans son article « TikTok lance un programme éducatif » publié sur Mademoiselle.com en juin 2020, la journaliste Philippine M. nous informe que le réseau social TikTok propose désormais du contenu éducatif.
Tout d'abord, elle revient sur la genèse de ce nouveau projet en citant un communiqué dans lequel TikTok précise que les publications informatives, qui rendent l'apprentissage plaisant, ont de plus en plus

CORRIGÉS

de succès.
La journaliste explique ensuite les caractéristiques du programme #LearnOnTikTok. Il est financé par le fonds d'apprentissage créatif de TikTok et vise à publier des vidéos instructives en aidant les créateurs des contenus pédagogiques. Ainsi, la plateforme a créé des partenariats avec des institutions expertes dans l'enseignement.
Enfin, la journaliste conclut en donnant son point de vue sur ce programme, qu'elle juge excellent. Selon elle, puisque TikTok se développe, c'est une bonne idée de lier divertissement et apprentissage. Elle ajoute que le format court de ces vidéos permet aux jeunes de rester concentrés et que l'aide apportée aux créateurs indépendants est une bonne chose.

Activité 1 .... p. 170
a Doit-on avoir peur du numérique ou pas ? vraiment
b **Première partie** : Il faut avoir peur du numérique.
Connecteur : Tout d'abord,
Argument 1 : disparition de certains métiers
Exemple 1 : les caissiers au supermarché
Connecteur : Ensuite,
Argument 2 : fracture numérique
Exemple 2 : cas des étudiants lésés pendant la crise sanitaire du covid-19
Deuxième partie : Il ne faut pas avoir peur du numérique.
Connecteur : D'une part,
Argument 1 : augmentation de la productivité
Exemple 1 : tâches automatisées
Connecteur : D'autre part,
Argument 2 : échanges facilités
Exemple 2 : réseaux sociaux et applis de messagerie instantanée pour communiquer partout dans le monde.
c Proposition de corrigé :
▶ en effet + ainsi, par ailleurs, de plus, en outre…
▶ pourtant + en revanche, mais…
d **mots positifs** : favoriser – un intérêt – une chance
mots négatifs : interdire – un obstacle – un danger

Activité 2 .... p. 171
Proposition de corrigé :
Le numérique fait peur mais la course aux nouvelles technologies continue. Quelques années seulement auront suffi pour bouleverser la société, la vie professionnelle et personnelle des individus. Mais doit-on avoir peur du numérique ? Nous verrons en premier lieu les dangers du numérique pour nous intéresser ensuite à ses avantages.
Tout d'abord, le numérique fait peur dans la mesure où il cause la disparition de certaines professions. Si on prend un exemple de la vie quotidienne, on aura tôt fait de remarquer que les supermarchés ne fonctionnent plus comme avant puisque les caissiers ont été largement remplacés par des machines automatiques, plus ou moins performantes de surcroît. La disparition de cet emploi a de lourdes conséquences puisque beaucoup de salariés sont touchés en perdant leur emploi ou en ne trouvant pas de travail.
Ensuite, la question numérique est problématique parce qu'elle est à l'origine d'inégalités. On appelle ce phénomène la « fracture numérique » car tout le monde n'a pas le même accès au numérique, que ce soit pour des raisons géographiques ou sociales. Ainsi, on a noté que la crise sanitaire a causé des inégalités entre les étudiants car ceux qui n'avaient pas d'ordinateur se sont retrouvés lésés quand les enseignants ont commencé à dispenser leurs cours en ligne sur des plateformes de visioconférence.
Toutefois, le numérique permet des avancées sociales remarquables. D'une part, dans le monde professionnel, il a largement participé à l'augmentation de la productivité des entreprises. En effet, comme certaines tâches répétitives sont automatisées, cela permet aux salariés de se concentrer sur des tâches de fond, de réflexion.
D'autre part, dans le domaine personnel, les outils digitaux constituent une véritable avancée, dans la mesure où ils facilitent les échanges. Par exemple, si notre famille ou nos amis déménagent au bout du monde, il est toujours possible de garder le contact, de s'envoyer des photos ou des vidéos.
Le numérique a donc de bons et de mauvais côtés. Selon moi, la question principale réside dans les usages qu'on en fait. En effet, une utilisation modérée et réfléchie ne peut être que bénéfique. Mais avons-nous encore notre libre arbitre face à l'émergence de ces nouveaux outils ?

GRAMMAIRE

Activité 1 .... p. 172
a. d' **b.** que **c.** de **d.** de **e.** à ce qu'

Activité 2 .... p. 172
a. Ils regardent cette série pour se divertir.
b. Elle a activé la géolocalisation de peur de se perdre.
c. Je suis présent sur les réseaux en vue de promouvoir mon activité.
d. On a créé ce site afin que les utilisateurs partagent leur expérience.
e. Ils ont mis des scènes d'action de crainte que les spectateurs ne s'ennuient.

Activité 3 .... p. 172
a. Elle m'a demandé si j'étais joignable le jour même.
b. Il lui a annoncé qu'il lançait son appli mobile.
c. Ils ont expliqué que cette série visait à faire réfléchir.
d. Il s'est demandé quel épisode passait ce soir-là à la télé.
e. Je lui ai précisé que je voulais enrichir mon univers.

Activité 4 .... p. 172
a. Je suis accro aux séries policières.
b. Tu es sur TikTok ? Est-ce que tu es sur TikTok ?
c. Il faudra rester joignables.
d. Mes tutos permettent de se former.
e. Quand avez-vous consulté vos messages ? / Quand as-tu consulté tes messages ?

LEXIQUE

Activité 1 .... p. 173
a. divertissement **b.** intrigue **c.** saison **d.** téléspectateur **e.** personnage

Activité 2 .... p. 173
a. 2 **b.** 1 **c.** 1 / 5 **d.** 3 **e.** 4

Activité 3 .... p. 173
a. réseaux **b.** géolocalisation **c.** notifications **d.** utilisateurs **e.** attention

Activité 4 .... p. 173
a. contenus **b.** programme **c.** plateforme **d.** communauté **e.** instantanées

Activité 5 .... p. 173
a. 2 **b.** 1 **c.** 4 **d.** 5 **e.** 3

Activité 6 .... p. 173
a. approfondir **b.** j'ai beaucoup réfléchi **c.** fait un trou **d.** donne faim **e.** s'est mis en échec

COMPRÉHENSION DES ÉCRITS .... p. 174
1. Xenia **2.** Sarah **3.** Kevin **4.** Kevin **5.** Sarah **6.** Sarah **7.** Kevin

PRODUCTION ORALE .... p. 175
Proposition de corrigé :
L'article « Quelle série pour apprendre le français avec Netflix ? » de Anne Le Grand pose la question de l'apprentissage des langues par les séries. Il met en avant le fait que les séries sont de très bons moyens d'apprentissage. D'une part, le spectateur est en contact direct avec la langue dans un contexte authentique. D'autre part, le côté émotionnel est primordial : l'article démontre que si l'on prend du plaisir en apprenant, l'apprentissage est plus fort. Enfin, le format de la série, avec des personnages et des expressions récurrents, permet de mémoriser plus facilement.
Pour ma part, je pense que les séries sont de très bons outils complémentaires à l'apprentissage d'une langue mais elles ne peuvent remplacer un cours de langue ou un séjour dans un pays étranger.
En effet, les séries sont de bons leviers d'apprentissage, car on entend la langue telle qu'elle est parlée véritablement et dans un univers particulier qui a son propre jargon, ses propres expressions. Par ailleurs, les images aident à comprendre le sens des dialogues grâce au contexte ou à l'expression des personnages. Toutefois, il faut, à mon sens, avoir un niveau minimal dans une langue étrangère, avoir compris certains mécanismes, connaître des mots et expressions de base pour que regarder une série soit profitable. À un niveau débutant, je pense que, tout au plus, on peut réussir à saisir le sens de certains mots qui reviennent. De plus, quand on regarde une série, on est spectateur et donc passif. Or, pour moi, apprendre une langue ne se résume pas à l'entendre parler par d'autres : il faut être capable de parler à son tour, d'écrire, d'échanger. Et les séries ne permettent pas ce type d'échanges.

deux cent cinq **205**

Transcriptions

Unité 1

▶ **Piste 2 Activité 2** .... p. 9

– Et c'est l'heure, Philippe, du portrait inattendu d'Hélène Mannarino.
– Leïla Slimani, vous avez beaucoup travaillé pour raconter des choses personnelles ; eh bien, Hélène Mannarino également.
– Bonjour Leïla Slimani.
– Bonjour.
– Je suis là pour dévoiler presque toutes les choses que l'on ne connaît pas encore de vous. Alors, Lilou, Lilouse, Lili, Biquette, la plupart de vos surnoms. Vous avez toujours été très bavarde et lorsqu'on vous le faisait remarquer, petite, vous répondiez avec assurance : c'est ma bouche, je dis ce que je veux […]. Alors, Leïla Slimani, vous êtes la personne la plus organisée : lorsque vous programmez des vacances, tout est organisé des mois à l'avance et il faut respecter le programme. Impossible de vous faire une surprise pour votre anniversaire, vous avez déjà tout calé. Vous n'avez presque jamais rien oublié dans votre vie, sauf, une fois, votre sac à main mais dans un train, au Japon, pays le plus organisé. Donc, il a été retrouvé tout de suite. Vous avez organisé la soirée des 20 ans de votre master. Vous êtes toujours accompagnée de petits carnets, vous notez tout, vous êtes la championne des to-do-lists, vous listez les choses à faire, les choses à acheter, les restaurants à tester, les vêtements que vous désirez. Vous êtes passionnée, aussi de ce que peuvent raconter les gens qui vous entourent, vous notez leurs phrases et l'une de vos occupations préférées : aller au cinéma le matin, vous asseoir derrière les personnes âgées et écouter leurs conversations.
– Non, c'est vrai ?
– C'est tout à fait vrai ! Mais les personnes âgées ont des phrases extraordinaires, donc, je note tout. Je les adore. Mais mes copines retraitées, je les adore […]
– Petite, vous étiez l'une des seules à être heureuse de recevoir un livre à Noël. Vous vouliez manger des légumes verts ou uniquement des sandwichs aux olives et, à l'âge de 5 ans, vous écoutiez un dîner entre vos parents et leurs amis. Ils parlaient du conflit israélo-palestinien – vous avez 5 ans, hein ? – qu'avez-vous fait ? Vous avez demandé innocemment « Qui a commencé ? », avant de revenir à table pour dire « J'ai la solution, il faut qu'ils se demandent pardon. » Phrase que vous répétaient souvent vos parents lorsque vous vous disputiez avec votre sœur. [Europe 1]

▶ **Piste 3 Le grand oral** .... p. 16

– Nous sommes devant le château de Chambord...
– Mais qui a pu construire un château aussi gigantesque ?
– C'est François 1er, amoureux des arts et de la chasse, qui ordonne sa construction en 1519. Il n'y passera pourtant que quelques semaines. Ce château n'est en effet pas construit pour être une résidence permanente. Il faut attendre le règne de Louis XIV, le Roi-Soleil, pour que l'édifice soit achevé. C'est également à cette époque que des écuries sont aménagées à l'extérieur du château.
– Vous voulez dire qu'avant, les chevaux rentraient à l'intérieur du château.
– C'est exactement cela ! Le château a été conçu autour d'un axe central : le fameux escalier à double-révolution inspiré par Léonard de Vinci. On peut monter de chaque côté sans jamais se rencontrer tout en se suivant des yeux ! Cet escalier est tellement large qu'on peut facilement imaginer des chevaux à l'intérieur !
– Mais s'il n'a jamais été habité, il n'y avait donc rien à l'intérieur ?
– Ce n'est qu'au XVIIIe siècle que Louis XV commence à aménager l'intérieur, notamment parce que son beau-père, le roi de Pologne, vient s'y réfugier. Boiseries, parquets, cabinets, confort et chaleur sont alors de première nécessité. Mais tout a été pillé pendant la Révolution française en 1792. Heureusement, le château réussit à échapper à la destruction.
– Alors, finalement, il n'y a rien à voir ?
– Mais si... Chambord, c'est quand même 60 pièces à découvrir en libre visite – il y en a 426 au total –, et une collection de 4 500 objets d'art à découvrir dans des appartements magnifiquement remeublés. Sans oublier les 83 escaliers et les 282 cheminées !
– Et les jardins.
– Oui, les jardins à la française redessinés exactement comme ils avaient été pensés par Louis XIV. Et le parc, qui est aussi grand que Paris intra-muros, soit 5 440 hectares cernés de 32 kilomètres de murs !

▶ **Piste 4 Grammaire, Activité 3** .... p. 18

Québec, capitale politique de la province du même nom, est située sur le fleuve Saint-Laurent. C'est là qu'on trouve le parlement québécois.
Petit bijou historique et architectural, cette cité comprend un centre colonial fortifié, le Vieux Québec et la Place Royale. Sa population dépasse les 500 000 habitants.

▶ **Piste 5 Exercice 1** .... p. 20

– On a longtemps cru que la Guyane ne faisait pas partie des destinations touristiques à la mode. Il faut dire aussi que l'on s'en fait une bien mauvaise image – l'image d'une jungle remplie d'animaux dangereux, d'insectes carnivores et de tirs de fusée du CSG (Centre spatial guyanais), à Kourou. Voilà enfin une chance pour la Guyane de redorer son image. En effet, le Routard vient de publier pour la première fois, un guide consacré à ce département français de l'Amazonie. Et il était temps ! Avec nous, ce matin, Martin, auteur et enquêteur du Guide, qui nous parle de sa passion pour la Guyane.
– La Guyane, c'est une terre pleine de richesses. Tout d'abord, il y a la nature sauvage, généreuse et surtout omniprésente, avec, notamment, la réserve naturelle des marais de Kaw qui s'étend sur plus de 90 000 hectares, avec une faune et une flore exceptionnelles. Je garde un excellent souvenir de ma journée à bord du morpho...
– Vous voulez dire le papillon ?
– Non, en fait, là il s'agit d'une embarcation, une sorte d'écolodge flottant équipé de lits et de moustiquaires qui parcoure le marais en journée comme de nuit. Mais, vous avez raison, le morpho bleu métallique est l'un des papillons les plus répandus dans les forêts guyanaises.
– La faune et la flore sont particulièrement exceptionnelles, non, en Guyane ? Je crois qu'on trouve quelque chose comme 740 espèces d'oiseaux, 480 sortes de poissons d'eau douce ou encore 188 espèces de mammifères.
– Je ne me souviens pas des chiffres exacts mais, moi, j'ai vu des oiseaux comme je n'en avais jamais vus, tels que le héron cocoï, la moucherolle, l'aigrette blanche, mais aussi des spécimens un peu moins attirants, tels que les caïmans, les boas, les piranhas. Et puis, il y a ces tortues, sur la commune d'Awala-Yalimapo, située à l'extrême nord-ouest de la Guyane... alors, ces tortues, une centaine environ, elles viennent pondre de mars à juin, et c'est juste un spectacle extraordinaire.
– Et puis, pour les amoureux de patrimoine historique, il y a aussi Cayenne à ne pas louper ?
– Oui, tout à fait. Cayenne, c'est une ville du littoral atlantique, située au bord de l'estuaire commun à la rivière de Cayenne et à la rivière Montsinéry. À Cayenne, ce qu'il ne faut surtout pas rater, c'est la place des palmistes avec ses quelques 450 palmiers... imaginez un peu ! Et puis, il y a à Saint-Laurent-du-Maroni, construite par des bagnards, et même pour des bagnards, et qui a donc accueilli plus de 70 000 prisonniers. C'est une ville extraordinaire et, moi, ce que j'ai particulièrement apprécié, c'est de pouvoir descendre le fleuve Maroni en pirogue, ce qui m'a permis de faire la rencontre de différentes ethnies. C'était juste incroyable !

▶ **Piste 6 Exercice 2** .... p. 20

Document 1
– La Cité des sciences et de l'industrie continue à émerveiller petits et grands avec ses expositions accessibles à tous, que l'on soit scientifique ou non. Et on peut dire qu'elle y travaille constamment, ce qui permet à n'importe quel visiteur de comprendre un phénomène scientifique facilement. C'est le cas d'Étienne qui est allé, ce week-end, visiter l'exposition *Objectifs Terre : la révolution des satellites*, ou comment découvrir l'espace et la Terre comme vous ne les avez certainement jamais vus !
– J'ai adoré. On a vraiment l'impression d'être dans l'espace et de découvrir la Terre sous d'autres facettes. Il y a un Globa... Globaloscope : c'est comme une sphère géante sur laquelle sont projetées des images satellite de la Terre. Grâce à elle, on peut visualiser l'évolution des grands systèmes terrestres (l'atmosphère, les océans, la végétation...). Il y a aussi des tables tactiles qui, d'ailleurs, attirent énormément la jeunesse. En fait, on manipule des images cartographiques et spatiales. Et c'est juste incroyable ! Disons que cette exposition donne envie de faire preuve d'encore plus de bienveillance parce que l'on se rend compte que, finalement, la Terre est fragile, qu'elle a déjà subi beaucoup de traumatismes et de chocs, et que l'humain n'est pas totalement innocent dans cette histoire !

Document 2
– Une terre entourée d'eau, une île... voilà bien un élément géographique simple. Mais quelle est la plus grande île de la planète ? C'est l'Australie, la plus grande des îles mais aussi le plus petit des continents. On pourrait aussi dire que les Amériques sont en haut du palmarès des îles. Et l'Antarctique, alors ? En fait, il semblerait qu'il y ait tellement de définitions que l'on pourrait croire que la Terre est remplie d'îles. L'origine étymologique du terme indique que l'île vient du latin, *isola*, qui a donné « isolement », « solitude ». L'île est donc celle qui se trouve à l'écart. C'est bien le cas de l'Australie, qui a une petite population et qui est assez éloignée de Singapour, la métropole la plus proche. Patrick Charmet, bonjour, vous êtes géographe à Lausanne. Alors, que pouvez-vous nous dire sur les îles, justement ?
– Les îles sont des moyens de marquer un territoire. La France, par exemple, qui a des îles un peu partout, possède une grande zone économique, c'est-à-dire 11 millions de km², quasiment à égalité avec les États-Unis. Autrefois, et parfois même encore aujourd'hui, on assistait à des conflits entre des États qui souhaitaient parfois redéfinir les frontières maritimes, notamment lorsque deux espaces maritimes se chevauchaient. Mais il existe un droit international de la mer qui est chargé de veiller et de défendre les droits de chaque État.

Document 3
Il a déjà fait parler de lui à plusieurs reprises, et voilà qu'il revient à la charge, ce milliardaire japonais, Yuzaku Maesawa, qui recherche une compagne féminine pour voyager avec lui, tenez-vous bien, autour de la Lune. C'est lui qui a accepté de voyager avec la compagnie spatiale américaine SpaceX, à bord d'une fusée réutilisable qui doit amener les premiers touristes autour de la Lune en 2023. Mais pourquoi y aller en célibataire alors que l'on pourrait être, voire même s'offrir, une bonne compagnie ? Vous ne serez donc pas étonnés de découvrir sur Twitter le portrait de la femme qu'il recherche : âgée d'au moins 20 ans, de nature joyeuse et avec une personnalité brillante. Une femme qui a envie de profiter de la vie, qui est pacifiste et qui a toujours rêvé d'aller dans l'espace et de s'investir dans la préparation d'un voyage. Lui-même, âgé d'une quarantaine d'années, explique son choix : aimer une femme et continuer à l'aimer en criant son amour depuis l'espace ! Alors, mesdames, si vous pensez que vous avez quelque chose d'extraordinaire et que vous avez un grain de folie, n'hésitez pas à vous inscrire rapidement. S'ensuivra une phase de rencontre et de sélection... après tout, pourquoi pas ?

Unité 2

▶ **Piste 7 Activité 3** .... p. 23

– Aujourd'hui, nous avons une baroudeuse avec nous, Alexandra. Elle était déjà là dans ce podcast la semaine dernière pour nous parler de son périple en Asie, Asie du Sud-Est. Elle a fait un grand, grand voyage sur plusieurs mois et elle continue à nous en parler. Quel est, Alexandra, le pays qui vous a finalement le plus plu parmi tous les pays que vous

avez pu, euh, dans lesquels vous avez pu aller, euh, sur ce grand périple en Asie du Sud-Est ?
– Le Vietnam. L'échange avec la population, le dynamisme de la population. Le Vietnam, c'est très, très jeune. Quand on va sur Saigon par exemple, y a quasiment 80 % de la population qui a moins de 35 ans. Donc forcément y a un côté bouillonnant, un côté à la fois hyper-moderne, à la fois hyper-ancien parce qu'il y a des sites historiques sur Saigon bien sûr. C'est, voilà, cette ville qui est hyper-bouillonnante, hyper-dynamique. C'est assez incroyable. Et la curiosité des Vietnamiens qui se demandent bah pourquoi on est là, combien de temps on reste, est-ce qu'on a aimé leur pays, qu'est-ce qu'on fait, où on va. Ils sont très, très curieux, ils ont beaucoup envie d'échanger et je crois que sur les six mois, avec l'Indonésie, c'est le peuple avec lequel on a le plus échangé. C'est aussi, peut-être aussi c'est une des raisons, l'endroit où on est restés le plus. On a fait deux mois. Et on a pu vivre la Fête du Têt, le Nouvel An vietnamien. Et c'est vrai que c'est une très, très grande fête qui dure à la fois pratiquement 10 jours. C'est une semaine avant, pendant, une semaine après.
– Est-ce que vous avez des rencontres marquantes à nous raconter ?
– Euh, oui, au Vietnam, au centre du Vietnam, dans un petit patelin, une petite étape où justement on s'était dit on sera peut-être pas nombreux en tant que touristes mais ça va être rigolo. Mais, c'est dans, on était carrément que quelques Occidentaux, hein. Et un jour, on voulait aller voir une petite pagode qui était située à l'extérieur de ce village. Et euh, on a loué, parce qu'on est motards, on a circulé à chaque fois en scooter ou en moto. On a loué, donc, notre scooter, on est partis. On avait notre petit GPS, notre petite application et on ne trouvait pas cette pagode. On s'est dit bah tant pis, c'est pas grave, on va aller faire autre chose. Et puis, en tournant, on a vu au loin un grand Bouddha sur une petite colline. On s'est dit bah tiens, on va aller voir, on est à côté. Et là, on est arrivés sur une espèce de tout petit parking et des gamins sont arrivés. Ils devaient avoir entre, bah je sais pas, entre 8 et 12 ans. « Hello hello hello ! » Ils parlaient un tout petit peu anglais et ils nous ont fait rentrer dans un site de communauté. Il y avait comme une kermesse, vous savez, avec une grande fête. On s'est dit c'est peut-être une communion, enfin, je ne sais quoi, un mariage. Et en fait, c'était une fête, euh une fête. Et en fait, on s'est aperçu qu'on était dans une tribu minoritaire, la tribu Cham, qui est au Vietnam, qui n'avait pas vu d'Occidentaux à la ronde depuis la nuit des temps à mon avis. Donc, ils commençaient à nous toucher les cheveux, à demander d'où on venait, euh voilà. Donc ils nous ont fait visiter tout le site. Les hommes nous ont fait boire un petit saké, les femmes nous ont fait manger des petits beignets de patate douce. C'était, on a appelé ça, « notre rendez-vous en terre inconnue ». [Les aventuriers]

Piste 8 Activité 4 p. 25

Exemple : J'ai perdu mon passeport quand j'ai sorti mes affaires de mon sac. **a.** Nous avons payé nos billets moins cher parce que nous les avons réservés à l'avance. **b.** Il a acheté un sac à dos qui peut contenir un ordinateur portable. **c.** Vous aurez plus de chances de rencontrer des locaux si vous voyagez seul. **d.** Le Transsibérien est un train qui permet de voyager jusqu'en Sibérie ou en Chine. **e.** Je changerai de l'argent quand j'irai à la gare.

Piste 9 Activité 2 p. 27

Exemple : Cette œuvre engagée dénonce les effets dévastateurs de la surconsommation sur l'environnement. **a.** J'ai poussé la grille et, tout au fond du jardin, j'ai découvert une maison délabrée recouverte de graffitis. **b.** En vous baladant à Bruxelles, vous pourrez contempler d'immenses fresques dans la rue Marché au Charbon. **c.** Le site Pariszigzag présente des endroits surprenants à découvrir près de Paris. **d.** La capitale belge regorge de lieux extraordinaires, tels que ce supermarché transformé en galerie de street art. **e.** Les usines désaffectées sont des endroits que les amateurs d'art urbain apprécient particulièrement. **f.** L'artiste français JR a collé des portraits sur les murs de Marseille, créant ainsi un ensemble d'œuvres vraiment marquant.

Unité 3

Piste 10 Activité 2 p. 37

– Connaître votre valeur ajoutée par rapport à l'entreprise : qu'est-ce que je vais lui apporter à cette entreprise ?
– C'est-à-dire se poser la question avant, c'est-à-dire, moi aussi, l'entreprise, évidemment, va m'apporter cet emploi mais, moi, en quoi peut-être je vais apporter plus que le candidat qui est à mes côtés.
– Et, ça, je le mets noir sur blanc et par écrit, je le note bien la veille : quel est l'avantage que j'ai par rapport à un autre profil ? quel est l'avantage que j'ai par rapport à l'entreprise elle-même ? qu'est-ce que je vais lui apporter comme valeur ajoutée ? Très important.
– Alors est-ce que vous ne pensez pas que c'est un petit peu... allez, je vais oser le terme, un peu peut-être de timidité de la part du candidat de dire bah non je vais quand même pas dire que je suis bon là-dedans, il y a une sorte de...
– De pudeur.
– De pudeur, c'est quand même très judéo-chrétien aussi cela chez nous, dans notre éducation.
– C'est vrai, mais il faut le contourner en disant, voilà : j'ai quelque chose d'intéressant à vous apporter et c'est simple, c'est pas seulement dire je suis meilleur que les autres, c'est dire : voilà, moi je..., à la question : quelles sont les compétences sur lesquelles je vais m'appuyer pour réussir à ce poste, je réponds : mon expérience, ma connaissance du secteur, ma motivation, mon aisance relationnelle, je mets en avant ce qui fait que demain l'entreprise va avoir envie de me recruter.
– De vous recruter. Est-ce-que parmi ces plus, que va..., dont va parler le candidat sur lui-même, est-ce qu'il peut faire part, par exemple, de ses hobbys ou par exemple s'il appartient à une équipe de tennis qui gagne ou qu'il est champion de hand-ball, est-ce que ça, ça peut jouer en sa faveur ?
– Alors la motivation on peut la démontrer au travers de plein plein d'exemples : exemple au travail, exemple dans les études, mais aussi exemple dans sa vie associative, sportive ou culturelle, bien entendu. Si j'ai avec moi un candidat qui, bah qui est plutôt un manager, un meneur d'hommes et que je cherche quelqu'un qui fait de l'encadrement, s'il a peu d'expérience dans l'encadrement, je vais aller chercher ces compétences-là dans l'environnement associatif, je préfère avoir une personne qui a moins d'expérience dans mon domaine mais qui vraiment montre une forte motivation et qui essaie de me le prouver [...]
– Entre deux bons élèves, comment je fais pour faire mon choix ?
– Voilà.
– Et c'est la motivation, c'est celui qui me montre, parmi les deux, qu'il est le plus motivé. Malheureusement s'il y en a un des deux qui s'est moins préparé, cette motivation, elle ne va pas ressortir.
– C'est-à-dire, quand-même, que celui qui a, outre un CV qui est absolument irréprochable, il y a également la personnalité de l'individu donc.
– Bien sûr, la personnalité, sa façon de s'exprimer, de... alors je dirais pas de se vendre parce que c'est pas le bon mot mais sa façon de...
– De se présenter.
– De se présenter et de me démontrer que j'ai quelque chose à y gagner en le recrutant.
[Radio Aviva]

Piste 11 Activité 2 p. 38

1. Najat a grandi dans une famille pauvre de l'Atlas, aujourd'hui elle est ministre de l'Éducation. **2.** Adèle est passée du métier de juriste à celui d'agricultrice. **3.** Les ouvriers travaillaient 12 heures par jour sans pause et pour un maigre salaire. **4.** Paul est parti à la retraire, il y une place qui s'est libérée dans mon entreprise. **5.** Radia gère les pages internet de plusieurs entreprises à partir de chez elle.

Piste 12 Activité 3 p. 39

Émile Zola, né en 184, a grandi en Provence. C'est au collège Bourbon d'Aix-en-Provence qu'il a rencontré le peintre Paul Cézanne, qui lui a présenté ensuite Auguste Renoir et Claude Monet. Il travaillait pour la librairie Hachette depuis quelques années quand il démissionna pour se consacrer à l'écriture : *Thérèse Raquin* devint sa première réussite littéraire. Il enchaînait les succès littéraires avec notamment *L'Assommoir*, Nana ou encore *Germinal* mais il dût s'exiler à Londres pour un an après avoir pris position dans l'affaire Dreyfus.

Piste 13 Activité 3 p. 41

a. « Aurélie, 19 ans : J'ai toujours été attirée par le droit. Au lycée, on m'a conseillé de suivre une première scientifique pour apprendre la rigueur nécessaire aux études de droit, ce qui s'est confirmé à la fac ! J'ai aussi la chance d'être calée en mathématiques, les chiffres ne me font pas peur. Je me vois bien m'occuper des impôts et des taxes pour une entreprise. »
b. « Youssef, 24 ans : Je suis en master de droit à l'université de Toulouse. Durant mes trois premières années j'ai pu découvrir les branches principales du droit comme le droit civil qui traite de conflit entre les personnes, mais en tant que passionné de fictions policières, et de faits divers, mon cœur a penché pour le pénal. »
c. « Martin, 18 ans : Je suis inscrit en prépa de droit. Après mon master de droit, j'envisage de passer les concours de la fonction publique, et plus précisément celui d'attaché territorial, pour participer à la conception et à la mise en œuvre des politiques dans les différents domaines de la collectivité territoriale à laquelle je serai assigné. »
d. « Sofia, 25 ans : Je suis diplômée de l'Université de droit de Lille, actuellement je suis stagiaire au Parlement européen à Strasbourg. J'observe et assiste un député dans ses missions quotidiennes pour mieux comprendre le droit européen. Grace à ce stage, j'espère pouvoir, d'ici quelques années, travailler pour les Nations unies »

Piste 14 Le grand oral p. 44

– Bonjour madame Mahmoud, je vous reçois aujourd'hui dans le cadre d'un entretien pour le poste d'avocate. Pour rappel notre cabinet recherche un avocat spécialisé dans les droits des salariés en conflit avec leurs anciens patrons. Pouvez-vous présenter ?
– Bonjour monsieur Galli, je m'appelle Sana Mahmoud, je suis diplômée de la faculté de droit de Toulon, plus précisément du master de droit mention droit social spécialité droit et pratique des relations de travail, j'ai trois ans d'expérience en tant qu'avocate spécialiste des prud'hommes. J'ai deux atouts à l'appui de ma candidature : premièrement, je maîtrise les tâches classiques de recueil d'informations, témoignages et preuves, deuxièmement, je suis experte en conseil juridique pour les salariés et les entreprises.
– Très bien, pourriez-vous me parler de vos motivations quant au poste proposé ?
– Tout d'abord, je suis passionnée par l'art de la rhétorique, j'ai gagné le concours de l'éloquence nationale à deux reprises. L'argumentation est un exercice que j'ai appris à cultiver, je serais ravie d'intégrer votre équipe afin de continuer à développer mes compétences oratoires à travers les formations de prise de parole en public que vous proposez à vos salariés. En plus de mes qualités d'oratrice, mes principaux leviers de motivation sont mes convictions et mes valeurs, c'est d'ailleurs ce qui m'a plu dans votre cabinet, le fait que vous défendiez les droits des travailleurs. Par ailleurs, je suis engagée dans l'association Tous égaux qui défend l'égalité des chances. Enfin, je suis une avocate extrêmement déterminée, mes collègues me disent souvent qu'ils admirent mon obstination à défendre mes clients sans rien céder à la partie adverse. À ce propos, j'ai suivi les dernières affaires plaidées par votre cabinet, vous avez affaire à des entreprises d'envergure dont les avocats sont de vrais requins. Je serais heureuse de joindre mes forces aux vôtres afin de défendre les travailleurs lésés dans leurs droits par ces grandes compagnies.

Piste 15 Lexique, Activité 6 p. 47

a. Le chat de la voisine est tombé du troisième étage, heureusement il a rebondi sur ses pattes. **b.** Patrick a mis la clé sous la porte en décembre, cependant, il a très bien rebondi, il vient de se faire recruter par la concurrence. **c.** Je rebondis sur ce que dit Myriam : les restaurateurs ont perdu beaucoup d'argent depuis le début de cette épidémie mais, en plus de cela, bon nombre ont dû mettre la clé sous la porte. **d.** Un an après le scandale des emplois fictifs, l'affaire a rebondi grâce à la publication des comptes bancaires des principaux intéressés. **e.** Les enfants sautent sur le trampoline, ils rebondissent joyeusement.

Piste 16 Exercice 1 .... p. 48

– Clara, après un master en économie industrielle, vous avez naturellement entrepris votre carrière professionnelle dans votre domaine de compétence. Votre diplôme en poche, vous faites un bref passage dans une grosse boîte en tant qu'expert-analyste, vous y restez seulement quelques mois avant de rejoindre l'entreprise familiale, une société spécialisée dans le déménagement de particuliers et transport de marchandises. Puis, 20 ans se sont écoulés, un mariage et un enfant plus tard, vous décidez de vous orienter vers un métier plus manuel, bien que nécessitant des connaissances et une maîtrise aigüe des gestes : vous devenez ébéniste d'art. Pourquoi avoir quitté votre premier job dans cette grande boîte ?

– Eh bien, mon expérience dans cette grande entreprise française, immédiatement après l'obtention de mon diplôme m'a confrontée à un univers de travail très stressant, très exigeant, je n'ai pas supporté alors j'ai préféré démissionner. J'ai compris rapidement que des structures plus petites, à taille humaine comme les PME me correspondaient plus. Au début, mon père m'avait embauchée pour que je ne sois pas inactive et puis il avait vraiment besoin d'une assistante.

– Finalement, vous avez aussi quitté l'entreprise familiale pour un métier artisanal. Nous sommes curieux de savoir d'où vous est venu ce déclic pour l'ébénisterie, c'est tout de même un univers très éloigné de l'économie, et puis cela requiert une formation un peu rude, car le travail du bois nécessite des gestes précis, la manipulation d'un matériau lourd, comment avez-vous appris cet art ?

– En fait, j'ai toujours eu cette touche artistique, je dessine et je sculpte de petits objets en bois, aussi loin que je me souvienne, j'ai hérité de ce don de mon grand-père : à l'arrière de son jardin il avait un grand atelier avec des centaines d'outils et des machines qu'il utilisait pour ses ouvrages. Il m'a expliqué comment manier chacun d'eux et m'a transmis le goût de cet art noble, pour lequel on ne peut faire l'économie ni de la patience ni de la précision. Cependant, il est évident que cela ne suffisait pas pour moi qui avait pour ambition d'ouvrir mon propre atelier et de travailler à mon compte. Je me suis donc engagée dans une formation professionnelle en ébénisterie d'art à 32 ans proposée par l'Institut national des métiers d'art, moi qui rêvais de faire l'école des beaux-arts, je n'en étais pas loin.

– Aujourd'hui, vous avez su allier votre passion pour l'art et pour la sculpture sur bois dans ce métier épanouissant, vous créez des pièces de mobilier mais aussi des bibliothèques, des portes, des fenêtres. Y a-t-il un autre matériau qui vous inspire autant que le bois ?

– J'ai été formée et attirée par le travail du bois dans un cadre très familial, l'affect a son importance dans mon choix professionnel. Mais j'ai aussi choisi d'évoluer dans un domaine où ma créativité, ma curiosité, mon sens du détail peuvent s'exprimer sans retenue, et puis, avec le bois on ne créera jamais deux pièces identiques parce que ça ne vient pas du même arbre.

Piste 17 Exercice 2 .... p. 48

Document 1 :

– Abdel-Kader, bonjour, c'est avec beaucoup d'enthousiasme que nous vous recevons pour ce nouveau podcast où nous allons parler de votre parcours incroyable : ancien champion de boxe, vous faites partie du top dix des meilleurs chefs cuisiniers au monde à l'heure actuelle, votre histoire inspire la réussite. Personnage au tempérament de feu, sous votre carapace de dur à cuire, il y a une autre facette, attachante. Votre détermination vous a poussé à exceller dans le sport comme dans la gastronomie. Vous entretenez ce gabarit de boxeur poids lourd qui en impose sur le ring comme dans les cuisines de votre restaurant : cuisiniers, serveurs sont impressionnés par votre parcours et votre capacité à résister au stress des salles pleines quasi quotidiennement. Abdel-Kader, d'où vous vient cette hargne au travail ?

– Bonjour, j'ai commencé à travailler très jeune, et mes premières expériences dans le monde du travail ont été décisives dans mes choix de vie d'une manière générale. L'idée que je passerais une grande partie de mon existence à travailler m'a fait réaliser l'importance de faire un job que j'aime et qui corresponde à mes qualités. D'abord, ce fut la boxe, mais je savais que ça ne durerait pas car mon corps et mes aptitudes physiques déclineraient avec le temps, alors j'ai trouvé une voie où la discipline et l'endurance sont les maîtres mots : la cuisine. C'est un métier gratifiant où je peux voir immédiatement le résultat de mon travail.

Document 2 :

– Avant Aminata exerçait le métier d'avocat dans un grand cabinet parisien mais il y a un an elle a été victime d'un burn-out, elle a décidé de quitter son emploi pour travailler à son compte, à son rythme. Pourquoi avoir quitté un travail gratifiant et très bien rémunéré Aminata ?

– Parce que, dans mon ancien job, je ne me reconnaissais plus, j'enchaînais les affaires machinalement, je ne savais plus pourquoi j'avais choisi ce métier, et j'en ai perdu ma motivation.

– Avec sa nouvelle activité, Aminata gagne moins, mais elle affirme vivre mieux, elle et son compagnon ont changé tout leur quotidien. Ils ont quitté la capitale pour s'installer dans une petite ville dans le centre de la France.

– Globalement le bien-être et la qualité de vie qu'on s'offre avec notre budget aujourd'hui, qui est inférieur à ce qu'on dépensait quand on était à Paris, nous convient beaucoup mieux. De plus, je ne suis plus autant malade qu'avant, j'ai retrouvé l'envie de me lever le matin.

– Aminata est ce qu'on appelle une frugaliste : ce terme regroupe aussi bien des personnes qui après avoir gagné beaucoup d'argent, prennent leur retraite à 40 ans, que des personnes qui ont changé de mode de vie pour adopter un mode d'existence beaucoup plus modeste. Le mouvement se propage en Europe où la communauté frugaliste organise des semaines de l'indépendance financière.

Document 3 :

Ses expériences au cœur de l'évolution de l'industrie des médias, avec la montée du digital, l'ont amené à un constat qu'elle expose dans son livre *Les Métiers du futur*. C'est à force de rédiger des fiches de poste au quotidien, et de répondre aux questions fréquentes sur les créations de poste, qu'Isabelle Rouhan commence à réfléchir aux métiers du futur. En parallèle, les discussions avec ses enfants, dont l'un veut devenir architecte spécialisé dans les maisons durables et l'autre veut devenir hacker éthique, lui font réaliser que ces deux métiers n'existent pas encore.

Selon l'Institut du futur, en 2030, 85 % des élèves qui sortiront du système scolaire exerceront un métier qui n'existe pas à l'heure actuelle. Par ailleurs, une étude publiée par l'institut Mc Kinsey détermine que seulement 5 % des métiers pourront être remplacés par l'automatisation en 2022, mais que 60 % des emplois pourraient évoluer suite à cette automatisation.

Dans son livre, elle propose une typologie de classement des différents métiers selon le degré d'automatisation : par exemple, elle distingue les métiers en évolution, qui vont changer partiellement du fait de l'automatisation – comme les avocats, professeurs ou coachs – des univers qui sont en innovation radicale et dont les métiers n'existent pas encore : les hackers éthiques, éducateurs de robot, éthiciens de l'intelligence artificielle. Par conséquent, les enjeux majeurs de l'évolution des professions, selon Isabelle Rouhan, seront la formation et l'adaptabilité.

Unité 4

Piste 18 Activité 2 .... p. 51

– C'est un trésor de guerre sur lequel les recycleurs aimeraient bien mettre la main. En France, entre 50 et 100 millions de téléphones inutilisés dorment dans les tiroirs. Je peux témoigner. Et c'est l'objet de votre Billet vert, Étienne Monin. Bonjour.

– Bonjour. On peut tous témoigner.

– L'éco-organisme qui est censé gérer ce type de déchets lance une campagne cet été pour en collecter le maximum. Parce que le téléphone, c'est un objet incroyablement compliqué à récupérer.

– Eh oui, c'est l'histoire d'un objet savonnette, qui échappe en grande partie à la filière du recyclage : presque huit téléphones sur dix finissent dans un tiroir à la maison. Ils servent de roue de secours en cas de défaillance d'un nouveau smartphone. C'est aussi un geste de protection par crainte d'une exploitation des données en cas de récupération. Et puis, au final, ça ne prend pas de place. Alors, aujourd'hui la France est assise sur une montagne de téléphones. D'après l'un des deux éco-organismes qui structurent la filière, nous en achetons un tous les trois ans. Mais il n'y a que 200 000 appareils chaque année qui terminent dans le point de collecte officiel du recyclage ou du reconditionnement. Il existe deux organismes officiels pour pratiquer la collecte. Et ils se heurtent aux mêmes difficultés qui concernent au final tout le petit électroménager. Depuis deux ans, Ecosystem enchaîne les méthodes. L'organisme a essayé les collectes solidaires, les bacs de recyclage... Mais les appareils étaient volés, les bacs étaient vandalisés. La collecte reste résiduelle. L'autre acteur, Ecologic, s'est lancé dans un système de porte-à-porte. On en est à taper aux portes des gens. C'est un porte-à-porte social dans deux arrondissements de Paris.

– D'où cette opération pour réussir la transition écologique du téléphone.

– Alors, c'est assez simple. Vous pouvez gratuitement envoyer votre téléphone par la poste grâce à une étiquette à imprimer. C'est gratuit. 35 villes étapes du tour de France sont partenaires. L'idée c'est de pousser à la réparation. Ça rentre dans les esprits depuis un peu moins d'une dizaine d'années. Et depuis quatre-cinq ans pour les téléphones.

– Et alors, où est-ce qu'ils vont, ces téléphones quand ils sont récupérés et qu'est-ce qu'ils deviennent ?

– C'est le volet social. Ils atterrissent entre les mains d'Emmaüs. Les ateliers du Bocage au sud de Cholet reconditionnent 10 % des appareils pour les revendre. Les autres vont au Havre. Ils sont dépollués et recyclés. 15 matières sont récupérées, parmi lesquelles des métaux précieux comme l'or, l'argent ou le palladium. [France info]

Piste 19 Activité 1 .... p. 52

a. Mouvement de pensée visant un meilleur équilibre entre les humains et leur environnement naturel. **b.** Zone urbaine organisée pour répondre à des critères de développement durable (transports en commun, recyclage, etc.) **c.** Personne respectant les règles liées à la préservation de l'environnement. **d.** Impôt sur les actions ayant un impact environnemental négatif, sur le principe pollueur-payeur. **e.** Ensemble composé d'un milieu naturel et des êtres vivants qui y vivent. **f.** Établissement culturel spécialisé dans l'étude et la préservation du patrimoine naturel. **g.** Qui s'efforce de respecter l'environnement.

Piste 20 Activité 3 .... p. 53

a. Lorsque les auditeurs auront entendu l'appel au recyclage, ils comprendront qu'ils ne doivent pas garder leurs appareils électriques. **b.** Quand j'aurai retiré la carte SIM de mon vieux portable, je l'enverrai à Ecosystem. **c.** L'association Emmaüs va réparer les appareils que les gens auront jetés. **d.** Les téléphones qui auront été collectés seront dépollués et recyclés. **e.** Je mettrai mon portable usagé dans le bac de recyclage une fois que j'en aurai acheté un neuf.

Piste 21 Activité 1 .... p. 57

Bonjour à tous. Aujourd'hui, je voudrais vous parler de la pollution des sols. C'est une forme de pollution à laquelle on pense moins souvent que la pollution de l'air ou la pollution de l'eau et, pourtant, elle a des conséquences aussi néfastes pour la santé. D'abord, je vous présenterai les causes possibles de la pollution des sols. Ensuite, je vous parlerai de ses conséquences sanitaires et environnementales. Enfin, j'exposerai quelques solutions pour limiter cette pollution.

Premièrement, quelles sont les causes de la pollution des sols ? Eh bien, la pollution des sols est le plus souvent due à l'activité humaine. En premier lieu, on peut citer l'industrie ou les transports (les voitures, les camions), qui rejettent des métaux lourds comme le plomb, le mercure ou l'arsenic dans le sol. Bien sûr, quand on pense à la pollution des sols, on pense aussi aux rejets radioactifs résultant des centrales nucléaires. Et aux accidents nucléaires graves qui ont marqué ces dernières années : Tchernobyl en 1986 et Fukushima en 2011. On sait que la contamination des sols persiste longtemps après ces catastrophes. Par ailleurs, à cause de l'agriculture intensive, les sols sont pollués par de fortes doses d'azote ou par des phosphates que l'on trouve dans les engrais et les pesticides par exemple. Les chiffres montrent qu'entre 1975 et 1995, période d'intensification de l'agriculture, la consommation mondiale d'engrais a doublé, passant de 70 millions de tonnes à 135 millions de tonnes. Au Canada, par exemple, cette consommation est passée de 1 million à 4 millions de tonnes.

Deuxièmement, quelles sont les conséquences de cette pollution des sols ? D'une part, les conséquences sont sanitaires. Les métaux, la radioactivité, les phosphates présents dans les sols passent dans les plantes destinées à la consommation alimentaire. À titre d'exemple, on rapportera cette étude qui montrait qu'en 2020, 35 ans après la catastrophe de Tchernobyl, les champignons cueillis dans l'est de la France, à 2 000 kilomètres, contenaient des éléments radioactifs. Cette pollution des sols entraîne également une pollution des nappes phréatiques et de l'eau que nous consommons. À long terme, ces substances présentes dans les aliments et dans l'eau peuvent provoquer des troubles neurologiques et des cancers. D'autre part, la pollution des sols a des conséquences environnementales. En effet, les polluants génèrent un appauvrissement de la biodiversité. La faune souterraine, c'est-à-dire les insectes et les animaux présents dans les sols, se raréfie.

Troisièmement, quelles solutions peut-on envisager pour limiter cette pollution ? D'abord, certains gouvernements ont mis en place le principe du pollueur-payeur. C'est-à-dire que les entreprises polluantes sont tenues de payer la dépollution du site contaminé. Ceci a pour conséquence de dissuader les entreprises de rejeter des polluants dans la nature. Ensuite, il faut établir des lois limitant la présence d'azote et de phosphates dans les engrais et les pesticides. De telles lois existent mais elles devraient être étendues à tous les pays et être plus répressives.

Lors de cet exposé, j'ai souhaité faire un état des lieux de la pollution des sols, qui est assez méconnue mais qui est un enjeu majeur des prochaines années. Je terminerai en disant que des solutions existent. Elles sont entre les mains des décideurs (gouvernements et chefs d'entreprises), mais elles sont aussi entre nos mains. À nous d'être tous responsables lorsqu'au quotidien, nous faisons des choix en matière de transport, ou d'alimentation. Merci de votre attention. Avez-vous des questions ?

Piste 22 Grammaire, Activité 3 ... p. 60

a. Les sangsues sont très intéressantes d'un point de vue médical ; c'est la raison pour laquelle elles sont utilisées depuis l'Antiquité. **b.** Aujourd'hui, les élevages de sangsues se multiplient. En effet, les hôpitaux ont de plus en plus recours à cet animal pour soigner les patients. **c.** Lorsqu'elles mordent, les sangsues injectent des substances anticoagulantes qui permettent d'éviter les hématomes. **d.** La salive de ces petites bêtes contient également des substances qui favorisent la cicatrisation. **e.** Le succès de certaines greffes de peau ou d'organes s'explique par l'utilisation de sangsues.

Unité 5

Piste 23 Activité 2 ... p. 65

Comment ça se passe le Voyage à Nantes ? Eh bien ça se passe partout dans la ville et ce sont des interventions, des installations, des expositions qui sont organisées un petit peu partout. Alors il y a des choses en plein air qui sont très faciles à voir, y a des choses qui sont un petit peu cachées, il faut aller les chercher, elles sont un peu dissimulées, et puis il y a également des choses dans les musées, dans les galeries d'art de la ville qui existent déjà et qui accueillent, à cette occasion, des expositions événementielles, des interventions ponctuelles et des choses à voir. Ce qui fait que, au final, eh bien, si vous allez passer quelques jours à Nantes pour le Voyage, vous avez la possibilité de voir des dizaines et des dizaines d'œuvres d'art contemporain, d'interventions différentes. L'autre particularité c'est que, d'année en année, eh bien les interventions restent, en tout cas certaines interventions subsistent et donc petit à petit le parcours s'enrichit. Si, cette année, comme moi, vous découvrez le Voyage à Nantes pour la première fois, eh bien vous allez découvrir tout un tas d'œuvres qui ont été installées depuis les premières éditions mais qui sont restées, qui ont été pérennisées et donc petit à petit la ville de Nantes se métamorphose et accueille comme ça ces interventions d'art contemporain. Je vais vous en parler, mais, d'abord, je vais vous parler des nouveautés de cette année, moi, de ce qui m'a marqué dans ce parcours du Voyage à Nantes. Et ce qui m'a marqué, mais ce qui marque évidemment le plus le public, la presse, tout le monde depuis le début de cet événement, c'est l'installation la plus monumentale de tout le Voyage à Nantes de cette année, c'est une installation de Stéphane Thidet qui est située place Graslin. Place Graslin c'est là où il y a le théâtre de la ville de Nantes, et ce théâtre, qui est fermé en ce moment, se transforme en une immense cascade. C'est assez impressionnant à voir, toute la façade du théâtre se transforme en une chute d'eau, donc y a un bac d'eau au sol, dans lequel évidemment il est impossible de rentrer et impossible de se baigner, qui permet de recueillir l'eau, avec un système de pompe, elle remonte au sommet du théâtre et ça fait une immense cascade monumentale qui est allumée tous les jours. Et on peut la voir, on peut passer devant, on peut s'arrêter, c'est très rafraîchissant en période de canicule et ça change vraiment l'atmosphère de cette place, qui est une assez petite place mais qui devient comme une place avec une immense fontaine dans laquelle les gens viendraient se rafraîchir. Eh bien là, ce qu'on peut faire, c'est passer derrière la cascade, sous la colonnade du théâtre et, prendre un petit peu d'air, un petit peu de fraîcheur sous cette installation ou même dans cette installation de Stéphane Thidet.

[Bulle d'Art Podcast]

Piste 24 Activité 4 ... p. 66

a. Je pense que c'est vraiment son chef d'œuvre, il a fait un travail fantastique. **b.** Je ne sais pas trop quoi en penser. Beaucoup discutent encore de son talent. **c.** Pour une première exposition, je dois dire que je suis charmé. J'attends de voir la prochaine. **d.** Je n'en reviens pas qu'il ait osé faire ça. J'imagine déjà les réactions ! **e.** Écoute je te le dis franchement, je suis sorti de la salle chamboulé par la beauté des images.

Piste 25 Activité 1 ... p. 69

1. Monsieur, puis-je voir votre carte d'électeur, s'il vous plaît ? Merci. Veuillez placer votre bulletin de vote dans l'urne. A voté ! **2.** Monsieur le député, merci pour votre question qui soulève l'intérêt de toute l'Assemblée. **3.** Aujourd'hui, la manifestation pour les retraites a mobilisé plus de 20 000 militants. **4.** Je pense que l'allocution présidentielle d'aujourd'hui rassurera les citoyens. **5.** Dans sa dernière tribune, le maire a ouvertement défendu la liberté d'expression.

Piste 26 Activité 1 ... p. 70

Je me demande toujours si ça vaut la peine d'aller voter. Les candidats sont-ils là pour défendre nos intérêts ou les leurs ? Est-ce qu'ils vont mettre en pratique leur programme ? C'est vrai que dans le système représentatif, nous devons leur faire confiance. Mais ont-ils vraiment tout fait pour la gagner ? Et, de toute façon, qu'on les croie ou non, qu'est-ce qu'ils pourront changer à notre situation ? Mais, j'y vais toujours car j'ai toujours cette petite flamme en moi. Je me questionne à chaque fois : il arrivera à changer quelque chose ? comment il s'y prendra ? C'est important d'y croire et de toujours bien s'informer. Vous me direz : qui lit encore les programmes ? Eh bien, moi, je trouve ça extrêmement important, et je réponds souvent : quand est-ce qu'on va au restaurant sans lire le menu ?

Piste 27 Activité 4 ... p. 70

a. Qu'est-ce qu'il en pense vraiment ? Aucune idée ! **b.** A-t-elle les moyens d'être élue maire ? Moi je n'en ai aucun doute. **c.** Tu sais quand elle va avoir le résultat ? **d.** Il va venir ou non après son discours ? **e.** Est-ce qu'il connaît l'adresse du vernissage ?

Piste 28 Le grand oral ... p. 72

La dernière étude publiée sur la mise en place de parcours artistiques dans les grandes villes soulève les passions. Publiée lundi et s'appuyant sur un échantillon représentatif de 2 000 participants âgés de 18 à 75 ans, cette étude révèle les enjeux majeurs de notre société au sujet de la place de l'art dans l'espace public. Lors des dernières élections municipales, la priorité numéro un d'une grande majorité de Français était l'écologie, suivie de l'attractivité de leur ville et enfin les soucis d'économie. C'est justement pour rendre leur ville plus attrayante que l'art a sa place. Plus d'un tiers des Français avait donc placé les problèmes environnementaux en tête, à 67 %. Mais 57 % d'entre eux sont également soucieux de rendre leur ville dynamique et attirante. Dans cette optique, la mise en valeur du patrimoine local, comme les musées ou les galeries, arrive en tête. Les sondés attendent aussi de leurs édiles qu'ils sachent faire preuve d'imagination. Cette problématique soulève l'intérêt des deux tiers des sondés, et s'élève même aux trois quarts chez les jeunes. Certains habitants proposent par exemple d'organiser des concours d'art contemporain à l'échelle locale, et près de la moitié souhaitent que soient mis en place des pass cultures permettant de valoriser le patrimoine existant. Ou encore, pour une minorité d'entre eux, proportion stable depuis 2018, de laisser des espaces à une libre expression artistique. Enfin, une partie non négligeable d'entre eux suggère de renommer les rues de manière plus fantaisiste afin de rendre la ville plus ludique. La tranche des 55-70 ans n'est pas en reste et fourmille d'idées : aménagement des espaces artistiques pour tous, chorales de rue, spectacles à domicile, ateliers de pratiques artistiques intergénérationnels. Toutes ces solutions sont, selon la plupart d'entre eux, des événements à mettre en place rapidement. Loin d'être une priorité il y a quelques années, l'art dans l'espace urbain s'impose désormais comme un enjeu majeur pour la plupart des personnes interrogées : ainsi, à Nantes, les habitants veulent rendre le Voyage à Nantes pérenne. Sortir du métro-boulot-dodo, voilà ce qui motive les citadins. La plupart n'ayant pas toujours le temps de se rendre dans les musées, tous souhaitent que l'art vienne à eux. Même si, pour le moment, ce genre d'initiatives représente moins de 2 % des budgets des grandes ou moyennes villes, ce phénomène est en pleine expansion. Il reste encore beaucoup à faire pour développer cette filière. Il est en tout cas clair que, pour la plupart des habitants des villes, l'art tend à gagner en visibilité, et les solutions à apporter au niveau local suscitent les passions.

Piste 29 Exercice 1 ... p. 76

– Une étude récente a démontré que la plupart des électeurs jugent les personnalités politiques comme des acteurs : charisme, talent oratoire, communication gestuelle, toutes ces choses séduisent les futurs votants et peuvent faire pencher la balance. La politique est-elle un art ? Selon notre invitée, qui vient d'écrire un livre du même nom, la politique, et plus particulièrement les personnalités politiques, doivent en effet recourir à des techniques artistiques pour espérer être élues et plaire au plus grand nombre. Comment vous est venue l'idée de ce livre, Gaëlle Leberton ?

– Eh bien, j'ai toujours été impressionnée par les talents oratoires de certains politiques. Et lorsque j'ai vu les résultats de cette enquête, ou plus de deux tiers des Français confirmaient en effet l'importance du charisme, de la séduction dans la force d'un candidat, avant même la richesse de ses idées, qui n'arrive que troisième avec 53 %, je me suis dit qu'il était temps de me replonger dans mes classiques. Aristote, Platon, Socrate en parlaient déjà et l'histoire récente, de Ronald Reagan à aujourd'hui, leur a donné raison.

– Mais pensez-vous que ce soit une bonne chose ?

– Mon livre n'est pas là pour le dire. Je livre mon opinion sur des constatations et des données chiffrées, avec un brin de philosophie. Mais on peut tout à fait comprendre l'importance de ce besoin d'être séduit ou attiré, comme on l'est par une œuvre d'art. Les électeurs s'identifient aux candidats, à travers leurs manières de dire et de faire. Ils cherchent en quelque sorte une image d'eux-mêmes, mais idéale, d'où la déception le plus souvent à la fin d'un mandat. Après tout, on vote en se disant qu'ils seront les plus à même de résoudre les problèmes du monde. Être touché par des arguments ou bien touché par la manière de les présenter, c'est comme cela que l'on s'identifie à eux. Comme pour les acteurs de cinéma ! C'est l'art de la rhétorique. D'ailleurs, je me souviens d'une étude qui indiquait que 77 % des votants souhaitaient élire

une personne charismatique car elle représentera ensuite leur propre voix et possiblement celle de la nation. Ce n'est donc pas à négliger.
– Et le débat d'idées dans tout ça ?
– Les sondés de l'enquête que vous avez mentionnée ne sont pas naïfs, ils savent bien que cela compte aussi. Mais parfois il est plus facile d'être touché par le jeu d'acteur d'un politique que par ses idées. Et ils le savent depuis bien longtemps !
– Merci à vous Gaëlle Leberton, je rappelle le titre de votre dernier ouvrage, *La politique est-elle un art ?* Un livre passionnant !

Piste 30 Exercice 2 .... p. 76

Document 1 :
Controversée ou plébiscitée, la dernière exposition de Lucas Modrovic a en tout cas créé le débat. Le vernissage a eu lieu hier à la galerie Orba dans le IIIe arrondissement de Marseille. Cela faisait longtemps que le responsable n'avait pas choisi d'exposer un artiste vidéaste et ce n'est jamais facile. Tout le monde s'accorde sur le travail de Modrovic, connu et reconnu à travers le monde, mais le choix des œuvres exposées n'a pas toujours su séduire le public. Certaines, manquant d'espace pour être admirées sereinement, semblaient plutôt communiquer de l'agressivité, ce qui n'était pas le cas à la dernière biennale d'art contemporain, dans la mesure où l'espace disponible nous permettait de nous abandonner à la contemplation des écrans monumentaux. Comme quoi, parfois, ce n'est pas seulement la qualité du travail de l'artiste qui est en question, mais bien les choix des exposants qui ne rendent pas toujours hommage au travail artistique.

Document 2 :
Lors des dernières élections, seulement 30 % des électeurs se sont rendus aux urnes. Alors que penser de ce taux d'abstention record, avoisinant donc les 70 % ? Quelle légitimité pour ce genre d'élection et comment y remédier ? Ce sont les questions qui ont été posées à un échantillon de 2 037 personnes pour le dernier baromètre IFRA et en voici quelques enseignements. Pour 4 électeurs sur 5, voter est bien considéré comme un devoir et une chance donnée à chacun de s'exprimer. En revanche, une grande majorité d'entre eux, environ 78 %, ont simplement du mal à trouver un candidat qui représente au mieux leurs convictions, de droite comme de gauche. Seulement 10 % d'entre eux, proportion stable par rapport au dernier baromètre, pensent que donner sa voix aux extrêmes serait une solution. Mais une autre solution est plus majoritairement plébiscitée. En effet, près des deux tiers des sondés pensent que voter pour un programme et des mesures, sans référence à un candidat particulier serait beaucoup plus utile et serait une action à même de moderniser nos démocraties. Selon eux, le choix des personnes chargées de mettre en place ce programme se ferait dans un second temps.

Document 3 :
Depuis une quinzaine d'années, les villes, en plus d'opérer un tournant écologique, prônent une ouverture à l'art contemporain dans l'espace public. Pour ne citer que la France, de Paris à Nantes, en passant par Nancy ou Poitiers, ces parcours artistiques, mêlant street art et art contemporain, collections de musées et de galeries d'art, se développent un peu partout. Selon un récent sondage, plus des deux tiers des habitants de ces villes plébiscitent ce genre d'installations. Les raisons ? Elles participent tout d'abord à rendre la ville moins froide et permettent de sortir du métro-boulot-dodo. Selon la plupart des sondés, ces événements attirent également de nombreux touristes et participent au rayonnement de la ville. Ainsi, sans pour autant rivaliser avec, par exemple, le musée du Louvre et ses presque 10 millions de visiteurs, ce genre de phénomène artistique met en lumière des villes moyennes et dynamise ainsi tout le reste de l'activité locale.

Unité 6

Piste 31 Activité 2 .... p. 79

– Bonjour Evelyne Stawicki.
– Bonjour.
– Coach, psychologue du travail, professeur à l'ESCP Europe [...] Depuis quelques années, Evelyne Stawicki, l'esprit d'équipe, c'est un petit peu devenu l'alpha et l'oméga de la culture d'entreprise. On remercie « toutes les équipes » et puis évidemment on demande de jouer collectif...
– Bien sûr aujourd'hui l'entreprise est un univers très complexe où plus personne ne peut imaginer réussir seul. Il y a un adage que j'aime bien qui dit : la meilleure façon d'atteindre ses objectifs, c'est d'aider ceux dont on a besoin à atteindre les leurs. Ça suppose de travailler en équipe.
– Alors le télétravail, par exemple, c'est un peu l'antithèse de l'esprit d'équipe ?
– Ça peut en tout cas réduire largement cette notion d'équipe, avec ses phénomènes de solitude, de distanciation sociale. C'est vrai qu'on a pu se rendre compte ces derniers temps que beaucoup de choses avaient été faites malgré tout. On a parlé des e-apéros, des morning cafés, des goûters virtuels, des Whatsapp qui étaient dédiés, il y a eu des réunions qui ont été faites en télétravail, donc on voit bien quand même que des efforts ont été menés pour préserver cette cohésion et cette communauté de collaborateurs.
– Donc l'esprit d'équipe à distance, c'est possible ?
– C'est difficile, mais c'est possible. En tout cas, ça va demander un effort managérial d'une part et ça va aussi demander l'effort de tous. Ça va demander de remettre l'humain au cœur de l'organisation, ça va demander de développer des rituels managériaux pour renforcer la cohésion du groupe, par exemple le rituel du matin, une manière de commencer la journée ensemble, c'est important quand vous avez certains des collaborateurs qui sont au travail et d'autres qui sont à la maison, faisons au moins une fois par jour quelque chose ensemble.
– Alors est-ce que la tentation n'est pas un peu forte justement de lever le pied sur ces actions de cohésion, maintenant que certains salariés sont de retour physiquement au travail ?
– Alors c'est vrai, c'est ce qu'on observe un petit peu, et j'allais dire, c'est encore pire, parce que vous avez des salariés qui se retrouvent seuls à un étage de travail, seuls dans un open space, et je trouve que la solitude, elle est encore pire quand elle a lieu dans le cercle de l'entreprise. Donc, vraiment je crois que, euh, il faut développer ce travail collectif, et on peut pas résumer la notion d'équipe aux moments conviviaux, hein. L'esprit d'équipe, c'est aussi l'implication de chacun dans les débats, c'est des échanges d'informations, c'est l'expression des craintes, c'est proposer des suggestions, c'est tout ça qui va fonder une communauté de travail.
[France TV info]

Piste 32 Activité 4 .... p. 80

1. – On dit souvent que ce n'est pas le cavalier qui fait le plus d'effort dans votre sport.
– C'est en partie vrai, mais il est tout de même nécessaire de travailler beaucoup son équilibre et de s'entraîner à frapper correctement la balle.
2. – C'est le Tour de France qui t'a donné envie de parcourir des kilomètres chaque week-end comme ça ?
– Un peu, oui. Mais j'aime rouler sur de longues distances depuis mon enfance, quand j'empruntais la bicyclette de ma mère. Aujourd'hui, je préfère participer à des courses !
3. – Les accidents sont fréquents pendant les matchs ?
– Non, pas tant que ça. C'est vrai qu'il y a un peu plus de risques car on atteint parfois une grande vitesse sur la glace. Mais les joueurs ont un très bon équipement, et en général il n'y a pas de problème.
4. – C'est vrai que la vitesse de la balle peut atteindre 100 km/h pendant un tir ?
– Oui, les tirs peuvent être très puissants et rapides. La particularité de notre sport, c'est qu'il existe une grande variété de façons de marquer un but. Lorsque les joueurs sautent et lancent la balle, ça peut être impressionnant !

Piste 33 Activité 4 .... p. 84

Exemple : Quoi ? Tu veux acheter cette machine-là ? Mais c'est la plus chère du magasin ! **a.** Damien, ça ne va pas du tout ! Tes notes sont très inférieures à celles du dernier semestre ! **b.** Je suis allée voir Karim à l'entraînement hier et je suis impressionnée : je ne savais pas qu'il courait aussi vite ! **c.** On a fait le bilan annuel de notre entreprise et on est plutôt contents : les bénéfices sont semblables à ceux de l'année dernière. **d.** Je suis assez déçue des performances de Julie à la dernière compétition : elle n'a pas donné le meilleur d'elle-même. **e.** Tes dessins sont incroyables ! Tu as vraiment le même talent que ton père !

Piste 34 Grammaire, Activité 2 .... p. 88

a. – Allô, Charlotte ? Je suis en route. Tu es déjà rentrée à la maison ? **b.** – Alors, Christophe, toujours malade ? Tu as mangé quelque chose depuis hier ? **c.** – La performance d'Usain Bolt en 2009 est vraiment incroyable. Quelqu'un a battu ce record de vitesse ? **d.** – Bon, je passe vous chercher ce soir. Le cours de crossfit de maman dure deux heures, c'est ça ? **e.** – Tu as des nouvelles de Malik ? Il joue encore au volley-ball après toutes ces années ?

Piste 35 Grammaire, Activité 4 .... p. 88

a. Mon cousin ressemble tellement à mon oncle, c'est impressionnant ! **b.** Ne sois pas modeste, tu surpasses largement les autres en anglais ! **c.** Regardez bien le modèle et essayez de reproduire quelque chose de semblable. **d.** Elle est très satisfaite de gagner un salaire égal à celui de son mari. **e.** En France, le climat dans le nord se différencie beaucoup du climat dans le sud.

Piste 36 Lexique, Activité 3 .... p. 89

a. Alors, ici on a 35 + 18. Qu'est-ce qu'on doit faire ? **b.** Dans le problème, la dame veut acheter deux boîtes de six œufs. Donc on a fait 2 x 6. **c.** On a 20 ballons, on en retire 8. Ça veut dire 20 – 8. Alors qu'est-ce qu'on fait ? **d.** Dans cet exercice, on a 15 ÷ 3, c'est-à-dire 15 partagé en trois. **e.** On connaît la longueur de deux côtés d'un triangle, mais il manque la longueur du troisième côté. Qu'est-ce qu'on va faire ?

Unité 7

Piste 37 Activité 2 .... p. 93

– Tout le monde rêve-t-il de réussir ? En tout cas, en début d'année, on se fixe souvent des objectifs. Ou on en fixe aussi à d'autres, comme à ses enfants par exemple : cette année, tu vas réussir à l'école. Mais ça veut dire quoi, réussir quand on parle de scolarité ? Pour notre série sur la réussite, Lydia Gabor est allée à la rencontre d'Isabel Pérez. Elle était d'abord enseignante pendant dix ans dans l'enseignement public. Et puis elle a créé sa propre structure de coaching à Lausanne, du coaching scolaire pour tous les niveaux de scolarité. Auteure du livre intitulé justement *Mon enfant réussit sa scolarité* aux éditions Favre, elle répond à cette première question : « Mais qu'est-ce que représente vraiment l'école pour les enfants, et aussi pour les parents ? » [...]
– Quelles sont les qualités qu'on doit avoir pour réussir sa scolarité ?
– Euh, je pense, la persévérance.
– Est-ce que d'autres qualités, comme la discipline, par exemple, ou la facilité ou l'intelligence peuvent amener ou sont des clés pour aller à la réussite scolaire ?
– Alors, je pense que l'intelligence, elle est souvent perçue comme quelqu'un, par exemple, qui mémorise facilement, euh, quelqu'un euh qui arrive à faire ce qu'on lui demande hein, c'est souvent ça, l'intelligence. Pour moi, l'intelligence, c'est encore autre chose. C'est la faculté de s'adapter, c'est la faculté de différencier les différents rôles dans lesquels on nous met. Et en ce sens-là, de nouveau, moi je vois des enfants très intelligents ou que, moi, j'estime être très intelligents parce qu'ils ont de la répartie, parce qu'ils ont du second degré, parce qu'ils ont une originalité, parce qu'ils sont très créatifs mais qui n'arrivent pas à rester assis sur une chaise, euh, à écouter ce qu'on leur dit, comme s'ils avaient un entonnoir au-dessus de la tête, euh, et puis, du coup, qui réussissent pas. Et moi je suis de loin pas toujours d'accord avec la définition standard du bon élève [...]
– Comment je sais que mon enfant réussit à l'école ?
– Je pense que si on voit que son enfant a des copains, que son enfant apprécie certains enseignants, peut-être pas tous, qu'il fait des devoirs, bien sûr des fois il faut un petit peu pousser, mais qu'il fait ses devoirs, qu'il a des notes quand même au-dessus de la moyenne, euh, qu'il dort, qu'il mange, pour moi, c'est un enfant qui est en train de réussir son parcours scolaire. Ça ne veut pas dire que c'est un enfant qui ne fait que des excellentes notes. Mais, pour moi, c'est un enfant qui montre des signes qu'il est parvenu à s'adapter, qu'il est parvenu à avoir envie d'y aller, à ne pas en tomber

malade et que, donc, sa confiance en lui-même, son estime de lui, elle est préservée. [RTS]

Piste 38 Activité 2 .... p. 94

Exemple : Je me souviens, quand j'étais petit, j'ai appris cette poésie par cœur. **1.** Oh la la ! J'ai interrogé mes élèves sur la conjugaison du subjonctif et ils se sont complètement plantés ! **2.** J'ai une éval d'histoire demain. Il faut que je révise tout le chapitre sur la première guerre mondiale. **3.** Cette école supérieure recrute uniquement des candidats qui ont obtenu leur bac avec mention. **4.** Chaque année en France, ce sont 100 000 élèves environ qui décrochent du système scolaire. **5.** Les questions du prof étaient super dures ! Je pense que j'ai raté mon test.

Piste 39 Activité 2 .... p. 95

Exemple : Pourriez-vous me donner une liste des centres de formation des apprentis de la région ? **1.** Si les enfants apprenaient une langue étrangère dès l'âge de 2 ou 3 ans, ils seraient bilingues. **2.** Les enfants scolarisés dans une école primaire alternative auraient des difficultés à s'intégrer ensuite dans un collège public. **3.** J'aurais aimé faire un semestre ou une année d'études à l'étranger. Maintenant, c'est trop tard... **4.** Pour éviter le décrochage scolaire, le gouvernement n'aurait pas dû fermer les établissements scolaires pendant le confinement. **5.** Pour te préparer pour le bac, il vaudrait mieux que tu commences à réviser dès le début de l'année. **6.** S'il en avait eu l'opportunité, il se serait inscrit à une formation aux métiers du numérique. **7.** Ses parents souhaiteraient qu'il s'oriente vers une filière scientifique mais il n'en a pas envie.

Piste 40 Activité 4 .... p. 97

Nous allons vous raconter aujourd'hui une histoire pas banale. Ça commence en 2018, lorsqu'une femme, Geneviève Tarot, découvre qu'un de ses ancêtres a été accusé de meurtre au début du XXe siècle. De nature curieuse, elle décide alors de se rendre aux archives de sa ville et de consulter le dossier d'enquête policière. Elle constate que l'enquête a bien conclu à la culpabilité de son ancêtre. Mais elle ne veut pas en rester là et elle commence à fouiller dans les archives. Elle fouine, elle farfouille dans les rares photos qu'elle peut trouver, dans les lettres écrites par son ancêtre... À force de chercher, elle se rend compte que son ancêtre n'avait pas que des amis. Il avait en effet une relation plus que tendue avec un de ses voisins. Cette femme va retrouver la trace de ce voisin et il s'avère que ce voisin était absent de chez lui le soir du meurtre. Consciente qu'elle a trouvé un élément important, Geneviève Tarot commence à rassembler des indices. Le voisin est jardinier, il aurait donc en sa possession des herbicides toxiques qui auraient pu être utilisés comme poison. Et, plus éloquent encore, il aurait une dette envers la victime. Ce voisin aurait donc éliminé sa victime pour effacer ses dettes. Les hypothèses de Geneviève Tarot se confirment : le voisin est bien le coupable. Grâce à ses recherches, cette femme a réussi à révéler la vérité et à prouver l'innocence de son ancêtre plus de 100 ans plus tard !

Piste 41 Le grand oral .... p. 100

– Bien ! Je vais me lever pour que tout le monde me voie. Bonsoir à toutes et à tous. Merci d'être là. Je crois que tout le monde est arrivé, nous allons pouvoir commencer. Donc, avec les collègues enseignants d'histoire-géographie, nous avons souhaité faire cette petite réunion pour vous tenir informés de nos projets pour cette année. Afin que vous ayez une vue d'ensemble sur ce que nous allons proposer aux élèves. Et puis pour vous proposer de vous inclure dans un ou plusieurs de ces projets si cela vous intéresse. Voici l'ordre du jour de cette réunion. Voilà... je lance le diaporama. Je vous invite à regarder le tableau. Donc pour commencer cette réunion, on vous parlera des différents partenariats qu'on a mis en place au fil du temps et qu'on va poursuivre cette année. Ensuite, nous laisserons la parole aux intervenants extérieurs à l'établissement. Donc, Isabelle Moreau, archéologue.

– Bonsoir, bonsoir à tous. Je suis donc Isabelle Moreau, je suis archéologue, je travaille à la municipalité et j'interviendrai dans les classes de 6e et 5e dans le cadre du cours d'histoire. Et, ma collègue Amélie Rodier va nous rejoindre tout à l'heure. Amélie Rodier, qui travaille au service urbanisme de la ville et qui mènera un projet avec l'ensemble des classes de 3e pour les cours de géographie.

– Merci, merci à toutes les deux. C'est vraiment gentil d'avoir pris le temps d'être là ce soir. Enfin, pour terminer, nous allons vous présenter les trois voyages scolaires qui auront lieu cette année, tous au printemps. Rome, en collaboration avec Claire Mary, professeur de latin. Caen et les plages du débarquement. Et le traditionnel voyage des classes de 3e à Paris. Bien, pour les partenariats, nous allons commencer avec le partenariat avec la bibliothèque. Je vais laisser Élisabeth Martin vous en parler. Elle a mis en place ce partenariat il y a 5 ans déjà. Élisabeth.

– Oui, merci Renaud. Je me présente pour les nouveaux collègues, fraîchement arrivés. Moi, c'est Élisabeth Martin, prof d'histoire-géo en 4e et 3e. Tous les ans, je me rends à la bibliothèque municipale avec les 4e pour leur faire découvrir les archives. Cette découverte se fait en deux temps. D'abord, lors d'une première séance, les élèves découvrent comment sont classés, comment sont organisés les fonds d'archives. Puis, pendant les trois séances suivantes, nous suivons une thématique. Cette année, j'ai choisi la place des femmes au 19e siècle.

– Élisabeth, il y a une question, je crois.

– Oui ?

– Je vous en prie, allez-y.

– Oui, pardon. Éric Vautier, professeur de français, je viens d'arriver au collège. Je suis moi aussi en charge des 4e cette année et je vais travailler avec les élèves sur le récit au 19e siècle. Je me demandais si on ne pourrait pas imaginer de construire quelque chose ensemble.

Piste 42 Exercice 1 .... p. 104

– Bonjour à tous ! Bienvenue dans cette matinale. À l'approche des élections municipales, l'un des thèmes majeurs des candidats est l'éducation. Ces maires et ces candidats à la fonction de maire souhaitent en effet que le gouvernement se penche sérieusement sur la question de l'accès à l'éducation. Ils déplorent que cet enjeu soit malheureusement trop souvent oublié. Pour en parler, nous accueillons Chloé Antier dont les travaux en sociologie portent principalement sur l'éducation. Chloé Antier, bonjour.

– Bonjour.

– Merci d'être là avec nous. Chloé Antier, vous avez vous-même grandi dans un petit village. Ce qui ne vous a pas empêchée d'être diplômée de l'EHESS, l'École des Hautes Études de Sciences Sociales, à Paris.

– Oui, tout-à-fait.

– Alors, vous avez mené une étude sur l'accès à l'éducation des jeunes en milieu rural. Quel est votre premier constat ?

– Oui, j'ai suivi une centaine de jeunes ayant grandi en zone rurale, indistinctement issus de familles modestes ou plus aisées. Le constat qui est au centre de cette étude est celui-ci : ces jeunes font en général des études plus courtes que les jeunes ayant grandi dans une métropole comme Paris, Lyon ou Bordeaux. À l'âge de 16 ans, les jeunes ruraux s'orientent plus fréquemment vers la voie professionnelle, cursus qu'ils peuvent suivre par exemple en CFA, Centre de Formation des Apprentis ou en lycée professionnel.

– Comment expliquez-vous cela ?

– Il semblerait que la culture familiale joue un rôle prépondérant chez ces jeunes. Lorsque je les ai interrogés, nombreux sont ceux qui m'ont dit vouloir faire le même métier que leurs parents. Très tôt, ils se préparent à reprendre l'entreprise familiale. Et puis, bien sûr, la distance reste un frein à la mobilité et à l'accès aux études supérieures. Ces jeunes tout simplement n'imaginent même pas qu'il existe des écoles supérieures où ils auraient toutes leurs chances d'entrer et d'être diplômés.

– Ils ne savent pas ? Mais, avec Internet, ces jeunes ont les moyens de s'informer.

– Oui, ils en ont les moyens mais tout cela reste très abstrait pour eux. Il reste difficile d'aller visiter des écoles lors des journées portes ouvertes par exemple, de se rendre à des salons ou à des forums d'orientation.

– Quelles sont alors vos préconisations ?

– Nous l'avons vu, la mobilité est essentielle. Ces jeunes vivent parfois dans des zones isolées, on ne peut pas imaginer élargir encore les réseaux de car et de transport. Mais pourquoi ne pas instaurer un permis de conduire dès l'âge de 16 ans et en baisser le prix ? Pour que la question financière ne soit plus un frein à la mobilité. Mais aussi pour qu'ils puissent aller chercher plus tôt des opportunités. Des opportunités culturelles, des opportunités de stage, des opportunités de rencontre aussi.

– Bien, espérons que vos idées soient entendues. Merci Chloé Antier.

– Merci à vous de m'avoir invitée.

Piste 43 Exercice 2 .... p. 104

Document 1

– Zoom maintenant sur cette initiative originale. L'association Éducation Nature ouvre la première école en forêt de Suisse romande. Alors, de quoi s'agit-il ? Un enseignant et un éducateur accueillent un groupe de douze élèves maximum qui ont pour salle de classe la forêt de Chassagne. Les élèves, de 5 à 10 ans, se retrouvent en forêt, deux à trois jours et demi par semaine, selon l'âge des enfants et les besoins des parents. Cet accueil se fait par tous les temps, au fil des saisons, dans le but d'apprendre dans, par et avec la nature. Nous écoutons Camille, éducateur.

– Chaque jour, on met en place trois ateliers différents dans lesquels les enfants sont en semi-autonomie. Le cadre naturel de la forêt éveille la curiosité des enfants et leur offre un milieu inspirant pour les apprentissages, en découverte du monde, bien sûr, mais aussi en calcul ou en enrichissement du lexique. Les parents disent tous que leurs enfants prennent plaisir à raconter leur journée, le soir, en rentrant à la maison. Et nous, on voit des enfants heureux qui, semaine après semaine, tissent un lien fort avec leur environnement.

Document 2

Les 30 et 31 janvier aura lieu le 8e forum de l'Orientation et des Métiers de La Rochelle. Le forum est ouvert à tous mais s'adresse plus particulièrement aux élèves du secondaire, qu'ils soient accompagnés de leurs enseignants ou de leurs parents. Le forum accueillera plus de 400 élèves de 3e des collèges de La Rochelle et des environs. Santé, bâtiment, hôtellerie, métiers d'art ou de sport, chaque domaine d'activité sera représenté par un professionnel local qui renseignera les visiteurs. Ceux-ci pourront s'entretenir avec ces professionnels, découvrir la réalité du métier qu'ils envisagent d'exercer et les cursus pour y parvenir. Du matériel numérique sera mis à disposition des visiteurs qui pourront visiter de manière virtuelle de nombreuses entreprises de la région. Enfin, ce forum sera aussi l'occasion de se renseigner sur la mobilité internationale et les opportunités de stage ou de travail à l'étranger.

Document 3

Avez-vous entendu parler du projet Odeuropa ? C'est un projet un peu fou, ou en tout cas original, financé par l'Union européenne. Ce projet réunit une quarantaine de chercheurs : historiens, experts en intelligence artificielle, chimistes, linguistes, parfumeurs... qui vont s'attacher à reconstituer les odeurs et les ambiances olfactives de l'Europe entre le 16e et le 20e siècle. Quelle était, par exemple, l'odeur dominante de Paris au 19e siècle ? Le champ de bataille de Waterloo sentait-il uniquement la poudre ? Pour répondre à ces questions, ces chercheurs, assistés de l'intelligence artificielle, vont analyser 200 000 images et des milliers de textes historiques qui décrivent des odeurs à différentes époques. Les échantillons d'odeurs recréées voyageront ensuite dans les différents musées européens pour ajouter une dimension olfactive aux expositions proposées. Un des buts de cette opération est d'intégrer les odeurs au sein du patrimoine culturel immatériel de l'Europe. Pour les chercheurs qui prennent part à ce projet, préserver les odeurs est un moyen de préserver notre histoire.

Unité 8

Piste 44 Activité 2 .... p. 107

– David Le Breton, bonjour.

– Bonjour Ali.

– Vous êtes professeur de sociologie réputé à l'université de Strasbourg et vous venez de publier chez Métailié : *Rire. Une anthropologie du rieur* [...] David Le Breton, vous écrivez que le rire, c'est un prolongement de son visage, une signature sonore de sa personne, une extension de sa voix.

– Oui, parce que c'est vrai qu'en même temps le rire est un signe d'identité, c'est-à-dire on est... notre rire est connu par les autres, nous reconnaissons notre rire dans des enregistrements ou autre, c'est une sorte de signe d'identité discret, quoi. Il n'a pas la puissance du visage ou de la voix, mais c'est quand même un... c'est quand même nous. Notre rire nous caractérise profondément.
– Alors le rire, c'est un Janus, hein. Y a un aspect sombre, un aspect lumineux. C'est évidemment un moyen d'exprimer sa joie pure, sa bonne humeur, mais il peut aussi s'agir d'un sentiment de supériorité, de haine à l'encontre de quelqu'un d'autre.
– Oui, et c'est ça qui m'a beaucoup intéressé dans l'écriture de ce livre, c'est-à-dire qu'on a l'habitude de voir le rire uniquement sous son versant joyeux, heureux, paisible, relieur, mais il y a aussi ce côté destructeur du rire, hein. Le rire de la moquerie, le rire de la haine, le rire raciste, le rire du harcèlement, voilà, y a effectivement une ambivalence du rire. Y a le côté lumineux, le côté solaire qui fait qu'on est heureux d'être ensemble, mais y a aussi le côté nocturne, sombre, qui fait que le rire devient une arme. C'est Romain Gary qui disait que : « Le rire est l'arme blanche de ceux qui n'ont aucune arme », voilà [...]
– David Le Breton, alors, vous l'écrivez dans votre ouvrage, rire c'est la jubilation d'exister, de jouer, d'être ensemble, puissant moyen d'être ensemble.
– Oui c'est ça, là par... dans la vie quotidienne évidemment le rire est plutôt relieur, il est... il crée de la complicité, de la... il renforce l'amitié, il est une manière donc de solidifier le lien avec, avec les autres, et d'ailleurs très souvent on rit ensemble sans qu'il y ait la moindre trace d'humour. À partir du moment où j'ai commencé à m'intéresser au sujet, j'ai été frappé par le fait que d'innombrables fois dans nos vies personnelles, on éclate de rire pour des choses qui sont absolument insignifiantes. Vous dites à un voisin : « Ah, il fait chaud aujourd'hui », il va vous répondre : « Oui, mais quand même un peu moins qu'hier » en éclatant de rire, et c'est ça, c'est la dimension qu'on pourrait nommer « phatique » entre guillemets du rire, c'est-à-dire, c'est le rire qui fait, qui crée le contact, c'est le... le fait d'être ensemble, donc on va se moquer gentiment de nos voisins, etc. Mais en même temps, y a, c'est pas très humoristique mais, ça va provoquer quand même le sourire ou le rire. C'est un puissant moyen, en effet, d'être ensemble et de se dire combien on est heureux d'être ensemble.
– Et vous dites que c'est un adoucisseur de contact.
– Ah oui, parce que ça apaise toujours. Si vous arrivez en colère à un rendez-vous et puis que l'autre vous accueille avec un grand sourire ou en vous faisant une blague, ben vous, finalement le rire, c'est le pardon, c'est la consolation, c'est l'accueil, c'est la... Il y a aussi quelque chose de très égalitaire, là, dans le rire dont on parle, hein, qui est un rire plutôt de connivence, euh, on est au même niveau.
[France inter]

Piste 45 Activité 1 .... **p. 111**

a. Ce prof est très ouvert et accepte toujours chez les autres une manière de penser différente de la sienne, il respecte les opinions des autres. **b.** Mes parents n'ont jamais fait aucune différence entre mes frères et moi, nous avons tous été élevés exactement de la même manière. **c.** Les employés de cette entreprise sont tous très solidaires, ils se serrent les coudes en cas de difficulté. **d.** Après les attentats, les gens se sont tous réunis dans la rue pour dire qu'ensemble, on était plus fort.

Piste 46 Activité 2 .... **p. 112**

a. S'il ne passait pas autant de temps au travail, il pourrait s'occuper davantage de ses enfants. **b.** C'est bien de s'investir sur tous les fronts, à condition de ne pas oublier ce pour quoi on lutte ! **c.** Il faudrait donner davantage de moyens aux associations afin qu'elles soient plus efficaces. **d.** En supposant que les femmes soient payées comme les hommes, arriverons-nous à une parité dans les entreprises ? **e.** J'ai toujours lutté contre les discriminations car j'ai été élevé dans une famille très engagée. **f.** Si ma mère n'avait pas été un modèle pour moi, je ne serais pas devenue présidente d'une association féministe. **g.** Comme j'ai écrit un mémoire sur les minorités opprimées, je connais très bien ce sujet. **h.** Il est facile de devenir bénévole dans une association, pourvu qu'on ait du temps libre. **i.** Pour faire passer des messages, il faut de bonnes campagnes de communication.

Piste 47 Grammaire, Activité 4 .... **p. 116**

a. Il aurait pu le faire changer d'avis s'il avait eu de bons arguments. **b.** Il faut être exemplaire, sinon on ne peut pas être un artiste engagé. **c.** Il est facile de faire rire le public pourvu qu'on ait de bons sketchs. **d.** On peut préserver la planète, à condition qu'on ne gaspille pas les ressources. **e.** On ne pourra jamais faire changer le monde, sauf si on agit tous ensemble.

Unité 9

Piste 48 Activité 2 .... **p. 121**

– Salut Pauline !
– Salut Hortense !
– Alors, de quoi parle-t-on aujourd'hui ?
– Alors, aujourd'hui, je vais te parler d'une tendance qui fait du bien, une tendance que j'ai appelée « Feel good design ». En fait, comme je t'en ai beaucoup parlé en ce moment, la déco tend vraiment à se neutraliser, à devenir très élémentaire et essentielle. Donc, elle apaise, hein, mais je dois dire qu'elle manque un peu de charisme et de bonne humeur, quand même.
– Oui, c'est sûr qu'au milieu de tous ces beiges, on a l'impression que la couleur tend un peu à disparaître.
– Eh bien, j'aimerais justement parler de ces pièces qui viennent agrémenter ces décors neutres d'un petit peu de folie. Donc, on a des pièces de mobilier et des accessoires déco qui ponctuent de couleurs peps et de formes audacieuses un décor un peu fade et tristoune et permettent de singulariser, donc de le rendre unique et de lui apporter de la gaieté.
– Ok, donc « Feel Good design », parce que c'est de la déco colorée, qui fait du bien, dans le sens où cette couleur apporte de la joie dans son intérieur ?
– Tout à fait ! Et il suffit juste d'une simple pièce, d'une chaise ou d'un vase coloré pour réveiller sa déco. C'est comme un rayon de soleil, faut pas oublier les vertus de la couleur sur le bien-être.
– Ouais, complètement, c'est un sujet qu'on évoque souvent dans *Décodeur*. Du coup, comment s'y prennent les marques et les designers ?
– Alors, le travail ne se fait pas sur des motifs, l'idée, c'est de rester élémentaire, d'une certaine façon, mais de jouer avec la couleur, surtout, mais aussi la forme, et plutôt les formes, et j'aime bien dire que ce sont des pièces sérieuses qui ne se prennent pas au sérieux.
– Ah oui, en fait, ce sont de jolies pièces mais, en même temps, elles sont quand même décalées.
– Voilà, dans un premier temps, on retrouve dans cette tendance beaucoup de dérision, de second degré. On a des pièces qui ont des formes exagérées, augmentées. On est vraiment dans les codes du jeu. Par exemple, toute la tendance « Chubby », avec ses canapés et ses fauteuils bien moelleux, comme des nounours, qui sont super attachants, ben, peut rentrer là-dedans. Ce sont des pièces avec beaucoup de charisme parce qu'elles sont très présentes physiquement par leurs formes et par leurs couleurs. Une couleur qui pète vraiment. Et une seule pièce suffit pour apporter cette touche de peps et d'éclat en intérieur, sans pour autant venir rompre l'équilibre d'un décor apaisant et neutre. Donc, y a un côté presque œuvre d'art dans cette exagération de la forme et de la couleur.
[Décodeur podcast]

Piste 49 Activité 4 .... **p. 122**

Dans ce salon, l'architecte a choisi un style épuré et fonctionnel. Le mobilier et les accessoires en bois brut apportent une touche de chaleur et le choix du vieux rose sur le mobilier réveille la blancheur des murs. Le velours du canapé et le tapis à poils hauts rendent cet intérieur confortable.

Piste 50 Activité 2 .... **p. 123**

a. Il n'y a que toi qui soit concerné. **b.** C'est le seul style qui m'inspire. **c.** J'aimerais une déco qui me corresponde. **d.** C'est le pire aménagement que je n'aie jamais vu ! **e.** C'est le premier podcast qui parle de design.

Piste 51 Activité 3 .... **p. 126**

a. Dès que les règles ont été fixées, j'ai créé les personnages. **b.** Je me suis mise aux jeux vidéo au moment où Sonic est sorti. **c.** Pendant que je créais mon univers, je lisais beaucoup de science-fiction. **d.** Après avoir testé ce jeu, je suis devenue complètement accro ! **e.** J'ai pensé aux personnages avant que mon univers ne soit défini.

Piste 52 Le grand oral .... **p. 128**

Bonjour !
Moi, je m'appelle Fabien Delcroix, et je vais vous présenter la start-up Explorator. Alors, nous, on propose un jeu sur mobile pour découvrir les espaces naturels et culturels d'une ville.
Quel est le constat de départ ? Ce constat, c'est qu'on a affaire à une nouvelle génération de touristes, qui veulent visiter autrement : ils cherchent à vivre des expériences nouvelles, interactives et immersives. De l'autre côté, les villes veulent valoriser leur patrimoine naturel et culturel, en tablant sur l'originalité.
Donc, de ce constat, on a voulu proposer une solution qui s'adresse à ces deux acteurs : les touristes et les villes. Et donc, la solution, c'est Explorator. C'est un jeu dans lequel le touriste va avoir une mission : retrouver des objets cachés dans les lieux remarquables de la ville. Ça peut être des arbres, des bâtiments d'intérêt écologique, architectural. Pour ça, il va devoir résoudre des énigmes en répondant à des questions de culture générale ou en observant de près ce qui l'entoure. Et donc, on va lui faire découvrir aussi bien le patrimoine naturel que culturel.
L'idée, à travers ça, c'est que la ville nous donne des informations sur les endroits qu'elle veut mettre en valeur, et c'est là qu'est notre modèle économique. Notre modèle économique, c'est que les villes nous payent pour intégrer leurs informations dans l'application Explorator.
L'avantage pour les villes, c'est que notre jeu se base sur la gamification, et il a été prouvé que jouer permettait de mieux retenir, de marquer les esprits. Et donc, la ville va être mieux perçue par l'utilisateur, qui va vouloir revenir, ou en parler autour de lui.
Le jeu va sortir bientôt, dans un mois. Et on a déjà des clients qui arrivent, quelques grandes villes françaises et aussi des villages un peu partout en France.

Piste 53 Grammaire, Activité 3 .... **p. 130**

a. Ça fait cinq ans que je suis designer. **b.** En ce moment, je travaille sur du mobilier. **c.** Avant que je devienne designer, c'était la nature qui m'intéressait. **d.** J'ai travaillé pendant trois ans pour les jardins publics. **e.** Mais aujourd'hui, j'essaie de mêler nature et design.

Piste 54 Lexique, Activité 2 .... **p. 131**

1. tendance **2.** une déco chargée **3.** un style décalé **4.** une déco épurée **5.** un détournement de meuble

Piste 55 Exercice 1 .... **p. 132**

– C'est une industrie à plus de 100 milliards de dollars et qui s'est immiscée dans nos vies, la musique, la littérature ou le cinéma. Le jeu vidéo a follement évolué depuis sa création dans les années 1950. Pierre Montagnier, vous êtes spécialiste de rétrogaming et vous venez de publier *Générations jeux vidéo* pour nous raconter l'histoire du jeu vidéo, de Pac-Man à Lara Croft, c'est ça ?
– Oui, c'est bien ça.
– Alors, des générations de jeux vidéo. Ça a commencé comment, cette affaire ?
– Le premier jeu, pour moi, c'est un jeu de tennis, conçu par des scientifiques, des physiciens. Et le but de ce jeu, c'était de montrer que la science pouvait être ludique, apporter du divertissement. Et ça a eu un succès incroyable à l'époque ! Et on est en 1958.
– Alors, pour vous, qu'est-ce qui fait un jeu vidéo ? Quels sont les critères d'un jeu vidéo ?
– Pour moi, c'est d'abord l'interaction : l'homme échange avec une machine. Il y a aussi l'écran sur lequel se passe cet échange. Et enfin, y a les mouvements, l'animation d'éléments à l'écran, qui rend le jeu vivant, en quelque sorte.
– Et si on fait un saut dans le temps, on trouve Pac-Man, ce jeu vidéo qu'on connaît tous, et qui sort au Japon dans les années 1980.
– Oui, c'est un des premiers jeux d'arcade, donc, un jeu qu'on installe dans un lieu public, dans un bar, un restaurant, un parc d'attractions, un centre commercial. Et le but, c'est de proposer une expérience courte, pour que le joueur joue et rejoue, et remette des pièces... D'ailleurs, pour la petite anecdote, les jeux d'arcade ont eu tellement de succès qu'il y a même eu une pénurie de pièces au Japon.
– Ah oui, c'est allé loin quand même ! Et vous savez

comment est née l'idée de ce petit personnage de Pac-Man ?
– Oui, en fait, l'idée est venue au concepteur pendant qu'il était en train de manger une pizza. En mangeant, il s'est aperçu qu'en enlevant une part, sa pizza ressemblait à un visage.
– Tout simplement !
– Tout simplement, oui, mais le jeu n'est pourtant pas simpliste. Le but, c'est d'attraper des pac-gommes en évitant des fantômes, et tout ça, dans un labyrinthe. Jusque-là, rien d'extraordinaire... Mais le truc fou, c'est que chacun de ces fantômes a une manière différente de se déplacer, d'approcher Pac-Man. Et en fait, ça, c'est déjà de l'intelligence artificielle.
– Donc, il y a Pac-Man, mais parmi ces jeux qui appartiennent à la culture populaire, il y a aussi Mario. Comment expliquer le succès de ce jeu qui a, lui aussi, traversé les générations ?
– Ben, Mario Bros, déjà, il est sorti du jeu d'arcade pour s'inviter dans notre maison, sur une console de jeu. Et c'est aussi le premier jeu où il y avait une fonction de *scrolling*. C'est-à-dire qu'avant, dans les jeux, on passait d'un tableau à un autre. Et là, dans Mario, le décor défile complètement, sans transition. Et la différence également, c'est qu'à l'époque, les autres jeux étaient assez sombres mais Mario Bros est très coloré. Et les créateurs du jeu, ils ont créé tout un univers à partir de ce personnage.

Piste 56 Exercice 2 .... p. 132

Document 1 :

À quoi ressemblera Dakar en 2035 ? C'est la question que le ministre de l'Urbanisme du Sénégal s'est posée avant de présenter son nouveau plan d'aménagement pour la capitale du Sénégal. Le défi est de taille : faire face à l'accroissement démographique de la ville puisque qu'on sait que d'ici 15 ans, la population va doubler. Le Dakar de demain va donc devoir intégrer 4 millions d'habitants supplémentaires dans un espace urbain déjà bien rempli. La solution envisagée, c'est d'étendre la ville vers le sud-est en suivant le trajet de l'autoroute. Une ville nouvelle, donc, et aussi un projet en construction. Le pôle de Diamniado, c'est le projet-phare du président Macky Sall, qui devra accueillir l'équivalent de la moitié des habitants de Dakar. Pour libérer de l'espace, certaines fonctions disparaîtront, à l'image de l'immense décharge de Mbeubeuss, à l'est de la capitale, qui sera fermée.

Document 2 :

– Du soleil, du sable fin, des cocotiers... C'est le décor paradisiaque du jeu vidéo Clean my beach. Bon, vous vous en doutez, avec un nom pareil, qu'on pourrait traduire par « Nettoie ma plage », cette merveilleuse plage est aussi jonchée de bouteilles en plastique et de tongs... Jules Gallo, vous travaillez dans le studio de jeux vidéo Kayfo Game à Dakar. C'est quoi, ce jeu ?
– Pour le décor, vous avez bien résumé : on est sur une plage où il y a des déchets. Le principe du jeu est très simple : on doit attraper les déchets et viser les poubelles qui sont de plus en plus difficiles à atteindre. Et, plus on ramasse de déchets, plus on voit des animaux réapparaître sur la plage et dans la mer. Donc, l'idée, dans ce jeu, c'est de sensibiliser les jeunes à la préservation de la planète.

Document 3 :

– Bonjour Manon !
– Bonjour Pascal !
– Manon, vous nous emmenez à la découverte du « Monde Nouveau de Charlotte Perriand ». La fondation Vuitton présente les créations de cette femme architecte, designer, qui a bouleversé nos intérieurs.
– Oui, dès les années 1920, elle a fait la part belle aux matériaux industriels et a repensé les maisons pour faire entrer l'air et la lumière. Elle ouvre la cuisine sur le salon, intègre des rangements au mur pour libérer de l'espace, et éviter le désordre, crée des baies vitrées du sol au plafond pour faire entrer le ciel dans la maison. Elle voulait créer du vide dans les petits espaces, pour pouvoir marcher sans rencontrer d'obstacle. L'idée lui est venue lors d'un séjour à l'hôpital, à l'âge de 10 ans, où elle dit avoir préféré le vide de la chambre d'hôpital à sa chambre d'enfant. Étonnant, n'est-ce pas ?
– Oui, étonnant, et moderne !
– En effet, Charlotte Perriand a cent ans d'avance ! On retrouve toutes ses idées dans nos logements aujourd'hui.

Unité 10

Piste 57 Activité 2 .... p. 135

– Bonjour Valère Corréard.
– Bonjour Patricia Martin.
– Et cette semaine de quoi parle-t-on ?
– On va essayer de répondre à une question : les insectes vont-ils bientôt arriver dans nos assiettes ? [...]
– Alors nous pourrions atteindre, là on parle vraiment de choses qui sont pas... pas rigolotes, nous pourrions atteindre 9 milliards d'individus dans le monde en 2050. Il faudra quasiment multiplier, donc, par deux la production alimentaire actuelle selon l'ONU. Problème : les espaces d'élevage se font trop rares, les océans sont surpêchés et si les insectes, donc, étaient la solution ? On va faire le point ?
– Oui. 9 milliards, ça fait du monde, hein, et cela va impliquer de réévaluer ce que nous mangeons et comment nous produisons cette nourriture. Déjà, aujourd'hui, on estime que les insectes sont une composante de repas traditionnels pour au moins 2 milliards de personnes. Et il y a l'embarras du choix ! Là vous avez deux espèces, mais il en existe 1 900 comestibles. Au Mexique, les chenilles grillées ou frites sont considérées comme des friandises dans le milieu agricole, en Australie, certaines communautés se régalent avec des larves de papillon, alors que les larves de guêpe jaune sont particulièrement appréciées au Japon.
– Et l'entomophagie, le fait donc de manger des insectes, aurait de nombreux atouts.
– Pour l'environnement d'abord, leur élevage est moins gourmand en gaz à effet de serre, en espace et en eau. Et puis, élever des insectes est accessible techniquement et financièrement, ce qui peut être un avantage non négligeable pour certaines populations confrontées à la malnutrition. Pour la santé ensuite, les insectes seraient une alternative à la viande ou au poisson, puisqu'ils contiennent des protéines mais aussi du fer, du calcium ou du zinc. C'est en tout cas ce que mettent en avant les entreprises qui sont sur ce marché [...] Tout l'enjeu des start-ups qui vantent les mérites des criquets et autres vers de farine, eh bien c'est de faire changer l'image des bestioles qui ne sont pas encore ancrées dans nos habitudes alimentaires, même pour l'apéritif. Pour Clément Scellier, cofondateur et directeur général de Jimini's, cette entreprise qui vend donc des insectes, l'enjeu, c'est bien l'image.
– On a décidé de prendre le problème, on va dire, frontalement en cassant un petit peu cette image Koh-Lanta, on va dire, de l'insecte et en l'apportant sous forme d'apéritif, donc assaisonné, fun, sympa, on est vraiment dans du ludique. Les petits criquets, on retire les ailes comme des cacahuètes. Et, euh, et puis surtout en rassurant, c'est-à-dire qu'il faut parler, faut expliquer, faut... il faut faire rire, on essaie de faire rire les gens, et donc toute cette approche un petit peu, un petit peu sympathique, on va dire, du sujet permet de dépasser un petit peu ces tabous alimentaires. Évidemment, on mange des crevettes, on mange des huîtres, ça fait, ça fait peur aussi à certains, mais la plupart des gens les mangent sans problème, alors pourquoi pas des insectes ? Ça va prendre un petit peu de temps, mais on va y arriver.
[France inter]

Piste 58 Activité 1 .... p. 136

– Linguine au persil et effilochée potiron, en avant pour la table 12 !
– Spaghettis à la lotte braisée et réduction de citron pour la table 8 !
– C'est prêt pour la table 5, pâtes au lard et pancetta, émulsion au poivre !
– Et c'est parti pour la table 15 avec ses tagliatelles de printemps au chou brocoli, petits pois sauce basilic !

Piste 59 Activité 3 .... p. 137

a. Balenciaga aurait l'intention de mettre en vente un tee-shirt au profit de l'association de protection des animaux WWF. **b.** Tu étais au courant que la marque d'horlogerie Rado avait collaboré avec l'artiste culinaire japonaise Ayako Suwa pour son dernier modèle de montre ? **c.** Je savais que les défilés de mode de la « Fashion week » auraient beaucoup de succès ! **d.** Les collections du musée des Arts décoratifs seraient bientôt disponibles en visites virtuelles. **e.** Il y a des chances que proposer du prêt-à-porter recyclé devienne la norme d'ici quelques années. **f.** Les grands magasins seront sans doute ouverts plus tard pendant les soldes. **g.** Je ne suis pas étonnée que Burberry ait détruit des stocks d'invendus !

Piste 60 Activité 3 .... p. 139

a. – C'est quoi votre péché mignon ?
– Les sacs à main, sans hésitation ! En cuir et de couleur vive de préférence ! Et tout ce qui les accompagne : les portefeuilles, les gants... J'en achète régulièrement.
b. – Vous venez ici pour acheter quoi ?
– Des produits de beauté, essentiellement. Une crème pour le visage, du maquillage, et peut-être du parfum, je vais voir, si j'ai encore des sous !
c. – Excusez-moi, je peux vous demander ce que vous comptez acheter aujourd'hui ?
– Oui, un bijou pour offrir à ma femme.
– Pour une occasion spéciale ?
– Oui, c'est son anniversaire. J'hésite entre des boucles d'oreille ou un collier, je n'ai pas fait mon choix encore.
d. – Vous êtes ici pour quoi aujourd'hui ?
– Je cherche à renouveler ma garde-robe, alors je traîne dans le rayon des fringues... Je n'ai pas encore trouvé mon bonheur, mais je ne désespère pas ! Il y a plein de marques de prêt-à-porter ici, donc je vais bien finir par trouver quelque chose !

Piste 61 Activité 1 .... p. 141

Je vais vous présenter l'une des plus célèbres créatrices de mode française, Coco Chanel. Je vous parlerai d'abord de son enfance et expliquerai comment elle s'est orientée vers la mode, puis je parlerai de ses années de succès et de ce qui fait d'elle une femme d'exception. Et enfin, je terminerai sur ses dernières années, un peu plus sombres.
Coco Chanel, de son vrai nom Gabrielle Chasnel, est née le 19 août 1883 à Saumur. Son père était marchand ambulant et sa mère couturière. À 18 ans, elle apprend la couture et débute sa carrière dans un atelier de vêtements pour bébé. Mais, à cette époque, son rêve était de devenir chanteuse. Elle se produit en spectacle devant les officiers qui la surnomment « Coco », parce qu'elle a pour habitude de chanter « Qui qu'a vu Coco dans l'Trocadéro ? ». Elle rencontre Étienne Balsan, un riche officier qui l'introduit dans la vie mondaine. Il lui présente Arthur « Boy » Capel, qui deviendra son grand amour. Boy pousse Coco Chanel à vendre les chapeaux qu'elle crée et lui prête de l'argent pour ouvrir sa première boutique à Paris en 1910. Coco Chanel ouvre ensuite d'autres boutiques à Deauville et à Biarritz, deux cités balnéaires où se retrouve la haute société pendant la guerre. C'est le début du succès.
Voyons donc maintenant les années les plus prestigieuses de la créatrice. C'est à Biarritz que Coco Chanel crée sa première véritable maison de couture. Mais avec la première guerre mondiale, elle a des difficultés à trouver du tissu. Elle utilise alors du jersey, une matière qui sert normalement à fabriquer des sous-vêtements. C'est un succès. Ses créations sont très modernes pour l'époque : elle dessine des robes droites et des pantalons pour femmes, alors qu'à l'époque les pantalons étaient réservés aux hommes. Après la guerre, son entreprise se porte très bien et emploie environ 300 ouvrières. Mais son amant, Boy Capel, meurt en 1919, ce qui laisse un grand vide dans la vie de Coco Chanel. En 1921, Coco Chanel agrandit sa boutique parisienne et devient la première créatrice de mode à lancer son parfum, le célèbre N°5. Quelques années plus tard, Coco Chanel lance la petite robe noire, couleur normalement réservée au deuil. Le modèle devient un classique. En 1932, Coco Chanel, qui a toujours adoré porter des perles et des bijoux, devient la première créatrice à lancer une ligne de haute joaillerie. Les années de prestige continuent jusqu'à la fin des années 1930.
Nous allons maintenant parler des années un peu plus sombres de la célèbre créatrice. Avec l'arrivée de la seconde guerre mondiale, Coco Chanel doit fermer sa maison de couture, même si elle conserve son activité de parfumerie. Après la guerre, elle s'installe en Suisse tout en gardant un œil sur les collections parisiennes. Elle n'apprécie pas le « New Look » de Christian Dior qui, pour elle, va à l'encontre de son travail pour libérer le corps de la femme. Elle revient à Paris en 1954, à 71 ans. Elle crée encore quelques modèles à succès, comme le tailleur en tweed et les ballerines bicolores.

Mais pendant les années 60 et la révolution hippie, Coco Chanel perd de son prestige. Elle s'oppose aux tendances de l'époque, rejette la mini-jupe. Elle devient tyrannique, s'enferme dans ses appartements. Coco Chanel meurt en janvier 1971, à l'âge de 87 ans, alors qu'elle prépare une nouvelle collection qui sera présentée après sa mort.
Pour conclure, nous pouvons affirmer que Coco Chanel est l'une des plus grandes créatrices françaises, et qu'elle restera dans l'histoire pour avoir libéré le corps de la femme. Encore aujourd'hui, la marque Chanel est présente sur quatre marchés du luxe : la haute couture, le parfum, la joaillerie et les cosmétiques.

Piste 62 Grammaire, Activité 1 .... p. 144

a. Il viendra peut-être faire les magasins avec nous. **b.** Il va sans doute présenter sa nouvelle collection. **c.** Jean-Paul Gaultier prendrait sa retraite. **d.** Il paraît que la « Fashion week » serait annulée cette année. **e.** Il va probablement aller au défilé Prada.

Piste 63 Lexique, Activité 6 .... p. 145

a. Quand est-ce qu'on bouffe ? **b.** J'avale vite mon dessert et j'arrive ! **c.** Il n'arrête pas de se goinfrer ! **d.** Ma sœur se nourrit très mal. **e.** Est-ce que je peux goûter ton plat ?

Unité 11

Piste 64 Activité 2 .... p. 149

– Et là on va en Inde, où on a réussi à apaiser les conflits entre les humains et les éléphants, et vous dites, Emmanuel Moreau, que c'est grâce à de curieux petits intermédiaires.
– Comment protéger ses récoltes face à un troupeau d'éléphants affamés ? C'est une question épineuse à laquelle les paysans et les autorités indiennes ont été confrontés maintes fois ! Mais, depuis quelque temps, une idée venue de l'Afrique semble apaiser les tensions entre les pachydermes et les humains tout en augmentant les revenus des agriculteurs ! L'idée est simple, elle consiste à installer une clôture de ruches tout autour d'une ferme et de compter sur la peur naturelle qu'ont les pachydermes face aux petites abeilles.
– Et cette méthode a déjà fait ses preuves ?
– Elle a d'abord été expérimentée au Kenya par la zoologue britannique Lucy King dans le cadre du *Elephant and Bees Project*, puis répliquée dans le sud de l'Inde dès 2009 par la Wildlife Research and Conservation Society. Les conflits entre humains et éléphants peuvent nous paraître lointains et exotiques, mais ils sont pourtant très fréquents, et parfois dramatiques, dans un pays où vivent plus de 27 000 pachydermes, soit près de la moitié de la population d'éléphants d'Asie. L'existence de ces éléphants, plus petits que leurs cousins africains, est de plus en plus menacée, comme l'explique Emma Stokking de l'agence Sparknews.
– En 100 ans, la population d'éléphants d'Asie a connu un déclin de 90 %, associé à une perte de près de 95 % de son habitat, d'après le site du *Elephant and Bees Project*. Alors à cause de la réduction et de la fragmentation de ces espèces sauvages, les éléphants sont contraints de s'aventurer dans des zones habitées par les humains, pour circuler ou pour se nourrir, ce qui génère inévitablement de nombreux conflits avec les communautés locales.
– Et Emmanuel, est-ce qu'on a des chiffres sur les dégâts occasionnés ?
– Selon le gouvernement indien, ces conflits ont causé la mort de 2 361 personnes et de 510 éléphants entre 2014 et 2019. Pour se protéger et défendre leurs cultures, certains paysans exaspérés sont prêts à les chasser à coup d'explosifs ou de pièges électrifiés et de poison.
– Alors l'installation des ruches pourrait donc être la solution naturelle et miracle ?
– Beaucoup de pistes ont été explorées par des associations de protection des animaux ces dernières années, avec des résultats mitigés car, c'est vrai, les éléphants, qui sont des animaux extrêmement intelligents, finissent toujours par trouver une parade. Mais, cette fois, ces fameuses barrières de ruches donnent de bons résultats. De plus, comme beaucoup de paysans indiens pratiquaient déjà l'apiculture, il n'a pas été difficile de les convaincre d'en implanter tout autour de leurs fermes. Et ils étaient naturellement ravis d'obtenir ainsi de nouvelles sources de revenu avec la vente du miel. À ce jour, plus de 360 paysans appliquent cette forme de protection dans l'État indien du Karnataka et aucun n'a eu à déplorer la moindre invasion depuis. D'autres pays d'Afrique et d'Asie comme le Mozambique ou la Thaïlande ont décidé de suivre ! [France inter]

Piste 65 Activité 2 .... p. 150

a. En général, on pense qu'elles sont mauvaises pour la santé. Mais certaines font du bien à notre organisme ! Celles qui sont dans les yaourts nous aident à bien digérer. **b.** La chimie est la science qui étudie leur formation : elles sont partout autour de nous, puisqu'elles composent la matière. **c.** Le ver ou le pou font partie de cette catégorie d'organismes vivants. Un film coréen du même nom a remporté la Palme d'or en 2019. **d.** Rappelez-vous de votre cours de science à l'école primaire… C'est un processus organique, qui permet aux plantes de créer de l'énergie à partir de la lumière du soleil. **e.** Si on le dit avec un ton méchant, c'est une insulte. Comme ils sont invisibles à l'œil nu, il faut bien se laver les mains pour les éliminer !

Piste 66 Activité 2 .... p. 151

a. – Je t'assure qu'il a fait un lifting, ça se voit ! J'en suis certaine, aucun doute là-dessus !
– Maintenant que tu le dis, c'est vrai que je trouvais qu'il avait l'air différent la dernière fois que je l'ai vu.
b. – Regarde ce champignon, là ? Il est énorme ! Tu penses qu'il est comestible ?
– Euh, franchement, j'ai des doutes… Il a une drôle de couleur quand même.
c. – Ce que je sais, et j'en suis convaincue, c'est que les chiens sont plus empathiques que les humains.
– Humm… moi, je ne sais pas trop… c'est surtout grâce aux mots qu'on peut comprendre l'autre, non ?
d. – Une transfusion de sang pour ralentir le vieillissement ? N'importe quoi !
– Je suis tout à fait d'accord. Il est évident que la médecine devrait avoir d'autres priorités.
e. – Comment pensez-vous régler le problème des loups qui attaquent nos brebis, monsieur le maire ?
– Une chose est certaine : nous ferons tout ce qui est en notre pouvoir pour protéger vos troupeaux.

Piste 68 Activité 3 .... p. 153

– Je suis désolée, mais je ne suis pas du tout d'accord avec vous ! Des « nuisances sonores » ? Un samedi soir, à 22 heures ? Vous plaisantez ?
– Pas du tout madame ! Nous n'arrivons pas à dormir avec le bazar que font vos clients ! Je vous rappelle que nous sommes juste au-dessus de votre établissement !
– Mais c'est la mort du petit commerce que vous voulez ! Mon bistrot existe depuis plus de 15 ans. C'est un lieu de rencontre et de mixité sociale, car nous accueillons des gens de tout âge et de tout type ; les touristes y mangent à côté d'étudiants ou de familles.
– Comprenez-nous, nous avons besoin de tranquillité nous aussi. Le quartier est de plus en plus sale, les actes de vandalisme sont devenus presque quotidiens… On n'en peut plus !
– Si nous fermons le restaurant, il y a aura encore plus d'insécurité le soir ! La solution, c'est de créer du partage, de l'animation.
– C'est pas faux… mais vous pourriez quand même faire un petit effort. Demandez à vos clients de faire preuve de respect pour le voisinage, de parler un peu moins fort.

Piste 69 Activité 2 .... p. 154

a. L'architecte lui en a déjà parlé. **b.** En tant que passionnée d'histoire, je dois absolument m'y rendre. **c.** Il faut le leur expliquer pour éviter les réclamations. **d.** Heureusement que vous nous l'avez transmis à temps. **e.** Rendez-le-moi s'il vous plaît !

Piste 70 Activité 2 .... p. 155

Nous allons tout d'abord vous présenter les chiffres du nouveau classement de l'Observatoire des villes vertes, qui est établi tous les trois ans depuis 2014 à partir de 25 grands indicateurs. Le cumul des notes obtenues pour chaque indicateur donne un résultat final sur 100. L'objectif de ce classement est avant tout de mettre en lumière les villes qui se végétalisent, et ainsi d'inciter d'autres villes à les imiter. Nous détaillerons certains indicateurs pour commenter ces données qui concernent les 50 plus grandes villes de France.
Tout comme en 2017, Angers et Nantes conservent leur 1re et leur 2e place. Amiens réalise une belle progression, puisque cette ville du nord de la France est passée de la dixième place en 2017 à la quatrième en 2020. Notons que Lyon est la seule ville de plus de 500 000 habitants présente dans le palmarès.
Si l'on regarde les résultats de l'ensemble des villes, on peut observer que, depuis 2017, la situation s'est améliorée. En effet, la surface moyenne d'espaces verts par habitant a augmenté de 3 mètres carrés. Quant au budget moyen dédié aux espaces verts, il atteint désormais 76 euros par habitant, avec une hausse de 1,50 € par rapport à 2017. Une grande majorité de villes (74 %) délivre le permis de végétaliser aux habitants. Il s'agit d'un dispositif qui permet à chacun de jardiner dans l'espace public, en fleurissant les pieds des arbres, par exemple, ou encore en installant des jardinières au sol. Dernier point : nos villes comptent de plus en plus d'arbres. On estime à 11 pour 100 habitants le nombre d'arbres présents dans nos espaces urbains, contre seulement 9 en 2017.

Piste 71 Le grand oral .... p. 156

Tout d'abord, merci à tous d'être présents aujourd'hui pour évoquer ensemble le projet de réaménagement du parc Bellerive, dans le quartier Nord de Tours. Je ne reviendrai pas ici sur l'état de dégradation actuelle dans lequel se trouve le parc, complètement laissé à l'abandon depuis une dizaine d'années. La mission qui m'a été confiée, c'est de redonner à ce parc autrefois vivant et joyeux sa splendeur d'antan. Comment y parvenir ? C'est ce que je vais vous exposer en quelques points.
Pour commencer, quelle est la finalité précise de notre projet ? Eh bien, notre objectif est de transformer ce parc en lieu de rencontres entre les habitants du quartier, afin qu'ils se réapproprient cette partie de la ville. Pour ce faire, nous organiserons une première phase de concertation avec la population, où nous proposerons différentes options. Comme vous pouvez le voir sur le plan qui s'affiche derrière moi, le parc est de taille moyenne ; notre intervention concerne une surface de 12 000 m², et il faudra bien sûr faire des choix sur les aménagements à réaliser. De nombreuses options sont possibles : potager partagé, aire de pique-nique, bande sportive, boulodrome, buvette, espace concert, kiosque à journaux…
Nous savons en revanche qu'une aire de jeux pour les enfants de 0 à 12 ans sera réalisée, car les habitants la demandent depuis déjà de nombreuses années.
Suite à cette concertation, le bureau d'urbanistes dans lequel j'exerce depuis plus de 15 ans proposera un projet qui devra être approuvé par la municipalité. Nous présenterons ces travaux sur un site internet qui détaillera chaque étape du projet. Des vidéos de rendu architectural seront également disponibles sur ce site. Après validation du budget et du projet par les commanditaires, nous mettrons en place une procédure d'appel d'offres et, à son terme, les travaux pourront démarrer. Nous envisageons une réouverture du parc dans un an et demi.
Enfin, nous tenons à préciser que notre bureau est très attaché aux valeurs écologistes. Nous souhaitons donc mettre en valeur les matériaux d'origine naturelle et si possible locale. Les bancs et les jeux seront en bois, et leur forme et couleur respecteront le paysage où ils s'inséreront. Nous choisirons également des entreprises de construction labellisées.
Avez-vous des questions ?

Piste 72 Grammaire, Activité 1 .... p. 158

a. Cathy ne va pas vouloir regarder ce documentaire sur les mygales, c'est évident : elle a peur des araignées ! **b.** Je ne sais plus quoi penser après avoir lu cet article sur le vieillissement. **c.** Le héron cendré fait partie des espèces protégées en France depuis 2009 : je n'ai aucun doute sur ça ! **d.** C'est un fait : les arbres communiquent entre eux par leurs racines.
e. On peut cependant se demander si notre civilisation est capable de respecter le vivant.

Piste 73 Exercice 1 .... p. 160

– À Noël, ou pour n'importe quel anniversaire ou fête de famille, les poubelles débordent de papier cadeau. Marie, une jeune lyonnaise de 28 ans, en a eu assez de tout ce gaspillage et a eu une idée géniale pour faire évoluer les choses : du papier

fleur, 100 % recyclable. Marie est notre invitée aujourd'hui, bonjour.
– Bonjour Étienne.
– Et avec nous aussi Marc André Lemoine, qui milite dans l'association de défense de la biodiversité Les amis des fleurs. Bienvenue.
– Merci Étienne.
– Alors, Marie, expliquez-nous tout d'abord comment ça marche, votre papier fleur.
– Eh bien ce que nous avons imaginé, c'est un papier dans lequel nous avons placé des graines de fleurs. Après utilisation, on met le papier en terre, on arrose et, quelques semaines plus tard, des fleurs apparaissent ! Nous sommes très sollicités par les magasins écolos, mais aussi par les fleuristes, les boutiques de vêtements... Les clients sont très sensibles par rapport à ce sujet.
– On peut parler de marketing écologique ?
– Oui, bon, je préfère parler d'une plus grande sensibilisation du public. Je suis biologiste de formation. Pour moi le vivant, la nature, ce n'est pas une histoire de marketing. Je crois vraiment en ce que je fais.
– D'accord. Et pour revenir à votre projet, vous produisez surtout du papier cadeau, c'est bien ça ?
– Oui, c'est une nouvelle façon de penser l'emballage. C'est très intéressant pour les plus jeunes. On peut leur montrer qu'il ne faut pas jeter son papier cadeau, mais le planter !
– Oui, Marc-André, vous voulez intervenir ?
– En effet, je ne suis pas tout à fait convaincu par ce produit. En fait, je pense qu'il est primordial de réduire notre consommation, et notamment notre consommation d'emballages. Et c'est ça que nous devons enseigner à nos enfants ! Pourquoi ne pas simplement cacher le cadeau dans un grand sac en tissu ? Par ailleurs, il faut que les enfants comprennent bien d'où naissent les fleurs, qu'ils voient les graines. Ce papier est finalement plutôt artificiel.
– Je suis d'accord avec vous quand vous dites que consommer moins est une priorité. Mais il me semble aussi que certaines traditions, certaines pratiques sont difficiles à changer. Quant au côté « naturel », nos graines sont 100 % issues de l'agriculture biologique, sans OGM. De plus, elles permettent par exemple très souvent de faire arriver des fleurs là où on n'en trouve pas d'habitude : sur les balcons, sur les terrasses, ou même dans certains jardins publics ou parcs de nos grandes villes.
– Certes, mais l'encre que vous utilisez finit dans les sols, non ? Il n'y a pas de risque pour les écosystèmes ?
– Nous avons réfléchi à cette question et nous n'utilisons que des pigments naturels, sans produit chimique. Par ailleurs, nous savons que ces fleurs favorisent le retour des abeilles et d'autres insectes, il était donc hors de question pour nous de contaminer ces organismes.
– Très bien. Est-ce que c'était compliqué pour vous de monter ce projet ?
– Eh bien, ce qui a été difficile, c'est la partie économique car, en effet, le prix de notre papier est supérieur à celui du marché, enfin, surtout par rapport aux produits bas de gamme, fabriqués de façon très industrielle. Mais si on compare avec des papiers écologiques, nous sommes à peu près dans la fourchette de prix moyens. C'est vrai que, au début, ce n'était pas facile de convaincre les banques de nous prêter de l'argent. Heureusement, nous avons fait preuve de détermination et aujourd'hui nous pensons même à exporter nos produits en Europe.

Piste 74 Exercice 2 .... p. 160

Document 1

– Radio Bleu, bonjour ! Ce matin nous vous emmenons à Toulouse, place Saint-Pierre, où a lieu régulièrement le marché aux livres, avec les bouquinistes qui vendent des livres d'occasion. On s'est demandé si le marché est encore un lieu de mixité sociale, si les gens s'y rencontrent ou s'ignorent. Nous avons interviewé Martine, qui tient un stand depuis dix ans.
– Je vois passer tous types de clients, des étudiants, des avocats, des touristes... On a des livres à 2 euros, d'autres à 300... Et on peut dire que les gens discutent ici ! Quand vous faites l'effort de sortir de chez vous, même quand il fait froid, pour aller acheter des bouquins que vous pourriez recevoir chez vous en deux clics en les commandant sur Internet, ben ça veut dire que vous voulez rencontrer des gens. La grande différence avec les marchés alimentaires, c'est qu'on a plus de choses à dire sur le dernier roman qu'on vient de finir que sur les tomates ou les ananas !
– Et vous pensez que les nouvelles générations vont continuer à faire vivre le marché aux livres ?
– Moi je ne m'inquiète pas trop sur ça. C'est vrai qu'on entend souvent dire que les jeunes ne lisent plus, qu'ils sont tout le temps sur leur téléphone. Mais moi je vois passer beaucoup d'élèves du lycée d'à côté à la sortie des cours, qui s'achètent des BD ou autre et vont se boire un petit café en terrasse après.

Document 2

– Ce matin, nous parlons d'un insecte qui a certainement pollué vos nuits et même vos journées pendant les chaudes vacances d'été, il s'agit du moustique. Alors pour en savoir plus, nous recevons l'entomologiste Nicolas Breuil, qui a publié un livre qui traite, en quelque sorte, de la démographie des moustiques en France, on peut dire ça ?
– Oui, même si je m'intéresse surtout à la localisation géographique des moustiques sur le territoire, pas tellement à la quantité de spécimens.
– Alors, on peut le dire, ils ne sont pas très sympas, les moustiques...
– C'est vrai qu'ils ne sont pas tellement aimés. Pourtant, sur les 3 500 espèces que nous connaissons, il n'y en a que 15 qui piquent l'homme. Donc ils ne sont pas tous dangereux pour la santé. Et, à force de les observer, je peux vous dire qu'ils dégagent une certaine beauté, quand on les regarde de très près. Et ce lien qui s'est créé a fait naître une forme de tolérance à leur égard, oui...
– Mais on dirait que certaines personnes sont plus victimes des moustiques que d'autres. C'est vrai ?
– En fait, on ne réagit pas de la même façon par rapport aux maladies, et c'est la même chose avec les moustiques. C'est une question d'allergie à la salive de l'insecte. Mais on peut ajouter que, heureusement, plus on est piqués par un moustique, moins leurs piqûres nous font mal. C'est ce qui se produit chez les habitants des pays tropicaux.

Document 3

– J'ai vu qu'un collectif d'habitants du quartier a installé des jardinières devant l'école primaire. Je me suis renseignée et, en fait, c'est une action pour dénoncer le manque d'espaces verts dans la ville. Tu trouves qu'ils ont raison de faire ça, toi ? C'est illégal.
– Ah oui, je les ai vues, ces fleurs. Ben c'est joli, non ?
– D'accord, mais on n'a pas le droit d'envahir l'espace public, comme ça, comme on veut. Et puis, on ne peut pas faire n'importe quoi avec les plantes, il faut s'y connaître un peu. Je ne crois pas que ceux qui ont fait ça soient tous des jardiniers professionnels...
– Tu exagères un peu ! Avant, devant l'école, c'était un peu triste et dégradé, là c'est plus gai. C'est vrai que c'était à la mairie de faire ça, je suis d'accord sur ce point. Mais comme ça fait des années que les pouvoirs publics n'agissent pas pour aménager le quartier, les citoyens ont pris l'initiative. Il nous faut vraiment plus de parcs, plus de nature dans ce quartier ! Comme chacun sait, il y a une vraie urgence climatique.
– Mais ça ne justifie pas tout ! C'est comme l'art urbain. On n'a pas le droit de peindre des œuvres sur les murs des immeubles sous prétexte qu'on a un message à faire passer. Les habitants auraient dû déposer une demande aux services municipaux.
– Attends, tu ne vas pas comparer des graffitis avec des fleurs, avec du vivant ! Pour moi, les habitants n'ont rien fait de mal, au contraire, ils ont embelli notre lieu de vie.

Unité 12

Piste 75 Activité 2 .... p. 163

– France info.
– Ça fait quinze ans qu'on les suit. La capitaine de police judiciaire Laure Berthaud, son collègue Gilou, désormais en prison, l'avocat sans état d'âme Joséphine Karlsson. On les a vus cabossés par les enquêtes, la vie, les faits criminels. On a découvert les imbrications précises entre police et justice, avec sobriété, sans voyeurisme, toujours dans un univers réaliste. L'ultime saison d'*Engrenages* ne déçoit pas [...] Une saison qui s'ouvre comme toujours sur un cadavre, cette fois un jeune Marocain, dans le tambour d'un lavomatique à Barbès. L'envie pour Marine Francou, désormais aux commandes, de raconter, en parallèle de la trajectoire des personnages, le sort des migrants et des mineurs marocains.
– C'était une envie, comme ça, suite à la lecture d'un livre, de parler des migrants, et cette envie que le mort de la saison 8 soit un migrant, quelqu'un dont on ne connaît pas l'identité. On est tombés sur une photo, publiée dans le journal *Le Monde*, où on voyait trois jeunes mineurs marocains endormis dans les tambours d'un lavomatique. Et là, tout de suite, ça a fait tilt dans notre tête [...]
– Depuis toujours, *Engrenages* se veut très réaliste dans sa représentation de la société, des policiers, de la justice. Cette saison est à l'unisson avec des images volées sur les campements de migrants, porte de la Chapelle à Paris. Marine Francou.
– Il y avait cette incarnation qu'on pouvait faire avec ce jeune Souleymane, mettre une identité, un visage sur une réalité parfois abstraite. Effectivement, sa vie dans la réalité de tout ce qui entoure le secteur de la porte de la Chapelle, avec ce paradoxe que je trouve assez fort, c'est que le nouveau Palais de justice, il est à cinq minutes de là, en fait. Et il est dans toute sa majesté, dans toute sa modernité.
– La série est toujours aussi bien jouée par Thierry Godard, Caroline Proust, Audrey Fleurot et le nouveau policier, apparu la saison dernière, Tewfik Jallab. Action, suspense, maîtrise de la réalisation, et aussi la fin de la trajectoire de ces personnages. Une fin qui tient la route, mais il fallait la trouver. Marine Francou.
– La question fondamentale, en fait, qu'on se pose, c'est des personnages qui sont très cabossés, qui ont vécu énormément de chocs pendant ces huit saisons. Est-ce qu'ils ont droit au bonheur ? Pour le savoir, il faudra regarder les dix épisodes.
– Une huitième saison d'*Engrenages* prenante, qui se termine avec brio. [France inter]

Piste 76 Activité 4 .... p. 164

Cette série a des vertus éducatives. Le scénariste et le réalisateur ont trouvé un langage commun pour parler de l'adolescence. Ainsi, la saison 3 se prête particulièrement à une analyse poussée du monde du collège. Si bien que pour les jeunes, cette saison est un véritable outil pédagogique. Pour les parents, c'est la saison 2, centrée sur les rapports parents-enfants, qui a quelque chose de formateur.

Piste 77 Activité 2 .... p. 165

a. Il a beaucoup révisé pour réussir ses examens. **b.** Elle a répété son texte de peur de l'oublier. **c.** Ils ont travaillé ensemble de manière à s'entraider. **d.** Il a tout expliqué de crainte que ses élèves échouent. **e.** Elle a fait en sorte que chacun puisse être présent.

Piste 78 Activité 2 .... p. 167

Je m'appelle Megda et je viens de lancer mon podcast sur les étudiants en doctorat. Avant de m'inscrire en doctorat, j'ai fait quelques recherches sur Internet pour lire des témoignages d'étudiants. Puis j'ai rejoint des groupes de chercheurs sur les réseaux sociaux. C'est en échangeant avec eux, d'abord à travers des conversations écrites sur des applis de messagerie, que j'ai eu l'idée de ce podcast. J'ai donc interviewé ma première chercheuse il y a trois mois. Pour réunir mes podcasts, je me suis lancée dans la création de contenus en publiant mon site. Aujourd'hui, après plusieurs interviews, j'essaie de rester joignable pour les étudiants qui ont des questions sur l'aventure du doctorat !

Piste 79 Activité 2 .... p. 168

a. Une nouvelle saison vient de sortir ! **b.** Cette série est géniale ! **c.** Cette histoire est inspirée de ma vie. **d.** Une série sur l'histoire de France va sortir. **e.** Tu trouves que certaines scènes sont violentes ?

Piste 80 Grammaire, Activité 3 .... p. 172

a. Tu es joignable aujourd'hui ? **b.** Je lance mon appli mobile ! **c.** Cette série vise à faire réfléchir. **d.** Quel épisode passe ce soir à la télé ? **e.** Je veux enrichir mon univers.

Références des images

6 et 7 Aurélia Visuels ; **8** Jérôme Mars/JDD/SIPA ; **9 (1)** PJPhoto69 - iStockphoto ; **9 (2 et 4)** LIGHTFIELD STUDIOS - stock.adobe.com ; **9 (3)** Minerva Studio - stock.adobe.com ; **9 (5)** decisiveimages - iStockphoto ; **9 (hd)** Vittorio Zunino Celotto/AFP ; **10 (hd)** akg-images / Glasshouse Images ; **10 (mm)** Fedir Popov - stock.adobe.com ; **12** La Terre Est Bleue Comme Une Orange by Aste17 © DeviantArt ; **13 (hd)** akg-images / TT News Agency / SV ; **13 (bm)** QAI Publishing/Universal Images Group via Getty Images ; **17** snaptitude - stock.adobe.com ; **19 (a)** A. Karnholz - stock.adobe.com ; **19 (b)** Alex Stemmer - stock.adobe.com ; **19 (c)** Brad Pict - stock.adobe.com ; **19 (d)** philippe Devanne - stock.adobe.com ; **19 (e)** Olivier - stock.adobe.com ; **22** Christian Kober/John Warburton-Lee/Photononstop ; **23 (hm)** © Les Aventuriers ; **23 (1)** shaiith - stock.adobe.com ; **23 (2)** SeanPavonePhoto - iStockphoto ; **23 (3)** Freesurf - stock.adobe.com ; **23 (4)** mehaniq41 - stock.adobe.com ; **23 (hd)** xuanhuongho - stock.adobe.com ; **24 (bg)** Frederic Bos - stock.adobe.com ; **24 (hd)** Mary Evans Picture Library/Photononstop ; **24 (md)** ayo888 - iStockphoto ; **26 (hd)** Villa Bela Kiss © Urbex Session ; **26 (mg)** Le Mausolée par Lek &. Sowat, Paris 2010 - © Photo Lek & Sowat ; **27 (a)** Gennaro Leonardi/Alamy/hemis.fr ; **27 (b)** Collage street art «entre le mur et nous ça colle» Jpm Graffiti & JPM/JPMorvan ; **27 (c)** johnjohnson - stock.adobe.com ; **28** « L'Affaire Tournesol » © Hergé/Moulinsart - 2021 / Eva-Katalin - iStockphoto ; **29** Markus Lange/robertharding/Photononstop ; **36** Mike Fouque - stock.adobe.com ; **37** nortonrsx - iStockphoto ; **38** monkeybusinessimages - iStockphoto ; **40** Comment je suis devenue juge des enfants par Florian Dacheux le 19/03/2020, photo fournie par Pauline Poitevineau © l'Etudiant 2020 ; **41** Emile Zola, 1875 - Contemporary French Novelists by Doumic (free pdf from archive.org) - Published by Crowell, NY, 1899 ; **50 (hm)** Aphotostudio - stock.adobe.com ; **50 (a)** Andreas Steidlinger - iStockphoto ; **50 (b)** Curios - stock.adobe.com ; **50 (c)** Animaflora - iStockphoto ; **50 (d)** alexlmx - stock.adobe.com ; **51** ink drop - stock.adobe.com ; **52** Irina - stock.adobe.com ; **54** Subhash Sharma/Dinodia Photo - www.agefotostock.com ; **55 (hg)** Monkey Business - stock.adobe.com ; **55 (mm)** Jérôme Rommé - stock.adobe.com ; **55 (mb)** André - stock.adobe.com ; **57** Mose Schneider - stock.adobe.com ; **64** Thierry Ckesnot/AFP Photo ; **65** René Mattes / hemis.fr - Adagp, Paris 2021 ; **65 (a)** Guillaume Navarro - stock.adobe.com ; **65 (b)** peshkov - stock.adobe.com ; **65 (c)** Fotoschlick - stock.adobe.com ; **66 (1)** fergregory - stock.adobe.com ; **66 (2)** Mint Images Limited/Alamy/hemis.fr ; **66 (3)** kristo74 - iStockphoto ; **66 (4)** Slavica - iStockphoto ; **66 (5)** artisteer - iStockphoto ; **69 (a - d)** AdrianHancu - iStockphoto ; **69 (b)** New Africa - stock.adobe.com ; **69 (c)** Danielle Bonardelle - stock.adobe.com ; **69 (e)** niyazz - stock.adobe.com ; **69** jpgon - stock.adobe.com ; **71** INJEP-CREDOC, Baromètre DJEPVA sur la jeunesse, 2018 et 2017 ; **78** Cecilie_Arcurs - iStockphoto ; **79** Nattakorn - stock.adobe.com ; **80 (a)** Andrew Wilson/Loop Images/Photononstop ; **80 (b)** Radius Images/Photononstop ; **80 (d)** Niels Van Gijn/John Warburton-Lee/Photononstop ; **80 (c)** DPA/hotononstop ; **82** Prostock-studio - stock.adobe.com ; **83 (e)** - stock.adobe.com ; **92** Solène, la prof qui rêvait d'une autre vie - le 15/012/2019 - Interview Laurence Vély / Réalisation et montage Sydney Klasen © 2020 Les déviations ; **93** Racle Fotodesign - stock.adobe.com ; **96** Verwendung weltweit/DPA/Photononstop ; **96 (1)** ©PHOTOPQR/Ouest France/MaxPPP ; **96 (2)** akg-images / Erich Lessing ; **96 (3)** Heritage-Images/The Print Coll/AKG Images ; **96 (hm)** Franck Guiziou/hemis.fr ; **97 (a)** jjfoto - stock.adobe.com ; **97 (b)** Xavier29 - stock.adobe.com ; **97 (c)** Nicolas Thibaut/Photononstop ; **97 (d)** neko92vl - stock.adobe.com ; **97 (e)** Belogorodov - stock.adobe.com ; **97 (bg)** Werner Forman \ UIG - www.agefotostock.com ; **98** aterrom - stock.adobe.com ; **106** © Jean-Marc Dumontet Production ; **107** pixelfit - iStockphoto ; **108** Baltel/SIPA ; **110** Prostock-Studio - iStockphoto ; **111** Sunny studio - stock.adobe.com ; **120** Amelia Tavella Architectes : Casa Santa Teresa», Muuuz, Architecture&Design magazine, 24/08/2020 © 2021 ArchiDesignClub by MUUUZ - Architecture & Design ©Thibaut Dini ; **121** New Africa - stock.adobe.com ; **122 (hd)** Lars BERG/Laif-Réa ; **122 (bg)** KatarzynaBialasiewicz - iStockphoto ; **122 (a)** Grispb - stock.adobe.com ; **122 (b)** Kadmy - stock.adobe.com ; **122 (c)** auremar - stock.adobe.com ; **122 (d)** bilanol - stock.adobe.com ; **122 (e)** kupicoo - iStockphoto ; **124** rosinka79 - stock.adobe.com ; **125** Serdarbayraktar - iStockphoto ; **129** - stock.adobe.com ; **134** Thomas_EyeDesign - iStockphoto ; **135** CK Bangkok Photo. - stock.adobe.com ; **136 (a)** al62 - stock.adobe.com ; **136 (d)** ALF photo - stock.adobe.com ; **136 (c)** lilechka75 - stock.adobe.com ; **136 (b)** Sebastian Studio - stock.adobe.com ; **138** HollyHarry - stock.adobe.com ; **139** Ik Aldama/Ik Aldama - www.agefotostock.com ; **141** Granger/Bridgeman Images ; **148** Abinieks - stock.adobe.com ; **149** Mint Frans Lanting - www.agefotostock.com ; **150** gudkovandrey - stock.adobe.com ; **152** Marie Tomas, une conteuse dans l'escalier par le 09/11/2020 par Brigitte Jamois - Le Pèlerin n° 7168 © Bayard Presse, 2020 © Quentin Top ; **153** Imgorthand - iStockphoto ; **155** Les villes les plus vertes de France - Palmarès 2020 - www.observatoirevillesvertes.fr ; **156** chinaface - iStockphoto ; **162** Lupin 2021 - serie TV créée par George Kay - saison 1 - Avec : Omar Sy. D'apres le personnage d'Arsene Lupin cree par Maurice Leblanc, based on the character created by Maurice Leblanc - Collection CHRISTOPHEL © Gaumont Television - Netflix ; **163** Engrenages, 2020 - Série TV crée par Guy-Patrick Sainderichin et Alexandra Clert - Saison 8 - Collection CHRISTOPHEL © Son et Lumière - Canal+ ; **164** La Maison-Bleue, 2020 - Série TV avec Guy Nadon - Collexction CHRISTOPHEL © KOTV Productions ; **166** Grâce à TikTok, je vis de mon activité de customisation de baskets par Chloé Marriault, le 22/10/2020 - Les Echos ; **167** mehaniq41 - stock.adobe.com.

Références des textes

8 Jacques Bonnaffé : « La langue et la musique du Bénin m'ont envoûté », Par Audrey Nait-Challal - Publié le 07/04/2020 - Geo.fr ; **12** Nicolas Lambert et Christine Zanin, Mad maps, L'atlas qui va changer votre vision du monde, © Armand Colin, 2019, Malakoff ; **22** L'écotourisme à la montagne : les stations de ski françaises en pleine mutation, par Arthur Meuriot le 2 février 2020 © essentiel-media.fr ; **26** Les 6 endroits abandonnés de Paris et sa région © 2020 « Paris Zigzag » (www.pariszigzag.fr) ; **34** Le tourisme de masse est notre propre ennemi Karima Delli, 05/06/2020 © 2020 Le HuffPost ; **36** Reconversion professionnelle : mode opératoire et témoignage - © POLE EMPLOI 2021 - Pole-emploi.org, 13/08/2020 ; **40** Comment je suis devenue juge des enfants par Florian Dacheux le 19/03/2020 © l'Etudiant 2020 ; **50** Appel pour une écologie de la musique vivante par Céline Husétowski, le 17/06/2020 ; **54** « The active deployment of the Khushi Baby system across 300+ villages in Udaipur » © Fondation Pierre Fabre, 2020 ; **63** Pourquoi les terrasses chauffées vont être interdites en 2021 par Frédéric Mouchon, Le Parisien, 27/07/2020. ; **63** Handicap et Emploi : Les inégalités ont la vie dure par Anton Kunin le 18/06/2020 - economiematin.fr ; **64** BEN : "Je me demande si je suis artiste-peintre ou artiste-questionneur..." par François Boutard, 23/07/2020 - © artdesigntendance.com ; **68** Les français soutiennent-ils le projet de « Référendum pour les animaux » Sondage 29/07/2020 en partenariat avec Caniprof © IFOP/Référendum pour les animaux ; **78** Comment le sport me rend plus forte par Anne-Flore Gaspar-Lolliot le 23 mai 2019 - Doctissimo ; **82** Peut-on comparer l'apprentissage en ligne à l'apprentissage en classe? 5 questions par Catherine Couturier, Agence Science Press, 31 juillet 2020/Cet extrait a été reproduit aux termes d'une licence accordée par COPIBEC ; **90** L'importance de la nutrition pour les sportifs par Flo le 01/09/2020 - Dicodusport - Sport Santé (dicodusport.fr/blog) ; **91** Dopage : Nataliya Krol, la double championne d'Europe du 800 m, suspendue 20 mois par S.K. le 06/08/2020 © L'Équipe 24/24 - 2021 ; **92** La vaccination, entre méfiance et défiance par charentelibre.fr, le 11/09/2020 ; **92** Solène, la prof qui rêvait d'une autre vie - le 15/012/2019 - Interview Laurence Vély / Réalisation et montage Sydney Klasen © 2020 Les déviations ; **96** Archives en poche, une plongée dans l'histoire de Rennes, le 27 octobre 2020 © Le Télégramme ; **106** L'humoriste et ancienne avocate Caroline Vigneaux explique pourquoi elle est une « féministe optimiste » le 29/09/2020 © 2021 Europe 1 ; **110** S'engager autrement par Elyane Vignau, Psychologies.com ; **119** Pour survivre, les entreprises doivent désormais s'engager pour améliorer la société, le 02/10/2020 © 2021 Prisma Media/Capital ; **119** Entrepreneuriat : pourquoi les femmes hésitent ? par Maelys Léon, le 08/07/2020 - © Nouvelle Vie Professionnelle / Groupe AEF info ; **120** Amelia Tavella Architectes : Casa Santa Teresa », Muuuz, Architecture&Design magazine, 24/08/2020 © 2021 ArchiDesignClub by MUUUZ - Architecture & Design ; **124** Créez un jeu vidéo LEGO en moins d'une heure sans coder ! par Rémi Lou, le 27/10/2020 - www.journaldugeek.com ; **134** La cuisine note à note, mangez le futur ! par Tanguy Flores, le 22/02/2018 © Tchapp.alsace ; **138** Le luxe devient responsable par La Rédaction, socialmag.news, 30/09/2020 ; **146** Pollution : le grand gâchis des vêtements usagés, par Emilie Torgemen, le 24/01/2020 © Le Parisien ; **147** Imaginez l'alimentation du futur par Camille Crosnier, 19/11/2020 © Radio France/France Inter ; **147** « Seul(e) au resto, un tabou culturel ? » par Julia Vergely, le 05/08/2020 © Télérama ; **148** Quand le chat n'est pas là... - 7 nouvelles inédites par 7 auteurs contemporains de Clarisse Sabard, Carole Martinez, David Lelait-Helo, Sophie Horvath, Sophie Carquain, Tiphaine Carton, Sandrine Catalan-Massé - Éditions Charleston - 27 mai 2020 ; **152** Marie Tomas, une conteuse dans l'escalier par le 09/11/2020 par Brigitte Jamois - Le Pèlerin n° 7168 © Bayard Presse, 2020 ; **162** Les ventes d'Arsène Lupin redécollent avec le succès de la série Netflix, le 23/01/2021 - AFP ; **166** Grâce à TikTok, je vis de mon activité de customisation de baskets par Chloé Marriault, le 22/10/2020 - Les Echos ; **175** Quelle série pour apprendre le français avec Netflix ? par Anne Le Grand le 22/010/2020 © Parlez-vous-French.com ; **175** Chief philosophy officer : quand la philo colle à la peau des CEO Paru dans Monde des grandes écoles et universités LE MAGAZINE • N°89 • Février 2020, par Clarisse Watine © MONDE DES GRANDES ÉCOLES.

Référence de l'audio

9 Le portrait inattendu de... Leila Slimani, par Hélène Mannarino, le 11/03/2020 © Europe ; **23** LES AVENTURIERS : voyage, expat, road trip, tour du monde - Alexandra en Asie - 2ᵉ partie le 23/02/2020 - © La Fabrik Audio ; **37** Objectif Emploi : montrer sa motivation lors d'un entretien de recrutement, le 21/01/2019 (Augustin) © Radio Aviva/Florian Mantione Institut ; **51** Le billet vert. Un appel au recyclage des smartphones - par Etienne Monin, le 22/07/2020 - © Radio France ; **65** ©Bulle d'Art : [n°58] À la découverte du Voyage à Nantes 2020, le 21/08/2020 ; **79** On s'y emploie. L'esprit d'équipe au travail peut-il survivre à la crise ? par Philippe Duport, le 24/05/2021 - © Radio France ; **93** RTS Radio Télévision Suisse/Emission « La réussite scolaire (4/5) » On en parle - 2018 - Entretien avec Isabel Pérez, par Lydia Gabor - Production : Julien Schekter ; **107** Rire au quotidien - par Ali Rebeihi - Grand bien vous fasse !, 14/11/2018 - © Radio France ; **121** © DECODEUR : FRESH #7 : décryptage d'une nouvelle tendance, le design Feelgood !! par Hortense Leluc, le 06/11/2020 ; **135** Les insectes vont-ils bientôt s'inviter dans nos assiettes ? Par Valère Corréard - Social Lab le 30/10/2016 © Radio France ; **149** Les abeilles au secours des éléphants - par Emmanuel Moreau - L'esprit d'initiative - 20/10/2020 - © Radio France ; **163** L'empire des séries. « Engrenages », une ultime saison lumineuse au cœur des mineurs migrants - par Laurent Valière, le 13/09/2020 - © Radio France.

DR : Malgré nos efforts, il nous a été impossible de joindre certains photographes ou leurs ayants droit, certains producteurs ou leurs ayants droit ainsi que les éditeurs ou leurs ayants droit pour certains documents, afin de solliciter l'autorisation de reproduction, mais nous avons naturellement réservé en notre comptabilité des droits usuels.